Martin Stangl

Obst aus dem eigenen Garten

Inhaltsübersicht

Obstanbau im Garten

Große Mode 6

Obst ist gesund 7
    Wer Obst sagt, denkt an Vitamine 7
    Unentbehrliche Mineralstoffe 7

Wie Obstbäume wachsen 8
    Zellteilung 8
    Unentbehrlich: Das Blatt 8
    Wurzeln verankern den Baum 10
    Stamm und Äste 11
    Die Blüte, ein Höhepunkt 11
    Die Frucht, Lohn für unsere Arbeit 12

Die verschiedenen Stammhöhen 14
    Der Hoch- und Halbstamm 14
    Der Buschbaum 14
    Der Spindelbusch 15

Die Obsthecke 16

Das Obstspalier 16
    Erziehung von Obstspalieren 17
    Das locker aufgebaute Spalier 18
    Das Fächerspalier 18
    Das strenge Formspalier 19

Obstbäumchen in Töpfen 22
    Obstarten und -sorten
      für den Kübelobstbau 22
    Kultur der Bäumchen 22

Anzucht, Vermehrung, Pflanzung

Die Baumschule, Kinderstube der Obstgehölze 23
    Es beginnt mit der Aussaat
      oder mit Abrissen 23
    Nach dem Veredeln 23

Wie entstehen neue Obstsorten 24

Die Vermehrung des Beerenobstes 25
    Erdbeeren 25
    Johannisbeeren 26
    Stachelbeeren 27
    Himbeeren 27
    Brombeeren 28
    Gartenheidelbeeren 28
    Kiwi 28
    Weinstock 29

Vor der Pflanzung 29
    Einkauf in der Baumschule 29
    Pflanz- und Grenzabstände 30

Die eigentliche Pflanzung 31
    Das Pflanzen eines Spindelbusches 32

Schneiden und Veredeln

Warum überhaupt schneiden? 33

Der Schnitt des Halb- und Hochstammes 34
    Pflanzschnitt 34
    Erziehungsschnitt 35
    Instandhaltungsschnitt 37

Der Schnitt des Spindelbusches 38
    Pflanz- und Erziehungsschnitt 38
    Verjüngen 39

Der Sommerschnitt 39

Auslichten älterer Kronen 40
    Verjüngen älterer Bäume 41

Schnittbesonderheiten bei Birnen, Süßkirschen und Pflaumen 42

Der Schnitt der Sauerkirsche 43

Der Schnitt des Pfirsichs 44

Der Schnitt der Aprikose 45

Der Schnitt der Obsthecke 46

Das Umveredeln 46
    Vorbereitungen 47
    Das Pfropfen hinter der Rinde 48
    Das verbesserte Rindenpfropfen 48
    Die Nachbehandlung
      der Pfropfköpfe 48

Mehrere Sorten auf einem Baum 49

Werkzeuge für Schnitt und Veredlung 50
    Sonstiges Zubehör 51

Pflege, Düngung

Pflegearbeiten 51
- Wildschäden 51
- Wundpflege 51
- Kalken der Baumstämme 52
- Baumpfahl erneuern 52
- Früchte ausdünnen 52
- Triebausschläge beseitigen 53
- Ein Baum hat sich »freigemacht« 53
- Bei Trockenheit wässern 53
- Mulchen 54
- Baumscheiben 54
- Was tun nach Hagelschaden? 54

Düngen 54
- Die Wirkung der einzelnen Nährstoffe 55
- Eine Bodenuntersuchung gibt Aufschluß 56
- Düngung in der Praxis 57

Die Obstarten

Apfel 58 – Birne 70 – Nashi, Japanische Apfelbirne 76 – Pflaume, Zwetsche, Mirabelle, Reneklode 76 – Süßkirsche 80 – Sauerkirsche 84 – Pfirsich 87 – Nektarine 88 – Aprikose 88 – Quitte 90 – Walnuß 92 – Haselnuß 94 – Erdbeere 96 – Johannisbeere 101 – Jostabeere 105 – Stachelbeere 106 – Himbeere 108 – Brombeere 111 – Taybeere (Tayberry) 113 – Gartenheidelbeere 114 – Preiselbeere 117 – Kiwi 118 – Weinstock 119 – Holunder 122

Pflanzenschutz

Vorbeugen ist besser als heilen 124

Nützlinge im Garten 124

Schutz der Bienen 125

Vorsicht mit Pflanzenschutzmitteln! 126
- Richtig dosieren und ausbringen 127
- Spritzgeräte 127
- Wartezeiten beachten! 128

Schädlinge, Krankheiten und ihre Bekämpfung 128

Blattläuse 128 – Obstbaum-Spinnmilbe (Rote Spinne) 129 – Raupen 129 – Apfelwickler, »Obstmade« 130 – Wühlmaus, Schermaus 131 – Vogelfraß 132 – Wespen 132 – Schorf 133 – Monilia-Fruchtfäule 133 – Zweigmonilia (Spitzendürre) 134 – Obstbaumkrebs 134 – Birnengitterrost 134 – Feuerbrand 135 – Scharkakrankheit 135

Schädlinge und Krankheiten
- ... die an mehreren Obstarten auftreten können 136
- ... am Apfel 138
- ... an der Birne 140
- ... an Pflaume, Zwetsche, Mirabelle, Reneklode 141
- ... an Süß- und Sauerkirsche 143
- ... an Pfirsich und Aprikose 144
- ... an Erdbeeren 145
- ... an Johannisbeeren 147
- ... an Stachelbeeren 148
- ... an Himbeeren und Brombeeren 149
- Krankheiten beim Wein 149

Die Obsternte

Ernte 150
- Kernobst 150 – Steinobst 151 – Nüsse 151

Lagerung 151

Was tun mit all' dem Obst? 153
- Obstsäfte 153

Wir machen Äpplwoi, Most, Obstwein 154
- Wann soll aufgezuckert werden? 155
- Der gärende junge Most 155

Der Obstgarten im Jahreslauf 159

Bezugsquellen 168

Register 169

EINLEITUNG

Große Mode...

...war der Obstbau im vergangenen Jahrhundert. Pfarrer, Lehrer und Ärzte beschäftigten sich nicht nur mit Menschen, sondern auch mit Äpfeln, Birnen und Zwetschen. Obst- und Gartenbauvereine wuchsen wie Pilze aus dem Boden, die Dörfer waren von Obstwiesen umgeben und entlang der Straßen prägten Obstbäume das Landschaftsbild. Obstbäume waren ein Stück Heimat.

Heute entdecken wir den Obstbau neu. Anstelle von allzuvielen etwas steif und düster wirkenden Nadelgehölzern werden wieder vermehrt Obstbäume gepflanzt, die uns den Rhythmus der Jahreszeiten erleben lassen. Von den Eltern gepflanzt, spielen Kinder und Enkel in ihrem Schatten, freuen sich an der Blüte und essen die Früchte. Obstbäume begleiten uns ein ganzen Leben lang.

So erinnere auch ich mich an einen Klarapfelbaum aus meinen Kindertagen, den mein Vater in voller Blüte aus dem Boden graben mußte, weil an dieser Stelle ein Haus entstehen sollte. Der prächtig blühende Baum tat uns leid, er war ein Stück unserer Kindheit. Um so größer war die Freude, als er nach dem Verpflanzen neuen Trieb zeigte und noch viele Jahre hindurch blühte und Äpfel brachte.

Und ich denke an eine Obstausstellung in Pasing zurück. Ich ging damals noch zur Schule. Gut Hundert verschiedene Apfel- und Birnsorten waren in Papptellern treppenförmig übereinander im Nebenzimmer eines Gasthauses ausgestellt. Ein namhafter deutscher Obstbauexperte bestimmte die Sorten, von denen die Aussteller keinen Namen wußten. Auch ich brachte Früchte mit, drei Pappteller voll.

In dem einen lagen grasgrüne Äpfel aus dem Inneren des Baumes, im anderen herrlich gefärbte von den äußeren Zweigen und für den dritten Teller holte ich übergroße Äpfel vom selben Baum, wahre Schaufrüchte! Ob der Obstexperte merken würde, daß alle Äpfel vom gleichen Baum stammen? Nein, er gab jedem Teller einen anderen Sortennamen. Noch heute freue ich mich über diesen Streich!

Dies zeigt, wie schwirig es ist, Obstsorten zu bestimmen. Und ebenso schwierig ist es, so manche Frage, die beim Umgang mit Obstbäumen auftritt, einwandfrei zu beantworten.

Doch das soll uns nicht entmutigen. Pflanzen wir wieder mehr Obstbäume, besonders auch Obstspaliere, die kahle Hauswände freundlich beleben, den Anbau empfindlicher Sorten ermöglichen und Haus und Garten miteinander verbinden.

Und denken wir an Martin Luther: »Und wenn ich wüßte, daß morgen die Welt unterginge, so würde ich noch heute ein Apfelbäumchen pflanzen.«

Martin Stangl

Obst ist gesund

Daß dies nicht nur ein Slogan ist, beweist die tägliche Nachfrage. Obst nimmt einen beachtlichen Anteil auf unserem täglichen Speiseplan ein, vor allem können wir einen Apfel oder eine Birne rasch einstecken und am Arbeitsplatz, in der Schule oder im Auto so ganz nebenbei essen. Im Bundesgebiet betrug der pro Kopf-Verbrauch 1994/95 an Frischobst 92,5 kg. Dabei spielt der Apfel mit 31,4 kg die weitaus wichtigste Rolle.

Birnspalier 'Gute Luise' im eigenen Garten. Im Jahr der Aufnahme haben wir von diesem auf Sämling veredelten Baum 703 Birnen geerntet, schorffrei ohne Spritzung, nachdem das Spalier durch das vorspringende Dach vor Regen geschützt ist.

Obst ist gesund, weil es sättigt, die meisten Obstarten aber arm an Kalorien sind. Neben verschiedenen Zuckerarten enthalten die Früchte organische Säuren, Mineralsalze, in kleinen Mengen pflanzliche Proteine und an Vitaminen vor allem das Provitamin A (Karotin), die wasserlöslichen Vitamine B und C, sowie Pektin.

Die Kohlenhydrate des Obstes, also Frucht- und Traubenzucker, werden direkt in die Blutbahn aufgenommen. Deshalb wirkt Obst rasch energiespendend und belebend.

Ebenso wichtig aber sind die Ballaststoffe, also Bestandteile unserer Kost, die nicht verdaut und nicht vom Körper aufgenommen werden. Es handelt sich dabei in erster Linie um Gerüstsubstanzen der verschiedenen Obst- und Gemüsearten, wobei die Zellulose die Hauptrolle spielt. Dieser unverdauliche Ballast regt die Darmbewegungen und damit den Stuhlgang an. Für unser Wohlbefinden ist es deshalb sehr wichtig, daß wir nicht nur Obstsäfte trinken, sondern die verschiedenen Obstarten größtenteils roh essen, samt deren Ballaststoffen.

Wer Obst sagt, denkt an Vitamine

Beide Begriffe gehören in unserer Vorstellung untrennbar zusammen, ähnlich wie Salz und Pfeffer, kalt und warm, Feuer und Wasser. Übrigens, erst 1910 wurde dieses Kunstwort »erfunden«; es setzt sich aus dem lateinischen vita = Leben und Amin zusammen, womit organische Stickstoffverbindungen bezeichnet werden. Vitamine haben wichtigen Einfluß auf die Widerstandsfähigkeit des Körpers, sie werden in geringen Mengen für

EINLEITUNG

den Aufbau, das Wachstum und die Funktion der Organe und Körpergewebe benötigt. Da einige nicht so stabile Vitamine durch Erhitzen oder Wässern zerstört werden, sollte Obst möglichst roh gegessen werden. Doch das ist eigentlich selbstverständlich und bietet sich im eigenen Garten geradezu an. Wie köstlich schmecken doch Erdbeeren, Stachelbeeren, Himbeeren und Brombeeren, wenn wir im Vorbeigehen direkt vom Strauch naschen können. Und welcher Genuß ist es, wenn sich im November noch ein paar verhutzelte, bei der Ernte vergessene Hauszwetschen am Baum finden, die um diese späte Zeit zuckersüß schmecken.

Unentbehrliche Mineralstoffe

Mineralstoffe wie Kalzium, Phosphor, Eisen, Kalium, Natrium und Magnesium spielen eine wichtige Rolle beim Stoffwechsel. Im Obst sind sie reichlich enthalten. So findet sich das für den Knochenaufbau unentbehrliche Kalzium vor allem in Himbeeren, gefolgt von Brombeeren, Stachelbeeren und Erdbeeren. Viel Kalzium ist auch in getrockneten Aprikosen enthalten. Phosphor, eine Grundsubstanz vieler Eiweißstoffe, wird ebenfalls für den Knochenaufbau benötigt. Besonders Himbeeren, Brombeeren, Erdbeeren und Stachelbeeren enthalten viel davon. Eisen als wichtiger Bestandteil des Blutfarbstoffes findet sich vor allem in Pfirsichen und Himbeeren.

Daneben sind in den verschiedenen Obstarten auch Natrium, Kalium und Magnesium sowie die Spurenelemente Kupfer und Mangan enthalten. Alle diese Stoffe finden sich im Obst nur in sehr geringen Mengen, zusammen aber tragen sie entscheidend dazu bei, daß wir uns wohlfühlen. Ein oder zwei Obsttage je Woche entschlacken den Körper und tragen zum allgemeinen Wohlbefinden bei.

OBSTANBAU IM GARTEN

Wie Obstbäume wachsen

Zellteilung

Jedes Lebewesen, also auch der Obstbaum, entsteht ursprünglich aus nur einer Zelle, der befruchteten Eizelle. Daraus entwickelt sich der Embryo und im weiteren Wachstumsverlauf der gesamte Strauch oder Baum. Aus einer Zelle werden zwei, aus zwei vier, usw. Ganz gleich, ob es sich um eine bescheidene Erdbeerpflanze oder um einen mächtigen Walnußbaum handelt.

Nach der Zellteilung sind aus einer Mutterzelle zwei Tochterzellen mit genau den gleichen Erbeigenschaften geworden. Dadurch ist es möglich, manche Obstarten durch Steckholz, Rißlinge oder Absenker zu vermehren, denn aus diesen Pflanzenteilen entstehen wieder vollständige Pflanzen, mit den gleichen Eigenschaften, wie sie die Mutterpflanze besitzt.

Die Zellteilung geht bei den Pflanzen vor allem am Vegetationspunkt, also am Ende jeder Wurzel oder jedes Sprosses vor sich. Und wenn Wurzel, Stamm und Äste in die Dicke wachsen, so geht diese Entwicklung von dem dicht unter der Rinde befindlichen Kambium aus, dessen Zellen sich während der Frühjahrs- und Sommermonate fortlaufend teilen. Beim Veredeln ist deshalb darauf zu achten, daß Kambium auf Kambium kommt, und die Überwallung der Wundränder (Obstbaumschnitt, Wundenpflege) hängt ebenfalls mit der Teilungsfähigkeit des Kambiums zusammen.

Unentbehrlich: Das Blatt

Ohne Blattgrün kein Leben, kein Wachsen und Fruchten. Wir sorgen deshalb im Obstgarten durch Bodenpflege, Schnitt, Düngung und Pflan-

WIE OBSTBÄUME WACHSEN

zenschutzmaßnahmen dafür, daß die Blätter der Sträucher und Bäume gesund bleiben und möglichst gut belichtet sind.

Nur im grünen Blatt kann sich die Photosynthese, also jener für das Leben grundlegende chemische Prozeß abspielen, bei dem aus anorganischen Stoffen organische Substanz entsteht, aus Leblosem also Lebendiges wird.

Bei der Assimilation wird Kohlendioxyd verbraucht und Sauerstoff frei. Aus diesem Grunde sind Wälder, Grünflächen und Gärten so wichtig für unsere Gesundheit, denn hier wird durch den unentwegten Ablauf dieses Vorgangs ständig Sauerstoff frei, den wir zur Atmung brauchen. Umgekehrt atmen wir und die Tiere Kohlendioxyd aus, das die Pflanzen zur Assimilation benötigen. Das gasförmige Kohlendioxyd dringt durch die Spaltöffnungen an der Unterseite der Blätter in das Blattinnere ein und gelangt an das Blattgrün (Chlorophyll). Gleichzeitig wird der bei der Photosynthese (Assimilation) freiwerdende Sauerstoff durch die Spaltöffnungen nach außen geleitet. Die bei der Photosynthese erzeugte organische Substanz wird an die Stellen des Verbrauchs, also zu den Wurzeln, Blättern, Blüten, Früchten geleitet.

Im Blatt geht aber nicht nur ein Aufbauprozeß vor sich, die Photosynthese, sondern ebenso ein Abbauprozeß: die Atmung – wie bei Mensch und Tier.

Die Atmung findet allerdings nicht nur im Blatt statt, es atmet vielmehr jede einzelne Pflanzenzelle, der Stamm ebenso wie die Wurzeln. Darum Bodenlockerung, bzw. Mulchen, damit Luft in den Boden gelangt. Selbstverständlich übertrifft die Produktion durch die Photosynthese den Verbrauch durch die Atmung, sonst wäre kein Wachstum möglich. Lediglich bei

Ein Maientag, an Schönheit kaum zu überbieten. Streuobstwiese in der Nähe von Bempflingen (Großraum Stuttgart) mit gepflegten Apfelhochstämmen.

OBSTANBAU IM GARTEN

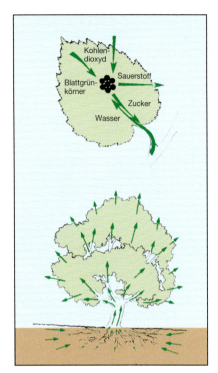

Oben: Photosynthese (Assimilation), bei der aus anorganischen Stoffen organische werden. Grundlage hierfür: Das gesunde grüne Blatt.
Darunter: Verdunstung durch die Blätter.

eingelagerten Pflanzenteilen wie beim Obst verringert sich das Gewicht durch Atmung und Verdunstung.
Neben Photosynthese und Atmung hat das Blatt noch eine weitere wichtige Aufgabe: die Verdunstung (Transpiration). Über 98 % des von der Pflanze aufgenommenen Wassers wird wieder an die Luft abgegeben, vor allem über das Blatt.
Je trockener die umgebende Luft, desto größer die Verdunstung. Ein Baum kann bis zu mehreren hundert Litern Wasser am Tag abgeben. Oberflächlich gesehen möchte man meinen, die Verdunstung sei überflüssig, ein Luxus. Doch das ist keineswegs der Fall.
Durch die Sogwirkung werden fortwährend von der Wurzel her Wasser und die darin gelösten Nährstoffe aus dem Boden aufgenommen und an die Stellen des Verbrauchs transportiert.

Die Pflanze braucht diese Nährstoffe, damit sie aus den durch die Photosynthese erzeugten Kohlenhydraten wichtige Baustoffe, wie z. B. Eiweiß, herstellen kann. Ohne Verdunstung also auch keine Nährstoffaufnahme!

Wurzeln verankern den Baum

Was das heißt, wird uns klar, wenn wir vor einem riesigen Mostbirnbaum stehen, wie er gelegentlich noch auf der freien Flur anzutreffen ist. Wie vielen Stürmen mag er im Laufe der Jahrzehnte schon getrotzt haben, doch er steht unverrückbar da, die Wurzeln haben ihn festgehalten.
Während der Sproß einer Pflanze dem Licht zuwächst, geht das Wachstum der Wurzel nach unten. Ebenso aber wie der Sproß an seinem Vegetationspunkt durch fortlaufende Zellteilung weiterwächst, so entwickelt sich auch die Wurzel von der Spitze her weiter. Gleich hinter der Wurzelspitze bilden sich dabei sehr feine Wurzelhaare. Sie sind nur kurze Zeit lebensfähig und sterben in einiger Entfernung hinter der Wurzelspitze wieder ab. In ihrer Gesamtheit bilden die Wurzelhaare eine riesige Oberfläche und entziehen durch ihre Saugkraft dem Boden Wasser mit den darin gelösten Nährstoffen. Die Wasser- und Nährstoffaufnahme ist also im wesentlichen auf diesen Bereich beschränkt.

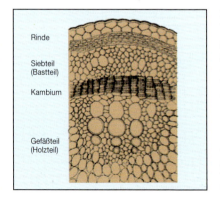

Oben: Die Ausläufer (Bodentriebe) zeigen, wie weit die Wurzeln dieses Zwetschenbaumes reichen: 6,70 m vom Stamm, 4 m von der Kronentraufe entfernt!
Darunter: Zahlreiche lange Faserwurzeln, entstanden im 1. Jahr nach der Pflanzung.

Für die Praxis heißt das: Es hat wenig Sinn, Obstbäume mit weitreichendem Wurzelwerk nur unmittelbar am Stamm zu gießen oder zu düngen. Dort sind überwiegend starke Wurzeln, die keine Saugfähigkeit mehr besitzen. Wir müssen vielmehr Wasser und Nährstoffe in den Bereich der Wurzelspitzen bringen, also unter die Kronentraufe und darüber hinaus.

Mikroskopischer Querschnitt durch einen Stengel/Stamm mit den Leitungsbahnen. Wichtig beim Veredeln: das Kambium (grün), eine wachstumsfähige Zellschicht.

WIE OBSTBÄUME WACHSEN

Dort werden sie von den Wurzelhaaren aufgenommen und über die starken Wurzeln, Stamm und Äste bis hin zu den am weitesten entfernten Blättern geleitet.

Stamm und Äste

Sie stellen die Verbindung von Wurzeln und Blättern her. Vor allem aber verlaufen in diesen Teilen die Leitungsbahnen, die sich ebenso im schwächsten Trieb wie in einem mächtigen Baumstamm befinden.

Es gibt zweierlei Leitungsbahnen. Die einen verlaufen im Holzteil; in ihnen werden Wasser und Nährstoffe von der Wurzel bis in die letzten Blattspitzen transportiert. Die anderen folgen unmittelbar unter der Rinde. In diesen fließen die bei der Assimilation gebildeten organischen Stoffe von oben nach unten.

Bei den Obstbäumen – auch bei anderen Gehölzen – befindet sich außerdem zwischen beiden Leitungssystemen eine wachstumsfähige Zellschicht: das Kambium. Während die Zellen im Holzteil einer Pflanze absterben, bleiben die Zellen des Kambiums zeitlebens teilungsfähig; von hier aus findet das Dickenwachstum statt.

Das Kambium bildet in jeder Vegetationsperiode nach innen Holz mit Leitungen für den Transport von Wasser und gleichzeitig nach außen Bast oder Rinde mit den Röhren für die Leitung des Assimilationsstromes. Durch diesen jährlichen Rhythmus bilden sich Jahresringe, die deutlich zu erkennen sind, wenn ein Stamm oder Ast durchgesägt wird.

Dies ist für unsere Praxis insofern wichtig, weil beim »Ringeln« der Assimilationsstrom von oben nach unten unterbrochen wird, während durch diesen Eingriff die im Holzteil stattfindende Wasser- und Nährstoffversorgung unverändert weiter erfolgt.

Beim Ringeln entfernen wir mit dem Messer rund um einen Trieb oder um den Stamm in der ersten Juni-Hälfte einen 2–3 cm breiten Rindenstreifen, wobei das grünlich-gelbe Kambium erhalten bleiben muß. Also den Rindenstreifen nicht bis ins Holz hinein entfernen, weil sonst ein ähnlicher Schaden wie bei Mäusefraß vorliegen und die Wunde nur noch schwerlich verheilen würde! Oberhalb der geringelten Stelle – die Leitungen sind unterbrochen – kommt es zu einem Stau der Assimilate, d. h. der Blüten- und Fruchtansatz wird gefördert. Das Ringeln können wir anwenden, wenn Obstbäume nach mehreren Jahren noch immer nicht tragen wollen.

Doch zurück zu den »Wasserleitungen«: Sie durchziehen die ganze Pflanze, von der Wurzel bis zu den feinstverzweigten Blattadern. Die Zellen entnehmen ihnen das Wasser mit den darin gelösten Nährstoffen und leiten es in seitlicher Richtung weiter, so daß alle Teile einer Pflanze damit versorgt werden.

»Mit Staunen sieht das Wunderwerk . . .!« Wie edles, zerbrechliches Porzellan wirken diese zartrosa Apfelblüten.

Die Blüte, ein Höhepunkt

Jedes Jahr freuen wir uns erneut auf die Tage im Mai, wenn der Flieder verschwenderisch in den Gärten duftet und sich die Obstbäume in weißrosa Blütenpracht zeigen. Obstbäume können es um diese Zeit mit jedem Ziergehölz aufnehmen. Und wozu all diese verschwenderische Pracht? Einzig und allein, um die Art zu erhalten: Das Leben muß weitergehen! Von den weithin leuchtenden Blütenblättern und vom Duft werden die Insekten angelockt, die den Pollen von Blüte zu Blüte tragen und diese dabei bestäuben. Nur die Haselnuß und der Walnußbaum haben diesen Aufwand an »Schminke« nicht nötig; bei ihnen vollzieht der Wind die Bestäubung.

Sobald das männliche Pollenkorn auf die reife Narbe (Stempel) gelangt, keimt es aus und gelangt zur weiblichen Eizelle im Fruchtknoten, wo der männliche Zellkern mit dem weiblichen Kern verschmilzt; es entsteht eine neue Zelle, ein Embryo, ein neues Lebewesen mit den Erbeigenschaften beider Partner.

Bis Obstbäume blühen bzw. in den Vollertrag kommen, dauert es je nach Obstart, Sorte, Boden, Pflege usw. ver-

OBSTANBAU IM GARTEN

schieden lange. Nachstehend eine kleine Übersicht mit Erfahrungswerten aus der Praxis, wie sie auch bei Wertermittlungen von Obstgehölzen zugrundegelegt werden.

Beginn des Vollertrags

Obstart/Baumform	Jahre
Apfel-Spindelbusch	3
Apfel-Busch	4–6
Apfel-Halb- und Hochstamm	7–10
Birn-Spindelbusch/Busch	4–6
Birn-Halb- und Hochstamm	8–12
Kirschen-Busch	4–6
Kirschen-Halb- u. Hochstamm	8–12
Pflaumen-Busch	6–8
Pflaumen-Halb- u. Hochstamm	6–8
Pfirsich	3–4
Aprikose	5–7
Quitte	4–6
Walnuß auf Sämling	12–15
Walnuß veredelt	7–10
Haselnuß	5

Der Ertragsbeginn liegt meist bereits vor diesem Zeitpunkt und kann – vor allem durch Schnittmaßnahmen – günstig beeinflußt werden.

Wenn wir das Beerenobst mit einbeziehen, fruchten am schnellsten Erdbeere und Himbeere, gefolgt von Johannisbeere, Stachelbeere, Brombeere, Pfirsich, Sauerkirsche, Quitte, Aprikose, Haselnuß und Pflaume. Am längsten von der Pflanzung bis zum Ertrag dauert es bei Süßkirsche, Apfel, Birne und schließlich Walnuß. Durch die Wahl schwachwachsender Unterlagen läßt sich jedoch auch bei Kirsche, Apfel und Birne der Ertragsbeginn vorverlegen.

Welche Faktoren die Blüte und damit das Einsetzen der Fruchtbarkeit beeinflussen, nun, darüber gibt es in der Obstbauwissenschaft verschiedene Theorien. Am einleuchtendsten ist die von Klebsch, wonach ein Überschuß von Kohlenhydraten (Assimilaten) und ein relativer Stickstoffmangel das Einsetzen der Fruchtbarkeit fördert und umgekehrt. Praktische obstbauliche Erfahrungen, wie die günstigen Einflüsse des sommerlichen Waagrechtbindens von Trieben, des Baumschnitts und des Ringelns, scheinen diese Theorie zu bestätigen.

Interessant ist für uns vor allem der Zeitpunkt, zu dem die Blütenknospen für das nächste Jahr angelegt werden. Dieser liegt bei fast allen Obstarten zwischen Anfang Juni und Mitte August. Damit hierzu genügend Assimilate vorhanden sind, sollten wir auch in ertragslosen Jahren (durch Blütenfrost u. ä.) dafür sorgen, daß die Blätter gesund und die Kronen licht bleiben.

Unter dem Einfluß steigender Temperaturen öffnen sich im Frühjahr die bereits im letzten Sommer angelegten Blüten. Uns kann es nur recht sein, wenn dies nicht zu früh der Fall ist, sondern sich die Blüte infolge kühler Frühjahrswitterung möglichst weit in den Mai hinein verzögert. Dadurch ist die Gefahr von Spätfrösten verringert. Ein Obstbaum blüht meist 10–14 Tage lang, während die Einzelblüte nur 1–7 Tage – je nach Sorte und Witterung – geöffnet ist. Der Blühzeitpunkt hängt von der Obstart und Sorte ab. Im Februar/März und damit am frühesten blüht die Haselnuß, dann folgen Aprikose, Pfirsich, Stachelbeere, Pflaume, Kirsche, Johannisbeere, Birne, Apfel, Walnuß, Erdbeere, Quitte und Himbeere, Kiwi und Wein.

Verschiedene Obstbäume neigen dazu, in einem Jahr reich zu tragen, wogegen im folgenden Jahr der Ertrag gleich Null ist. Man nennt dies Alternanz. Die Bäume scheinen sich bei reichem Fruchtbehang so sehr zu erschöpfen, daß der Blütenansatz (Juni bis August) unterbleibt. Besonders Apfelsorten wie 'Boskoop', 'Berlepsch', 'Cox Orange', 'Glockenapfel', 'Goldparmäne' und 'Gravensteiner' schwanken im Ertrag, während 'Klarapfel', 'Stark Earliest', 'Mantet', 'James Grieve', 'Golden Delicious', 'Prinz Albrecht von Preußen' 'Jonathan' und andere wesentlich regelmäßiger tragen.

Man kann auch feststellen, daß Bäume, die in dem einen Jahr mittelstark tragen, auch im folgenden wieder einen mittleren Ertrag bringen, immer vorausgesetzt, daß kein stärkerer Blütenfrost auftritt. Diese Beobachtung können wir uns im Garten zunutze machen, indem wir die Kronen gut auslichten, so daß es zu keinem Massenbehang kommen kann. Auch das Ausdünnen der Früchte an niedrigen Baumformen (Spindelbusch, Spalier) bei zur Alternanz neigenden Sorten dient einem möglichst regelmäßigen Ertrag.

Die Frucht, Lohn für unsere Arbeit

Gewiß, wir freuen uns an der Obstblüte, wären aber dann doch enttäuscht, wenn die Sträucher und Bäu-

Wem würde da nicht das Wasser im Mund zusammenlaufen? Schattenmorellen-Ernte von einem Spalier an der Südwand.

WIE OBSTBÄUME WACHSEN

Scheinfrucht sagt der Botaniker geringschätzig zur Erdbeere. Doch was tut's? Wir jedenfalls freuen uns über das leuchtende Rot und das Aroma. Die Früchte sind die kleinen Nüßchen auf der Oberfläche.

me nicht auch anschließend tragen würden. Dies ist dann der zweite Höhepunkt im Obstjahr, wenn aus den Blättern die Früchte farbenfroh herausleuchten.

Sobald die Blütenblätter fallen, hat die Natur ihr Ziel erreicht: die Erhaltung der Art ist gesichert. Nachdem die Eizelle befruchtet ist, beginnt diese sich zu teilen. Es bildet sich der Embryo mit Wurzelanlage und den Keimblättern. Er wird von einem Nährgewebe und einer Samenschale umgeben. Erst wenn wir das Samenkorn, bei einigen Obstarten den Stein oder die Nuß, in die Erde legen, wenn Wasser, Luft und Wärme hinzukommen, beginnt sich das junge Leben zu regen, beginnt eine neue Pflanze zu wachsen.

Als Frucht wird dagegen das Gebilde bezeichnet, das nach der Befruchtung aus dem Fruchtknoten hervorgeht und meist den oder die Samen umschließt, z. B. bei Johannisbeere, Stachelbeere, Kiwi, Heidelbeere. Die köstliche Frucht der Erdbeere tut der Botaniker geringschätzig als »Scheinfrucht« ab, weil sich hier »nur« der Blütenboden fleischig entwickelt hat; die echten Früchte sind die einzelnen, kleinen Nüßchen, die sich etwas eingesenkt auf der Oberfläche befinden.

Erdbeere, Himbeere und Brombeere sind Sammelfrüchte, weil sie aus vielen einzelnen Nuß- bzw. Steinfrüchten bestehen, die von Fruchtfleisch umgeben sind. Sie gehen aus vielen Fruchtknoten einer Blüte hervor. Bei Äpfeln, Birnen und Quitten ist nur das Kerngehäuse aus dem Fruchtknoten entstanden. Was wir bei diesen Obstarten essen bzw. verwerten, hat sich aus dem Blütenboden entwickelt. Die Früchte von Kirsche, Zwetsche, Pfirsich und Aprikose entstehen dagegen direkt aus dem Fruchtknoten. Es sind dies Steinfrüchte mit einer harten inneren Fruchtwand (Stein), die den Samen umgibt, und der fleischig ausgebildeten äußeren Fruchtwand, auf die wir Wert legen. Bei Walnuß und Haselnuß ist ebenfalls die den Samen umgebende Fruchtwand hart; hier essen wir aber ausnahmsweise die Samen.

Damit sich eine Frucht bilden kann, ist eine Bestäubung mit nachfolgender Befruchtung der Eizelle Voraussetzung. Es können sich aber auch ohne Befruchtung und Samenbildung Früchte entwickeln. Man spricht in diesem Fall von Jungfernfrüchtigkeit oder Parthenokarpie. Dies kommt vor allem bei Birnen vor.

Pfirsiche, Aprikosen und Quitten sind selbstfruchtbar (selbstfertil), d. h. hier ist zur Befruchtung kein Blütenstaub einer anderen Sorte nötig. Dies gilt auch für die meisten Sauerkirschen-, Pflaumen- und Zwetschensorten, sowie für Haselnuß, Walnuß und für das Beerenobst. Alle Apfel-, Birnen-, Süßkirschen- sowie einige Sauerkirschen- und Pflaumensorten sind dagegen selbststeril, d. h. nicht selbstfruchtbar. Bei ihnen ist nur der Pollen anderer Sorten befruchtungsfähig. Auf Einzelheiten wird bei den einzelnen Obstarten (siehe ab S. 58) hingewiesen.

Übrigens, es brauchen sich bei weitem nicht alle Blüten zu Früchten ausbilden. Wenn sich bei einer mittleren Apfel- oder Birnenblüte nur 5 %, beim Steinobst 25 % aller Blüten zu Früchten entwickeln, ergibt das eine Vollernte. Ein noch größerer Fruchansatz ist uns gar nicht willkommen, denn er würde sich bei manchen Sorten nachteilig auf den nächstjährigen Ertrag auswirken. Nach der Blüte fallen die nicht oder ungenügend befruchteten Blüten ab. Außerdem tritt beim Kernobst der sogenannte Junifall ein, bei dem sich der Baum überschüssiger Früchte entledigt; dies ist eine ganz normale Erscheinung, die wir alljährlich im Juni/Juli beobachten können. Der Baum reguliert sich also selbst.

Bald nach der Befruchtung entwickeln sich die Früchte durch starke Zellteilung. Verständlich, daß der Baum gerade zu dieser Zeit vermehrt Nährstoffe (siehe S. 54 ff.), vor allem Stickstoff, benötigt. Diese Phase dauert ab Befruchtung etwa 4 Wochen, sie spielt sich also von Mai bis in den Juni hinein ab. Von da ab nimmt die Fruchtgröße ständig zu, wobei den Sommer über vor allem reichlich Kohlenhydrate (Photosynthese) vorhanden sein müssen, während Stickstoff mit zunehmender Fruchtreife nicht mehr benötigt wird.

'Prinz Albrecht von Preußen', eine Sorte so richtig für den Haus- und Kleingarten: Nicht schorfanfällig, reichtragend, und dies fast jedes Jahr.

OBSTANBAU IM GARTEN

Die verschiedenen Stammhöhen

Die Obstgehölze werden nicht nur in verschiedenen Sorten und auf verschiedenen Unterlagen veredelt, sondern auch mit unterschiedlichen Stammhöhen angeboten. Wir können in der Baumschule Halb- und Hochstämme kaufen, ebenso aber auch Buschbäume und Spindelbüsche. Jede dieser Baumformen hat ihre Vor- und Nachteile. Für die Auswahl ist entscheidend, wohin wir den betreffenden Baum pflanzen wollen und wieviel Platz wir zur Verfügung haben.

Der Hoch- und Halbstamm

Die Stammhöhe beträgt beim Hochstamm 1,60–1,80 m (auf Wunsch in manchen Baumschulen auch bis 2 m hoch erhältlich), beim Halbstamm

Stammhöhen der verschiedenen Baumformen, wie sie von Baumschulen und Garten-Centern angeboten werden.

1,00–1,20 m. Dies sind die klassischen Baumformen, die früher – von strengen Formspalieren abgesehen – fast ausschließlich verwendet wurden. Heute pflanzen wir Halb- und Hochstämme im Haus- und Kleingarten vorwiegend aus gestalterischen Gründen, etwa anstelle eines großkronigen Ziergehölzes, denn ein großer Apfel- oder Birnbaum steht einem Ziergehölz bezüglich Schönheit in nichts nach. Denken wir nur an die Blüte im Frühjahr, an das schattenspendende Laubdach während der heißen Sommermonate, an die sich unter der Fruchtlast biegenden Äste im Herbst und das malerische verschneite Astwerk während der Wintermonate. Das gleiche gilt auch für einen Süßkirsch- oder Walnußbaum, wenn auch bei letzterem die Blüte keine Fernwirkung hat. Alle diese Obstarten können wir als Hochstamm an die Terrasse oder an eine andere markante Stelle pflanzen. Ganz besonders im Alter bieten sie dann einen malerischen Anblick. Auch im Kleingarten sind solche Baumformen – mit Ausnahme der Walnuß, weil diese im Alter den halben Garten beschatten würde – als Hausbaum geeignet.

Als Hochstamm ergibt die Zwetsche bzw. Pflaume einen günstigen Schattenspender am Kompostplatz. In einem Reihenhausgarten mit nur 6 m Breite kann sie als optischer Schwerpunkt an der Terrasse oder im hinteren Drittel des Gartens stehen. An all diesen Stellen hat der Hochstamm den Vorteil, daß wir uns bequem unter seiner Krone bewegen können. Manchmal genügt aber auch der Halbstamm für die genannten Zwecke, der die meistverwendete Baumform besonders bei Pflaume, Zwetsche, Reneklode und Mirabelle, aber auch bei der Süßkirsche ist.

Nach wie vor sollten Hoch- und Halbstämme vor allem auch im bäuerlichen Garten gepflanzt werden. Unter den hochstämmigen Kronen kann das Vieh weiden und man kann mit der Sense oder Maschine mähen. Obstgärten mit Hoch- und Halbstämmen gehören zum ländlichen Ortsbild wie Kirche und Wirtshaus. Sie umgeben die Dörfer wie ein grüner Gürtel. Wo der Bestand lückig wird, sollte nachgepflanzt werden, denn ohne Obstbäume wäre unsere Landschaft um vieles ärmer. Leider mußten in den letzten Jahrzehnten viele Obstalleen entlang der Straßen gefällt werden. Die Straßen wurden verbreitert und begradigt, sie wurden schneller, aber auch langweiliger. Vielleicht läßt sich hier in Zukunft das althergebrachte Bild erneuern. Denn Obsthochstämme entlang der Straßen (Sachsen, Thüringen . . .!) geben einer ganzen Gegend ein unverwechselbares Gepräge.

Der Buschbaum

Mit einer Stammhöhe von nur 40–60 cm ist der Buschbaum im Haus- und Kleingarten vor allem für Sauerkirsche und Pfirsich empfehlenswert. Beide Obstarten bleiben verhältnismäßig kleinkronig, nehmen also als Buschbaum nicht viel Platz in Anspruch. Außerdem erfordern sie einen jährlich scharfen Schnitt, der am Buschbaum mit geringer Stammhöhe bequem durchzuführen ist; das gleiche

STAMMHÖHEN

gilt für die Ernte. Bei der Sauerkirsche kommt noch hinzu, daß wir kleinere Bäume zur Erntezeit mit Netzen verhältnismäßig leicht gegen Amseln, Stare und Wacholderdrosseln schützen können.

Von Buschbäumen der übrigen Obstarten im Liebhabergarten möchte ich dagegen abraten. Zum einen, weil sie verhältnismäßig viel Platz benötigen, vor allem aber, weil wir uns wegen der geringen Stammhöhe unter solchen Bäumen nicht bewegen können.

Der Spindelbusch

Der Spindelbusch ist mit einer Stammhöhe von nur 40–60 cm die moderne Baumform schlechthin, zumindest bei Apfel und Birne, neuerdings auch bei Pflaume, Zwetsche, Mirabelle, Reneklode, Sauerkirsche und sogar Süßkirsche. Er ist für den kleinen Garten geradezu ideal, eignet sich aber ebensogut für mittlere und große Gärten. Wir verwenden diese Baumform, wenn wir im Nutzgartenteil entlang des Zaunes eine Reihe reichtragender Obstbäumchen pflanzen wollen, oder auch als einzelstehendes Bäumchen in einem kleinen Reihenhausgarten. Ja, Spindelbüsche blühen und fruchten sogar, wenn sie in einen großen Topf gepflanzt auf der Terrasse oder auf dem Balkon aufgestellt werden (siehe S. 22). Im Kleingarten wird diese Baumform gerne benutzt, um entlang der Parzellengrenze einen fruchttragenden Sicht- und Windschutz zu erzielen.

Der zeitlebens kleinbleibende Spindelbusch – er ist auf besonders schwachwachsende Unterlagen veredelt – trägt im Gegensatz zum Hoch- und Halbstamm zwar oft »nur« 10 kg, vielfach jedoch 20–30 kg und mehr. Doch dies genügt für den eigenen Haushalt. Im Gegenteil, bei Hoch- und Halbstämmen wissen wir oft nicht wohin mit dem Erntesegen. Da wir wegen des geringen Platzbedarfs an die Stelle eines einzigen großkronigen Hoch- und Halbstammes 8 bis 10 Spindelbüsche, also auch verschiedene Sorten, pflanzen können, reifen die Früchte bei richtiger Wahl nacheinander und können problemlos im eigenen Haushalt verbraucht werden.

Ein weiterer Vorteil: alle anfallenden Pflegearbeiten können an den kleinbleibenden Spindelbüschen bequem durchgeführt werden: der Schnitt, die Schädlingsbekämpfung, die Ernte. Dies alles macht so richtig Spaß, denn wir brauchen dazu keine hohe Leiter. Meist können wir vom Stand aus ernten bzw. es genügt ein Hocker oder eine niedrige Haushaltsstaffelei.

Außerdem können wir die kleinen Bäumchen im Vorbeigehen im Auge behalten, so daß es kaum zu einem unbemerkten Auftreten von Schädlingen und Krankheiten kommen kann, bzw. wir können durch genaues Beobachten mit einer Spritzung solange warten, bis diese wirklich nicht mehr zu umgehen ist.

Entscheidend für den Erfolg mit Spindelbüschen ist eine schwachwachsende Unterlage. Während Hochstamm, Halbstamm und Buschbaum in der Baumschule auf einen Sämling der betreffenden Obstart bzw. auf eine andere, stärkerwachsende Unterlage veredelt werden, eignet sich für den Apfel-Spindelbusch nur eine schwachwachsende Typenunterlage (siehe S. 60), für die Birne nur die Quitte.

Statt die Spindelbüsche einzeln oder in einer Reihe zu pflanzen, können wir mit dem gleichen Pflanzmaterial auch eine schmale Obsthecke ziehen oder sie als Spalier an die Hauswand pflanzen.

Der Spindelbusch, die ideale Baumform für den Garten. Der Ertrag beginnt bereits 1 Jahr nach der Pflanzung, Schnitt und Ernte sind ein Vergnügen.

OBSTANBAU IM GARTEN

Die Obsthecke

Statt einer Reihe Spindelbüsche können wir entlang der Nachbargrenze auch eine Obsthecke ziehen. Ernte und Sichtschutz lassen sich auf diese Weise gut kombinieren. Außerdem wird noch weniger Platz benötigt, weil wir durch Schnitt dafür sorgen, daß sich die Äste nur nach 2 Seiten hin entwickeln. Diese Erziehungsform ist also für schmale Reihenhaus- aber auch für Kleingärten ideal. Ein weiterer Vorteil: Die Früchte bekommen besonders viel Sonne.

Spindelbüsche gefallen mir allerdings besser, aus rein optischen Gründen. Dies sind richtige nette kleine Bäumchen, eine Obsthecke aber ist eine grüne Wand. Zur Blütezeit färbt sie sich zwar weißlich-rosa, und der herbstliche Fruchtbehang kann sich sehen lassen, aber – es bleibt eben eine Wand. Leicht ironisch könnte man auch sagen: wer seinen Nachbarn gerne sieht, pflanzt Spindelbüsche, ist dem nicht so, schirmt man sich mit einer Obsthecke ab!

Doch zur Sache: Für eine Obsthecke verwenden wir das gleiche Pflanzmaterial wie beim Spindelbusch, also ein- bis zweijährige Veredlungen auf schwachwachsender Unterlage. Für das Gerüst schlägt man mindestens alle 5 m Holzpfähle ca. 60 cm tief in den Boden. Sie sollten etwa 2,80 m lang sein und einen oberen Durchmesser von 10–12 cm haben. Die Endpfähle werden schräg nach außen gestellt und mit einem Schraubenanker fest verspannt. Die Drähte zieht man in Höhen von 0,60 m, 1,10 m, 1,60 m und 2,10 m über dem Boden mit Hilfe von Drahtspannern fest. Anstelle von Holzpfählen können auch Eisenrohre in den Boden einbetoniert werden.

In kleineren Gärten empfiehlt sich aus gestalterischen Gründen eine geringere Höhe, etwa 1,60 m. Die Pfähle brauchen dann nur ca. 2,30 m lang zu sein. Der erste verzinkte Draht wird 50 cm über dem Boden gespannt; in Abständen von 50 cm folgen zwei weitere. Wenn möglich, sollte ein solches Spaliergerüst wegen der besseren Besonnung in Nord-Süd-Richtung erstellt werden. Doch auch Gartenfreunde mit einer Obsthecke in Ost-West-Richtung sind damit sehr zufrieden. Der Abstand von Baum zu Baum sollte etwa 2,50 m betragen.

Das Obstspalier

Ein Spalier bezieht das Haus unmittelbar in den Garten mit ein. Ein von Spalierbäumen umgebenes Haus verbreitet eine gemütliche Note, es ist einladend. Dörfer werden durch Obstspaliere liebenswert, mehr noch als durch Blumenschmuck. Hinzu kommt, daß sich gerade in rauheren Gebieten manche Obstart oder -sorte überhaupt nur als Wandspalier erfolgreich ziehen läßt. Die Früchte reifen an der warmen Hauswand aus, werden süß und aromatisch. Vor allem für anspruchsvolle Birnensorten, für Pfirsich, Aprikose, Sauerkirsche und Wein ist eine sonnige Hauswand der ideale Platz.

Neben dem Wohnhaus bieten sich die Wände einer Garage, Werkstatt, Stal-

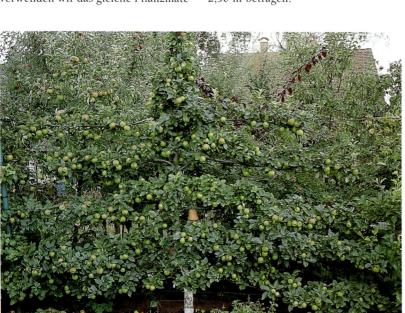

Obsthecke der Sorte 'Goldparmäne'.
Der Behang ist kaum mehr steigerungsfähig.
Ein Blumentopf, mit Holzwolle gefüllt, dient Ohrenhöhlern als Schlafplatz.

OBSTSPALIER

Eine Obsthecke für handtuchartig schmale Gärten. Durch richtigen Schnitt entwickeln sich die Fruchtäste nur nach 2 Seiten.

lung oder eines Geräteschuppens hierfür an. Birne, Pfirsich, Aprikose, Sauerkirsche und Wein pflanzen wir an die Süd-, Südwest- oder Südostwand, während eine Westwand mit einer frühen Birnensorte bekleidet werden kann.

Damit die Äste den nötigen Halt bekommen, ist ein Spaliergerüst nötig. Es wird meist aus gehobelten Latten erstellt. Dabei genügt es, wenn die Latten etwa 4 cm breit und 1,5 cm stark sind. Ihre Länge – meist 3–4 m – richtet sich nach der Hauswand.

Die Längslatten werden im Abstand von 50 cm angebracht. Dabei unterlegt man sie je laufenden Meter mit einem Holzklötzchen – einem Lattenstück von 10 cm Länge – und befestigt die Längslatte an diesen Stellen mit genügend langen, in das Mauerwerk hineinreichenden Nägeln. Auf diesen Längslatten werden, verteilt auf die Mauerfläche, einige Querlatten mit schwächeren, kürzeren Nägeln angebracht.

Es gibt auch andere Möglichkeiten, um ein Spaliergerüst anzubringen, z. B. mit nur zwei gut im Mauerwerk befestigten kräftigen Querlatten, auf denen im Abstand von 50–60 cm schwächere Längslatten befestigt werden. Das Spaliergerüst sollte von der Wand 5–10 cm Abstand haben, damit die Luft gut zirkulieren kann.

Wer es noch einfacher machen will und auf die hübsche grafische Wirkung – vor allem auch im Winter – eines gut gestalteten Spaliergerüsts keinen Wert legt, bringt im Bereich der stärkeren seitlichen Äste einige Dübel mit Ringschrauben o. ä. an. Auch dies genügt, damit das Obstspalier an der Wand festgehalten wird.

Bei Pfirsich, Aprikose, Sauerkirsche und Wein eignen sich alle Sorten auch für Wandspaliere. Bei Birnen bevorzugen wir dagegen Sorten, die willig kurzes Fruchtholz bilden, wie 'Frühe von Trévoux', 'Williams Christ', 'Gute Luise', 'Vereinsdechantsbirne', 'Alexander Lucas', 'Gräfin von Paris', 'Madame Verté', 'Josefine von Mecheln'.

Äpfel sind bei weitem nicht so gut geeignet für eine Wandbepflanzung als Birnen; sie lieben mehr Luftfeuchtigkeit und Luftbewegung. Von der Fruchtholzbildung her gesehen eignen sich 'Klarapfel', 'Stark Earliest', 'Mantet', 'Gravensteiner', 'Landsberger Renette', 'Ontario', 'Ananasrenette', 'Zuccalmaglio', vor allem aber 'Weißer Winterkalvill' (siehe S. 64). Letztgenannte Sorte sollte wegen ihrer Schorfempfindlichkeit überhaupt nur als Wandspalier gezogen werden.

Erziehung von Obstspalieren

Obstbäume an Hauswänden können als locker aufgebautes Spalier, als naturgemäßes Fächerspalier oder als strenges Formspalier gezogen wer-

Kunstvoll gezogenes Birnspalier von starker grafischer Wirkung.

OBSTANBAU IM GARTEN

den. Die beiden erstgenannten Methoden erfordern weniger Kenntnisse und machen vor allem auch weniger Arbeit. Das Fruchtholz ist allerdings etwas ungleichmäßiger verteilt und steht meist etwas weiter von der Hauswand ab, als dies bei einem strengen Formspalier der Fall ist.

Ein locker aufgebautes oder ein Fächerspalier braucht eine größere Wandfläche zur freien Entfaltung, vor allem, wenn eine starkwüchsige Sämlingsunterlage verwendet wurde. Besonders unter ungünstigeren klimatischen Verhältnissen – richtige Sortenwahl und richtiger Schnitt vorausgesetzt – bringen aber naturgemäß gezogene Spaliere regelmäßige Erträge und ebenso schönes Obst wie ein einwandfrei behandeltes Formspalier.

Das locker aufgebaute Spalier

Wir verwenden dazu 1–2jährige Veredlungen auf schwachwachsenden Unterlagen bzw. auf starkwachsenden, wenn eine größere Wandfläche bedeckt werden soll. Bei einer 2jährigen Veredlung werden die untersten beiden Seitentriebe in flachem Winkel an das Spaliergerüst geheftet und der Mitteltrieb etwa 50 cm darüber abgeschnitten.

Ein locker gezogenes Spalier macht wenig Arbeit. Durch Schnitt sorgen wir lediglich dafür, daß sich das Fruchtholz nicht zu weit nach vorne entwickelt.

Das recht natürlich wirkende Fächerspalier eignet sich vor allem für die eigenwillig wachsende Aprikose, aber auch für Pfirsich und Sauerkirsche.

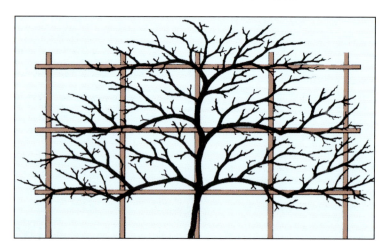

Auf diese Weise treibt die Mitte kräftig durch, und es entstehen unmittelbar unterhalb der Schnittstelle am Stamm mehrere Triebe, von denen die 2 geeignetsten wiederum zu beiden Seiten an die nächstfolgende waagrechte Spalierlatte angeheftet werden. Im Frühjahr darauf schneiden wir erneut nur die Stammverlängerung auf 50 cm über der 2. Astserie zurück, damit die nächstfolgenden Seitenäste entstehen können. So entwickelt sich ein locker aufgebautes Obstspalier, bei dem nur auf den Seitenästen sehr steil bzw. zu dicht stehende Triebe an der Ansatzstelle entfernt werden. Diese Spalierform ähnelt zwar im Aussehen dem strengen Formspalier, entspricht aber vom geringen Arbeitsaufwand her dem Fächerspalier.

Das Fächerspalier

Es bedeckt die Wandfläche recht unregelmäßig. Die Pflanzware ist die gleiche wie bereits beschrieben, nur wird hier der Mitteltrieb nicht gerade belassen und eingekürzt, sondern in eine schräge oder beinahe waagrechte Lage gebunden. Durch das Umbiegen des Mitteltriebes wird dessen Triebkraft gebremst und die Entwicklung von Fruchtholz gefördert.

Es bilden sich aber an der Biegungsstelle auch kräftige, senkrecht stehende Holztriebe. Diese dürfen nicht eingekürzt werden. Wir binden sie vielmehr links oder rechts am Spaliergerüst oder an waagrecht gespannten Drähten an, ganz so, wie es der vorhandene Platz erlaubt. Dabei werden diese kräftigen Triebe in eine schräge oder waagrechte Lage gebracht bzw. bogenförmig umgelegt. Sollten zu viele derartig stark wachsende Triebe vorhanden sein, oder sind sie zu sehr nach vorne gerichtet, so schneiden wir sie dicht an der Entstehungstelle weg. Wie bereits erwähnt, dürfen diese Triebe nicht eingekürzt werden, weil sich sonst aus den verbleibenden Augen zahlreiche kräftige Holztriebe entwickeln würden. Die Folge wäre Besenbildung, Holzproduktion, aber geringe Fruchtbarkeit.

Eingekürzt braucht bei einem Fächerspalier überhaupt nichts zu werden, es sei denn, wir stellen fest, daß die unteren Augen der waagrecht bzw. bogenförmig gebundenen Triebe nicht austreiben und sich an diesen Stellen kein Fruchtholz entwickelt. In solchen Fällen kürzen wir die Triebe um etwa 1/4–1/3 ihrer Länge ein und erreichen dadurch den Durchtrieb aller Augen.

Die weitere Behandlung eines Kernobst-Fächerspaliers ist recht einfach: Zu dicht stehende oder weit nach vorne wachsende Zweige werden ausgelichtet, keinesfalls aber eingekürzt. Beim Aufbau eines solchen Spaliers sorgen wir vor allem dafür, daß die Wandfläche möglichst gleichmäßig bekleidet wird. Je stärker ein Trieb wächst, desto mehr müssen wir ihn waagrecht binden. Dadurch wird die Triebkraft gebremst und die Bildung von kurzem Fruchtholz gefördert. Diese Arbeit erfolgt am besten im Juli/August, weil zu diesem Zeitpunkt die Triebe noch weich sind und sich in jede Lage fügen.

Geradezu ideal eignen sich Pfirsich, Aprikose und Sauerkirsche für ein frei gezogenes Fächerspalier.

Der Pfirsich wird für diesen Zweck als einjährige Veredlung gepflanzt. Nachdem sich im ersten Jahr bereits genügend Seitentriebe bilden, wird der Mitteltrieb herausgeschnitten und die übrigen Triebe fächerförmig am Spaliergerüst angeheftet.

Während es bei Kernobstspalieren auf eine möglichst gleichmäßige Bekleidung aller stärkeren Triebe mit kurzem Fruchtholz ankommt, ist beim Pfirsich darauf zu achten, daß entlang der Hauptäste möglichst gleichmäßig verteilt kräftige Jungtriebe gebildet werden. Dies sind wahre Fruchttriebe, an denen Blüten und Früchte entstehen, gleichzeitig aber auch genügend Blätter. Nachdem der Pfirsich nur an einjährigen Trieben trägt, ist durch entsprechenden Schnitt dafür zu sorgen, daß entlang der fächerartig verteilten Äste alljährlich neue wahre Fruchttriebe entstehen (siehe S. 44).

Der Aprikosenbaum ist für das locker an der Hauswand verteilte Fächerspalier wie geschaffen. Sein Wuchs ist eigenwillig, deshalb ist er als Formspalier ohnehin nicht geeignet. Die Fächerform ermöglicht dem Baum dagegen eine freie und gesunde Entwicklung und benötigt wenig Schnitt. Holztriebe, die auf der Oberseite eines Bogens entstehen, werden nach der anderen Seite hin umgebogen bzw. dorthin, wo sie gerade Platz haben. Zu starke und steil nach oben schießende Holztriebe werden ganz weggeschnitten, ebenso, wenn es zu viele sind. Mit der Fächerform kann eine Wandfläche von 5 m Breite und 3 m Höhe mit einem einzigen Baum bekleidet werden. In dieser Form gezogen leiden außerdem Aprikosen am wenigsten unter Harzfluß und können am zusagenden Standort 30–40 Jahre alt werden, ja sogar ein hohes Menschenalter erreichen. Von einem voll entwickelten Baum kann man in einem guten Jahr bis zu 1 Zentner köstlicher Aprikosen ernten.

Die Sauerkirsche kann an der Hauswand sowohl als Fächerspalier gezogen werden, ebenso auch als locker aufgebautes Spalier: Mittelstamm und nach beiden Seiten verteilte waagrechte Äste, an denen sich die Fruchttriebe befinden. Der Abstand der Äste soll bei der Sauerkirsche allerdings etwas reichlicher bemessen werden, etwa 60–80 cm, damit die längeren Fruchttriebe gut dazwischen Platz haben. Vor allem die Sorte 'Schattenmorelle' eignet sich für ein Wandspalier ausgezeichnet, da bei ihr ohnehin jedes Jahr nach der Ernte ein Rückschnitt auf Jungtriebe vorgenommen wird. Wie der Pfirsich trägt auch sie vorwiegend an den einjährigen Trieben (siehe S. 43). Unterbleibt dieser Schnitt, gleicht der Baum bald einer „Trauerweide".

Das strenge Formspalier

Heute wird vieles, was längst vergessen schien, wieder modern. So auch streng gezogene Formobstbäume, die zwar viel Arbeit verursachen, andererseits aber dem Haus und Garten eine

Wer Freude an strengen Formen und genügend Zeit hat, kann es mit einem Formspalier versuchen.

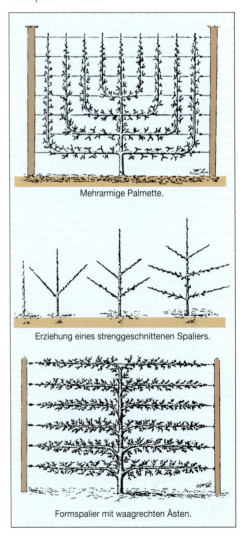

Mehrarmige Palmette.

Erziehung eines strenggeschnittenen Spaliers.

Formspalier mit waagrechten Ästen.

OBSTANBAU IM GARTEN

persönliche Note geben. Hauswände lassen sich auf diese Weise mit geometrischen Astformen bekleiden und, was die viele Schnittarbeit betrifft . . . nun, mancher Hobbygärtner möchte in der zunehmenden Freizeit beschäftigt sein, zumal wenn er nur einen kleinen Garten besitzt.

Beim Kernobst-Formspalier – Steinobst ist für diese Spalierform nicht geeignet – wird ein Sommer- und ein Winterschnitt durchgeführt, wobei der Sommerschnitt besonders wichtig für den gewünschten Aufbau des Spaliers ist. Durch den Schnitt werden die Äste des Formbaumes ziemlich gleichmäßig mit kurzem, reichbeblättertem Fruchtholz bekleidet und die Assimilationstätigkeit der Blätter gefördert. Obwohl beim strengen Formspalier fast nur halb so viele Blätter wie bei einem normalen Baum vorhanden sind, ist die Blatt- und damit die Assimilationsfläche nur um etwa $1/5$ geringer. Der Grund: Die Einzelblätter sind beim Formbaum mit klassischem Fruchtholzschnitt beinah 1,5mal so groß wie bei der frei entwickelten Naturkrone. Dadurch entsteht ein Übergewicht an Assimilaten gegenüber den das Triebwachstum fördernden Stoffen, so daß es im Laufe des Sommers zur Umbildung von Holzknospen in Blütenknospen kommt.

Dies funktioniert allerdings nur, wenn für streng gezogene Formobstbäume schwachwüchsige Sorten verwendet werden, die auf schwachwachsender Unterlage veredelt sind. Ist dies nicht der Fall, dann können wir durch klassischen Fruchtholzschnitt wohl die strenge Baumform heranziehen, aber die erwünschte Fruchtbarkeit wird nicht erreicht. Der Grund liegt darin, daß die Zufuhr von in Wasser gelösten Nährstoffen bei weitem die in den Blättern erzeugten Assimilate überwiegt, die außerdem durch starkes Triebwachstum verbraucht werden und deshalb nicht mehr für die Ausbildung von Blütenknospen zur Verfügung stehen.

Winterschnitt

Er wird erst nach dem Ende der größten Kälte ausgeführt, weil sonst die Endknospen beschädigt werden könnten. Dabei schneiden wir die Fortsetzung des Stammes und der Spalieräste soweit zurück, daß alle Augen austreiben und die Äste möglichst gleichmäßig mit Fruchtholz garniert werden.

Apfelspalier 'Weißer Winterkalvill' im Garten des Verfassers. Pflanzung: Frühjahr 1988, Aufnahme: Frühjahr 1993, also nach 5 Standjahren an der Ostseite des Hauses.

Über die richtige Stärke des Rückschnitts kann keine genaue Angabe gemacht werden, sie schwankt je nach Sorte, Boden, Düngung usw. Wir brauchen aber nur zu beobachten: Haben nach dem letztjährigen Schnitt nicht alle Augen ausgetrieben, ist also der untere Teil der Verlängerungstriebe kahl geblieben, so muß diesmal stärker zurückgeschnitten werden. Ist dagegen aus allen Knospen ein Austrieb erfolgt und war dieser teilweise sogar zu stark, so genügt ein mäßiger Rückschnitt.

Der Rückschnitt erfolgt möglichst über einem nach vorne stehenden Auge. Bei mehrarmigen Formbäumen schneiden wir außerdem so, daß anschließend die einzelnen Äste gleich lang sind. Damit auch die im unteren Bereich vorhandenen Augen von aufrecht oder schräg gezogenen Spalierästen gut austreiben, bringen wir über diesen mit der Hippe oder einem anderen Messer halbmondförmige Einschnitte bis in das Splintholz an, also etwa 0,5 cm tief. Dadurch kommt es an dieser Stelle zum Stau des im Holz-

Sommerschnitt:
1 Erstes Entspitzen,
2 a und 2 b Zweites Entspitzen,
3 Sommerschnitt an einem »Hirschgeweih«.

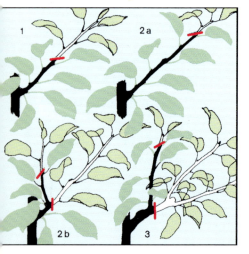

OBSTSPALIER

Derselbe Baum im Herbst 1995 mit reichem Behang, ohne Schorfbefall, da unter Vordach. Während sich Äpfel nicht als Wandspalier eignen, wäre für diese Sorte eine Südwand sogar der ideale Platz.

teil von den Wurzeln nach oben verlaufenden Nährstoffstromes. Die Folge: Das Auge treibt aus.

Im Frühjahr wird der aus dem obersten Auge jedes eingekürzten Verlängerungstriebes entstandene Neutrieb an die Spalierlatte angebunden, sobald er etwa 20 cm lang geworden ist. Wachsen gleichwertige Äste ungleich, so werden die stärkerwachsenden Astverlängerungen zugunsten der schwächerwachsenden entspitzt. Im übrigen ist bei Spalieren darauf zu achten, daß die weiter unten am Stamm befindlichen Äste immer länger sind als die weiter oben angesetzten. Je höher sich nämlich Triebe an einem Baum befinden, desto mehr werden sie im Wachstum gefördert, weil die im Saft gelösten Nährstoffe nach oben steigen.

Sommerschnitt

Neben Fruchtholz entwickeln sich entlang der einjährigen Astverlängerungen, also den Trieben, die im vorigen Jahr entstanden sind, zahlreiche Holztriebe. Sie müssen in kurzes Fruchtholz umgewandelt werden, damit die gewünschte strenge Baumform entsteht. Dazu entspitzen (pinzieren) wir die jungen grünen Holztriebe, sobald sie etwa 20 cm lang geworden sind, durch Auskneifen der Triebspitze auf etwa 3–4 gut entwickelte Blätter. Dieses Entspitzen erfolgt nicht unmittelbar am Blatt, sondern etwas darüber (siehe Zeichnung 1, Seite 20).

Auf das erste Entspitzen hin reagiert der Baum mit erneuter starker Holztriebbildung: Aus den oberen 1–3 Augen der entspitzten Triebe entwickeln sich neue Triebe. Ist nur aus dem obersten Auge ein Trieb entstanden, so wird dieser jetzt auf 2 Blätter über der Entstehungsstelle entspitzt, sobald er an die 20 cm lang geworden ist (siehe Zeichnung 2 a, Seite 20). Treiben dagegen nach dem ersten Entspitzen aus mehreren oberen Augen Holztriebe aus, darf stets nur einer belassen werden, und zwar der unterste; andernfalls würde das Fruchtholz zu dicht. Die überzähligen Triebe werden also über dem unteren weggeschnitten, der verbleibende auf 2 Blätter eingekürzt (siehe Zeichnung 2 b).

Holztriebe, die während des Frühsommers auf mehrjährigem Fruchtholz entstehen, kürzen wir stärker ein, weil sonst das Fruchtholz zu weit von den Hauptästen abstehen und die klassisch strenge Form stören würde. Es genügt, wenn hier beim 2. Entspitzen nur 1 gutentwickeltes Blatt verbleibt. Sollte ein entspitzter schwacher Holztrieb keinen neuen Austrieb zeigen, so bleibt er während des 2. Entspitzens unberührt. Hier bildet sich vielfach aus dem obersten Auge eine Blütenknospe, zumindest aber bleibt der Trieb kurz.

Wichtig ist allgemein beim Entspitzen, daß die Triebe nicht länger als 20–25 cm, also nicht zu sehr verholzt sind. Sie müssen noch krautartig sein, weil sonst ihre Umwandlung in kurzes Fruchtholz nicht gelingt.

Wasserschosserartige Holztriebe, die auf der Oberseite von waagrecht oder schräg stehenden Spalierästen entstehen, schneiden wir bald nach ihrem Erscheinen unmittelbar am Ast ab. Es gelingt kaum, sie durch Sommerschnitt in Fruchtholz umzubilden. Nach dem Entfernen entstehen meist aus den an der Basis vorhandenen schlafenden Augen neue, schwächere Triebe, die mehr seitlich gerichtet sind und aus denen sich wie beschrieben Fruchtholz erzielen läßt.

Wenn dieser Sommerschnitt richtig durchgeführt wurde, gibt es im kommenden Winter nicht mehr viel zu tun. Das kurze Fruchtholz bleibt unberührt. Sollten sich aus dem Fruchtholz Holztriebe entwickelt haben, so werden diese im Winter jeweils bis auf den untersten entfernt und dieser auf 2 Augen eingekürzt.

Wenn an älteren Formobstbäumen das Fruchtholz zu dicht steht, wird es mit der Schere gelichtet. Auch wenn es durch falsche Behandlung zu lang geworden ist und zu weit von der Mauer wegsteht, verjüngen wir die »Hirschgeweihe« (siehe Zeichnung 3); wir schneiden so, daß das verbleibende Fruchtholz genügend Licht bekommt und möglichst nicht weiter als 15–20 cm über die Ebene der Äste hinausreicht.

Obstbäumchen in Töpfen

Eine Terrasse, die bisher ein langweiliger »Plattensee« war, läßt sich ohne allzugroßen Aufwand mit Kübelpflanzen und Obstspalieren an der Hauswand beleben. Erst dadurch wird sie zu einem erweiterten Wohnraum, in dem man sich wohl fühlt. Doch nicht nur Hochstämmchen von Fuchsien oder Wandelröschen, Oleander oder Engelstrompete eignen sich für große Holz- oder Tontöpfe, sondern ebenso Obstbäumchen. Diese Art des Obstbaus war bereits den Griechen und Römern bekannt und erlebte in der ersten Hälfte des vorigen Jahrhunderts einen Höhepunkt, um dann schließlich weitgehend in Vergessenheit zu geraten. Jetzt, da die Gärten klein geworden sind, erinnern wir uns an die Obstbaumzucht in Töpfen. Dabei geht es uns weniger um den Ertrag, der verständlicherweise nicht allzu groß sein kann, sondern vielmehr um die Schönheit solcher Bäumchen während der Blüte und im Fruchtschmuck. Topfobstbäumchen eignen sich sehr gut für einen Dach- oder Atriumgarten, für den Balkon oder ganz allgemein für die Terrasse, ganz gleich wie groß unser Garten auch immer ist.

Obstarten und -sorten für den Kübelobstbau

Am besten lassen sich hierfür Äpfel auf einer sehr schwachwachsenden Unterlage, also auf M 9, verwenden. Sorten auf der Apfelunterlage M 27 wachsen sogar noch wesentlich schwächer als die gleiche Kombination auf M 9. Birnen müssen auf Quitte veredelt sein. Pfirsiche und Aprikosen auf möglichst schwachwüchsiger Unterlage. Wer will, kann es auch mit Renekloden und Mirabellen versuchen. Bei der Sortenwahl ist zu beachten, daß sich spät tragende und allzu stark wachsende Sorten nicht eignen. Um die Wahl zu erleichtern, hier einige Sorten:

Apfel: 'Klarapfel', 'Stark Earliest', 'Mantet', 'James Grieve', 'Rubinette', 'Rote Sternrenette', 'Goldparmäne', 'Zuccalmaglio', 'Prinz Albrecht von Preußen', 'Orleans', 'Ontario' u. a.
Birne: 'Bunte Julibirne', 'Clapps Liebling', 'Williams Christ', 'Gute Luise', 'Vereinsdechantsbirne', 'Alexander Lucas', 'Madame Verté'.
Reneklode: 'Große Grüne Reneklode'.
Mirabelle: 'Mirabelle von Nancy'.

Kultur der Bäumchen

Wir können die Topfobstbäumchen selbst heranziehen, indem wir in der Baumschule einjährige Veredelungen der gewünschten Obstarten und -sorten kaufen. Wichtig für den Erfolg sind schwachwachsende Unterlagen. Nachdem die Wurzeln kurz zurückgeschnitten wurden, damit sich ein kleiner, aber dichter Wurzelballen bildet, pflanzen wir die Bäumchen mit etwa 50 cm Abstand für 1–2 Jahre auf ein Gartenbeet. Neben der üblichen Pflege kommt es vor allem darauf an, daß ein gleichmäßig mit seitlichen Trieben besetztes Bäumchen heranwächst, wobei die Triebe im flachen Winkel – Waagrechtbinden! – rund um den Stamm entstehen sollen.

Zum Eintopfen verwenden wir am besten Einheitserde. Die Wurzeln werden soweit zurückgeschnitten, daß sie im Pflanzgefäß gut Platz haben. Anfangs genügt ein Topf oder Holzkübel mit einem oberen Durchmesser von 25 cm und einer Höhe von 25–30 cm (für ca. 10 l Erde). Die nächsten Jahre wird in 20 l Gefäße umgepflanzt. Den Winter über stellen wir die Töpfe dicht nebeneinander und überschütten sie mit Laub.

Um den Nährstoffbedarf zu decken, geben wir im Frühjahr einen Langzeitdünger (z. B. Osmocote) nach Gebrauchsanweisung oder düngen die Obsttöpfe während der Hauptwachstumszeit bis Ende Juni alle 2–3 Wochen flüssig; also 20–30 g eines wasserlöslichen Volldüngers auf eine 10 l Kanne geben und damit die Töpfe durchgießen. Zusätzlich sollte bereits im März/April, zur Zeit des Austriebs, einmal gedüngt werden.

Meist werden wir auf eine Vorkultur verzichten und schon fertige Topfobstbäumchen in einer Baumschule oder in einem Garten-Center kaufen. Solche Zwergbäumchen tragen nicht nur früh, sondern meist auch erstaunlich reich. Außerdem werden die Früchte besonders schön ausgebildet und gefärbt. Auch ein Spritzen gegen Pilzkrankheiten (Schorf) ist kaum nötig, wenn wir die Bäumchen so stellen, daß sie gegen Regen weitgehend geschützt sind.

Übrigens, solch ein Topfobstbäumchen ist ein attraktives Mitbringsel, mit dem wir den Beschenkten überraschen können, vor allem, wenn bereits rotbackige Äpfel und Birnen daran hängen.

Topfobstbäumchen eignen sich für Terrasse und Balkon. Mit Früchten behangen sind sie ein Mitbringsel, das bestimmt Freude macht.

Die Baumschule, Kinderstube der Obstgehölze

Obstbäume kaufen wir in der Baumschule oder im Garten-Center. Nur in Ausnahmefällen werden wir die benötigten Bäume selbst heranziehen und wenn schon, dann mehr oder weniger aus Spaß am Veredeln. So wie Kinder in der Schule erzogen werden, so die Obstgehölze in der »Baum-Schule«, vom Samenkorn oder Abriß bis zum fertigen Baum.

Es beginnt mit der Aussaat oder mit Abrissen

Es wäre einfach, wenn wir Obstbäume genauso leicht aus Samen vermehren könnten wie etwa Blumen oder Gemüse. Doch die Erbanlagen der Obstsorten sind wegen der bei den meisten Arten vorherrschenden Fremdbefruchtung so uneinheitlich, daß sie aufspalten und dadurch neue Formen entstehen. Wenn wir also Apfelkerne der Sorte 'Goldparmäne' aussäen, so tragen die daraus heranwachsenden Bäume keine Goldparmäne-Äpfel, sondern die Früchte haben eine andere Form, eine andere Farbe und schmecken auch anders.

Es stimmt allerdings nicht, daß aus Samen nur minderwertige Apfelwildlinge entstehen, denn schließlich kennen wir eine ganze Reihe von wertvollen Sorten, die aus Zufallssämlingen entstanden sind. Unter einer großen Zahl von Nieten ist auch einmal ein Treffer, auf den aber weder der Baumschuler noch wir warten können. Das ist der Grund, warum die Sämlinge veredelt werden müssen. Nur einige Pfirsichsorten, wie 'Kernechter vom Vorgebirge', können durch Samen vermehrt werden. Aber auch dies ergibt keine völlig einheitliche Nachkommenschaft.

Obstbäume werden in der Baumschule meist durch Okulation veredelt. Hier das Einsetzen des Auges der Edelsorte in den Sämling/Typenunterlage.

Grundlage des starkwachsenden Obstbaums ist der Sämling. Dies ist die Unterlage, auf die später die gewünschte Sorte veredelt wird. Heute werden die Sämlinge aus Samen von solchen Sorten herangezogen, die trotz einer unvermeidlichen Mischerbigkeit relativ einheitlichen Wuchs zeigen. Nur Sorten mit zwei- oder vierfachem Chromosomensatz (diploide bzw. tetraploide Sorten) eignen sich für Sämlinge. Bei Apfel sind dies z.B. 'Bittenfelder Sämling' und 'Grahams Jubiläumsapfel'; bei Birne 'Kirchensaller Mostbirne', bei Pflaume der 'St.-Julien'-Sämling, usw.

Nach einer Spezialbehandlung des Saatgutes wird dieses ausgesät und weiterkultiviert, bis die Sämlinge nach einer Vegetationsperiode am Wurzelhals – dem Übergang von der Wurzel zum Trieb – 7–12 mm stark sind. Anschließend werden die Sämlinge aufgeschult, also in Reihen aufgepflanzt, und im kommenden August durch Okulation veredelt, d.h. es wird in die Unterlage ein Auge der Edelsorte eingesetzt.

Neben den Sämlingsunterlagen gibt es bei einigen Obstarten eine ganze Reihe von vegetativ, also ungeschlechtlich vermehrbaren Unterlagen. Diese sind zwar ursprünglich auch aus Sämlingen entstanden, unterscheiden sich aber von diesen erheblich, weil ihre Auslese im Hinblick auf Wuchsstärke und einfacher Vermehrungsmöglichkeit durch Abrisse, Ableger oder Absenker erfolgte. Die Nachkommen dieser äußerlich einheitlichen Unterlagen bezeichnet man als Typenunterlagen, wie sie besonders bei kleinkronigen Apfelspindelbüschen (siehe S. 15 und 60) eine große Rolle spielen. Sie wurden an der englischen Forschungsanstalt East Malling ausgelesen, auf ihre Eigenschaften hin geprüft und werden mit arabischen Zahlen (M 27, M 9, M 7 usw.) bezeichnet.

Läßt sich eine Unterlage auf eine einzige Mutterpflanze zurückführen, so spricht man von einem Klon, d.h. die Pflanzen eines Klons sind in den Erbanlagen völlig gleich. Bei Typenunterlagen können dagegen geringfügige Vermischungen vorkommen; Typenunterlagen müssen deshalb in den Baumschulen ständig auf Echtheit überprüft werden.

Auch die ungeschlechtlich (vegetativ) vermehrten Typenunterlagen werden aufgeschult, sobald sie die erforderliche Mindeststärke erreicht haben; sie werden ebenfalls im August durch Okulation veredelt.

Die Anzucht der Obstbäume beginnt also mit der Aussaat (geschlechtliche = generative Vermehrung) oder der Vermehrung durch Abrisse, Ableger oder Absenker (ungeschlechtliche = vegetative Vermehrung), wobei Ableger und Absenker vor allem bei Steinobst üblich sind. Auf diese Unterlagen werden dann die einzelnen Sorten veredelt, meist durch Okulation im August.

Nach dem Veredeln

In dem auf die Veredlung (August) folgenden Frühjahr treibt das Auge der Edelsorte aus und entwickelt sich zu

OBSTANBAU IM GARTEN

einem kräftigen Trieb, während der oberhalb des Auges befindliche Triebteil der Unterlage entfernt wird. Im darauffolgenden Spätherbst sind auf diese Weise einjährige Veredlungen entstanden. Wir können in der Baumschule solche Bäume, die nur aus einem Mitteltrieb und mehr oder weniger seitliche »vorzeitige Triebe« bestehen, kaufen und die gewünschte künftige Kronenform selbst heranziehen. Dies ist im Hobbygarten aber nur bei Apfel- und Birnspindelbüschen bzw. bei Sauerkirsche und Pfirsich sinnvoll, vor allem bei einem Spalier oder einer Obsthecke.

Ansonsten aber kultiviert man den Jungbaum in der Baumschule weiter. Dabei wird der Mitteltrieb zurückgeschnitten und das Seitenholz entfernt. Im Herbst darauf ist eine zweijährige Veredlung vorhanden (Spindelbusch, Buschbaum). Bis Halb- bzw. Hochstämme herangewachsen sind, müssen die Bäume in der Baumschule noch 1 oder 2 Jahre weiterbehandelt werden.

Daneben gibt es noch einige Besonderheiten, wie z. B. bei kleinkronigen Birnbäumen, die auf Quitte veredelt werden. Bei manchen mit der Unterlage Quitte A unverträglichen Sorte muß erst auf die Quitte eine mit dieser verträgliche Birnensorte (z. B. 'Gellert') veredelt werden, auf die dann die gewünschte Sorte kommt.

Kirschenunterlagen werden vielfach nicht in Bodennähe, sondern im zeitigen Frühjahr in Kronenhöhe veredelt. Man spricht dann von Kopfveredelung.

Wie entstehen neue Obstsorten?

Obstsorten sind früher meist aus Zufallssämlingen entstanden. Es wurden Apfelkerne ausgesät, daraus Bäume gezogen und darunter war dann einmal einer mit außergewöhnlichen Eigenschaften. Er bekam einen Namen und diese Sorte wurde durch Veredlung auf andere Apfelsämlinge übertragen, vielfach bis zum heutigen Tag. Das gleiche gilt für Birnen, Zwetschen usw.

So stammt z. B. die wertvolle alte Sorte 'Blenheim' von einem Zufallssämling ab, der um 1800 in der Grafschaft Oxford in England gefunden wurde. Der bekannte 'Klarapfel', auch als Korn- oder Jakobiapfel bezeichnet, weil er bereits ab Ende Juli (Jakobi = 25. Juli) reift, stammt aus einer Baumschule in Riga, wurde von André Leroy in Angers 1852 nach Frankreich eingeführt und von dort aus verbreitet.

'James Grieve', der wohl wertvollste Herbstapfel für den Haus- und Kleingarten, wurde von dem Engländer James Grieve aus Samen der Sorte 'Potts Seedling' gewonnen und von der Firma Dickson in Edinburg/Schottland 1880 in den Handel gebracht. Und 'Boskoop', die bei uns wohl bekannteste Sorte, hat ein Herr Ottolander 1856 in dem Ort Boskoop/Holland gefunden und seit 1863 stark verbreitet. Vermutlich ging sie aus einer Sproßmutation hervor. Der 'Rote Boskoop' dagegen, eine gut gefärbte Form der ursprünglichen Sorte, wurde erst 1923 auf einem etwa 30jährigen Hochstamm der Sorte 'Boskoop' als Knospenmutation gefunden. Unter Mutation versteht man eine sprunghafte Veränderung der Erbanlagen. Im erwähnten Beispiel sind also aus einem Sproß bzw. einer Knospe plötzlich Früchte mit ganz neuen Eigenschaften entstanden, während alle anderen Äste und Zweige weiterhin die ursprünglichen Früchte brachten. Werden Reiser bzw. Augen von dieser neuen Form auf andere Sämlinge veredelt, so kann die Neuheit unverändert fortgepflanzt werden. Alle unsere 'Roten Boskoop'-Bäume gehen also auf diese kleine erbliche Veränderung im Jahre 1923 zurück.

Auch heute können solche Mutationen zu interessanten Neuheiten führen, die erhaltenswert sind. Im allgemeinen wartet man aber nicht mehr auf Zufallssämlinge, sondern die neueren Obstsorten verdanken ihre Existenz einer planvollen und außerordentlich langwierigen Züchtungsarbeit. So wird die Züchtung neuer Sorten an namhaften gartenbaulichen Forschungsanstalten betrieben, von denen einige im Text genannt sind.

Bis eine neue Apfelsorte entsteht, dauert es etwa 20 Jahre. Verständlich, daß dabei die Geduld der Züchter und auch der Obstbauern, die auf eine bestimmte neue Sorte warten, auf eine lange Probe gestellt wird. Es gibt kein rasches Erfolgserlebnis. Dabei nimmt die eigentliche Züchtung, also Planung, Kreuzung und anschließende Beurteilung der neuen Sämlinge verhältnismäßig wenig Zeit in Anspruch. Lange dauert dagegen die darauf folgende obstbauliche Prüfung der wenigen als geeignet erscheinenden Pflanzen.

Die bekannte Sorte 'Roter Boskoop' entstand 1923 durch Knospenmutation, eine sprunghafte Veränderung der Erbanlagen am »normalen« 'Boskop'.

VERMEHRUNG

Vorrangiges Ziel der heutigen Züchtung ist die Widerstandsfähigkeit gegen immer wieder auftretende Krankheiten wie Schorf an Apfel und Birne, Mehltau und Obstbaumkrebs, um auf diese Weise mit nur noch wenigen Spritzungen auszukommen bzw. ganz ohne diese. Daneben dürfen die »klassischen« Zuchtziele wie guter Geschmack, Aussehen, Fruchtgröße, Lagerfähigkeit u. a. nicht zu kurz kommen. Wenn aus 10 000 Sämlingen, die aus dieser Züchtungsarbeit hervorgehen, 1–2 neue, wertvolle Sorten entstehen, so gilt dies als großer Erfolg. Ein mühseliger, langer Weg! Inzwischen sind solche krankheitsresistente Sorten (siehe Seite 69) bereits in verschiedenen Baumschulen und Garten-Centern erhältlich. Inwieweit diese guten Eigenschaften erhalten bleiben bzw. bisher noch nicht erkennbare Probleme auftreten, wird sich erst zeigen, wenn diese Sorten in vielen Obstanlagen und Gärten stehen.

Die Vermehrung des Beerenobstes

Während wir Obstbäume kaufen und nur in Ausnahmefällen selbst veredeln und heranziehen, können verschiedene Beerenobstarten auch im eigenen Garten ohne zu große Schwierigkeiten vermehrt werden. Vor allem bei Erdbeeren, aber auch bei Himbeeren ist dies üblich. Eine Vermehrung in eigener Regie ist aber nur sinnvoll, wenn die Mutterpflanzen sehr ertragreich sind, eine geschmacklich wertvolle Sorte darstellen und frei von Krankheiten sind. Auf den letzten Punkt muß dabei ganz besonders geachtet werden.
Nachfolgend einzelne wichtige Beerenobstarten mit Hinweisen über ihre Vermehrung in der Baumschule, bzw. wie wir sie selbst vermehren können.

Erdbeeren

Während wir alle übrigen Beerenobstarten bei einer Neupflanzung nur einmal in der Baumschule kaufen, und diese dann meist über Jahrzehnte hinweg an der gleichen Stelle verbleiben, werden Erdbeerbeete in der Regel alle 2–3 Jahre erneuert. Das bei den übrigen Beerenobstarten gesagte ist daher lediglich interessant, es zeigt, welche Möglichkeiten es gibt, um Arten ohne Samen, also vegetativ, fortzupflanzen, damit wertvolle Erbanlagen erhalten bleiben.
Bei Erdbeeren ist die vegetative Vermehrung dagegen von großem praktischen Wert. Es werden jährlich größere Stückzahlen gebraucht, und es gibt wohl kaum einen Gartenfreund, der Erdbeeren nicht selbst vermehrt, zumal dies denkbar einfach ist: Wir brauchen nur zu warten, bis die Pflanzen während der Erntezeit und danach Ausläufer bilden; sie bewurzeln sich rasch. Wenn sie kräftig genug sind, nehmen wir sie aus dem Boden und pflanzen damit ein neues Beet auf. Dies läßt sich fördern, indem wir nach der Ernte den festgetretenen Boden zwischen den Reihen oberflächlich lockern. Wenn wir dann noch Kompost oder Torfkultursubstrat (TKS 2, Plantahum) aufbringen, bewurzeln sich die Pflänzchen ausgezeichnet und können bereits Anfang August mit kräftigem Ballen auf die neuen Beete gepflanzt werden.
Wir können die Ausläufer aber auch in kleine Töpfchen stecken, die mit Torf-Kompost-Gemisch gefüllt sind und die Töpfchen zwischen den Erdbeerreihen einsenken. So bekommen wir Jungpflanzen mit Wurzelballen.

Erdbeeren lassen sich leicht vermehren. Hier: die bereits mit kleinen Wurzelspitzen versehenen Ausläufer von den Mutterpflanzen abnehmen und putzen ...
in ein Kistchen mit Torfkultursubstrat oder Einheitserde pikieren ...
oder in kleine Töpfchen geben ...
und in wenigen Wochen auspflanzen.

OBSTANBAU IM GARTEN

Eine andere Möglichkeit: Die Ausläufer reichtragender, gesunder Pflanzen bereits zur Erntezeit abnehmen, auf ein reichlich mit Torf verbessertes kleines Beet oder in ein Kistchen mit 5 cm Abstand pikieren und mit Schlitzfolie überdecken. Wenn die ersten 2–3 Tage schattiert und gut feucht gehalten wird, bewurzeln sich die Ausläufer rasch, auch wenn sie beim Pikieren kaum Wurzeln hatten.

Wie wir auch immer die Vermehrung vornehmen wollen, sie darf nur von reichtragenden und vor allem von gesunden Pflanzen erfolgen. Andernfalls würden wir schlechte Eigenschaften fortpflanzen bzw. das neue Beet würde bald Krankheitserscheinungen zeigen. Aus diesem Grunde kennzeichnen wir bereits vor Erntebeginn die besten Träger und gesündesten Pflanzen mit Stäben u. ä. Nur von diesen werden Ausläufer gewonnen.

Noch einfacher gelingt die Auslese, wenn wir auf einem zweijährigen Beet, das ohnehin geräumt werden soll, sofort nach der Ernte alle nicht gekennzeichneten Pflanzen entfernen; dadurch entsteht genügend Platz für die Ausläufer der gesunden Bestträger.

Trotz dieser ständigen Auslese bauen die Erdbeeren im Laufe der Jahre ab, d. h. Ertrag und Gesundheitszustand lassen nach. Der »Abbau« einer Sorte ist fast immer auf Befall mit Krankheiten und Schädlingen wie Älchen, Milben, Welkepilze, Viren usw. zurückzuführen.

Aus diesem Grunde sollte alle 3–4 Jahre hochwertiges Erdbeerpflanzgut von einem Spezialbetrieb zugekauft werden. Solche Betriebe führen eine systematische Erhaltungszucht unter amtlicher Kontrolle durch. Die von ihnen herangezogenen Jungpflanzen werden in Kunststoffbeuteln mit dem Aufdruck »Gütezeichen für deutsche Markenware« abgegeben. Die darin enthaltenen Pflanzen sind sortenecht und gesund. Sofern es sich um »geschützte« Sorten handelt, führen die Jungpflanzen die Bezeichnung »Hochzuchtpflanzgut«.

Wenn wir solches hochwertiges Pflanzgut bezogen haben, können wir für einige Jahre für den Eigenbedarf wieder selbst weitervermehren. Wenn man gerne mehrere Sorten beziehen möchte, die in den Beuteln enthaltenen Stückzahlen aber zu groß sind, kann man sich ja mit anderen Gartenfreunden zusammentun und aufteilen. Wie bei Himbeeren so gibt es auch bei Erdbeeren die Gewebe- oder Meristemvermehrung. Dabei werden Meristeme, also winzige Gewebepartien aus Sproßspitzen, steril gewonnen und auf speziellen Nährböden »in vitro« (= im Reagenzglas) zu kleinen Pflänzchen herangezogen. Diese Pflanzen aus der Retorte sind absolut frei von pilzlichen und tierischen Schädlingen und – man nimmt dies an – auch von Viruskrankheiten.

Während die großfrüchtigen Erdbeeren durch Ausläufer bzw. durch das Meristem-Verfahren vermehrt werden, geschieht dies bei den Monatserdbeeren durch Samen. Man kauft sich ein Tütchen davon oder kann den Samen auch selbst gewinnen, indem man von bereits vorhandenen Monatserdbeeren einige vollreife Früchte auf einem Blatt Papier zum Trocknen auslegt. Die Samen – Nüßchen auf der Fruchthaut – fallen dann von selbst heraus, bzw. wir lösen sie von der Fruchtoberseite ab. Die Aussaat kann dann sofort erfolgen oder aber erst im nächsten Frühjahr. Wir säen in einen Blumentopf oder in eine Saatschale, die mit gekaufter Aussaaterde oder mit einem Torf-Sand-Gemisch gefüllt ist. Soald die Sämlinge 3–5 Blättchen entwickelt haben, werden sie auf etwa 5 cm Abstand pikiert und später ausgepflanzt.

Johannisbeeren

Wir kaufen die jungen Sträucher meist in der Baumschule, doch können wir sie auch leicht selbst heranziehen. Das hat jedoch nur Sinn, wenn im eigenen Garten oder im Garten eines Bekannten schon ein besonders wertvoller, reichtragender Strauch steht, dessen Sorte wir nicht kennen. Diese Eigenschaften werden bei vegetativer, also

Wenn überhaupt, dann nur besonders wertvolle Beerensträucher selbst vermehren, sonst besser im Fachhandel kaufen. Hier die Johannisbeere 'Traubenwunder'.

VERMEHRUNG

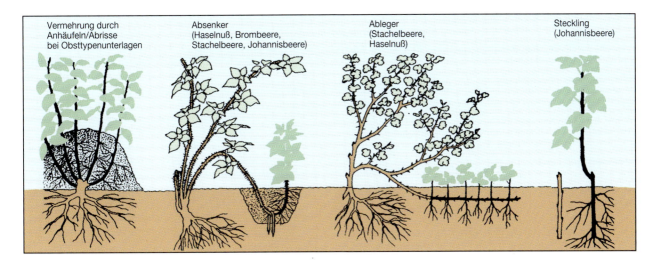

So lassen sich verschiedene Beerenobstarten, Haselnuß und Typenunterlagen vermehren.

ungeschlechtlicher Vermehrung getreu fortgepflanzt.

Anfang Oktober schneiden wir aus einem solchen Bestträger-Strauch kräftige einjährige Triebe und teilen sie mit der Schere in Stücke von 20 cm Länge auf. Die untere Schnittfläche soll bei jedem Teilstück dicht unterhalb einer Knospe verlaufen, da hier viel Reservestoffe gespeichert sind, die obere etwa 1 cm über einem Auge. Die Triebstücke werden sofort leicht schräg auf ein lockeres Beet gesteckt, und zwar so tief, daß nur noch 1–2 Augen sichtbar bleiben.

Im nächsten Herbst nehmen wir die inzwischen bewurzelten Triebstücke aus dem Boden und kürzen den Neutrieb auf etwa ein Drittel seiner Länge ein. Dann wird das bewurzelte Steckholz im Abstand von 40 cm erneut gepflanzt und entwickelt sich bis zum kommenden Herbst zu pflanzfertigen Sträuchern.

Beerenobsthochstämmchen – Johannis- und Stachelbeere – werden in den Baumschulen auf die Goldjohannisbeere (*Ribes aureum*) veredelt, weil diese lange, gerade Triebe – die späteren Stämmchen – bildet. Das Veredeln erfolgt meist durch seitliches Einspitzen in der beabsichtigten Stammhöhe. In den Baumschulen oder Garten-Centern sind Niederstämme (Fußstämme) mit 40–50 cm Stammhöhe sowie Hochstämme mit 80–90 cm Stammhöhe erhältlich.

Stachelbeeren

Wie Johannisbeeren so wird auch diese Obstart nicht durch Aussaat, sondern vegetativ vermehrt. In der Baumschule geschieht dies durch Steckholz und krautige Stecklinge, im Garten dagegen durch Absenker und Abrisse. Das sind sehr einfache Methoden, mit denen wir in jedem Fall Erfolg haben. Wollen wir durch Absenker vermehren, so legen wir im Frühjahr kräftige vorjährige Triebe flach auf den lockeren, mit Kompost verbesserten Boden, haken sie fest und decken sie mit Erde ab. Im Laufe des Sommers werden die aus den Augen des heruntergelegten Triebes entstehenden Schosse mehrmals etwas angehäufelt. Nachdem sich bis zum Herbst jeder dieser Schosse bewurzelt hat, schneiden wir den heruntergelegten Trieb in einzelne Stücke, natürlich so, daß wir mehrere bewurzelte Schosse mit je einem kurzen Triebstück erhalten. Dies sind die neuen Pflanzen.

Wollen wir durch Abrisse vermehren, so muß die Mutterpflanze im Frühjahr bis dicht über den Boden zurückgeschnitten werden. Daraufhin entstehen aus dem Wurzelstock zahlreiche Jungtriebe, die wir im Sommer ebenfalls mehrmals anhäufeln. Im Herbst werden die inzwischen bewurzelten Triebe samt Wurzeln abgeschnitten und bis zur Pflanzung an den endgültigen Platz ein weiteres Jahr auf einem Beet mit gutem Boden, z.B. im Gemüsegarten, kultiviert.

Himbeeren

Hier ist die Vermehrung noch einfacher, als bei den bisher genannten Arten. Wir brauchen im Herbst oder Frühjahr nur die kräftigsten Wurzelschößlinge – von denen oft mehr entstehen als uns lieb ist – ausgraben und können mit diesen gleich ein neues Beet bepflanzen. Dazu ist allerdings nur zu raten, wenn es sich bei den Mutterpflanzen um eine geschmacklich wertvolle, reichtragende Sorte

handelt und die Pflanzen einwandfrei gesund, d. h. virusfrei sind.
Nachdem aber die Himbeerbestände in den Gärten weitgehend virusverseucht sind (siehe S. 149), ist es meist besser, wenn wir neue Himbeerpflanzen von einer zuverlässigen Baumschule beziehen. Dort wird von viruskontrollierten Mutterpflanzen vermehrt und zwar meist durch Wurzelschnittlinge.
Inzwischen gibt es neue Verfahren, um gesunde Himbeerpflanzen zu erzielen. Da ist einmal die Meristem- oder Gewebekultur, die nur in Betrieben oder an Instituten mit speziellen Laboreinrichtungen durchgeführt werden kann. Die Erfolge sind erstaunlich. So brachten in Versuchen bereits 1980 Himbeeren aus Gewebekulturen den doppelten Ertrag, bei der Sorte 'Schönemann' sogar mehr als den vierfachen Ertrag gegenüber auf herkömmliche Weise vermehrten Pflanzen. Die »Meristempflanzen« waren außerdem den »normalen« Pflanzen in Höhe und Wuchsstärke überlegen.

Daneben werden Himbeeren neuerdings auch durch Thermotherapie vermehrt. Dabei werden Austriebe von Wurzelschnittlingen mehrere Monate hindurch bei 37–39 °C kultiviert. Anschließend entfernt man nur wenige Zentimeter lange Sproßspitzen, die zur Bewurzelung gebracht und dadurch vermehrt werden. Während dieser Zeit müssen sie gegen Insekten als Virusüberträger abgeschirmt sein. Nach dem neuesten wissenschaftlichen Stand dürfte die Kombination von Thermotherapie mit Meristemkultur die sicherste Methode sein, um virusfreies Pflanzmaterial zu gewinnen.

Brombeeren

Hier ist die Vermehrung recht einfach. Bei den rankenden Sorten brauchen wir gegen Anfang September die Triebspitzen nur in kleine Vertiefungen am Boden einzulegen und mit Erde zu bedecken. An der heruntergelegten und mit einem Haken festgehaltenen Triebspitze bilden sich bald Wurzeln und ein neuer Austrieb. Diese neue Pflanze schneidet man im Frühjahr von der Ranke ab und kann sie an die vorgesehene Stelle pflanzen.
Die aufrechtwachsenden Sorten wie z. B. 'Wilsons Frühe' werden wie Himbeeren durch Wurzelaustriebe vermehrt, d. h. diese brauchen nur ausgegraben und aufgepflanzt zu werden.

Gartenheidelbeeren

Ähnlich wie Stachelbeeren können die Gartenheidelbeeren durch Absenker oder Wurzelschosse, also durch Anhäufeln vermehrt werden. Wir können aber auch von halbreifen Trieben – sie sollen nicht mehr zu weich aber auch noch nicht verholzt sein – Stecklinge schneiden und diese unter Glas oder Folie in einem Gemisch aus 1 Teil Torf und 1 Teil Sand bzw. in Aussaaterde zur Bewurzelung bringen. Die beste Zeit zum Stecklingschneiden ist im Juli/August. Im kommenden Frühjahr sind die Stecklinge bereits so weit bewurzelt, daß wir sie in kleine Töpfchen geben und nach einem weiteren Kulturjahr auspflanzen können. Auch Preiselbeeren werden am besten durch Stecklinge vermehrt.

Kiwi

Männliche und weibliche Pflanzen dieser exotischen Obstart kaufen wir in der Baumschule. Wer will, kann sie aber ebenso wie Stachelbeeren oder Brombeeren durch Ableger vermehren.

Wer Spaß daran hat, kann sogar Gartenheidelbeeren selbst vermehren. Um neueste, reichtragende Sorten zu bekommen, bestellen wir bei einem Spezialbetrieb.

Weinstock

Nachdem wir meist nur wenige Weinreben benötigen, kaufen wir die Pflanzen oder vermehren durch Ablegen vorjähriger Triebe. Dabei sollte das in den Boden gelegte Teilstück nicht zu schwach sein. Nach erfolgter Bewurzelung kann der Trieb von der Mutterpflanze abgetrennt werden.

Ebenso leicht gelingt die Vermehrung aus Steckholz. Dazu schneiden wir etwa 30 cm lange Stücke mit 3–4 Knospen mitten aus einem Zweig, wie er beim Winterschnitt anfällt. Dann schneiden wir das Triebstück am unteren Ende unterhalb eines Auges leicht schräg und oben einige Zentimeter über einer Knospe ab. Es wird bis zur obersten Knospe schräg in den Boden gesteckt und schlägt Wurzeln.

Vor der Pflanzung

Bevor wir an die eigentliche Pflanzarbeit gehen, sollten wir uns darüber klar werden, welche Obstarten und Sorten gepflanzt werden sollen. Eine kleine Skizze unseres Grundstücks, auf der die Pflanzstellen unter Berücksichtigung der nötigen Pflanz- und Grenzabstände eingezeichnet werden, ist dabei eine wertvolle Hilfe. Dadurch kommen wir nicht so leicht in Versuchung, in der ersten Begeisterung zuviele Sträucher und Bäume zu pflanzen, so daß diese später zu eng stehen. Ein Fehler, der leider immer wieder gemacht wird.

Die Hauptpflanzzeit für alle Obstarten ist der Herbst. Eine Ausnahme machen nur die kälteempfindlichen Arten, also Pfirsich, Aprikose und Brombeere, die in entsprechenden Gebieten besser im Frühjahr gepflanzt werden. Heuzutage ist die Pflanzung jedoch fast ganzjährig möglich, da Obstgehölze und Beerensträucher immer häufiger in Containern angeboten werden.

Einkauf in der Baumschule

Obstbäume haben eine lange Lebensdauer, ebenso auch die meisten Beerensträucher. Deshalb sollte nur bestes Pflanzmaterial verwendet werden. Einwandfreie äußere Qualität, wie kräftiges Wurzelwerk, gesunder, gerader Stamm und eine wüchsige Krone, ist für den Erfolg entscheidend.

Hinzu kommen die »inneren« Eigenschaften, die uns beim Kauf verborgen bleiben, wie Sorte und Unterlage. Es hat keinen Sinn, kräftig und gesund aussehende »Spindelbüsche« zu kaufen, die auf einer zu stark wachsenden Unterlage veredelt sind. Dieser Fehler wird häufig gemacht, weil Spindelbüsche auf den schwachwachsenden Typenunterlagen M 9 und der noch schwächeren M 27 für das Auge etwas »mager« aussehen.

Meist werden wir die Obstbäumchen und Beerensträucher in einer ortsansässigen Baumschule oder einem Garten-Center kaufen. Ebenso können wir die Pflanzware aber auch von einer auswärtigen Markenbaumschule schicken lassen. Wichtig ist nur, daß

Sorte, Unterlage und Baumform für unsere Verhältnisse passen und die Ware gesund und wüchsig ist. Besondere Wünsche können meist nur von Spezialbaumschulen erfüllt werden, die sich nicht am Ort befinden. Ich denke hier an nicht überall erhältliche alte Obstsorten, veredelte Walnußbäume, einige Beerenobstarten u. a. (Bezugsquellen finden sich auf S. 168 f.).

Da die Wurzeln auf dem Transport von auswärts leicht trocken werden, sollten die Bäume und Sträucher sofort nach der Ankunft ausgepackt, für einige Stunden in Wasser gestellt und dann gepflanzt bzw. eingeschlagen werden. Letzteres macht nicht viel Mühe: Wir heben mit der Schaufel oder dem Spaten im Gemüsegarten einen etwa 30 cm tiefen Graben aus, damit die Wurzeln der Gehölze gut Platz haben, stellen Bäume und Sträucher leicht schräg und dicht an dicht in den Graben und füllen mit der ausgehobenen Erde auf. Wenn wir die Obstgehölze erst spät im nächsten Frühjahr pflanzen können, geben wir vor dem Einfüllen um die Wurzeln ein paar Schaufeln voll feuchter Einheitserde, Torfersatzstoffen oder spezieller Pflanzerde, wie sie in Garten-Baumschulen oder Garten-Centern angeboten wird; dadurch entstehen bereits im Einschlag neue Wurzelspitzen, wodurch das An- und Weiterwachsen im Frühjahr gefördert wird.

Baumkauf ist Vertrauenssache. Wir kaufen deshalb nur in Qualitäts- bzw. Garten-Baumschulen, deren Ware das BdB (Bund deutscher Baumschulen)-Markenetikett trägt. Dadurch ist weitgehend Gewähr gegeben, daß Bäume und Sträucher den vorgeschriebenen Qualitätsmerkmalen entsprechen und die auf dem Markenetikett angegebenen Sorten- und Unterlagenbezeichnungen stimmen.

Obstbäume und Beerensträucher, die wir nicht sofort pflanzen können, werden im Garten eingeschlagen. So bilden sie rasch neue Wurzeln.

OBSTANBAU IM GARTEN

Pflanz- und Grenzabstände

Bevor wir pflanzen, sollten wir uns darüber klar werden, wie viele Bäume und Sträucher überhaupt Platz haben und welcher Abstand von der Nachbargrenze eingehalten werden muß. Wer mit Obstbäumen noch wenig Erfahrung hat, pflanzt meist viel zu dicht. Die jungen Bäumchen verführen gerade dazu. Nachstehend werden deshalb Pflanzabstände für die wichtigsten Obstarten und Baumformen genannt, die sich im Haus- und Kleingarten bewährt haben. Sie sollten etwas größer als die in der Tabelle genannten Kronenausdehnungen sein und auf keinen Fall unterschritten werden, denn nur dann haben die Kronen auch im vollentwickelten Zustand genügend Platz. Gut belichtete Kronen aber sind die Voraussetzung für Qualitätsobst, denn Krankheiten treten bei weitem nicht in dem Maße auf wie in zu dichten Pflanzungen, und die Früchte bekommen durch die bessere Belichtung ihre sortentypische Färbung. Am besten zeichnen wir also in den Plan unseres Grundstücks (Maßstab 1:100) die Obstbäume und Beerensträucher mit richtigem Abstand ein. Erst dann gehen wir mit der Sortenliste in die Baumschule zum Einkaufen.

Die genannten Abstände geben die später zu erwartende Kronenausdehnung des betreffenden Obstgehölzes wieder. Es sind Durchschnittswerte, die sich im Haus- und Kleingarten bewährt haben.

Beinahe noch wichtiger als die Pflanzabstände sind die Grenzabstände. Immer wieder wird ein gut nachbarliches Verhältnis durch einen über die Grenze wachsenden Baum oder Strauch getrübt, und es kommt gar nicht so selten vor, daß bei solchen Streitigkeiten sogar Gerichte und Sachverständige herangezogen werden.

Aus Platzgründen ist es nicht möglich, die Grenzabstände für die einzelnen Obstarten und Baumformen hier aufzuführen, denn die Bestimmungen sind in den einzelnen Bundesländern unterschiedlich. Es gibt aber einen einfachen und praxisnahen Richtwert, der immer paßt – ganz gleich, ob unser Garten in Hamburg oder München, in Berlin, Köln, Stuttgart, Dresden oder aber in einem kleinen Dorf in Niedersachsen oder Mecklenburg-Vorpommern liegt, ob wir Obstbäume in der Schweiz oder in Österreich pflanzen wollen. Die Faustregel heißt:

> Grenzabstand = halber Pflanzabstand bzw. halber zu erwartender Kronendurchmesser.

Nach unserer Tabelle liegt der Kronendurchmesser eines Zwetschenbaumes bei 5–6 m; es sollte bei Pflaumen und Zwetschen also ein Grenzabstand von etwa 3 m eingehalten werden. Auf diese Weise wird späterer Ärger mit den Nachbarn vermieden.

Vielfach liegen die gesetzlich vorgeschriebenen Mindestgrenzabstände unter diesen Zahlen. So ist beispielsweise in den Ausführungsbestimmungen zum Bürgerlichen Gesetzbuch (BGB) für Bayern vorgeschrieben, daß Gehölze, die mehr als 2 m Höhe erreichen, mindestens 2 m von der Nachbargrenze entfernt sein müssen. Für Gehölze, deren Höhe im ausgewachsenen Zustand unter 2 m bleibt, ist ein Mindestabstand von nur 0,5 m vorgeschrieben. Dies entspricht keineswegs den praktischen Erfordernissen, denn

So wird's gemacht: Vorbereitung der Pflanzgrube für Halb- und Hochstämme.

Nur beschädigte Wurzeln vor der Pflanzung zurückschneiden.

Zu erwartende Kronenausdehnung

Apfel
Hoch-/Halbstamm	8–10 m
Buschbaum	3–4 m
Spindelbusch	2–2,5 m
Schlanke Spindel	1–1,5 m

Birne
Hoch-/Halbstamm	8–10 m
Buschbaum	4–5 m
Spindelbusch	2–2,5 m

Pflaume, Zwetsche, Reneklode, Mirabelle
Halb-/Hoch-/Meterstamm	5–6 m

Süßkirsche
Halb-/Hoch-/Meterstamm	8–10 m

Sauerkirsche
Buschbaum	4–5 m

Pfirsich
Buschbaum	4–5 m

Aprikose
Buschbaum/Halbstamm	4–5 m

Quitte
Buschbaum	3–4 m

Walnuß
Hochstamm	10–15 m

Haselnuß
Strauch	5–6 m

OBSTBAUMPFLANZUNG

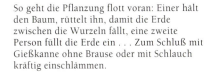

So geht die Pflanzung flott voran: Einer hält den Baum, rüttelt ihn, damit die Erde zwischen die Wurzeln fällt, eine zweite Person füllt die Erde ein ... Zum Schluß mit Gießkanne ohne Brause oder mit Schlauch kräftig einschlämmen.

ein Süßkirschenbaum kann bei zusagenden Bodenverhältnissen einen Kronendurchmesser von 8–10 m und mehr erreichen. Ein solcher Baum darf also in Bayern mit nur 2 m Grenzabstand gepflanzt werden, ohne daß der Nachbar dagegen Einspruch erheben kann, weil die Äste später auf sein Grundstück hinüberwachsen werden. Der Praxis besser angepaßt sind dagegen Grenzabstände, wie sie beispielsweise in Baden-Württemberg vorgeschrieben sind.

Nähere Auskünfte über die im jeweiligen Bundesland gesetzlich vorgeschriebenen Grenzabstände erhält man beim Gartenbauamt, beim Landratsamt oder bei der Gemeindeverwaltung des jeweiligen Wohnorts.

Die eigentliche Pflanzung

Für einen einzelstehenden Baum, ganz gleich ob ein Hoch-, Halbstamm oder ein Buschbaum, wird eine Pflanzgrube ausgehoben: 1,20 × 1,20 m im Quadrat und einen Spatenstich tief. Dann lockern wir die untere Bodenschicht mit der Grabgabel – bei schwerem Boden mit dem Pickel –, so daß der Boden insgesamt 40–50 cm tief bearbeitet ist. Diese Vorbereitung reicht in den meisten Gärten aus, denn auch großkronige Obstbäume wurzeln nicht so sehr in die Tiefe als vielmehr in die Breite. Soll eine größere Zahl von Obstbäumen gepflanzt werden, empfiehlt es sich, eine Bodenprobe (siehe S. 56) zu entnehmen und untersuchen zu lassen. Fehlende Nährstoffe (Phosphor, Kalium) können dann gezielt vor der Pflanzung in Form einer Vorratsdüngung mit eingearbeitet werden.

Wenn allerdings der Untergrund sehr verfestigt ist, hebt man zuerst die obere Bodenschicht in Spatentiefe aus und lagert sie an einer Seite der Pflanzgrube. Danach wird die darunter befindliche Schicht bis auf etwa 40 cm Tiefe ebenfalls ausgehoben, an der anderen Seite der Grube gelagert und die Sohle mit der Grabgabel oder dem Spaten bzw. bei sehr schwerem Boden mit dem Pickel zusätzlich gelockert.

Beim darauffolgenden Einfüllen kommen die Bodenschichten genau so wieder in die Grube, wie sie vorher gelegen haben, also der Unterboden nach unten, der lebendigere Oberboden (Mutterboden) obenauf. Die Grube wird bis auf eine kleine Vertiefung an der eigentlichen Pflanzstelle restlos eingefüllt.

Diese Art von Bodenvorbereitung erscheint zwar aufwendig, lohnt sich aber. Schließlich bleiben Obstbäume (Halb- und Hochstämme) ein Menschenalter, ja oft über Generationen hinweg im Garten. Auf keinen Fall sollte der Fehler begangen werden, auf schwerem Boden nur ein kleines Loch auszubuddeln und den Baum zu pflanzen. Die Wurzeln befinden sich dann wie in einem Blumentopf und stoßen bald an die verdichtete »Topfwand« an; das Wachstum stockt.

OBSTANBAU IM GARTEN

Ein Pfahl muß bei Halb- und Hochstämmen nicht sein, ist aber keineswegs von Nachteil und sieht obendrein hübsch aus. Wer sparen will, verwendet einen längeren Tomatenpfahl, um dem Jungbaum erst einmal Halt zu geben. Es geht aber auch ganz »ohne«, denn die Krone ist nach dem Pflanzschnitt nicht mehr allzu groß, so daß sie dem Wind keine nennenswerte Angriffsfläche bietet. Sobald aber die Krone umfangreicher wird, hat sich bereits ein ausgedehntes Wurzelwerk entwickelt, das den Baum auch bei Sturm im Boden gut verankert. Dies gilt allerdings nur für Halb- und Hochstamm bzw. Buschbaum, also für Bäume, die auf Sämling oder eine andere stark wachsende Unterlage veredelt sind, nicht aber für den Spindelbusch.

Nun zur Pflanzung selbst. Zuerst schneiden wir die Wurzeln, soweit sie beschädigt sind, bis auf gesunde Teile zurück. Alle übrigen Wurzeln bleiben wie sie sind, denn je mehr Wurzeln, desto rascher kann der Baum an- und weiterwachsen.

Das Pflanzen geht am besten von der Hand, wenn man zu zweit ist. Dabei hält eine Person das Bäumchen in das Pflanzloch, während die andere die mit feuchtem Torf und Kompost verbesserte Erde einfüllt und gelegentlich mit den Händen nachhilft. Durch Rütteln des Bäumchens bzw. durch gelegentliches Heben und Senken fällt die Erde in alle Hohlräume und legt sich dicht an die Wurzeln an.

Anschließend treten wir den Boden um den Baum herum leicht an und binden den Stamm mit einem Kokosfaserstrick oder anderem kräftigem Material in Form einer 8 am Pfahl an. Das Anbinden sollte aber nur ganz locker geschehen, damit sich das frisch gepflanzte Bäumchen noch setzen kann. Wichtig ist, daß der Baum nicht tiefer gepflanzt wird, als er vorher in der Baumschule gestanden hat, d. h. die wulstartige Veredelungsstelle muß über dem Boden zu sehen sein.

Wird im Herbst gepflanzt, dann führen wir den Pflanzschnitt (siehe Seite 34)

Baumscheibe mit kurzem Stroh oder Grasschnitt abdecken, damit der Boden darunter feucht und locker bleibt.

erst im darauffolgenden Frühjahr durch, bei Frühjahrspflanzung sofort. Rund um den Baum werfen wir einen Gießrand auf, also einen kleinen Erdwall, und schwemmen den Baum mit mehreren Gießkannen Wasser oder mit dem Schlauch ein. Abschließend wird die ganze Baumscheibe mit Grasschnitt, kurzem Stroh oder verrottetem Stallmist abgedeckt, damit sich die Feuchtigkeit lange hält und der Boden locker bleibt.

Das Pflanzen eines Spindelbusches

Beim Spindelbusch – auch bei einer Obsthecke oder einem Obstspalier auf schwachwachsender Unterlage – geht das Pflanzen genau so vor sich; es sind allerdings ein paar Besonderheiten zu beachten: Spindelbüsche haben nur ein schwach ausgebildetes, flach dahinstreichendes Wurzelwerk, d. h., der Boden muß hier besonders gründlich vorbereitet und verbessert werden. Wir heben nicht einzelne Pflanzgruben aus wie bei Halb- und Hochstämmen, sondern bearbeiten den Boden in der gesamten Länge der Spindelbuschreihe – meist werden mehrere Bäumchen in einer Reihe gepflanzt – in einer Breite von etwa 2 m und 40 cm tief. Stets muß dabei die unterste Bodenschicht unten, die oberste Bodenschicht, also der Mutterboden, oben bleiben. Bei dieser Bodenvorbereitung werden selbstverständlich auch größere Steine und Dauerunkräuter entfernt.

Während wir bei Halb- und Hochstämmen auf einen Pfahl notfalls verzichten können, ist ein solcher bei Spindelbüschen unbedingt nötig. Er sollte 2,20–2,50 m lang und 7–8 cm stark sein. Der Pfahl wird vor der Pflanzung in den Boden geschlagen und muß während eines Spindelbuschlebens immer wieder einmal erneuert werden, sobald er eben abgefault ist. Andernfalls würde der Spindelbusch mit schwachem Wurzelwerk beim nächsten Sturm umfallen, besonders bei starkem Fruchtbehang oder im Winter bei Schneedruck.

Dann werden im flächig vorbereiteten Boden je Pflanzstelle ein paar Schaufeln Erde ausgehoben und – wie bereits beschrieben – gepflanzt.

Besonders bei Spindelbüschen ist es wichtig, daß der Baum nicht zu tief in den Boden kommt. Hat sich der Baum nach dem Pflanzen gesetzt, so muß die wulstartige Veredlungsstelle noch zu sehen sein.

Steht ein Spindelbusch zu tief, so entwickeln sich oberhalb der Veredlungsstelle ebenfalls Wurzeln, und der Baum beginnt unerwünscht stark zu wachsen; der Fachmann sagt: der Baum hat sich »freigemacht« (siehe Seite 53). Um dies zu vermeiden, pflanzen wir absichtlich etwas höher, damit sich der Baum nach dem Setzen des Bodens in der richtigen Höhe befindet.

Abschließend wird auch nach der Pflanzung von Spindelbüschen kräftig angegossen und der Boden mit organischen Materialien abgedeckt. Dies fördert das An- und Weiterwachsen der jungen Bäumchen ganz erstaunlich.

OBSTBAUMSCHNITT

Warum überhaupt schneiden?

Kann man nicht die Obstbäume frei wachsen lassen, so wie sie dies von Natur aus wollen? Sicher, man kann. Bäumchen, die nicht geschnitten werden, tragen sogar früher, manchmal schon im Jahr nach der Pflanzung, doch die Kehrseite der Medaille macht sich rasch bemerkbar: Solche Bäumchen erschöpfen sich bald unter der Last der Früchte, die Triebe hängen nach unten, der Neutrieb bleibt nur schwach ...

Durch richtigen Schnitt erreichen wir, daß die Krone zeitlebens licht bleibt. In einer solchen Baumkrone entwickelt sich das Fruchtholz entlang des Stammes und der Äste bis unten hin und nicht nur weit oben, wie bei einem ungeschnittenen Baum. Nichtgeschnittene Bäume tragen zudem meist recht unregelmäßig. In dem einen Jahr gibt es eine Massenernte, in dem darauffolgenden dagegen vielfach überhaupt nichts. Hinzu kommt, daß in nicht geschnittenen Bäumen die Früchte klein bleiben; sie bekommen wegen des Schattens wenig Farbe und schmecken zudem säuerlich.

Nachdem wir möglichst nicht oder nur wenig spritzen wollen, kommt dem Obstbaumschnitt eine weitere wichtige Bedeutung zu: geschnittene Bäume bleiben sichtbar gesünder als unbehandelte oder umgekehrt, denn zu dichte Baumkronen werden stärker von Pilzkrankheiten befallen als licht gehaltene. Der Grund: Die Blätter bleiben nach Regenfällen länger feucht; nachdem aber auch die mikroskopisch kleinen Pilze zu ihrer Entwicklung Wärme und Feuchtigkeit benötigen, ebenso wie die Waldpilze, kommt es in dichten Kronen zu starkem Befall durch Pilzkrankheiten. Obstbaumschnitt fördert also die Fruchtqualität und gesundes Blattwerk, er ist vorbeugender Pflanzenschutz.

Gekonnter Obstbaumschnitt ist allerdings, ebenso wie das Veredeln, eine Arbeit, zu der unbedingt die Praxis gehört. Deshalb soll dieses Kapitel zugunsten anderer Schwerpunkte auf das notwendigste beschränkt bleiben, zumal es in der preisgünstigen BLV-Reihe »Gärtnern leicht und richtig« den speziellen Titel »Obstbäume schneiden und veredeln« gibt.

Ein Tip: Besuchen Sie im Winter Kurse über Obstbaumschnitt. Sie werden viel lernen und die Arbeit wird Ihnen Spaß machen, vorausgesetzt, der Kurs wird von einem erfahrenen Fachmann geleitet, der nicht nur schneiden, sondern auch das »Wie« und »Warum« gut verständlich erklären kann. Solche Kurse werden von Obst- und Gartenbauvereinen, von Siedler- und Kleingärtnervereinen und von Volkshochschulen veranstaltet. Hinweise können der lokalen Presse entnommen oder bei den örtlichen Geschäftsstellen genannter Verbände erfragt werden. Auch städtische Gartenämter und Fachberater für Gartenbau an den Landratsämtern geben gerne Auskunft.

Ideal aufgebaute Baumkrone (Apfel-Halbstamm) mit 3 kräftigen, gut verteilten Leitästen, an denen sich, locker gestreut, Seiten- und Fruchtäste befinden, jeweils reichlich mit Fruchtholz garniert. So kann das Licht bis ins Kroneninnere dringen.

Der Schnitt des Halb- und Hochstammes

Hoch- und Halbstämme, also Bäume mit hohem Stamm und großer Krone (siehe Seite 14), können aus Platzgründen nur in größeren Gärten und im ländlichen Raum in größerer Anzahl gepflanzt werden. Meist pflanzen wir großkronige Bäume nur punktuell, vielfach anstelle von Ziergehölzen. Mit einem richtigen Pflanz- und Erziehungsschnitt wachsen Bäume heran, die nicht nur gestalterische Schwerpunkte in unserem Garten bilden, sondern zusätzlich reichlich Obst bringen. Durch Schnitt erzielen wir eine ideale Baumkrone, bestehend aus Stamm, Leitästen und Seitenästen, also ein kräftiges Kronengerüst, an dem sich locker gestreut gut belichtete Fruchtäste und Fruchtholz befinden. Was hierzu nachfolgend gesagt wird, gilt für alle Obstarten, die als Halb- oder Hochstamm gepflanzt werden, ebenso aber auch für die Buschbäume, die ebenfalls kräftig wachsen.

Pflanzschnitt

Wir suchen uns in der jungen Krone 3 kräftige, günstig rundum am Stamm verteilte Triebe aus, bei Zwetsche, Pflaume und Sauerkirsche können es auch 4 sein. Diese 3 Triebe – die späteren Leitäste – sollten sich nicht an einem Punkt des Stammes befinden, sondern möglichst entlang des Stammes etwas verteilt sein. Dadurch sind sie wesentlich besser »verankert«. Entspringen sie an einem Punkt, so kann es durch den starken Saftstrom leicht zur Abdrosselung der Stammverlängerung kommen.

Sollten diese 3 »idealen« Leitäste noch fehlen, so belassen wir provisorisch die 3 geeignetsten, ersetzen aber im nächsten oder übernächsten Jahr möglichst 1 oder 2 davon durch günstiger gestellte Triebe, die sich inzwischen an der Stammverlängerung entwickelt haben.

Ideal ist es, wenn die späteren Leitäste in einem möglichst stumpfen Winkel zum Stamm entspringen. Erst etwas vom Stamm entfernt, sollen sie in einem Winkel von etwa 45 ° ansteigen. Spitzwinklig angesetzte Triebe sind als Leitäste nicht geeignet, weil bei ihnen die Gefahr besteht, daß sie später einmal bei stärkerem Fruchtbehang oder Schneedruck abschlitzen. Außerdem würde dadurch die Krone sehr dicht. Alle kräftigen, steil stehenden Triebe werden deshalb aus der jungen Baumkrone entfernt, vor allem der sogenannte Konkurrenztrieb. Darunter versteht man den Trieb, der sich zuoberst am Mitteltrieb befindet und zumeist in einem sehr spitzen Winkel zu ihm verläuft.

Steht einer der künftigen Leitäste steiler als die beiden anderen, so wird er abgespreizt (siehe Bild!); bei zu flacher Stellung binden wir ihn hoch.

Außer diesen 3 künftigen Leitästen können durchaus noch 1–2 schwächere Triebe in der jungen Krone verbleiben. Soweit sie nicht bereits weitgehend waagrecht stehen, binden wir sie mit Bast waagrecht. Solche Triebe bleiben unbeschnitten und können deshalb den 3 Leitästen keine Konkurrenz machen. Sie setzen frühzeitig Blütenknospen und Früchte an und versorgen mit ihren Blättern den jungen Baum zusätzlich mit Baustoffen (Assimilaten).

Anschließend kürzen wir die 3 Leitäste um mindestens ein Drittel bis zur

Der Pflanzschnitt als Grundlage für die spätere, zweckmäßig aufgebaute Krone. Durch richtigen Schnitt kann das Licht bis ins Innere dringen, der Krankheitsbefall wird verringert.

Gewußt wie: Zuerst wird der Konkurrenztrieb entfernt (Bild links und oben).

Steht einer der 3 Triebe – spätere Leitäste – zu steil, so spreizen wir ihn ab. Steht er flach, wird er etwas hochgebunden.

Hälfte ein, und zwar immer auf eine nach außen gerichtete Knospe und auf etwa gleiche Höhe. Beim Steinobst schneiden wir am besten noch schärfer zurück. Nur so treiben sämtliche Knospen aus, und die Leitäste bekleiden sich bereits von unten her mit locker gestreutem Fruchtholz. Außerdem wird durch den Rückschnitt das Dickenwachstum der künftigen Leitäste gefördert. Je kräftiger der Rückschnitt, desto stärker der Austrieb, und umgekehrt.

Durch diesen scharfen Rückschnitt stellen wir das Gleichgewicht zwischen Wurzel und Krone wieder her, hat doch der Baum beim Ausgraben in der Baumschule viel Wurzelmasse verloren. Ohne Rückschnitt können die verbliebenen Wurzeln die Triebe nicht genügend mit Wasser und Nährstoffen versorgen, und es gibt nur einen schwachen Neutrieb.

Die Stammverlängerung (Mitteltrieb) schneiden wir so weit zurück, daß sie die 3 künftigen Leitäste um Handbreite überragt. Wir kürzen sie über einer Knospe ein, die eine möglichst gerade Triebfortsetzung verspricht. Im Normalfall befindet sich diese Knospe über der letztjährigen Schnittfläche. Weht häufig starker Wind aus vorwiegend einer Richtung, so wird der Mitteltrieb über einer in Windrichtung stehenden Knospe geschnitten.

Erziehungsschnitt

Auch im kommenden Spätwinter bzw. zeitigen Frühjahr wird die junge Baumkrone geschnitten. Wir sprechen jetzt von Erziehungsschnitt. Man wiederholt ihn so oft, bis die Krone fertig aufgebaut ist, also etwa 5–8 Jahre lang.

Spreizhölzer, Stäbe und Bastfäden, die vom Pflanzschnitt her noch in der Krone sind, werden entfernt, soweit dies nicht bereits im Sommer geschehen ist. Dann wenden wir uns den Leitästen zu. Waren beim Pflanzschnitt noch keine 3 günstig gestellten Leitäste vorhanden, so können jetzt entsprechende Korrekturen durchgeführt werden. Ein nur provisorisch angeschnittener Leitast wird nun durch einen günstiger gestellten Jungtrieb ersetzt.

Vor allem aber werden beim Erziehungsschnitt alle Konkurrenztriebe sowie zu dicht stehende oder auf den Astoberseiten entstandene Triebe an den Ansatzstellen entfernt. Die übrigen neugebildeten Triebe binden wir mit Bast in eine beinahe waagrechte Lage, sofern sie nicht schon waagrecht stehen.

Anschließend werden die Stamm- und Leitastverlängerungen zurückgeschnitten, wobei sich die Stärke des Rückschnittes nach der Wuchsstärke des Baumes richten sollte. Bei kräftigem Trieb kürzt man die Verlängerungstriebe nicht mehr so stark ein wie bei der Pflanzung. Hat der Baum jedoch auf den Pflanzschnitt nur mit einem sehr schwachen Austrieb reagiert, so unterlassen wir diesmal ausnahmsweise den Rückschnitt. Die Triebfortsetzungen entwickeln sich dann aus den kräftigen Endknospen.

Schließlich werden die 3 Triebe kräftig zurückgeschnitten, immer auf ein nach außen zeigendes Auge (Knospe). Den Mitteltrieb (Stammverlängerung) kürzen wir soweit ein, daß er die 3 künftigen Leitäste um eine gute Handbreite überragt.

Schwächere Triebe im unteren Bereich – hier sind es 2 – binden wir waagerecht; sie bleiben ohne Rückschnitt und bringen bald Blüten und Früchte.

Für den Anfänger ist es schwierig, die Stärke des Rückschnittes richtig zu bemessen. Überlegen wir uns deshalb, was wir damit erreichen wollen: Durch das Einkürzen der Stamm- und Leitastverlängerungen sollen sämtliche Knospen entlang der verbleibenden Triebteile austreiben. Angenommen, wir schneiden einen Leitast zu wenig zurück, so werden zwar die oberen Knospen durchtreiben, nicht aber die im unteren Drittel befindlichen. Die Folge: Der Leitast garniert sich zu wenig mit Fruchtholz, er bleibt kahl und schwach. Schneiden wir dagegen zu stark zurück, so treiben sämtliche Knospen aus, jedoch wesentlich stärker als erwünscht. Es bildet sich kaum Fruchtholz, vielmehr entstehen zahlreiche Holztriebe, die wegen ihrer zu dichten Stellung zum Teil wieder entfernt werden müssen.

Wir müssen also beim Rückschnitt die Wuchsstärke des jeweiligen Baumes richtig beurteilen. Der Rückschnitt der Stamm- und Leitastverlängerungen sollte so stark sein, daß zwar sämtliche Knospen austreiben, sich jedoch nur wenige kräftige, aber zahlreiche schwache Triebe – Fruchtholz – entwickeln.

Im 3. Jahr nach der Pflanzung und die Jahre danach bleiben die Schnittarbeiten die gleichen. Neu kommt nur die Erziehung von Seitenästen hinzu. Je Leitast sollten etwa 3 Seitenäste herangezogen werden. Der erste dieser Seitenäste darf erst mindestens 60–80 cm vom Stamm entfernt entstehen; andernfalls würde die Krone später zu dicht. Untereinander sollen diese 3 Seitenäste etwa 100 cm Abstand haben, damit auch in der fertig aufgebauten Krone alle Triebteile genügend Licht bekommen. Die Seitenäste sollten leicht schräg aufwärts gerichtet und in ihrer Länge den Leitästen untergeordnet sein.

Die übrigen entlang der Leitäste entstehenden Triebe behandeln wir als Fruchtäste, d. h. wir schneiden sie nicht zurück, sondern lenken sie durch Ableiten auf jüngere Triebe so,

Zweigquirle immer auf den nach außen wachsenden Trieb absetzen! Dadurch gelangt reichlich Licht in das Kroneninnere, günstig für Blätter und Früchte.

daß ihre Spitze waagrecht gerichtet ist oder leicht abwärts zeigt. Dadurch wird verhindert, daß sie zu einer Konkurrenz für die Seitenäste werden. Jungtriebe allerdings, die zu dicht stehen, werden beim jährlichen Schnitt ganz entfernt.

Auch entlang der Stammverlängerung sollten sich in lockerer Streuung einige Fruchtäste bilden. Wir erziehen sie so, daß sie auf Lücke stehen und die darunter befindlichen Äste möglichst nicht beschatten.

Die Konkurrenztriebe an der Stammverlängerung sowie an den Leit- und Seitenästen werden entfernt. Auch andere steilstehende Jungtriebe, die auf den Oberseiten der kräftigen Astteile entstanden sind, schneiden wir an den Ansatzstellen bis auf Astring weg. Stehen solche Triebe dagegen etwas schräg, so können wir sie waagrecht binden und dadurch zu Fruchtästen umbilden. Dies ist nur sinnvoll, wenn genügend Platz für zusätzliche Fruchtäste vorhanden ist oder wenn sie als Ersatz für abgetragene Fruchtäste verwendet werden sollen.

An dem beim Erziehungsschnitt entstehenden kräftigen Kronengerüst, bestehend aus Stamm bzw. Stammverlängerung (Mitteltrieb), aus Leit- und Seitenästen, entwickelt sich das Fruchtholz. Es besteht aus schwachwachsenden Kurztrieben, die Blütenknospen ansetzen.

Zuviel Fruchtholz, wie es häufig bei älteren Bäumen vorkommt, ist ein Zeichen von Vergreisung. In solchen Fällen sollte man das Fruchtholz verjüngen, indem man von jedem Fruchtholzansatz etwa die Hälfte wegschneidet. So entsteht ein Triebanreiz. Ist zuviel Fruchtholz vorhanden, so bleiben die Früchte klein. Solche Bäume neigen außerdem zur Alternanz, d. h. sie tragen sehr unregelmäßig: In einem Jahr biegen sich die Äste unter der Fruchtlast, im nächsten Jahr gibt es nichts.

Abschließend schneiden wir die im letzten Jahr entstandenen Verlängerungstriebe von Stamm, Leitästen und Seitenästen zurück. Eine Faustregel: Schwache Verlängerungstriebe sollte man um etwa die Hälfte einkürzen, bei kräftigem Jahrestrieb genügt es dagegen meist, wenn nur ein Drittel weggeschnitten wird. Wichtig: Immer auf nach außen gerichtete Augen (= Knospen) schneiden, damit eine breitausladende, gut belichtete Krone entsteht. Nach dem Einkürzen soll der Baum die Form eines Hausdaches oder einer flachen Pyramide haben.

Das Kronengerüst des fertig aufgebauten Halb- oder Hochstammes bzw. Buschbaumes besteht bei richtigem Pflanz- und Erziehungsschnitt aus:

OBSTBAUMSCHNITT

- Stamm bzw. Stammverlängerung (Mitteltrieb).
- 3 gut verteilten, kräftigen Leitästen; bei schwachwüchsigen Steinobstarten wie Zwetsche, Pflaume, Sauerkirsche dürfen es auch 4 sein.
- 3 Seitenästen an jedem Leitast.
- mehreren locker gestreuten Fruchtästen entlang der Stammverlängerung und entlang der Leit- und Seitenäste.
- Fruchtholz, das über alle diese kräftigen Kronenteile gleichmäßig verteilt ist; es sollte möglichst waagrecht stehen, gut belichtet sein und ständig etwas Neutrieb zeigen.

Instandhaltungsschnitt

Sobald die Krone fertig aufgebaut ist, brauchen wir sie nur noch durch den Instandhaltungs- oder Überwachungsschnitt in Ordnung zu halten. Wichtig ist dabei die ständige Fruchtholzerneuerung, so wie dies beim Spindelbusch beschrieben wird. In all den folgenden Jahren muß die Krone vor allem licht bleiben; nur dann kann gesundes und qualitativ hochwertiges Obst geerntet werden. Um dies zu erreichen, entfernen wir mehr als 3 Jahre alte Fruchtäste, die abgetragen haben und meist stark nach unten hängen.

Sind Jungtriebe vorhanden, die nach oben oder schräg nach außen wach-

Richtig! Auf den Astoberseiten haben sich nach dem Auslichten der Krone zahlreiche Holztriebe (»Wasserschosse«) entwickelt. Zu dicht stehende werden entfernt bzw. auf seitlich gerichtete Jungtriebe abgesetzt.

Falsch! Besenbildung, viel Holz und wenig Früchte, wenn kein Trieb entfernt, sondern **alle** Triebe auf kurze Stummeln mit wenigen Augen eingekürzt werden.

sen, so setzen wir die Fruchtäste auf diese ab. Dadurch haben wir eine ständige Fruchtholzerneuerung. Jungtriebe, die sich entlang der stärkeren Äste entwickelt haben und zu dicht stehen, entfernen wir ganz, die übrigen bleiben unbehandelt; sie entwickeln sich zu Fruchtholz.

OBSTANBAU IM GARTEN

Der Schnitt des Spindelbusches

Spindelbüsche behalten zeitlebens eine kleine Krone. Sie stehen im Gegensatz zum Halb- und Hochstamm, der auf Sämling veredelt ist, auf einer schwachwüchsigen Unterlage und benötigen deshalb einen speziellen Schnitt.

Pflanz- und Erziehungsschnitt

Er wird ebenso wie beim Halb- und Hochstamm im zeitigen Frühjahr durchgeführt, ganz gleich, ob der Baum bereits im vorhergehenden Herbst oder soeben erst im Frühjahr gepflanzt wurde. Haben wir den Spindelbusch in der Baumschule als einjährige Veredlung auf M 9 oder der noch schwächer wachsenden Unterlage M 27 (siehe Seite 60) mit einigen vorzeitigen Trieben gekauft, so entfernen wir zuerst alle zu tief angesetzten Triebe bis auf etwa 50 cm Stammhöhe. Anschließend wird der meist sehr steil stehende Konkurrenztrieb weggeschnitten, also der zuoberst an der Stammverlängerung (Mitteltrieb) befindliche Trieb. Nachdem weitere zu dicht oder sehr steil stehende Triebe entfernt wurden, sollen noch 3 seitliche Triebe verbleiben, die wir auf 3–5 Augen (Knospen) einkürzen. Dabei werden die oberen Triebe mehr zurückgeschnitten (auf 3 Augen), die unteren länger (5 Augen) belassen. Der Mitteltrieb wird schließlich auf 5–7 Augen über dem letzten seitlichen Trieb zurückgeschnitten, so daß von Anfang an eine pyramidale Krone vorhanden ist, ähnlich einem Weihnachtsbaum.

Beziehen wir den Spindelbusch von der Baumschule mit zweijähriger Krone, so werden ebenfalls zuerst der Konkurrenztrieb sowie die tiefer als 50 cm über dem Boden entstandenen Triebe weggeschnitten. Dann binden wir 4 gut verteilte Triebe fast waagrecht, sofern sie nicht ohnehin in ziemlich flachem Winkel aus dem Stamm entspringen. Diese Triebe, die in etwa den späteren Fruchtästen beim Halb- und Hochstamm entsprechen, bleiben so wie sie sind, d. h., sie werden nicht eingekürzt. Dadurch setzt der Ertrag früher ein. Sollten noch weitere starke Triebe entlang des Stammes vorhanden sein, so entfernen wir diese, denn andernfalls würde die Krone später zu dicht. Vorhandene Kurztriebe bleiben dagegen am Stamm; sie werden nicht zurückgeschnitten.

Der Mitteltrieb wird auf 5–7 Augen über dem obersten seitlichen Trieb zurückgeschnitten. Dadurch treiben

Pflanzschnitt beim Spindelbusch. Hier wurde lediglich die Stammverlängerung eingekürzt, die künftigen Fruchtäste stehen bereits ziemlich waagerecht.

die verbleibenden Knospen zuverlässig aus, d. h. entlang des Mitteltriebes entstehen viele Seitentriebe bzw. Fruchtholz. Da sich an den waagrecht gestellten Fruchtästen rasch Fruchtholz entwickelt, setzt der Ertrag bei Spindelbüschen bereits im 2. Jahr nach der Pflanzung ein. Zweijährige Bäumchen aus Containern tragen manchmal sogar schon im Pflanzjahr die ersten Früchte.

In den folgenden Jahren sollen entlang des Stammes weitere Fruchtäste entstehen, locker gestreut und so am Stamm angeordnet, daß sie auf Lücke stehen, also zwischen den darunter befindlichen Fruchtästen. Beim Rückschnitt streben wir eine pyramidale Kronenform an.

Neben diesem weiteren Aufbau der kleinen Spindelbuschkrone beschränkt sich die Schnittarbeit in den Jahren nach der Pflanzung überwiegend auf eine leichte Verjüngung, d. h. wir leiten abgetragene Triebteile, die meist stark nach unten hängen, auf Jungtriebe ab. Fruchtholz, das älter als 3 Jahre ist, wird entfernt, da sich sonst der reichtragende Spindelbusch zu rasch erschöpfen würde. Bei Apfelsorten, die bereits am einjährigen Holz blühen, wie 'James Grieve', 'Golden Delicious' u. a., läßt man die Fruchttriebe nur 2 Jahre alt werden.

Ab dem 5.–6. Standjahr kürzen wir die Enden der Fruchtäste etwas ein bzw. setzen sie auf Jungtriebe zurück. Dadurch wird der Neutrieb angeregt und einer raschen Erschöpfung vorgebeugt.

Nach dem Schnitt soll der Spindelbusch seine pyramidale Form beibehalten. Es muß immer darauf geachtet werden, daß die unteren Fruchtäste länger als die oberen sind. So sieht das Bäumchen hübsch aus, vor allem aber gibt es dafür praktische Gründe: Bei der angestrebten Pyramidenform sind alle Teile optimal belichtet. Beläßt man dagegen die zur Spitze hin entstandenen Fruchtäste länger als die darunter befindlichen, so würden letztere ein »Schattendasein« führen, bald von den

OBSTBAUMSCHNITT

oberen, triebmäßig begünstigten Trieben überbaut sein und mehr und mehr verkümmern.

Verjüngen

Nach weiteren Ertragsjahren wird schließlich eine Verjüngung notwendig. Den Zeitpunkt hierfür erkennt man am nachlassenden Triebzuwachs. Sobald der Neutrieb jährlich nur noch wenige Zentimeter beträgt, setzt man die Stammverlängerung (Mitteltrieb) einen halben Meter und mehr herunter. Gleichzeitig schneidet man alle Fruchtäste kräftig bis ins alte Holz hinein zurück, d. h. man setzt sie auf Triebe ab, die sich näher am Stamm befinden. Zusätzlich wird der größte Teil des schwachen Fruchtholzes ganz entfernt und das normal entwickelte um etwa ein Drittel eingekürzt. Auch nach dieser Radikalkur sollte der Spindelbusch wieder wie eine Pyramide aussehen. In Verbindung mit Düngung, Bodenpflege und Pflanzenschutz entsteht dann ab Frühjahr ein kräftiger Neutrieb. Das Bäumchen zeigt neues Leben und bringt bessere Fruchtqualität.

Der Sommerschnitt

Es ist ratsam, den Erziehungsschnitt in den ersten Jahren, außer im Pflanzjahr, durch eine Sommerbehandlung im Juli/August zu ergänzen. Dies gilt für Halb- und Hochstamm, für Busch und Spindelbusch. Bei Spindelbüschen empfiehlt sich ein Sommerschnitt auch später. Besonders wichtig ist eine sommerliche Behandlung bei Wandspalieren und anderen streng gezogenen Formobstbäumen (siehe S. 19).

Der Sommerschnitt hat bei Jungbäumen einen Wachstumsvorsprung zur Folge, der Kronenaufbau geht rascher vor sich. Es werden dabei alle für den Kronenaufbau entbehrlichen Triebe, die man im Winter ohnehin entfernen müßte, weggeschnitten. Dazu gehören die Konkurrenztriebe an Stammverlängerung und Leitästen sowie »Ständer« bzw. »Reiter«, also Triebe, die senkrecht auf den Astoberseiten sitzen und zu sehr ins Kroneninnere wachsen. Weiter entfernen wir alle zu dicht stehenden schwächeren Triebe. Letztere braucht man bei Apfel und Birne nur bis auf die Blattrosette zurückzuschneiden, der sie entspringen, damit sich an diesen Stellen Blütenknospen entwickeln können. Bei Kirsche, Pfirsich und Aprikose müssen solche Triebe dagegen dicht an der Ansatzstelle entfernt werden, da hier verbleibende Stummel eintrocknen würden.

Alle übrigen Triebe, soweit sie nicht für das Kronengerüst benötigt werden, binden wir waagrecht; Langtriebe werden dadurch zu Fruchttrieben umgewandelt, denn:

Je waagrechter sich ein Trieb im Baum befindet, desto mehr neigt er zum Blühen und Fruchten, je steiler er dagegen steht, desto mehr wird er begünstigt, desto kräftiger wächst er.

Zu stark wachsende Triebe lassen sich im Wachstum bremsen, indem wir die Spitzen im Sommer mit dem Daumennagel auskneifen. Ist z. B. in einer jungen Krone ein Leitast besonders kräftig entwickelt, während die beiden anderen wesentlich geringeren Triebzuwachs zeigen, so können wir die zurückgebliebenen fördern, indem wir den kräftigeren Trieb entspitzen. Das Gleichgewicht der Krone läßt sich dadurch rasch wieder herstellen.

Sommerschnitt: Konkurrenztriebe sowie nach innen wachsende und zu dicht stehende Triebe entfernen. Eine Arbeit, die sich vor allem bei Jungbäumen und den kleinbleibenden Spindelbüschen lohnt.

OBSTANBAU IM GARTEN

Originell und praktisch: Waagerecht »binden« von Trieben mit Wäscheklammern und Betonklötzchen an einbetoniertem, U-förmig gebogenem Draht, die sich der Gartenfreund selbst herstellen kann. Darunter: Rascher Ertragsbeginn durch Waagerechtbinden. Hier die Birne 'Andenken an den Kongreß'.

Wer den Sommerschnitt an Jungbäumen durchführt, braucht im Nachwinter nicht mehr viel zu tun. Bei Halb- und Hochstämmen brauchen dann nur noch die Stamm-, Leitast- und Seitenastverlängerungen (siehe Erziehungsschnitt) auf Knospen nach außen eingekürzt zu werden, alles Übrige ist bereits erledigt.

Auslichten älterer Kronen

Vielfach stehen in den Gärten ältere Apfel-, Birn- und Pflaumenbäume oder Süßkirschen, die seit Jahren nicht geschnitten wurden. Ihre Kronen sind meist viel zu dicht, und Fruchtholz fehlt im Kroneninnern oft völlig. Dafür haben sich um so mehr Triebe an den Enden der stärkeren Äste entwickelt, so daß ein dichtes Blätterdach kaum mehr einen Lichtstrahl in das Innere der Krone läßt.

In einem solchen Fall werden zunächst sämtliche zu dicht stehenden Äste an den Ansatzstellen entfernt, bevorzugt natürlich krebsige oder schwächlich gebliebene Äste bzw. solche, die dicht auf anderen aufliegen. Das Ziel dieser Arbeit ist eine gut belichtete Krone sowie die Bildung von Jungtrieben und damit von Fruchtholz an den verbleibenden Ästen. Verständlicherweise lohnt sich dieser Arbeitsaufwand nur bei gesunden und noch im besten Ertragsalter befindlichen Bäumen. Andere werden besser ganz gerodet oder noch einige Jahre »abgemolken« und dann entfernt.

Am leichtesten tun wir uns beim Auslichten, wenn wir wie folgt vorgehen: Vorrangig werden alle Äste entfernt, bei denen eindeutig feststeht, daß sie herausgenommen werden müssen. Wir beginnen im oberen Bereich der Krone, steigen dabei aber immer einmal wieder von der Leiter, um uns den Baum aus einiger Entfernung anzusehen. So tun wir uns leichter bei der Entscheidung, welche Äste als nächste abgesägt werden sollen. Noch besser: wir arbeiten zu zweit; einer steht auf der Leiter oder in der Krone und sägt, während der andere in einiger Entfernung vom Baum beobachtet und Anweisungen gibt, welche Äste nacheinander herausgenommen werden müssen.

Ältere, stark verwahrloste Kronen sollten nicht auf einmal ausgelichtet werden, weil sonst an den verbleibenden Ästen ein kaum zu bändigender starker Neutrieb (»Wasserschosse«) entstehen würde. Solche Bäume werden besser in 2–3 Wintern hintereinander ausgeschnitten, wobei natürlich zuerst die besonders störenden Teile entfernt werden.

Für all diese groben Schnittarbeiten ist die verstellbare Baumsäge das richtige Werkzeug. Schnittwunden, die größer als ein Fünfmarkstück sind, vor allem aber die Wunden von besonders großen Ästen, werden nach getaner Arbeit mit einem Wundverschlußmittel verstrichen (siehe Seite 51). So sind die Wunden gegen schädliche Einflüsse von außen geschützt und beginnen von den Rändern her zu verheilen.

Das zu dichte Triebgewirr an den äußeren Partien einer seit Jahren ungepflegten Krone wird mit der Schere gelichtet. Alte, mit viel Quirlholz besetzte Äste werden auf Jungtriebe (Reiter) zurückgesetzt, die sich auf den Astoberseiten gebildet haben. Zu hohe Kronen setzen wir auf tieferstehende Äste ab, so daß die Pflege- und Erntearbeiten erleichtert werden. Alle diese groben Schnittarbeiten können bereits ab November, also gleich nach dem Laubfall, vorgenommen werden. Am Ende dieser Durchforstung sollte die Krone eine stumpfpyramidale Form haben, also einem Hausgiebel ähnlich sehen.

Durch ein solches Auslichten läßt sich verständlicherweise keine Idealkrone mehr erziehen, so wie sie beim Erziehungsschnitt beschrieben ist. Wir müssen Kompromisse schließen. Doch es ist schon viel erreicht, wenn in das Kroneninnere wieder genügend Luft und Licht gelangen können, wenn die Früchte größer werden und besser gefärbt sind, und wenn der Befall an Schädlingen und Krankheiten zurückgeht.

Mit dem Auslichten allein ist es allerdings nicht getan. Entscheidend für den langfristigen Erfolg ist die Nachbehandlung, denn an den verbleibenden Ästen entstehen nun zahlreiche Jungtriebe. Die zu dicht stehenden

OBSTBAUMSCHNITT

Eine wichtige Winterarbeit: Auslichten älterer Obstbäume. Dabei immer auf sicheren Stand der Leiter achten!

Sehr steilstehende Äste werden auf nach außen wachsende Triebe bzw. schwächere Äste abgesetzt. Kopfwunden verstreichen!

werden im kommenden Winter entfernt. Lediglich alle 40–50 cm verbleibt ein Trieb. Am besten nehmen wir das Vereinzeln der »Wasserschosse« erst zu Beginn des Austriebs im Frühjahr vor. Der bereits im Saft stehende Baum wird dadurch geschwächt und bildet nicht wieder zu viele starkwachsende Jungtriebe. Diese Jungtriebe, auch wenn sie sich senkrecht auf den Astoberseiten befinden, werden nicht eingekürzt. Bereits im nächsten Jahr setzen sie Blütenknospen an, und wieder ein Jahr später blühen und fruchten sie. Dann entfernen wir diese Triebe an der Ansatzstelle, damit es Platz für neue gibt. Wir arbeiten also auch hier auf eine Fruchtholzerneuerung hin. Die Triebe über Jahre hinweg zu belassen, hat wenig Sinn, da sie sich wegen ihrer steilen Stellung sehr kräftig entwickeln und die Krone überbauen würden.

Neben solchen Jungtrieben, die meist im 2. Jahr nach ihrem Entstehen blühen und fruchten, gibt es in einer gut ausgelichteten Krone auch am verbliebenen alten, aber leicht verjüngten Fruchtholz reichlich Blüten und Früchte von wesentlich besserer Qualität als vorher.

Verjüngen älterer Bäume

Ältere Bäume, die kaum noch Neutrieb zeigen und deren Früchte zu klein bleiben, können wir verjüngen. Damit wird der zunehmenden Vergreisung entgegengewirkt. Mit lediglich einer Fruchtholzverjüngung (siehe Seite 37), wie sie bei wüchsigen Kronen als laufende Pflegearbeit erfolgen sollte, ist es bei überalterten Bäumen allerdings nicht getan. Wir müssen schon schärfer eingreifen und die Krone insgesamt um etwa ein Drittel zurücknehmen. Sowohl die Stammverlängerung als auch die Leit- und Seitenäste werden dabei kräftig bis ins alte Holz hinein zurückgeschnitten. Zuerst wird die gesamte Krone ausgelichtet, so wie eben beschrieben. Dann werden alle verbliebenen starken Äste um 1–3 m eingekürzt. Ausgehend vom schwächsten Leitast nehmen wir die Leitäste auf tieferstehende Seitenäste zurück. Von diesen schneiden wir anschließend auf 50 cm, von der Spitze her gerechnet, alles Seitenholz auf Astring zurück. Dadurch entstehen aus nicht sichtbaren schlafenden Augen kräftige, neue Triebfortsetzungen. Den verbleibenden Leitästen wer-

OBSTANBAU IM GARTEN

den sämtliche Seitenäste untergeordnet – siehe Erziehungsschnitt –, d. h. auch die Seitenäste werden bis ins alte Holz hinein zurückgeschnitten. Dabei sollten die tieferstehenden Seitenäste verhältnismäßig lang bleiben, während die oberen Kronenpartien stärker verjüngt werden.

Sind Leit- und Seitenäste entsprechend zurückgeschnitten, setzen wir die Stammverlängerung auf einen tieferstehenden seitlichen Ast ab. Anschließend sollte die gesamte Krone ein dachförmiges Aussehen haben.

Auch das im Baum befindliche Fruchtholz wird kräftig ausgelichtet, bzw. zurückgesetzt, damit an diesen Stellen ebenfalls ein Neutrieb erfolgt.

Apfel, Birne, Sauerkirsche und Pfirsich sprechen auf eine solche Verjüngung besonders gut an, sie bilden kräftigen Neutrieb und bringen wieder größere Früchte. Süßkirschen und einige andere Steinobstarten reagieren dagegen manchmal mit Gummifluß (siehe Seite 143). Um dies möglichst zu vermeiden, verjüngen wir im Sommer gleich nach der Ernte.

Das Verjüngen kann ebenso wie das Auslichten älterer Baumkronen bereits ab November, also gleich nach dem Laubfall, vorgenommen werden. Je früher es erfolgt, desto kräftiger ist der nächstjährige Austrieb. In Verbindung mit einer Düngung lassen sich alternde Obstbäume auf diese Weise förmlich zu neuem Leben erwecken.

Was die Behandlung der vielen Jungtriebe betrifft, die nach einem kräftigen Verjüngen entstehen, so gilt das unter »Erziehungsschnitt« bzw. »Auslichten« Gesagte.

Schnittbesonderheiten bei Birnen, Süßkirschen und Pflaumen

Bei Birnen ist die Stammverlängerung vom Pflanzschnitt an bewußt kurz zu halten; sie soll die Leitäste nur wenig überragen. Dies gilt auch für den Erziehungsschnitt, denn Birnbäume wachsen von Natur aus meist steil in die Höhe.

Süßkirschen sind sehr starkwüchsig, deshalb sollten die Leitäste entlang des Stammes besonders weit auseinanderstehen. Ist das Kronengerüst einmal aufgebaut, wird nur noch ausgelichtet. Eine Fruchtholzbehandlung entfällt. Grobe Schnittarbeiten, wie das Entfernen größerer Äste oder ein Verjüngen der gesamten Krone, führen wir am besten gleich nach der Ernte (Juli/August) durch. Bei einer Verjüngung ist darauf zu achten, daß an den Schnittstellen stärkerer Äste möglichst junge Triebe oder Nebenäste sitzen.

Pflaumen und andere Steinobstarten sollte man bei der Pflanzung möglichst stark zurückschneiden, sonst verkahlen die Triebe im unteren Bereich.

Steinobst ist gegen direkte Sonnenstrahlung auf starke Astteile sehr empfindlich; Frostschäden oder Gummifluß können die Folgen sein. Die Stammverlängerung sowie die Leit- und Seitenäste sollten deshalb reichlich mit Fruchtholz garniert sein. Wir lassen bei diesen Obstarten daher mehr Fruchtholz stehen als bei Apfel und Birne. Anstelle von 3 Leitästen können hier durchaus 4 starke Äste belassen werden, die möglichst gleichmäßig verteilt sind und nicht an einem Punkt des Stammes entspringen.

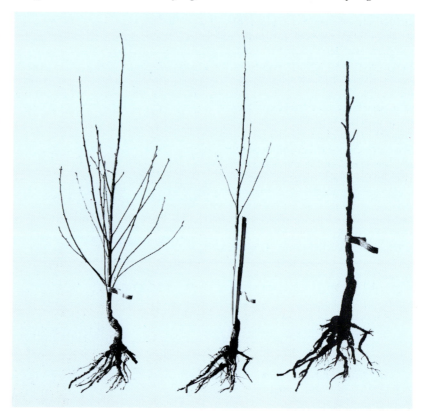

Pflanzschnitt bei der Sauerkirsche (1jährige Veredlung mit zahlreichen vorzeitigen Trieben): Die 3 ausgewählten Leitäste bis auf kurze Stummeln einkürzen.

Der Schnitt der Sauerkirsche

Sauerkirschen werden meist als einjährige Veredlungen gepflanzt, mit einer Stammhöhe von etwa 40 cm. Darüber befinden sich vorzeitige Triebe, d. h. Zweige, die während des Sommers an dem im gleichen Jahr gewachsenen Mitteltrieb entstanden sind. Am besten schneiden wir die unteren dieser Triebe weg, so daß sich eine Stammhöhe von 60 cm ergibt. Dadurch wird die spätere Bodenbearbeitung unter dem Baum erleichtert.

Über diesem 60 cm hohen Stamm belassen wir nur 3–4 vorzeitige Triebe und kürzen sie auf 2–4 Augen ein; wir führen also einen sehr scharfen Pflanzschnitt durch. Der Mitteltrieb wird eine Handspanne darüber auf eine gut ausgebildete Knospe zurückgeschnitten. Fehlt eine solche Knospe, weil in Rückschnitthöhe am Stamm nur vorzeitige Triebe vorhanden sind, so schneiden wir den Mitteltrieb bis auf einen vorzeitigen Trieb zurück und kürzen diesen bis auf die unterste Knospe ein.

Nach diesem Schnitt treibt der Baum gewöhnlich stark durch. Im nächsten Frühjahr wählen wir aus den zahlreichen Trieben 3–4 günstig gestellte, möglichst gleichmäßig um den Stamm verteilte Triebe aus und schneiden sie scharf, bis auf etwa ein Drittel ihrer Länge, zurück. Der weitere Kronenaufbau, einschließlich Sommerschnitt, vollzieht sich wie beim Halb- und Hochstamm.

Nachdem in den meisten Gärten die besonders wertvolle Sorte 'Schattenmorelle' angebaut wird, sei auf die besondere Art der hier erforderlichen Fruchtholzbehandlung hingewiesen: Die Schattenmorelle trägt fast nur an Trieben, die sich im Vorjahr entwickelt haben, d. h. wir müssen durch entsprechenden Schnitt dafür sorgen, daß alljährlich viele kräftige Jungtriebe entstehen.

Unterlassen wir die Fruchtholzbehandlung, so verlängern sich die Triebe jährlich nur um ein kleines Stückchen. An diesem kurzen Neutrieb sitzen im nächsten Jahr Blüten und Früchte, der dahinter liegende Teil verkahlt. Unbehandelte ältere Schattenmorellen ähneln deshalb Trauerweiden. Die Früchte, die sich an den nur kurzen, schwachen Neutrieben bilden, werden merklich kleiner.

Um dies zu verhindern, schneiden wir jeweils nach der Ernte die abgetragenen Triebe bis auf Jungtriebe zurück, die sich in der Nähe stärkerer Kronenteile (Stamm, Äste) entwickelt haben. Diese Jungtriebe kürzen wir nicht ein, weil sie besonders im oberen Drittel die meisten Blüten und Früchte tragen.

Durch diese ständige Fruchtholzverjüngung nach der Ernte bleibt der Schattenmorellenbaum lebendig. Jährlich entstehen zahlreiche kräftige Neutriebe. Die Früchte werden wesentlich größer als an unbehandelten Bäumen. Alte, trauerweidenähnliche Schattenmorellenbüsche werden am besten

Oben: 'Schattenmorelle' ohne Schnitt: kahle Peitschentriebe! »Trauerweide«!
Darunter: Richtig geschnitten: kräftige, blütenbesetzte Jungtriebe.

Schnitt nach der Ernte: Absetzen auf Jungtriebe.

OBSTANBAU IM GARTEN

gleich nach der Ernte oder im Winter verjüngt. Erst schneiden wir alle zu dicht stehenden Äste aus der Krone heraus, dann wird das verbleibende Kronengerüst um etwa ein Drittel zurückgenommen. Anschließend entfernen wir den größten Teil der langen, peitschenartigen Triebe. Soweit es sich anbietet, werden diese kahlen Triebe bis auf Jungtriebe zurückgeschnitten, die sich an ihrem unteren Drittel entwickelt haben. Ein Schattenmorellenbaum sieht nach dieser rigorosen Behandlung zwar sehr licht aus, bereits ab dem nächsten Frühjahr folgt aber ein kräftiger Austrieb an Stamm und Ästen, und schon im Jahr darauf gibt es eine reiche Ernte großfrüchtiger Schattenmorellen. Übrigens, das hier Gesagte gilt auch für ein Wandspalier, für das sich die 'Schattenmorelle' vorzüglich eignet.

Licht gehaltener Pfirsichbaum mit zahlreichen »wahren« Fruchttrieben. Hier können die Früchte in voller Sonne ihr köstliches Aroma entwickeln.

Der Schnitt des Pfirsichs

Der Pfirsich wird ebenfalls meist als einjährige Veredlung gepflanzt. Pflanzschnitt und sonstiger Kronenaufbau erfolgen wie bei der Sauerkirsche. Anstelle einer normalen Krone mit Stammverlängerung, Leit- und Seitenästen können wir hier aber auch eine Hohlkrone aufbauen; sie hat sich beim Pfirsich bewährt. Beim Erziehungsschnitt im Jahr nach der Pflanzung bleiben dann nur 3 möglichst gleichmäßig im Luftraum verteilte Leitäste stehen, während die Stammverlängerung herausgeschnitten wird. Der weitere Aufbau der Leit- und Seitenäste erfolgt wie bei einer normalen Baumkrone (siehe S. 35).
Nachdem der Pfirsich von Natur aus besonders stark zur Spitzenförderung neigt, sollten wir den Baum ständig in scharfem Schnitt halten; andernfalls verkahlen die unteren Teile der Baumkrone sehr rasch. Wie die 'Schattenmorelle', so trägt auch der Pfirsich nur an den im Vorjahr gebildeten Trieben. Wir sorgen also auch hier durch Schnitt für jährlichen Neutrieb.

Die schönsten Früchte entwickeln sich beim Pfirsich an den sogenannten »wahren Fruchttrieben«. Diese Triebe sind etwa bleistiftstark und haben eine Länge von 50 cm und mehr. Meist stehen an ihnen 3 Knospen zusammen: Zwischen 2 rundlichen Blütenknospen ist 1 spitze Holzknospe eingebettet. Wenn wir diese wahren Fruchttriebe um etwa die Hälfte einkürzen, bilden sich besonders schöne, große Früchte. Außerdem entsteht dadurch ein kräftiger Neutrieb, also wahre Fruchttriebe für das kommende Jahr.
»Falsche Fruchttriebe« sind erheblich schwächer und kürzer; sie sind beinahe ausschließlich mit Blütenknospen besetzt. Nachdem sich mangels Blättern an solchen Trieben kaum Früchte ausbilden, schneiden wir sie bis auf kurze Stummel von 1–2 Knospen zurück. Durch diesen scharfen Rückschnitt erreichen wir einen kräftigen Neutrieb und damit die Bildung wahrer Fruchttriebe für das kommende Jahr.
Holztriebe, die auf ihrer ganzen Länge mit länglich-spitzen Holzknospen besetzt sind, werden nur eingekürzt, wenn wir sie als Verlängerung von Leit- und Seitenästen benötigen; andernfalls entfernen wir sie ganz. Im Pfirsichbaum befinden sich darüber hinaus sehr kurze, mit vielen Blüten besetzte Triebe, die so verbleiben wie sie sind; wir bezeichnen sie wegen ihres Aussehens als Bukett-Triebe.
Ebenso wie bei jungen Obstbäumen und Spalieren ist beim Pfirsich zu einem Sommerschnitt zu raten: Bereits Anfang Juni werden sämtliche Konkurrenztriebe, sowie zu dicht stehende und nach innen wachsende Triebe beseitigt.
Der Rückschnitt der Leit- und Seitenäste und der Schnitt der wahren und falschen Fruchttriebe kann vor, während oder bald nach der Blüte erfolgen. Ich ziehe letzteren Zeitpunkt vor, besonders in klimatisch ungünstigen Lagen, in denen die Pfirsichblüte des öfteren erfriert. Sind nämlich die Blüten bzw. die jungen Früchte erfro-

OBSTBAUMSCHNITT

Der Schnitt der Aprikose

Links: Pfirsichtrieb mit Blatt-/Holzknospen. Daneben »wahrer« Fruchttrieb vor und während der Blüte.

An einer warmen Südwand fühlt sich die Aprikose wohl. Das Fächerspalier entspricht dem eigenwillig sparrigen Wuchs dieser Obstart.

ren, so schneiden wir nicht nur die falschen, sondern auch die wahren Fruchttriebe bis auf kurze Stummel zurück.

Da es in einem solchen Jahr ohnehin keine Früchte gibt, erzielen wir durch scharfen Rückschnitt einen kräftigen Neutrieb und damit zahlreiche wahre Fruchttriebe für das kommende Jahr.

In kalten Wintern kommt es beim Pfirsich leicht zu Frostschäden. Ist die Krone teilweise zurückgefroren, so schneiden wir die abgestorbenen Teile bis auf weiter unten befindliche Jungtriebe zurück und bauen mit diesen eine neue Krone auf.

Wenn ein Pfirsichbusch oder ein Spalier in seinen unteren Teilen verkahlt, so empfiehlt sich ein Verjüngungsschnitt, am besten im Sommer, gleich nach der Ernte. Die Leitäste und die an diesen locker verteilten Seitenäste werden dabei weit ins alte Holz hinein zurückgenommen. Dabei sollte darauf geachtet werden, daß sich an den größeren Schnittstellen jüngere Triebe befinden, die als Verlängerung der betreffenden Äste dienen können. Das Verstreichen aller größeren Wunden mit einem Wundverschlußmittel ist beim Pfirsich besonders wichtig.

In klimatisch ungünstigen Gegenden ziehen wir diese Obstart fast ausschließlich als Fächerspalier an der warmen Hauswand. Wo aber das Klima zusagt, kann die Aprikose auch als freistehender Baum mit einem mehr oder weniger hohen Stamm gezogen werden. In diesem Fall führen wir ähnlich wie bei den anderen Obstarten einen Erziehungs- oder Aufbauschnitt durch, der bei der Aprikose etwa 3–5 Jahre dauert. Später braucht nur noch wenig geschnitten zu werden, und wenn, sollte auf einen guten Wundverschluß geachtet werden.

Der Pflanzschnitt erfolgt wie bereits auf S. 34 beschrieben: Also Stammverlängerung mit 3–4 gut verteilten, seitlichen Trieben, den künftigen Leitästen; alle diese Triebe um gut ein Drittel bis zur Hälfte einkürzen; der Mitteltrieb sollte anschließend die seitlichen um Handspanne überragen. Die Aprikose treibt nach einem solchen Pflanzschnitt kräftig durch, und nicht selten entwickeln sich 1–1,50 m lange Jahrestriebe. Während des weiteren Kronenaufbaus kürzen wir diese Triebverlängerung um jeweils ein Drittel bis zur Hälfte ein, damit ein kräftiges Kronengerüst mit gut entwickelten Fruchttrieben entsteht. Konkurrenztriebe werden entfernt. Ohne einen solchen Schnitt bei beginnendem Austrieb im Frühjahr würde das Kroneninnere bald verkahlen und die Früchte nur an weit außen bzw. oben befindlichen Triebspitzen hängen.

Sobald die bei Aprikosen immer etwas sparrig aussehende Krone nach 3–5 Jahren mit wenigen Leitästen, einigen locker gestreuten Seitenästen und viel Fruchtholz aufgebaut ist, braucht nur noch ein Überwachungsschnitt durchgeführt zu werden. Dabei werden vor allem nach innen wachsende Triebe und Konkurrenztriebe entfernt. Dieser Schnitt erfolgt im Sommer (bessere Wundverheilung).

Sollte im Laufe der Jahre die Baumkrone zu dicht geworden sein, so wird sie in der Zeit von Mitte August bis Mitte September ausgelichtet. Vorrangig werden dabei dürre, zu dicht stehende, sich kreuzende oder beschädigte Äste entfernt. Wunden, die größer als ein Fünf-Mark-Stück sind, sofort mit Wundverschlußmittel verstreichen. Keine »Kleiderhaken« (Aststumpen) stehenlassen!

Sobald bei einem älteren Aprikosenbaum die Triebkraft nachläßt, können wir ihn verjüngen. Auch dieser Radikaleingriff, bei dem die Krone, wie bereits auf S. 41 eingehend beschrieben, um ein Viertel oder gar um die Hälfte zurückgesägt wird, erfolgt am besten im August/September. Immer auf Stellen zurückschneiden, an denen sich Triebe an den stärkeren Ästen befinden und diese bis auf Astring entfernen. Dadurch entstehen an den Schnittstellen im kommenden Frühjahr mehrere kräftige Neutriebe, von denen wir je Ast nur einen, den am günstigsten gestellten, belassen. Anschließend sollte die Krone wie ein Dachgiebel mit einem Winkel von 100–120 Grad aussehen.

Schnitt der Obsthecke

Anstelle einer Rundkrone mit Ästen nach allen Seiten erziehen wir hier eine flache Krone, d. h. die stärkeren Triebe sollen sich nur nach 2 Seiten hin entwickeln (siehe auch S. 16). Diese Äste werden in einem stumpfen Winkel zum Stamm oder aber weitgehend waagrecht erzogen. Bereits bei der Pflanzung heften wir die untersten beiden Seitentriebe an den Draht und kürzen den Mitteltrieb etwa 50 cm darüber, unmittelbar über einer Knospe, ein.

So treibt die Mitte kräftig durch und es entstehen dicht unterhalb der Schnittstelle Triebe, von denen die 2 geeignetsten wiederum zu beiden Seiten an den nächstfolgenden Spanndraht angeheftet werden.

Im kommenden Frühjahr schneiden wir wieder nur die Mitte auf 50 cm über der 2. Astserie zurück, damit die nächsten Seitenäste entstehen können. So entwickelt sich eine freiwachsende Obsthecke, aus der nur alle sehr steil sowie zu dicht stehenden Triebe an der Ansatzstelle entfernt werden.

Sobald die Obsthecke die gewünschte Höhe von 2,20–2,50 m erreicht hat, biegen wir den Mitteltrieb auf den obersten Spanndraht herunter, damit der Wuchs gebremst wird. Wenn die Bäume dann richtig in Ertrag kommen, läßt der Trieb von selbst nach, vorausgesetzt, daß eine schwachwachsende Unterlage verwendet wurde. In kleinen Gärten lassen wir die Obsthecke möglichst nur an die 2 m hoch werden, der Garten wirkt dann optisch größer.

Das Umveredeln

Veredeln ist ähnlich wie der Obstbaumschnitt eine Handfertigkeit, die man nicht allein aus Büchern erlernen kann. Man muß sie praktisch üben, wozu in Kursen (siehe S. 33) Gelegenheit gegeben ist.

Es ist aber auch eine »gefährliche« Arbeit. Nicht so sehr, weil man sich mit dem scharfen Veredlungsmesser in den Finger schneiden könnte; ich meine es anders: Könner sehen das Veredeln geradezu als Sport an. Ich kenne Gartenfreunde, die soviel Spaß daran haben, daß sie jeden nur auffindbaren Wildling pfropfen, und, weil sie sich als richtige Gärtner nicht mehr von ihm trennen können, im Garten aufpflanzen. Es entsteht bald ein Obst-»Urwald« mit all den bekannten Nachteilen, denn die Bäume haben nicht mehr den erforderlichen Standraum.

Dieser Birnen-Wildling ist aus einem Kern von selbst aufgegangen. Gesund und wüchsig eignet er sich zum Veredeln, denn die kleinen Holzbirnen sind nicht genießbar.

Wir sollten uns deshalb im allgemeinen darauf beschränken, nur bereits vorhandene Bäume umzuveredeln, wenn deren Ertrag oder die Qualität nicht befriedigt. Vor allem können wir durch Veredeln wertvolle alte Obstsorten erhalten, die nur lokale Bedeutung haben und die folglich in den Baumschulen nicht erhältlich sind.

Übrigens, um im Garten noch mehr Sorten unterzubringen, ist es möglich, auf vorhandene Obstbäume zusätzlich 1, 2 oder noch mehr Sorten aufzuveredeln (siehe Seite 49). Dies gelingt auch bei Spindelbüschen recht gut. Grundsätzlich sollten aber nur Bäume umveredelt werden, die noch verhältnismäßig jung und wüchsig sind. Bei zu alten Bäumen lohnt diese Arbeit nicht mehr. Von »Umveredeln« spricht man deshalb, weil ja jede Obstsorte bereits ohnehin veredelt ist (siehe Seite 23).

Vorbereitungen

Bevor veredelt werden kann, bedarf es einiger Vorbereitungen. Bereits im Winter vor dem Umveredeln wird die gesamte Baumkrone bis weit ins alte Holz hinein zurückgenommen, »abgeworfen«, wie der Fachausdruck lautet. Je nach Obstart ist der sogenannte Abwurfwinkel verschieden, der von der Kronenspitze zum Kronenrand hin gemessen wird. Beim Apfel soll er 100–120°, bei der Birne und beim Steinobst 80–90° betragen. Im ersteren Fall soll die abgeworfeneKrone also einem flachen, bei Birne und Steinobst einem steilen Hausdach ähneln. Kronen, die keinen richtigen Aufbau mit Leit- und Seitenästen haben bzw. zu dicht sind, werden vor dem Abwerfen ausgelichtet.

Die stärkeren Äste sollen nach dem Abwerfen noch 1–1,50 m lang sein, bei sehr jungen Bäumen und Spindelbüschen jedoch wesentlich kürzer. Wird zu kurz abgeworfen, so können ältere Bäume »im Saft ersticken«. Nachdem die Umveredlung erst im Frühjahr erfolgt, lassen wir die zu veredelnden Äste zunächst etwa 20 cm länger stehen; sie werden erst unmittelbar vor dem Veredeln bis ins frische Holz nachgeschnitten! Wichtig ist auch, daß die Pfropfköpfe, also die Astenden, auf denen veredelt wird, nicht mehr als 10 cm Durchmesser haben; andernfalls würde deren Verheilung zu lange dauern. Einige schwächere und tief hängende Äste bleiben unbehandelt; wir belassen sie als »Zug-Äste«.

Es gibt verschiedene Veredlungsmethoden. Das Geißfußpfropfen und das Pfropfen in den seitlichen Spalt können bereits im zeitigen Frühjahr, also vor dem Austrieb, vorgenommen werden. Zu dieser Zeit sind die Edelreiser noch besonders frisch. Allerdings sind diese beiden Verfahren für den Ungeübten doch etwas schwierig.

Deshalb soll hier nur auf das Pfropfen hinter die Rinde eingegangen werden, ein Verfahren, das meist gelingt und auch für den obstbaulichen Anfänger leichter erlernbar ist. Es wird angewandt, sobald sich die Rinde gut vom Holz löst, ab Mitte April und im Mai. Pflaumen und Zwetschen werden bereits ab Anfang April, Kirschen am besten während der Blütezeit umveredelt. Bei Apfel und Birne ist dies von April bis Anfang Juni möglich. Wann der günstigste Zeitpunkt ist, hängt immer auch von der Witterung und dem örtlichen Kleinklima ab. Auf jeden Fall muß sich die Rinde lösen.

Noch etwas wird vorbereitet: Die Edelreiser. Sie werden bereits im Januar, also während der Saftruhe, von einem reichtragenden Baum der gewünschten Sorte geschnitten. Als Edelreiser nehmen wir bleistiftstarke, einjährige Triebe, die an der Sonnenseite des Mutterbaumes, also an gut belichteten Stellen, gewachsen sind; nur solche Jungtriebe sind gut ausgereift und haben kräftige Knospen ausgebildet.

Wer die Edelreiser nicht im eigenen Garten oder bei einem Bekannten schneiden kann, bezieht sie von einer Baumschule oder aber von einem Obstbauinstitut. Große Schwierigkeit bereitet in den meisten Fällen die Beschaffung von Edelreisern alter Sorten. Doch hierzu gibt es eine gute Nachricht: Solche Sorten sind neuerdings als Edelreiser bei verschiedenen Obstbauinstituten und Versuchsanstalten erhältlich.

Nachdem die Edelreiser geschnitten, bzw. bei uns eingetroffen sind, schlagen wir sie an der Nordseite des Hauses oder in einem kühlen Kellerraum tief in Erde oder in leicht feuchten Sand ein. Sie dürfen weder eintrocknen, noch vorzeitig austreiben.

Nach vorherigem Auslichten wurde die Krone zum Veredeln abgeworfen und auf den Stamm und die kräftigen Äste 5 verschiedene Birnensorten gepfropft.

Das Pfropfen hinter die Rinde

Kurz vor dem Veredeln wird der Pfropfkopf frisch abgesägt, d. h. jeder Ast wird um etwa 20 cm zurückgenommen. Dann werden die Edelreiser mit der Baumschere in Stücke mit 3–5 Augen (Knospen) geschnitten und gegenüber einem Auge mit einem mindestens 4–5 cm langen, glatten, schräg verlaufenden Kopulationsschnitt versehen. Dazu brauchen wir ein scharfes Kopuliermesser (siehe Seite 50).
Die Rinde des Pfropfkopfes erhält ebenfalls einen Längsschnitt. Dann werden die beiden Rindenflügel mit dem Messerrücken leicht angehoben, so daß das Kambium sichtbar wird, und das Edelreis dazwischengeschoben, aber nur soweit, daß von der Schnittfläche des Edelreises noch etwa 3–5 mm sichtbar bleiben. Gleich anschließend wird mit Bast oder Kunststoffband verbunden und mit Baumwachs verstrichen. Wichtig ist, daß alle Stellen, die mit Luft in Berührung stehen, mit Veredlungswachs abgedichtet werden.

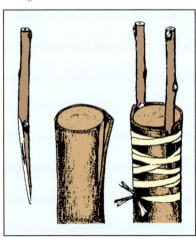

Pfropfen hinter der Rinde. Links: Edelreis mit langem Kopulationsschnitt, von dem das Gelingen der Veredelung entscheidend abhängt.

Das verbesserte Rindenpfropfen

Noch empfehlenswerter als diese Methode ist das verbesserte Rindenpfropfen. Dabei löst man nur einen Rindenflügel. Das Pfropfreis erhält zusätzlich zu dem langen Kopulationsschnitt an der Seite, wo der Rindenflügel nicht angehoben wird, einen leichten Längsschnitt im 90°-Winkel zum Kopulationsschnitt. Nachdem dann das Reis in den angehobenen Rindenflügel geschoben wurde, liegt dieser schmale Längsschnitt dem festliegenden Rindenteil dicht an.
Zusätzlich kann man am Edelreis unterhalb des am weitesten unten befindlichen Auges – also gegenüber dem Kopulationsschnitt – noch etwas Rinde wegnehmen. Dadurch liegt das Reis an 3 Seiten dem Kambium (siehe Seite 11) gut an; es sitzt fester und wächst schneller an als beim »gewöhnlichen« Rindenpfropfen.
Auch bei diesem Verfahren wird jeder veredelte Ast sofort verbunden: zuerst wird der Bast am Kopfende mehrfach um den Ast gebunden, dann einige Male nach unten gewickelt, mit einer Schlaufe zugezogen und der Pfropfkopf einschließlich der Oberseite des Reises wie üblich mit Baumwachs verstrichen.
Der Veredlungsvorgang hört sich in der Beschreibung viel komplizierter an, als er ist. Wichtig ist vor allem der lange, glatte Kopulationsschnitt, der mit einem Spezialmesser mit rasiermesserscharfer Klinge durchgeführt werden muß. Bevor wir erstmals veredeln, üben wir diesen Schnitt mehrmals an Jungtrieben, die bei den winterlichen Schnittarbeiten anfallen. Auch Weidentriebe sind dazu geeignet. Entscheidend ist, daß der Kopulationsschnitt in einem Zug gelingt und die Schnittflächen nicht verschmutzt bzw. mit den Fingern berührt werden. Jedes Nachschneiden ist zu vermeiden. Bereits nach 2–3 Wochen beginnen die Reiser auszutreiben, gelegentlich kann dies aber auch noch einige Wochen länger dauern. Also nicht gleich die Geduld verlieren, sondern beobachten!

Links: Verstreichen mit Baumwachs.
Rechts: Die Veredelung ist gelungen, das Reis treibt aus.

Die Nachbehandlung der Pfropfköpfe

Ebenso wichtig wie das Veredeln, ist die Nachbehandlung der Pfropfköpfe. Nach etwa 5–6 Wochen wird der Bast, mit dem die Edelreiser festgebunden sind, durch einen Längsschnitt gelöst. Andernfalls würde er bei dem nun beginnenden Dickenwachstum die Edelreiser einschnüren.
Unterhalb der Pfropfköpfe kommt es infolge der Wegnahme und des Einkürzens vieler Äste zu starkem Neutrieb. Ab Frühsommer werden deshalb bis auf 30 cm unterhalb der Pfropfköpfe alle Jungtriebe entfernt. Die noch weiter unterhalb entstandenen, kräftigen Triebe werden entspitzt oder waagerecht gebunden. Dadurch kommt der Saftstrom vor allem den Edelreisern zugute. Es wäre aber falsch, die Äste der alten Sorte von Jungtrieben völlig freizuschneiden.
Der aus den Reisern entstandene Neutrieb bleibt im Sommer unbehandelt; nur wenn auf stärkeren Pfropfköpfen

2, 3 oder 4 Reiser aufgesetzt wurden, belassen wir nur den aus dem Reis auf der Astoberseite entstandenen Trieb lang, während wir die übrigen entspitzen. Dadurch wird 1 Trieb – die zukünftige Ast- bzw. Stammverlängerung – besonders gefördert, während die anderen von vorneherein untergeordnet werden; sie dienen lediglich der raschen Verheilung des Pfropfkopfes.

Im kommenden Winter schneiden wir die Äste bis auf 30 cm unterhalb der Pfropfköpfe vollkommen frei. In der Krone entstandene steilstehende Triebe werden ebenfalls entfernt. Andere, schwächere oder nicht ganz so steil stehende Triebe bringen wir in eine waagrechte Lage bzw. leiten sie möglichst nach außen ab, sofern wir sie nicht bereits im Sommer waagrecht gebunden haben. Auch jetzt wäre es falsch, alle Triebe der Unterlage, also der alten Sorte, zu entfernen. An den verbleibenden Trieben bildet sich vielmehr bald Fruchtholz, und es gibt an diesen Stellen bald besonders schöne und große Früchte.

Je Pfropfkopf soll letztlich nur 1 Neutrieb die Fortsetzung übernehmen. Die übrigen aus den Edelreisern entstandenen Jungtriebe werden beim winterlichen Schnitt waagrecht gebunden oder auf einen seitlichen Austrieb abgesetzt, damit keine Konkurrenz zu den Leit- und Seitenastverlängerungen entsteht.

Wurden je Pfropfkopf mehrere Reiser aufgesetzt, so schneiden wir in den folgenden Jahren das eine oder andere völlig weg, damit die ausgewählte Verlängerung genügend Platz hat. Ist der Pfropfkopf im Winter nicht mehr dicht mit Baumwachs bedeckt, so wird die Wunde erneut verstrichen. Dies braucht nicht mehr mit Baumwachs zu geschehen, jedes übliche Wundverschlußmittel genügt.

Der weitere Aufbau der neuen Krone mit den aus den Edelreisern entstandenen Trieben erfolgt genauso wie bereits beim Halb- und Hochstamm bzw. Spindelbusch unter »Erziehungsschnitt« beschrieben.

Mehrere Sorten auf einem Baum

Der Hobbygärtner möchte in seinem Garten – im Gegensatz zum Erwerbsobstbauer – möglichst viele Sorten haben. Meist fehlt es aber an Platz, um all die Bäumchen unterbringen zu können. Was liegt also näher, als auf vorhandene Halb- und Hochstämme, aber auch auf Spindelbüsche zusätzliche Sorten aufzuveredeln? Dies gelingt recht gut.

Jeder Leitast und dessen Seitenäste bringen dann eine andere Sorte, während an den bei der Veredlung ohnehin erforderlichen Zugästen und am unteren Teil der Krone weiterhin die Früchte der bisherigen Sorte hängen. Wir sollten nur darauf achten, daß wir je Baum immer nur starkwüchsige oder schwachwüchsige Sorten zusammenbringen. Andernfalls würde sich ein Ast, der mit einer besonders starkwüchsigen Sorte veredelt wurde, wesentlich stärker entwickeln als die Stammverlängerung und die übrigen Äste. In einem solchen Fall wäre das Gleichgewicht gestört, und die Krone würde nicht mehr gut aussehen. Auch früh- und spätaustreibende Sorten sollten nicht miteinander kombiniert werden. Erstere wären sonst im Vorteil. Probeweise habe ich vor Jahren bei einem Spindelbusch der Sorte 'Goldparmäne' einen Fruchtast mit 'Alkmene' und die Stammitte im oberen Bereich mit 'Jonathan' veredelt. Letztere hat sich der 'Goldparmäne' wuchsmäßig gut angepaßt, während der 'Alkmene'-Ast sich enorm kräftig entwickelt hat. Er stört jetzt das Gleichgewicht der Spindelbuschkrone.

Hier nochmals der veredelte Birnen-Wildling von Seite 46/47 mit 5 aufgepfropften Sorten, 3 Jahre danach. Deutlich ist der Unterschied zwischen den kleinen Wildbirnen und 'Alexander Lucas', einer der aufveredelten Sorten, zu erkennen.

OBSTANBAU IM GARTEN

Werkzeuge für Schnitt und Veredlung

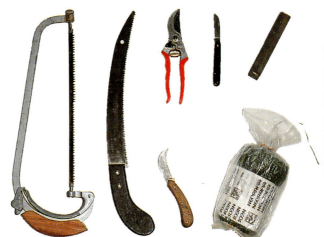

Die wichtigsten Werkzeuge. Sehr praktisch auch die türkendolchartig gebogene Säge für kleine Äste und für die Arbeit an Spalieren.
Rechts oben: Belgischer Brocken, zum Schärfen von Messern und Schere.

Nur mit einem zweckmäßigen Werkzeug macht die Arbeit Spaß. Sparen wir also nicht, denn eine gute Baumschere oder eine Spritze haben wir ein Leben lang. Andererseits habe ich nichts übrig für Geräte und Zubehör, das man überhaupt nicht oder nur alle heiligen Zeiten einmal benützt. Schade um das Geld und für den Platz, den unnütze Dinge wegnehmen.

Schere – Mit das wichtigste Geräte im Hobby-Obstbau, deshalb beim Kauf auf keinen Fall auf die Mark schauen! Ich arbeite seit einigen Jahrzehnten mit der Felco 2, eine unerreichte Schweizer Gartenschere. Erschrecken Sie nicht, sie kostet mehr als 50 Mark, doch ich kenne nichts Besseres. Sie liegt wie angegossen in der Hand, nur mit dem Daumen läßt sie sich spielend öffnen und schließen, so daß man sich bei der Arbeit immer mit der anderen Hand an einem Ast oder an der Leiter festhalten kann; die Felco-Schere ist leicht und ermüdet auch bei längerer Arbeit nicht, macht einen scharfen Schnitt, schneidet erstaunlich starke Zweige ohne besonderen Kraftaufwand, ist mit den leuchtendroten Griffen im Schnee oder Rasen leicht auffindbar, die beanspruchten Teile lassen sich leicht auswechseln und können nachbezogen werden, und ... und ... und ... Übrigens, es gibt täuschend ähnliche Nachahmungen anderer Firmen, sie sind ein paar Mark billiger, doch den Unterschied merkt man sofort. Alle Scheren, die ich bisher zum Ausprobieren kostenlos zugeschickt bekam, habe ich bald wieder zur Seite gelegt bzw. benutze sie anderwärtig im Gemüse- und Blumengarten oder zum Schneiden dürrer Teile; für den Obstbaumschnitt will ich nur die Felco. In den Garten-Centern werden aber auch andere brauchbare Scheren angeboten, die durchaus zu empfehlen sind, vor allem, wenn nur wenige Obstbäume im Garten stehen und damit der Schnittaufwand geringer ist.

Astschere – Eine wirkliche Arbeitserleichterung, wenn im Garten viele Beeren- und Ziersträucher zu schneiden sind! Mit einer Grifflänge von 60 bis etwa 75 cm – je nach Fabrikat – ist eine hervorragende Hebelwirkung gegeben, so daß auch Gärtnerinnen dicke Äste von 30–50 mm Durchmesser ohne besonderen Kraftaufwand sauber und dicht über dem Boden abschneiden können. Ich ziehe eine Astschere mit kräftigen langen Holzgriffen vor, weil Holz schön aussieht und sich optisch auch im Winter »warm« anfühlt. Wenn Sie solch eine Astschere zu besonderen Anlässen an Freunde – sie kostet immerhin an die 60 bis 70 Mark! – verschenken, kann der Name des Beschenkten in den Holzgriff eingebrannt werden.

Baumsäge – Kaufen Sie sich eine Bügelsäge mit verstellbarem, 35 cm langem Blatt, Holzgriff und Momentspanner. Dadurch kann das Sägeblatt leicht entspannt und verstellt werden, so daß jeder Ast sauber auf Astring abgesägt werden kann. Solch eine hochwertige Säge ist preiswerter als eine gute Baumschere. Auf keinen Fall ein billiges Fabrikat mit feststehendem Blatt nehmen.

Hippe – Dies ist ein kräftiges Messer mit geschwungenem Holzgriff und mindestens 70 mm langer, geschwungener Stahlklinge. Nicht billig, 30 bis 50 Mark, doch so ein »Ding« hebt zweifellos das Aus- und Ansehen des Gärtners, wenn er es bei sich trägt. Zum Nachschneiden von Sägewunden, Ausschneiden von Stammschäden, Krebsstellen u. a. sowie zum Abschneiden von Bastfäden geeignet; auch im Gemüse- und Blumengarten recht brauchbar, aber nicht unbedingt nötig. Doch das gilt auch für einen wesentlich teureren Fernseher, der außerdem mehr Platz wegnimmt. Zugegeben, ich habe eine Schwäche für richtige handfeste Gärtnerhippen. Die »schönste« habe ich in Florenz erstanden: sie hat einen 175 mm langen kräftigen Holzgriff und eine 150 mm lange, 50 mm breite, stark geschwungene Klinge; allerdings ist sie mehr für den Weinbau als für obstbauliche Zwecke geeignet.

Veredlungsmesser – Wer Veredeln möchte, braucht zum Pfropfen hinter die Rinde oder für den Geißfuß ein Kopuliermesser mit 40 mm langer rasiermesserscharfer, gerader Klinge oder für Okulationen ein Okuliermesser mit speziell geformter Klinge und Rindenlöser. Hippe und Veredlungsmesser der altbekannten Firma Tina haben ihren Preis, doch man hat damit ein Leben lang Freude.

Leiter – Für Schnitt und Ernte an Halb- und Hochstämmen eignet sich eine Anlegeleiter, am besten mit 2 Stützen, damit sie nicht nur an kräftigen Ästen angelegt, sondern auch im Außenbereich freistehend als Stützleiter aufgestellt werden kann. Praktisch ist es, wenn eine solche standsichere Leiter aus dauerhaftem Leichtmetall und 2 ineinander verlaufenden Teilen besteht, so daß sie sich beliebig verlängern oder verkürzen läßt. Damit können auch hohe Baumkronen und Wandspaliere weitgehend gefahrlos behandelt werden. Anstelle einer Anlegeleiter hat sich auch die Einholmleiter bewährt; sie läßt sich leicht durch Äste und Zweige in die Krone schieben.

Vorsicht bei älteren Holzleitern! Unbedingt vor Gebrauch prüfen, ob noch alle Sprossen intakt sind, da sonst allzuleicht ein schwerer Unfall passieren kann. Aus optischen Gründen ziehe ich dennoch eine standsichere Holzleiter einer silbrig-blitzenden Leichtmetall-Leiter im Garten vor.

Sonstiges Zubehör

Außerdem gehören in die Gerätehütte Wundverschlußmittel, Baumwachs, Bast, Kokosfaserstrick, Etiketten, Holzpfähle (Reserve) für Spindelbüsche und Beerenhochstämmchen, Bambusstäbe zum Formieren bzw. Holunderstecken zum Abspreizen von Trieben sowie Netze zum Schutz gegen Vögel, evtl. auch eine Wühlmausfalle und Drahthosen zum Schutz junger Bäumchen vor Hasenfraß. Für die Ernte an hohen Bäumen ist außerdem ein Obstpflücker mit Allzweck-Teleskopstiel praktisch; den Schnitt an schwer erreichbaren Ästen und Zweigen erleichtert eine Stangensäge mit speziellem Stiel; allerdings läßt sich damit der Obstbaumschnitt nicht so fachgerecht durchführen wie mit Leiter, Säge und Schere.

Geräte, die zur Bodenbearbeitung, Pflanzung und laufenden Pflege benötigt werden, wie etwa Grabgabel, Spaten, Schaufel, Rechen, Pickel, Schubkarre, Plastikeimer, Gießkanne und Schlauch, sind ohnehin im Garten vorhanden.

Pflegearbeiten

Wildschäden

In manchen Gebieten besteht den Winter über die Gefahr, daß vor allem Hasen die Stämme anfressen. In diesen Fällen sollte für eine sichere Außenumzäunung gesorgt werden. Ebenso hat es sich bewährt, die Stämme der jungen Bäume mit Maschendrahtgeflecht (Drahthosen) zu umgeben. Beim Auslichten der älteren Bäume lassen wir in gefährdeten Lagen das Schnittholz bis zum Frühjahr auf dem Boden liegen. Feldhasen machen sich dann erst daran zu schaffen und lassen die Bäume ungeschoren. Hasenfraß ist bis in den April hinein möglich. Deshalb Drahthosen nicht zu früh entfernen, vor allem wenn noch Schnee liegt.

Wundpflege

Eine wichtige Arbeit, durch die so mancher beschädigte Baum gerettet werden kann! Beinahe jedes Jahr kommt es zu Schäden an Stamm und Ästen, sei es durch Frost, Obstbaumkrebs, Abschlitzen eines Astes, Zweigmonilia oder Hasenfraß. Auch beim Obstbaumschnitt entstandene Wunden, die größer als ein Fünf-Mark-Stück sind, sollten nachbehandelt werden, damit sie rasch verheilen.

Dazu werden die Wundränder im zeitigen Frühjahr bzw. sobald der Schaden sichtbar ist mit einem scharfen Messer (Hippe) nachgeschnitten und mit einem Wundverschlußmittel gut verstrichen. Bei Krebsstellen schneiden wir die befallene Stelle gründlich bis auf das gesunde Holz aus. Handelt es sich um Frostplatten, so wird der erfrorene, eingesunkene Rindenteil beseitigt und von den meist braunen Rändern soviel weggeschnitten, bis das gesunde, grünlichgelb gefärbte Holz sichtbar wird.

Zum Verstreichen eignen sich Spisin, Lac-Balsam u. a., also gut streichfähige Wundverschlußmittel, die sich auch bei kühler Witterung mit dem Pinsel auftragen lassen. Damit können wir alle Säge- und Schnittwunden, ausgeschnittene Krebswunden und ebenso alle Wunden, die durch mechanische

Ein großer Ast ist abgeschlitzt und 7 Jahre danach mit Wundrand überwallt. Um das große Loch zu verdecken, wurde ein Efeu vorgepflanzt.

OBSTANBAU IM GARTEN

Verletzungen, Sonnenbrand, Frostplatten, Astbruch und Wildverbiß entstanden sind, gegen das Eindringen von Pilzen abdichten.

Eine andere Möglichkeit, die sich in ländlichen Gebieten vor allem bei großen Wunden bewährt hat: Wundränder nachschneiden und Wunde mit Lehmbrei verstreichen, dem ein Drittel strohfreier Kuhmist beigemengt ist. Anschließend Wunde mit Sackleinen umwickeln und feucht halten.

Meist bleibt bei Hasenfraß noch genügend lebensfähiges Gewebe am Stamm, so daß die Verheilung rasch Fortschritte macht. Wenn die Rinde allerdings zur Hälfte des Stammes weggefressen ist, so besteht wenig Aussicht auf Erfolg.

Schlimm sind jedoch vor allem Schäden durch Mäuse, da hier meist die Rinde rundherum bis aufs Holz weggenagt ist. In einem solchen Fall kommt jede Hilfe zu spät, und wir sollten besser einen neuen Baum pflanzen.

Wühlmausschäden (siehe S. 131) lassen sich vermeiden, wenn wir in gefährdeten Gärten die Obstbäume in einem Drahtkorb pflanzen.

Links: Ein Kalkanstrich hilft Frostschäden vermeiden.
Rechts: Baumpfähle immer wieder überprüfen, sonst fällt der Pfahl samt Baum um.

Kalken der Baumstämme

Ab Mitte Januar, spätestens aber ab Februar, beginnen sich an sonnigen Tagen die Baumstämme an der Südseite zu erwärmen, während in darauffolgenden, klaren Nächten die Temperaturen stark absinken. Dadurch entstehen Spannungen im Rindengewebe, die schließlich zu Frostrissen führen können. Auch Frostplatten – Teile der Rindenfläche trocknen ein – sind Folgen einer starken Sonnenbestrahlung und extremer Temperaturschwankungen.

Gegen solche Schäden streichen wir die Bäume vorbeugend mit Kalkbrühe, der zur besseren Haftfähigkeit etwas Tapetenkleister oder 3 % Wasserglas zugesetzt werden. Einfacher ist es, die im Handel erhältliche fertige Kalkbrühe zu verwenden bzw. an die Südseite jedes Baumstammes ein Brett zu stellen, das die Sonnenstrahlen ebenfalls abhält. Übrigens, ein Kalkanstrich nützt nichts gegen Schädlinge, er reflektiert nur die Sonnenstrahlen.

Baumpfahl erneuern

Bei Spindelbüschen auf schwachwachsender Unterlage und bei Beerenobsthochstämmchen sollte immer wieder

einmal der Pfahl überprüft werden. Ist er morsch geworden, so erneuern wir ihn möglichst rasch. Es ist ärgerlich, wenn ein mit viel Liebe gepflegtes Bäumchen umfällt oder ein Stachelbeerhochstamm abbricht, nachdem dies leicht zu verhindern gewesen wäre.

Auch das Bindematerial (Kokosfaser) überprüfen wir von Zeit zu Zeit. Ebenso sollte man auf Etiketten achten, die beim Dickenwachstum den Stamm einschnüren können oder gar schon hineingewachsen sind. Am besten werden die Etiketten mit Draht gleich bei der Pflanzung entfernt und die Sorten auf einem Lageplan festgehalten bzw. die Etiketten so an den Bäumchen angebracht, daß ein Einschnüren nicht möglich ist.

Früchte ausdünnen

Starker Fruchtbehang schwächt die Bäume derart, daß es im nächsten Jahr nur eine geringe oder überhaupt keine Ernte gibt. Man spricht dann von Alternanz (siehe auch Seite 12).

Um dies zu vermeiden, dünnen wir von Hand aus. Dies geschieht nach dem ganz natürlichen Junifruchtfall, bei dem der Baum einen Teil der Früchte abwirft, um sich vor dem Zuviel zu entlasten. Zuerst schütteln wir die Äste, um zu sehen, ob die verbliebenen Früchte wirklich fest sitzen. Dann entfernen wir bevorzugt die im Wachstum zurückgebliebenen sowie mißgestalteten oder von Krankheiten befallenen Früchte. Dies geschieht mit der Gartenschere. Auf keinen Fall reißen, da sonst die Stielbasis beschädigt würde und die Früchte, die verbleiben sollen, ebenfalls abfallen können. Nach dem Ausdünnen sollten die Früchte etwa in Handlänge voneinander entfernt hängen, so daß etwa 25 Blätter auf 1 Frucht kommen. Wir belassen deshalb nur die größte Frucht je Fruchtbüschel, gelegentlich auch 2 Früchte, je nach dem Gesamtbehang.

PFLEGEARBEITEN

Ausdünnen lohnt sich bei reichtragenden Sorten. Die verbleibenden Früchte werden deutlich größer, die Bäumchen tragen regelmäßiger.

Das Ausdünnen ist natürlich nur bei niedrigen Baumformen von Interesse und bei Sorten, deren Früchte ohne diesen kleinen Trick zu klein bleiben würden. Hierzu gehören 'Klarapfel', 'Stark Earliest', 'Mantet', 'Prinz Albrecht von Preußen', 'Golden Delicious', 'Cox Orange' u.a. Vor allem bei Sorten, die zur Alternanz neigen, also nur jedes 2. Jahr tragen, wie 'Goldparmäne', 'Elstar', 'Berlepsch' u.a., lohnt sich das Vereinzeln der Früchte. Wird jedoch der Behang durch den Junifall erfahrungsgemäß ohnehin stark verringert, wie etwa bei 'James Grieve', 'Boskoop' u.a., so erübrigt sich ein vorheriges Ausdünnen. Das Ausdünnen verringert nicht nur die Alternanz, auch die Fruchtgröße und -ausfärbung werden dadurch verbessert.

Triebausschläge beseitigen

Triebausschläge, die gelegentlich am Stammgrund eines Obstbaumes vom Frühjahr ab entstehen, gehören möglichst rasch beseitigt. Sie sind meist auf Verletzungen am Wurzelhals zurückzuführen, und es hat wenig Sinn, sie nur ein Stück über dem Boden abzuschneiden. Die verbleibenden Augen der Sämlingsunterlage treiben dann erneut und vervielfacht aus und beeinträchtigen das Wachstum der Edelsorte beträchtlich. Deshalb den Boden etwas entfernen, also den Stammgrund freilegen, und die Schosser mit einem Messer oder mit der Schere möglichst unmittelbar am Stamm abschneiden.

Ein Baum hat sich »freigemacht«

Wenn ein Spindelbusch, also ein Zwergbaum, zu stark treibt und eine viel zu große Krone entwickelt, so kann dies zwei Ursachen haben: entweder das Bäumchen wurde fälschlicherweise auf einer zu starkwüchsigen Unterlage gekauft oder aber es wurde zu tief gepflanzt.
Im ersten Fall hilft ein scharfer Schnitt nicht weiter, im Gegenteil, der Triebzuwachs würde dann nur noch stärker. Wenn wir eine ganze Reihe solcher vermeintlich kleinbleibender Spindelbüsche gepflanzt haben, ist es am besten, wenn wir jeden zweiten entfernen. Die verbleibenden bekommen dann Luft und können schnittmäßig an der langen Leine gehalten werden. Sie müssen sich austoben können, d.h. die durch die Triebkraft der Unterlage vorprogrammierte Kronengröße muß erreicht werden, damit sie sich auf Blühen und Fruchten umstellen. Auch mit Ringeln (siehe S. 11) können wir hier nachhelfen.
Wurde dagegen zu tief gepflanzt und ist die Veredlungsstelle (knollige Verdickung am Stamm) mit Erde bedeckt, so können sich über dieser die Wurzeln der Edelsorte entwickeln. Die Wirkung der schwachwachsenden Unterlage ist dadurch ausgeschaltet und das Bäumchen beginnt zu wachsen, als wäre es auf einer Sämlingsunterlage veredelt. Der Schaden läßt sich aber auf einfache Weise beheben: den Boden um den Stamm entfernen, die Veredlungsstelle freilegen und die oberhalb der Veredlungsstelle aus dem Stamm entstandenen Wurzeln wegschneiden.

Bei Trockenheit wässern

Frisch gepflanzte Obstbäume brauchen vor allem im 1. Jahr reichlich Wasser. Ihr Wurzelwerk ist noch spärlich und verläuft sehr flach. Bei Trockenheit also gießen!
Ältere Obstbäume werden dagegen nur gewässert, wenn es während der Vegetation längere Zeit hindurch trocken ist. Besonders während der Blütezeit und in den Wochen vor der Ernte, aber auch in sehr heißen Sommerwochen, legen wir den Schlauch an die Bäume. Dabei ist durchdringend zu wässern, nicht nur am Stamm, sondern bei großkronigen Bäumen vor allem auch im Bereich der Kronentraufe, damit das Wasser tatsächlich in den Wurzelbereich gelangt (siehe S. 10). Wenn schon, dann sollten je Quadratmeter durchwurzelter Fläche 20 bis 30 Liter Wasser gegeben werden. Anschließend nicht vergessen, den Hahn abzudrehen!

Zu tief gepflanzt! Wurzeln oberhalb der Veredlungsstelle entfernen!

Mulchen

Die wichtigste Pflegemaßnahme im Hinblick auf eine gute Wasserversorgung! Vor allem unter flach wurzelnden Spindelbüschen (Obsthecke, Spalier) und unter Beerensträuchern decken wir den Boden vom Frühjahr an mit organischem Material ab. Dies gilt selbstverständlich auch für Baumscheiben von Hoch- und Halbstämmen in den ersten Jahren nach der Pflanzung.

Sehr gut eignet sich dazu kurzer Rasenschnitt, mit dem man im Haus- und Kleingarten meist ohnehin nicht weiß wohin; er wird 10–20 cm hoch, also handhoch, aufgebracht. Ebenso gut können kurzes Stroh, verrotteter Stallmist oder Häckselgut verwendet werden, wobei eine geringe Abdeckhöhe genügt.

Unter einer solchen Mulchdecke bleibt der Boden gleichmäßig feucht, locker und beschattet; es kann sich ein reges Bakterienleben entwickeln, es wächst kaum Unkraut, und die lufthungrigen Wurzeln streifen bis an die Oberfläche, also bis dicht unter die Mulchdecke. Man sieht es den Sträuchern und Bäumen geradezu an, wie gut ihnen das tut; sie fühlen sich rundum wohl. Erst im Herbst legen wir die Baumstämme frei, sonst besteht die Gefahr von Mäusefraß im Winter, der auch bei Wundenpflege kaum mehr verheilt.

Baumscheiben

Großkronige Obstbäume, also Halb- und Hochstämme, werden meist in den Rasen oder in eine Wiese gepflanzt. Damit das Gras den wenigen jungen Wurzeln nicht zuviel Wasser und Nährstoffe wegnimmt, legen wir bei der Pflanzung eine Baumscheibe von 1–1,50 m Durchmesser an und decken diese den Sommer über mit Mulchmaterial ab. Dadurch bleibt der Boden feucht und locker und der Austrieb ist ein wesentlich besserer. Später, sobald die Krone entwickelt ist, können wir die Baumscheiben mit Gras bzw. mit Kapuzinerkresse oder ähnlichen Arten ansäen.

Was tun nach Hagelschaden?

Gegen Blütenfrost können wir nur wenig unternehmen, gegen Hagel überhaupt nichts. Junge Bäume können durch einen starken Hagelschlag derart stark geschädigt werden, daß es besser ist, sie zur nächsten Pflanzzeit durch neue zu ersetzen. Ältere Obstbäume, welche einem stärkeren Hagel ausgesetzt waren, bedürfen danach besonderer Pflege, damit sie sich möglichst rasch wieder erholen.

Als günstig hat sich vor allem eine sofortige Fungizidspritzung (organische Pilzbekämpfungsmittel) erwiesen. Dadurch wird eine schnelle Verkorkung der Wunden erreicht und das Faulen der durch Hagelkörner verletzten Früchte am Baum gebremst.

Wichtig ist auch eine zusätzliche Stickstoffdüngung. Nachdem es aber meist im Juli/August hagelt, wäre es für eine Normaldüngung über den Boden zu spät; der dadurch angeregte Neutrieb würde bis zum Herbst nicht mehr ausreifen, und es könnte zusätzlich zu Frostschäden kommen. Wir führen deshalb eine Blattdüngung durch. Der Stickstoff und die über Blatt aufgenommenen Nährstoffe werden sofort verwertet. Vor allem Magnesium steht für Blattgrünbildung (Chlorophyll) schnell zur Verfügung; das gleiche gilt für die Spurennährstoffe, von denen zahlreiche Lebensvorgänge in der Pflanze gesteuert werden. Wir verwenden dazu einen leicht wasserlöslichen, stickstoffreichen Blattdünger wie z. B. Hakaphos-Nährsalz, 20 g/10 l Wasser und können Spritzung und Düngung in einem Arbeitsgang miteinander kombinieren.

Daneben sollten verhagelte Bäume und Sträucher bei Trockenheit gut gewässert und der Boden mit Mulch bedeckt werden. Ein Sommerschnitt unterbleibt, damit die noch vorhandenen Blätter und Blattreste nicht noch weiter verringert werden. Auf diese Weise haben wir alles getan, um den Schaden gering zu halten und die Verheilung der Wunden zu fördern.

Düngen

Von einer guten Nährstoffversorgung hängen Regelmäßigkeit und Höhe der Erträge entscheidend ab. Allem voran geben wir organische Stoffe, also Kompost oder verrotteten Stallmist. Dadurch bleibt der Boden locker und lebendig, das Bakterienleben wird gefördert.

Daneben brauchen die Obstbäume aber auch einige wichtige Nährstoffe, damit sie wachsen, fruchten und gleichzeitig Blütenknospen für das kommende Jahr ausbilden können. Es sind dies Stickstoff, Phosphor, Kalium und Magnesium sowie einige Spurenelemente. Diese Stoffe sind zwar in den meisten Böden infolge von Verwitterungs- und Zersetzungsprozessen organischer Substanzen vorhanden, die

Vor allem die flachwurzelnden Spindelbüsche und Beerensträuchr sind für eine Kompostgabe dankbar.

Menge genügt aber bei im Ertrag befindlichen Obstbäumen nicht immer. Schließlich werden diese Nährstoffe in Form des im Herbst geernteten Obstes dem Boden entzogen und sollten bei Bedarf ergänzt werden.

Die Wirkung der einzelnen Nährstoffe

Stickstoff (N) ist der Motor des Pflanzenlebens. Fehlt dieser wichtige Nährstoff, so bilden die Obstbäume nur wenig oder gar keinen Neutrieb, die Blätter zeigen eine ungesunde hellgrüne Färbung. Da Stickstoff nur wenig im Boden gespeichert werden kann, sollte dieser Nährstoff alljährlich gezielt dem Boden zugeführt werden, es sei denn, wir können keinen Mangel feststellen. Dies kann in Form organischer – dazu zählen auch Kompost und verrotteter Stallmist – oder mineralischer Dünger geschehen.

Zu hohe Stickstoffgaben sind allerdings von Nachteil. Die Pflanzen wachsen dann zu mastig, werden krankheitsanfällig und die Früchte sind nicht mehr gut lagerfähig. Stickstoff zu spät im Sommer gegeben, hat eine mangelnde Holzausreifung zur Folge; es kann zu Frostschäden kommen.

Vor allem auch aus Gründen des Umweltschutzes darf nur soviel Stickstoff gegeben werden, wie die Bäume tatsächlich aufnehmen können. Andernfalls käme es zu einer Auswaschung in tiefere Bodenschichten und als Folge davon zu Nitratanreicherung im Grundwasser mit all ihren negativen Folgen für die Gesundheit.

Phosphor (P) fördert die Wurzelentwicklung junger Pflanzen, die Blühwilligkeit und Fruchtbarkeit der Obstbäume und Beerensträucher sowie die Samenbildung. Auf den Düngemittelpackungen ist der %-Gehalt an wasser- bzw. zitronensäurelöslicher Phosphorsäure unter der chemischen Formel P_2O_5 angegeben. Da dieser wichtige Pflanzennährstoff im Boden nur schwer beweglich ist – im Gegensatz zum Stickstoff –, kann Phosphor auch auf Vorrat gedüngt werden. Zahlreiche Bodenuntersuchungen der letzten Jahre haben jedoch ergeben, daß Gartenböden meist reichlich mit diesem Nährstoff versorgt sind, so daß sich eine zusätzliche Gabe erübrigt.

Kalium (K) sorgt für feste Zellwände und macht damit die Obstgehölze widerstandsfähig gegen Krankheiten und Kälte; es fördert die Haltbarkeit der Früchte bei der Lagerung. Kalium spielt eine wichtige Rolle bei der Bildung und dem Transport von Kohlenhydraten und im Wasserhaushalt der Pflanzen.

Kaliummangel macht sich durch schwaches Gewebe, fehlende Standfestigkeit und schlechte Haltbarkeit der Ernte bemerkbar. Bei Kaliummangel verzögert sich das Wachstum, die Blattränder bräunen sich und trocknen ein. Andererseits wird bei einer Kalium-Überdüngung die Aufnahme von Kalzium (Ca) und Magnesium (Mg) blockiert. Kalium ist im Boden zwar leichter löslich als Phosphorsäure, aber bei weitem nicht so leicht wie Stickstoff. Auch dieser Nährstoff ist in vielen Gartenböden in ausreichender Menge vorhanden.

Kalk bzw. Kalzium (Ca) nimmt unter den Pflanzennährstoffen eine Sonderstellung ein: Er lockert den Boden, fördert die Bodengare, beschleunigt Umsetzungsvorgänge und schließt schwer aufnehmbare Nährstoffe auf. Außerdem werden die bei der Zersetzung organischer Stoffe entstehenden Säuren bei Vorhandensein von Kalk neutralisiert.

In seiner Doppelfunktion ist Kalk aber nicht nur ein wichtiger Bodenverbesserer, sondern gleichzeitig ein Pflanzendünger. Die Pflanze braucht diesen Nährstoff zur Stabilisierung der Zellwände und bei der Zellteilung, also in den Trieb- und Wurzelspitzen. Kalkmangel in den Früchten fördert die Stippigkeit bei anfälligen Sorten. Ebenso ist dies nach neuesten Erkenntnissen eine wesentliche Ursache für die Fleischbräune und vorzeitige Reife von Äpfeln. Im Erwerbsobstbau werden deshalb während der Vegetation zahlreiche Kalziumspritzungen durchgeführt, nachdem eine Bodenkalkung gegen diese »Krankheit« nicht genügt.

Zuviel Kalk im Boden ist allerdings für alle Obstarten von Nachteil, denn bei einem zu hohen pH-Wert kann ein

PFLEGEARBEITEN

Dieser Spindelbusch hat sichtlich »Hunger«, er leidet unter Stickstoffmangel. Außerdem: Spindelbüsche möglichst nicht in den Rasen pflanzen!

Immer beobachten! Bei solch kräftigem Neutrieb, gesund-grünen Blättern und reichem Fruchtbehang erübrigt sich eine zusätzliche Düngung.

OBSTANBAU IM GARTEN

deutlicher Spurenelementmangel eintreten. Dies gilt besonders für Mangan und bei hohem Humusgehalt und Bodenverdichtungen auch für Eisen, d. h. die Blätter werden ungesund hellgrün bzw. bei Eisenmangel chlorotisch, also gelblich, ausgebleicht.

Obstbäume und Beerensträucher bevorzugen einen schwach sauren Boden, soweit nicht bei den einzelnen Arten (S. 58 ff.) auf Besonderheiten hingewiesen wurde. Auf leichteren Böden soll der Kalkgehalt im allgemeinen nicht über pH 6 liegen, bei mittelschweren nicht über pH 6,5. Nur schwere, tonreiche Böden sollen bei Bedarf bis pH 7, also bis auf neutrale Reaktion, aufgekalkt werden.

Magnesium (Mg) ist nach neueren Erkenntnissen der 5. Hauptnährstoff. Es ist ein wichtiger Bestandteil des Blattgrüns und bei der Photosynthese (Assimilation) unentbehrlich. In den Blau-Volldüngern ist Magnesium meist mit 2 % und damit in ausreichender Menge vorhanden. Bei Magnesiummangel kommt es zu Aufhellungen zwischen den Blattadern, während die Adern selbst dunkelgrün bleiben.

Außer diesen Hauptnährstoffen spielen sogenannte **Spurennährstoffe** wie Schwefel, Eisen, Mangan, Bor, Zink, Kupfer, Molybdän u. a. eine Rolle. Sie werden, wie schon der Name sagt, nur in kleinsten Mengen benötigt und stehen den Obstgehölzen ausreichend zur Verfügung, wenn wir zur Bodenverbesserung regelmäßig Kompost oder verrotteten Stallmist geben.

Eine Bodenuntersuchung gibt Aufschluß

Wer einen größeren Obstgarten oder auch nur eine längere Reihe von Spindelbüschen bzw. Beerensträuchern pflanzen möchte, sollte vorher eine Bodenprobe entnehmen und diese untersuchen lassen. In bereits bestehenden Obstpflanzungen ist der günstigste Zeitpunkt hierfür im Herbst nach der Ernte oder im Winter, wenn

---

Bodenuntersuchungsstellen

Landw. Untersuchungs- und Forschungsanstalt, Siebengebirgsstr. 200,
*53229 Bonn, Tel. 0228/434-0, Fax 434427

Bayer. Hauptversuchsanstalt für Landwirtschaft,
*85350 Freising, Tel. 08161/713381, Fax 714216

Landw. Untersuchungs- und Forschungsanstalt, Schiepziger Str. 29,
06120 Halle, Tel. 0345/5584-0, Fax 5584102

Landw. Untersuchungs- und Forschungsanstalt, Finkenborner Weg 1 A,
31787 Hameln, Tel. 05151/9871-0, Fax 987111

Abteilung Untersuchungswesen für Landwirtschaft, Ernährung und Umwelt/LUFA der TLL, Naumburger Straße 98,
07743 Jena, Tel. 03641/683-0, Fax 683390

Staatl. Landw. Untersuchungs- und Forschungsanstalt Augustenberg, Neßlerstr. 23,
*76227 Karlsruhe, Tel. 0721/9468-0, Fax 9468112

Hessische Landwirtschaftliche Versuchsanstalt, Am Versuchsfeld 13,
34128 Kassel, Tel. 0561/9888-0, Fax 9888300

Landw. Untersuchungs- und Forschungsanstalt, Gutenbergstr. 75–77,
24116 Kiel, Tel. 0431/16904-0, Fax 1690417

Sächsische Landesanstalt für Landwirtschaft, Gustav-Kühn-Str. 8,
04159 Leipzig, Institut für Landwirtschaftliche Untersuchungen/LUFA, Tel. 0341/5939-0, Fax 5939211

Landw. Untersuchungs- und Forschungsanstalt, Nevinghoff 40,
*48147 Münster (Westf.), Tel. 0251/2376-1, Fax 2376597

Landw. Untersuchungs- und Forschungsanstalt, Jägerstr. 23–27,
*26121 Oldenburg, Tel. 0441/801-0, Fax 801899

Landw. Untersuchungs- und Forschungsanstalt, Templiner Str. 21,
14473 Potsdam, Tel. 0331/226-0, Fax 326226

Landw. Untersuchungs- und Forschungsanstalt, Graf-Lippe-Str. 1,
18059 Rostock, Tel. 0381/37541, Fax 37543

Landw. Untersuchungs- und Forschungsanstalt, Obere Langgasse 40,
*67346 Speyer, Tel. 06232/136-0, Fax 136110

Landesanstalt für landw. Chemie (710), der Universität Hohenheim, Emil-Wolff-Str. 14,
*70599 Stuttgart, Tel. 0711/459-0, Fax 4593495

Bayer. Landesanstalt für Weinbau und Gartenbau, Herrnstr. 8,
*97209 Veitshöchheim, Tel. 0931/9801-0, Fax 9801300

Stand 4. März 1996

VDLUFA, Bismarckstr. 41 A,
D-64293 Darmstadt, Tel. 06151/26485, Fax 06151/293370

* Diese Anstalten untersuchen Proben von Privatpersonen, bei den übrigen empfiehlt sich eine vorherige Anfrage.

---

der Boden nicht gefroren ist. Auf keinen Fall sollte nach einer erfolgten Düngung, auch nicht nach einer organischen (mit Kompost), die Probe entnommen werden.

Um ein möglichst einwandfreies Ergebnis zu bekommen, »ziehen« wir mehrere Einzelproben an 10–15 verschiedenen Stellen der Fläche aus einer Tiefe von 0–30 cm. Dazu graben wir je Entnahmestelle ein entsprechend tiefes Loch und entnehmen eine dünne Erdscheibe mit einem einzigen Spatenstich. Dann wird von der auf dem Spatenblatt liegenden Erdscheibe links und rechts der größte Teil der Probe entfernt, so daß in der Mitte ein schmaler Erdstreifen verbleibt, den wir für die Probe verwenden.

Dann die Einzelproben mischen und insgesamt 0,5 kg trocken im Plastikbeutel oder einer Büchse verpackt an die nächstgelegene Bodenuntersuchungsanstalt versenden. Auf einem beigefügten Zettel geben wir an, aus welcher Tiefe die betreffende Probe stammt und daß auf die Fläche Obstbäume bzw. Beerensträucher gepflanzt werden sollen. Wir erfahren dann den pH-Wert bzw. Kalkbedarf, den Gehalt an Phosphor und Kalium sowie die Bodenart (z. B. sandiger Lehm).

Es empfiehlt sich, die Bodenuntersuchungsanstalt vor der Probeentnahme anzuschreiben und ein Bodenprobeset anzufordern. Dieses enthält u. a. eine Anleitung zur Probeentnahme, eine Preisliste, ein Formular »Untersuchungsauftrag«, Aufkleber, Plastikbeutel mit Verschluß und einen Versandkarton. Letzterer ist in den Ausmaßen so gehalten, daß die Bodenprobe (500 g) als Maxibrief an die Untersuchungsanstalt geschickt werden kann. Der Preis für die Standarduntersuchung liegt bei 15 DM, wird auch die Bestimmung von Magnesium gewünscht, das häufig zu wenig vorliegt, erhöht sich der Preis auf 20–25 DM. Das Analysenergebnis wird in mg/100 g angegeben, d. h. in Milligramm Nährstoff je 100 g Boden. Ein Boden gilt im allgemeinen als gut versorgt, wenn ein Phosphor- (P_2O_5) und Kaliumgehalt (K_2O) von 15–25 mg/100 g Boden und ein Magnesiumgehalt (MgO) von 10–15 mg/100 g Boden vorliegen. Das Ergebnis der Untersuchung bekommen wir meist nach 2–4 Wochen zusammen mit einer leicht verständlichen Düngeempfehlung zugeschickt.

Aufgrund einer Untersuchung wissen wir zuverlässig, wie es um den Nährstoffgehalt unseres Bodens bestellt ist, d. h. wir düngen nicht mehr »ins Blaue hinein«. Wenn alle 3–5 Jahre eine derartige Untersuchung durchgeführt wird, können sowohl Kosten als auch Arbeit eingespart werden. Vor allem aber wollen wir aus Gründen des Umweltschutzes dem Boden nicht mehr Nährstoffe zuführen als notwendig.

So kann es durchaus sein, daß durch jährliche Volldüngergaben ein überhöhter Phosphat- und Kaliumgehalt vorliegt, wie zahlreiche Proben aus Haus- und Kleingärten in der letzten Zeit gezeigt haben. In solchen Fällen kann dann auf Blau-Volldünger verzichtet und ausschließlich Stickstoff in organischer oder mineralischer Form ausgebracht werden. Vielfach genügt es dann sogar, wenn wir regelmäßig Kompost geben, vor allem wenn beim Aufsetzen des Kompostmaterials Horn-Knochen-Blutmehl bzw. Kalkstickstoff zur rascheren Verrottung beigegeben wurde.

Doch auch ohne Bodenuntersuchung können wir in etwa feststellen, ob unsere Obstbäume an Nährstoffmangel leiden. Wir brauchen nur zu beobachten. Wenn sie gut und regelmäßig tragen, dabei reichlich Neutrieb entwickeln und gleichzeitig Blütenknospen für das kommende Jahr ansetzen, befinden sie sich im Idealzustand. Der Fachmann spricht dann vom »physiologischen Gleichgewicht«. Was wollen wir mehr? Warum sollten wir sie noch zusätzlich füttern? Auch Obstbäume wachsen nicht in den Himmel und sollen es auch gar nicht. Also lassen wir das Düngen bleiben, bis sich Bedarf zeigt.

Düngung in der Praxis

Unter Spindelbüschen und unter Beerensträuchern, also auf offenem Boden, bringen wir im März – sobald der Schnee weggetaut ist – Kompost aus, etwa 5 Eimer à 10 Liter auf 10 m². Wenn nötig, streuen wir einen Blau-Volldünger bzw. Einzeldünger auf die von Wurzeln durchzogene Fläche, wobei wir uns nach dem Ergebnis einer Bodenuntersuchung richten. Wer einen organisch-mineralischen Dünger (Hornoska-Spezial, Engelharts Gartendünger, Manna-Spezial u. a.) bevorzugt, sollte den geringeren Nährstoffgehalt berücksichtigen bzw. sich nach dem Aufdruck auf der Packung richten. Die Wirkung ist zwar langsamer als bei mineralischen Düngern, dafür aber lange anhaltend.

Fehlt ausschließlich Stickstoff, weil die übrigen Nährstoffe in genügender Menge (nach Bodenuntersuchung!) vorhanden sind, so genügt es meist, wenn wir 20–25 g/m², also etwa eine halbe Handvoll Kalkammonsalpeter o. a. im März/April ausstreuen und diesen nur oberflächlich einarbeiten.

So wird's gemacht: Obstbäume im Rasen düngen wir bei Bedarf am besten flüssig, mit Grabgabel und Gießkanne.

PFLEGEARBEITEN

Bei Obstbäumen, die im Rasen stehen, gehen wir anders vor. Hier hätte es wenig Sinn, den Dünger auszustreuen, denn das meiste davon würde von der Grasnarbe aufgenommen. Vor allem schwer bewegliche Nährstoffe wie Kalium, insbesondere aber Phosphor, kämen den Obstbaumwurzeln nicht zugute. In diesem Fall düngen wir flüssig: Von einem Blau-Volldünger werden 100–150 g, das sind etwa 2 bis 3 Handvoll in 10 Liter Wasser, durch kräftiges Umrühren gelöst. Wenn Kalium und Phosphor ausreichend vorhanden sind, wird nur ein Stickstoffdünger in der genannten Wassermenge gelöst. Dann öffnen wir im gesamten Wurzelbereich, also bis etwa 2 m über die Kronentraufe hinausreichend, mit der Grabgabel je Quadratmeter 2 bis 3 schmale Spalten, in die je 1 knapper Liter der Düngerlösung gegossen wird.

Dies geht recht einfach: Mit der Grabgabel in den Boden einstechen, die Gabel etwas hin- und herbewegen, so daß sich ein Spalt öffnet, Düngerlösung hineingießen und mit dem Fuß auf den Spalt treten, so daß sich die Grasnarbe wieder schließt.

Auf diese Weise kommen die Nährstoffe unmittelbar in den Wurzelbereich und stehen bereits zu Triebbeginn zur Verfügung. Eine solche Düngung wirkt sich sichtbar auf den Neutrieb, die Blattentwicklung, ebenso aber auch auf die Ausbildung der jungen Früchte und den Blütenknospenansatz für das nächste Jahr aus.

Bei starkem Fruchtbehang und mäßigem Trieb können wir Anfang Juni einen kleinen Nachschlag geben, etwa 10–20 g/m² eines Stickstoffdüngers (Kalkammonsalpeter u. a.).

Düngen wir wie empfohlen, so werden die Obstbäume sowohl Früchte tragen als auch Blüten für das nächste Jahr ansetzen und gleichzeitig reichlich Neutrieb entwickeln. Ist dieser Idealzustand ohnehin vorhanden, so können die Obstbäume und Beerensträucher mehr oder weniger lange auch ohne eine Düngung auskommen.

OBSTARTEN

Apfel

Dies ist mit Abstand die wichtigste Obstart mit einer großen Zahl von Sorten. Diese Vielfalt ermöglicht es uns, ab Ende Juli bis weit in das nächste Frühjahr hinein Äpfel aus dem eigenen Garten zu essen. Mit ihrem Apfel aus dem Paradies könnte Eva heute allerdings keinen Adam mehr verführen, denn der Urapfel der Menschheitsgeschichte war vermutlich holzig, sauer und verlockte kaum zum Hineinbeißen. Anders die Äpfel von heute. Sie sind schon eher eine Sünde wert. Wir können sie direkt vom Baum essen – einfach paradiesisch! – oder vielseitig verwerten zu Apfelmus, Gelee oder Dörrobst, Apfelsaft (Süßmost) und Apfelwein, also Most. Und wer ißt nicht gerne einen Apfelstrudel oder einen mit Apfelschnitzen belegten Kuchen?

Der gesundheitliche Wert des Apfels ist allgemein bekannt, und mancher hat es sich angewöhnt, täglich vor dem Zubettgehen noch einen Apfel zu essen. Äpfel enthalten jedenfalls beträchtliche Mengen an Vitamin A, B, C und Mineralstoffen. Wertvoll ist auch der Reichtum an Pektinen und Gerüststoffen mit starker Quellbarkeit und Absorptionsfähigkeit. Aus diesem Grunde hilft bei Durchfall eine Apfeldiät, also mehrmals täglich geriebene Äpfel neben Haferschleim.

Standortansprüche

Apfelbäume können in jedem Garten gepflanzt werden, auch im kleinsten. Durch die Wahl entsprechender Unterlagen haben wir die Möglichkeit, die Kronenausdehnung den vorhandenen Platzverhältnissen anzupassen.

Der Baum wurzelt verhältnismäßig flach, was aber nicht heißt, daß ihm ein flachgründiger Boden besonders zusagen würde. Vor allem darf der Boden nicht zu trocken sein. Unter solchen »mageren« Verhältnissen würde ein Apfelbaum klein bleiben, geringe Erträge bringen und bereits frühzeitig absterben. Auch kalte und nasse Böden sagen dieser Obstart nicht zu; das Holz reift dann – vor allem in regenreichen Jahren – nur schlecht aus. Als Folge davon ist der Baum frostgefährdet und wird leicht krebsig.

Ideal ist ein nährstoffreicher, lehmiger Boden, tiefgründig, gut durchlüftet und gut mit Humus versorgt. Wenn diese Verhältnisse im Haus- und Kleingarten nicht von Natur aus vorhanden sind, sollte man sie annähernd schaffen. Also: fehlende Nährstoffe durch Düngung zuführen, fehlenden Humus durch Kompost ergänzen. Sollte der Boden zu zäh und schwer sein, so kann man ihn mit Styromull oder Hygropor lockerer machen.

Der Apfelbaum liebt eine höhere Luftfeuchtigkeit als die übrigen Obstarten. Wir pflanzen ihn deshalb möglichst nicht an einen trockenen Südhang oder als Spalier an eine Südwand (Ausnahme: 'Weißer Winterkalvill'). Die Bäume bleiben dort klein, leiden unter Schädlingen und Krankheiten und tragen schlecht. In sehr warmen und trockenen Gegenden eignen sich Apfelbäume besser für die kühlere, feuchtere Nordlage.

Befruchtungsverhältnisse

Alle Apfelsorten sind selbstunfruchtbar, d. h. sie sind auf die Bestäubung mit sortenfremdem Pollen (Fremdbestäubung) angewiesen.

Doch es wird noch komplizierter: nicht jede Sorte ist auch ein guter Pollenspender. Nur diejenigen Sorten mit diploidem, also zweifachem, Chromosomensatz (bei Apfel = 34 Chromosomen) sind als Pollenspender geeignet. Es gibt aber auch Sorten mit triploidem, also dreifachem Chromosomensatz (= 51 Chromosomen). Deren Blüten können zwar mit Blütenstaub einer anderen diploiden Sorte befruchtet

APFEL

werden, ihr eigener Blütenstaub taugt dazu aber nicht. Der Blütenstaub (Pollen) einer triploiden Sorte keimt schlecht oder stirbt frühzeitig auf der Narbe der anderen Sorte ab, so daß es zu keiner Befruchtung kommt. 'Boskoop', eine bekannte wertvolle Sorte, ist beispielsweise triploid; wenn wir sie pflanzen, müssen im Garten oder in der Nachbarschaft noch 2 weitere, und zwar diploide Sorten stehen. Wenn wir 'Boskoop' mit A bezeichnen und die beiden anderen Sorten mit B und C, dann kann B die Sorte A ('Boskoop') und C befruchten; Sorte C kann ebenfalls A ('Boskoop') und außerdem B befruchten.

Dies heißt: Bei jeder Apfelpflanzung sind mindestens 2 diploide Sorten erforderlich, die sich gegenseitig und außerdem vorhandene triploide Sorten befruchten können. Wenn im eigenen Garten oder in der Nachbarschaft mehrere Apfelbäume stehen, braucht man sich hierzu keine Gedanken zu machen. Wer aber ein isoliert liegendes Grundstück besitzt oder als einziger in der Umgebung Apfelbäume pflanzen will, sollte auf diese Zusammenhänge achten.

Unterlagen

Die ursprüngliche Unterlage beim Apfel ist der Sämling. Dabei werden die Apfelkerne in der Baumschule ausgesät und später auf die Sämlingspflanzen die Edelsorten veredelt (siehe S. 23). Solche Bäume bekommen ein umfangreiches Wurzelwerk und eine weitausladende Krone, sie erreichen ein hohes Alter und können hohe Erträge bringen. Der Ertragsbeginn liegt allerdings spät, man muß sich gedul-

Vorbildlich aufgebauter Buschbaum, Sorte 'Prinz Albrecht von Preußen'. Die Krone ist gut durchlüftet, die Blätter trocknen nach sommerlichen Regenfällen rasch ab – daher kaum Schorfbefall.

OBSTARTEN

Knollige Veredelungsstelle bei schwachwachsender Unterlage M 9. Die »Knolle« muß nach dem Pflanzen gut sichtbar sein.

den; bei manchen Sorten hat es früher an die 8–12 Jahre gedauert, bis sie so richtig mit dem Ertrag einsetzten. Durch die empfohlenen Schnittmethoden (siehe S. 34 ff.), vor allem durch Waagrechtbinden von nicht zum Kronenaufbau benötigten Trieben, läßt sich bereits wesentlich früher – meist ab 3.–5. Standjahr – eine erste Ernte erzielen. Sämlingsunterlagen werden für Hoch-, Halb- und Niederstämme verwendet.

Daneben gibt es die vegetativ vermehrten Zwerg-Unterlagen, meist als »Typenunterlagen« bekannt (siehe S. 23). Sie werden mit arabischen Zahlen wie M 9, M 26, M 27 oder M 7 usw. bezeichnet. Einige davon spielen für unsere Zwecke im Haus- und Kleingarten eine besondere Rolle:

M 9 ist die typische Unterlage für kleinbleibende Apfelbäumchen, ganz gleich, ob wir sie als Spindelbusch, Obsthecke, Spalier oder in Form einer anderen Kunstkrone (z. B. senkrechter Kordon, Palmette) ziehen wollen.

Da diese Unterlage außerordentlich schwachwüchsig ist, beginnt die aufveredelte Sorte früh und regelmäßig zu tragen; oft ist dies schon im Jahr nach der Pflanzung der Fall. Man kann sich das etwa so vorstellen: Ein Wasserleitungsrohr mit 2" Durchmesser (Edelsorte) mündet unten in ein $1/2$" Rohr (Typenunterlage), d. h. die in den Blättern produzierten Baustoffe (Assimilate) fließen nach unten und stauen sich oberhalb der »Rohrverengung« an. Dadurch kommt es in der kleinen Krone zu einem Überschuß an Assimilaten und damit zu rascher und starker Fruchtbarkeit.

Die Fruchtqualität, also Größe, Farbe und Inhaltsstoffe, ist auf M 9 ausgezeichnet. Allerdings brauchen Bäumchen auf M 9 wegen des flachen Wurzelverlaufs dieser Unterlage zeitlebens einen Pfahl. Lebensalter: 15–20, gelegentlich 25 Jahre.

M 26 hat ähnliche Eigenschaften wie M 9 und eignet sich deshalb als Unterlage für alle Apfelbäumchen, die klein bleiben sollen. Dieser Typ wächst allerdings geringfügig – etwa 15–20 % – stärker als M 9 und wird deshalb bevorzugt auf Böden verwendet, die nicht ganz so ideal sind wie für M 9 nötig. Auch schwächer wachsende Edelsorten, die auf M 9 zu zwergig bleiben würden, werden besser auf M 26 gepflanzt.

M 27 hat ebenfalls ähnliche Eigenschaften wie M 9, wächst aber 20–40 % schwächer. Diese Unterlage eignet sich deshalb nur auf allerbesten Standorten und für besonders starkwüchsige Sorten wie 'Boskoop', 'Gravensteiner' u. a., die auf M 9 nicht genügend klein bleiben. Geeignet ist diese besonders schwachwachsende Unterlage für die Topfkultur, vor allem, wenn wir zwergig bleibende Bäumchen anstelle von Ballerina-Bäumchen (siehe S. 22) ziehen wollen.

M 7 ist mittelstark wachsend. Diese Typenunterlage wird deshalb vor allem bei weniger guten Bodenverhältnissen und in Kombination mit besonders schwachwüchsigen Sorten ('Klarapfel', 'James Grieve', 'Prinz Albrecht von Preußen' u. a.) verwendet. Der Ertrag von Spindelbüschen oder Obsthecken, die auf M 7 veredelt sind, beginnt allerdings nicht so früh wie bei den vorhin genannten Typenunterlagen. Dafür aber können Bäumchen auf M 7 mehr Trockenheit und Nässe vertragen. Ein Pfahl ist auch hier nötig.

Vielfach wird in Baumschulen anstelle von M 7 die nur geringfügig schwächer wachsende Unterlage **MM 106** bevorzugt.

Verwendung im Garten

In einem größeren Garten (etwa ab 600–800 m^2) sollte, wenn irgendwie möglich, ein Hoch- oder Halbstamm gepflanzt werden, vielleicht als Eckpunkt der Terrasse oder an einer anderen Stelle, die man betonen will. Dies geschieht weniger wegen des Obstertrages, sondern mehr aus gestalterischen Gründen. In Gärten von etwa 1200 m^2 ist Platz für 2–3 Hochstämme, wobei noch genügend Fläche für andere Kulturen bleibt.

Solch ein großkroniger Apfelbaum sieht das ganze Jahr über malerisch aus. Zur Blütezeit kann er es mit vielen Ziergehölzen aufnehmen und selbst im Winter sind die eigenwillig gewachsenen Äste von einer starken grafischen Wirkung.

Wurzelwerk von M 9. Bäumchen auf dieser Unterlage benötigen zeitlebens einen Pfahl.

APFEL

Spindelbusch mit reichem Fruchtbehang, 10 Jahre alt, 2,30 m hoch. Der Hobbygärtner kann zu Recht stolz auf diesen Erfolg sein; er hat sich gründlich mit Obstbaumschnitt und Pflege befaßt.

Am besten verwenden wir dazu eine Sorte, die wenig anfällig gegen Krankheiten und Schädlinge ist und deshalb nicht gespritzt zu werden braucht. 'Grahams Jubiläumsapfel' ist beispielsweise eine solche, altbekannte und sehr robuste Sorte. Die Äpfel sind zwar nicht »Spitze«, aber sie lassen sich essen und lagern; zum Kochen und Backen sind sie sogar bestens geeignet. Die Blüte ist erst sehr spät im Mai oder gar erst Anfang Juni, so daß man jedes Jahr einen reich rosa blühenden Baum im Garten stehen hat, dem Frostnächte während der Eisheiligen – Mitte Mai – überhaupt nichts anhaben können. Andere wertvolle und robuste alte Sorten, die sich dafür eignen, siehe S. 66 f.
Ob Hochstamm oder Halbstamm, das muß jeder selbst entscheiden. Wer unter der Krone bequem hindurchgehen will, sollte einen Hochstamm mit 1,80 m Stammhöhe bevorzugen. Was den Platzbedarf angeht, so können wir dabei mit 8–12 m Kronendurchmesser rechnen.
Für die Selbstversorgung mit Obst ziehen wir dagegen kleine Baumformen, also den Spindelbusch bzw. die Obsthecke, vor. Dadurch bringen wir auf die gleiche Fläche, die ein Hoch- oder Halbstamm beansprucht, 8–10 Bäumchen unter. Was nützt es uns, wenn wir von einem großkronigen Apfelbaum 6–8 Zentner und noch mehr Früchte von nur einer Sorte ernten, die wir im eigenen Haushalt kaum verbrauchen können? Und verschenken? Nun, was man in großen Mengen anbietet, wird meist nicht geschätzt. Pflanzen wir dagegen Spindelbüsche oder eine Obsthecke mit Bäumchen auf schwachwachsender Unterlage, so bringen wir auf einer verhältnismäßig kleinen Fläche mehrere Sorten unter; wir haben bei überlegter Sortenwahl über viele Monate hinweg Äpfel aus dem eigenen Garten.
Bei Spindelbüschen genügt ein Pflanzabstand von 1,80–2,20 m, zumindest, wenn nur eine Reihe gepflanzt wird. Erziehen wir die Bäumchen als »Schlanke Spindel«, so sind bereits 1,20 m ausreichend. Auch die Höhe bleibt sehr im Rahmen: 2,50 m werden kaum überschritten, und wenn, dann brauchen wir ja nur beim Schnitt den Mitteltrieb auf einen weiter unten befindlichen Seitentrieb absetzen. So können wir die Bäumchen zeitlebens auf einer angenehmen Höhe von 2,20–2,50 m halten.
Alle Arbeiten können am Spindelbusch bequem durchgeführt werden, ganz gleich, ob es sich um den Schnitt, um Pflanzenschutzmaßnahmen oder um die Ernte handelt. Zur Ernte benötigen wir höchstens einen Hocker oder eine kleine Haushaltsstaffelei, um auch die letzten Früchte oben am Gipfeltrieb zu erreichen.
Ein weiterer Vorteil: Der Ertrag bei solchen Bäumchen auf schwachwüchsiger Unterlage setzt sehr früh ein – meist gibt es schon im 2. Standjahr die ersten Naschfrüchte –, er ist regelmäßig und erstaunlich hoch. Spitzenerträge von 150–200 Früchten, oder, in Gewicht ausgedrückt, von 20–30 kg, sind bei bester Kultur auch im Haus- und Kleingarten zu erreichen. Meist müssen wir uns aber mit weniger zufrieden geben – doch was macht's, die Freude ist auch groß, wenn wir »nur« 50 oder 100 herrlich ausgereifte und gefärbte Äpfel im Herbst ernten können. Hinzu kommt, daß wir mit einer Spindelbuschreihe oder einer Obsthecke entlang der Nachbargrenze einen guten Sichtschutz und zugleich Windschutz schaffen können, ohne uns dabei mit einer dichtgrünen Mauer aus steifen Thujen oder Ähnlichem völlig abzuschließen.

Ballerina, der Obstbaum für den Minigarten

Die neu in den Handel gekommenen Ballerina-Obstbäumchen finden selbst im Kleinstgarten, auf dem Balkon oder der Terrasse ausreichend Platz. Sie wachsen säulenförmig, werden 2–3 m hoch und nur 30 cm breit; ein Pflanzabstand von 60 cm genügt. Ein Pfahl

Er sieht recht lustig aus, dieser Ballerina-Baum. Interessant für den Balkon- und Terrassengärtner.

'James Grieve'

'Prinz Albrecht von Preußen'

'Goldparmäne'
'Berlepsch'

Empfehlenswerte Apfel-Sorten (geeignet vor allem für Spindel)

Sorte	Baumreife (Erntezeit)	Genußreife	Wuchs	Ertrag
'Klarapfel' (= Jakobiapfel) ■	Ende VII–Mitte VIII	Ende VII–Mitte VIII	mittelstark bis schwach	früh einsetzend; hoch, regelmäßig
'Mantet'	Ende VII–Mitte VIII	Ende VII–Mitte VIII	mittelstark	früh einsetzend; regelmäßig
'Alkmene'	Anfang–Mitte IX	IX–Ende XI	mittelstark bis schwach	früh einsetzend; hoch, regelmäßig
'James Grieve'	Anfang–Mitte IX	IX–Mitte XI	Jungbäume wuchsfreudig, aber nur kleine Kronen bildend	früh einsetzend; hoch, regelmäßig
'Arlet'	Ende IX	X – III	anfangs stark, dann mittelstark	früh, regelmäßig, hoch
'Elstar'	Ende IX	X – Mitte I	mittelstark bis stark; buschig	früh einsetzend, mittel bis hoch, nicht ganz regelmäßig
'Jonagold'	Ende IX–Mitte X	X–III	stark, breitkronig, flache Ansatzwinkel der Triebe, daher gut zur Spindelerziehung geeignet	früh einsetzend; hoch, regelmäßig
'Goldparmäne' ■	Anfang X	X–XII	mittelstark, Baum kleinkronig	früh einsetzend; meist nur alle 2 Jahre Vollernte
'Prinz Albrecht von Preußen' ■	Anfang X	X–I	schwach	früh einsetzend; hoch, regelmäßig
'Rubinette'	Anfang X	Anfang X – Ende I	mittelstark	früh einsetzend, hoch, regelmäßig
'Berlepsch' ■	Anfang–Mitte X	XI–III	stark, großkronig	mittelfrüh; nicht ganz regelmäßig; jedes 2. Jahr hoch

busch, einige (■) aber auch für Halb- und Hochstamm; sortiert nach Baumreife)

Frucht (Form, Farbe, Geschmack)	Bemerkungen
mittelgroß, leicht gerippt, gelblichgrün; lockeres, säuerliches Fruchtfleisch	Herkunft: Lettland (um 1830); ist auch unter dem Namen »Jakobiapfel« bekannt, weil er bereits um Jakobi (25. Juli) reift; gedeiht noch in rauhen Lagen; frosthart in Holz und Blüte; kräftig schneiden und ausdünnen, damit die Früchte nicht zu klein bleiben
mittelgroß; rotgestreift; süß-säuerlich, besserer Fruchtgeschmack als bei 'Klarapfel'	Herkunft: Kanada; trägt regelmäßig und reich, daher kräftiger Schnitt und Ausdünnen der Früchte empfehlenswert; bewährte Frühsorte
mittelgroß, etwas rauhschalig, gelb bis rot; festes Fruchtfleisch, erfrischend aromatisch, süß; von hoher Qualität; Form und Farbe wie 'Goldparmäne'	Herkunft: Norddeutschland (um 1930); will warme Lage, jedoch anpassungsfähig; viele Kurztriebe; abgetragene Triebe jährlich entfernen
mittelgroß bis groß, hellgrün, rotgestreift; Fleisch saftig; Geschmack edel, fein, würzig; Spitzensorte für Herbstbedarf	Herkunft: Schottland (um 1860); ziemlich frosthart; Krone bald kleinbleibend, deshalb regelmäßiger Schnitt und zeitweises Verjüngen; aus gleichem Grund Spindelbüsche auf etwas stärker wachsender Unterlage (M 26 oder M 7) pflanzen; 'Roter James Grieve' hat außer der Fruchtfarbe keine Vorteile
mittelgroß bis groß, hochgebaut; rotfarbig mit fettiger Schale, deshalb gut lagerfähig; Fruchtfleisch knackend – festfleischig, saftig, feinwürziges Aroma	Herkunft: Wädenswil/Schweiz, seit 1984 im Handel; schorfanfällig; gute Fruchtholzgarnierung; Früchte ausdünnen, da sehr reichtragend; sehr feiner Tafelapfel
mittelgroß; Schale gelb, sonnenseits intensiv gerötet; feines Aroma, saftig	Herkunft: Niederlande, seit 1972 im Handel; bevorzugt guten Boden und warme, geschützte Lagen, da empfindlich gegen kalte Winter; spätblühend; verhältnismäßig später Triebabschluß; Früchte ausdünnen und regelmäßig scheiden, auch Sommerschnitt; »Typ Elshof« ist eine ansprechend rotgefärbte Mutation des normalen 'Elstar'
groß, gelb-rot, die wachsige Schale schützt vor Schrumpfen; süßlich – feinsäuerlich; ausgewogenes Zucker-Säure-Verhältnis, lange natürliche Genußreife	Herkunft: USA/New York (1953, ab 1968 im Handel); nur für warmes Klima und guten Boden; weder Holz noch Blüte besonders frostempfindlich; im Erwerbsanbau viel angepflanzte Sorte; inzwischen gibt es mehrere Auslesen, deren Früchte stärker rot gefärbt sind als beim normalen 'Jonagold'. So ist 'Jonica' mit ansprechend leuchtender Rotfärbung auch geschmacklich eine Verbesserung; 'Jonagored' bringt Früchte mit einheitlich dunkelroter Schale
mittelgroß, hochgebaut, goldgelb, rotgestreift; Fleisch fest, abknackend, wohlschmeckend, gewürzt, nußartig; hübscher Weihnachtsapfel	Herkunft: Frankreich (vor 1700); für besseren und feuchteren Boden, warme bis mittlere Höhenlage; wenn Früchte zu klein bleiben, Krone verjüngen; bei zu dichtem Fruchtansatz ausdünnen, da sonst stark alternierend (nur alle 2 Jahre eine Ernte); zur Reife hin öfters auspflücken, da windempfindlich; schorfempfindlich; seit Generationen beliebte Sorte
mittelgroß bis groß, Schale glatt, leicht fettig; bei Genußreife hellgelb mit trübroten Streifen, oft vollrot; schwach säuerlich-süß, schwach aromatisch	Herkunft: Schlesien (1865); wächst auch an weniger günstigen Stellen noch gut; bessere Fruchtqualität auf feuchterem Boden als an zu trockener Stelle; Holz und Blüte frostwiderstandsfähig; schorfunempfindlich; unglaublich reich tragend, deshalb ideal für Haus- und Kleingarten
mittelgroß, kugelig bis leicht konisch; Fruchtgröße nimmt – im Gegensatz zu allen anderen Sorten – ab 3. Standjahr deutlich zu. Grundfarbe grün-gelb, weitgehend orangerot bis rostrot gestreift; hervorragendes würzig-fruchtiges Aroma	Herkunft: Schweiz 1966; entstand aus Aussaat von frei abgeblühten 'Golden Delicious'-Kernen; Vatersorte sehr wahrscheinlich 'Cox Orange'; wenig empfindlich gegen Mehltau; Schorfspritzungen sind ratsam; unbedingt ausdünnen, dann optimale Fruchtgröße; gehört eindeutig zu den beliebtesten neueren Apfelsorten; ein Apfel für Könner und Kenner
mittelgroß, plattrund mit Rippen am Kelch; goldgelb, rötlich gestreift; Fleisch gelblich, fest, fein gewürzt; schrumpft in trockenen Lagerräumen	Herkunft: Niederrhein (um 1880); will warmen guten Boden und mildes Klima; wegen der intensiveren Färbung wird meist 'Roter Berlepsch' gepflanzt; sehr feiner Liebhaber-Tafelapfel

'Roter Boskoop'

'Schweizer Orangenapfel'

'Glockenapfel'
'Ontario'

Empfehlenswerte Apfel-Sorten (geeignet vor allem für Spindel-

Sorte	Baumreife (Erntezeit)	Genußreife	Wuchs	Ertrag
'Cox Orange'	Anfang–Mitte X	X–I	mittelstark	früh einsetzend; meist nur mäßig
'Golden Delicious'	Anfang–Ende X	XII–III	mittelstark	früh einsetzend; hoch, regelmäßig
'Melrose'	Anfang–Mitte X	XII–V	stark, aufrecht	früheinsetzend, hoch und ziemlich regelmäßig
'Boskoop' ■	Mitte X	XII–IV	sehr stark, breit ausladende Krone	recht spät einsetzend, hoch, aber nicht regelmäßig
'Schweizer Orangenapfel' ■	Mitte X	I–II	mäßig bis mittelstark, Krone hochkugelig	mittelfrüh, anfangs regelmäßig, später alternierend
'Gloster'	Mitte–Ende X	XII–III	stark	früh einsetzend; hoch, regelmäßig
'Idared'	Mitte–Ende X	XI–III	schwach bis mittelstark	früh; hoch, regelmäßig
'Weißer Winterkalvill'	Mitte–Ende X	XII–III	in der Jugend sehr kräftig, später stark nachlassend	früh, hoch, regelmäßig
'Zuccalmaglio'	Mitte–Ende X	XI–IV	relativ schwach, gedrungen, langlebig	früh, sehr reich, regelmäßig
'Glockenapfel' (= 'Weißer Winterglockenapfel') ■	Ende X	II–IV	stark, Krone nur mittelgroß	früh, periodisch, hoch
'Ontario' ■	Ende X	I–V	schwach bis mittelstark, kleinkronig	früh, hoch, regelmäßig

busch, einige (■) aber auch für Halb- und Hochstamm; sortiert nach Baumreife)

Frucht (Form, Farbe, Geschmack)	Bemerkungen
klein bis mittelgroß, rundlich, trübgelb bis braunrot, leicht berostet; gelbfleischig, saftig, sehr aromatisch, stark süß, würzig, edelster Tafelapfel	Herkunft: England (1825); nur für beste nicht zu heiße Lage und besten Boden; leider sehr empfindlich gegen Schorf, Mehltau, Frost, ja sogar gegen Spritzmittel (Kupfer, Schwefel); Schale reißt leicht auf; sehr pflegebedürftig; »Porsche« unter den Obstsorten!
mittelgroß bis groß; gelbschalig, sonnenseits leicht gerötet, auf ungünstigem Standort Fruchtschale berostet; Fleisch gelblich, festknackend, süß, aromatisch	Herkunft: USA/Westvirginia (um 1890); will mäßig feuchten Boden und warme bis mäßig kühle Lage; Holz wenig frostempfindlich; möglichst nur in warmen Gegenden mit viel Sonnenschein (Weinklima) anbauen; Kronen gut lichten, da sonst Fruchtfarbe und Geschmack zu wünschen übrig lassen; Massenträger, aber sehr schorfanfällig, deshalb für den Liebhabergarten nur mit Vorbehalt zu empfehlen
groß bis mittelgroß, schwach gerippt; weitgehend karminrot gefärbt mit auffälligen Roststernen oder grünen Punkten; süßaromatisch	Herkunft: USA/Ohio (1932, seit 1944 bekannt); liebt warmen Standort und mäßig frischen, gut durchlüfteten, nährstoffreichen Boden; scheint gegen Winterfrost empfindlich zu sein; im luftfeuchten Naturlager gut haltbar
groß, gelblichgrün, berostet; 'Roter Boskoop': ganz rot, gelb getupft; kräftig weinsäuerlich, feinwürzig	Herkunft: Holland/Boskoop (1856); bekannte Standardsorte mit sehr starkwüchsiger, weit ausladender Krone; auf schwerem, feuchtem, kalkhaltigem Boden langlebig; liebt hohe Luftfeuchtigkeit; spätfrostempfindlich; vielseitig verwendbar als Tafel-, Koch-, Back- und Mostapfel; wegen der intensiven Farbe bevorzugen wir den 'Roten Boskoop'
mittelgroß bis groß, flachkugelig; grüngelb bis rötlichgelb, bei Reife rotorange marmoriert und leicht gestreift; sehr saftig, feines Aroma	Herkunft: Schweiz (ab 1955 im Handel); Anbau in warmer, geschützter Lage; in der Blüte etwas frostempfindlich; etwas mehltau- und schorfanfällig; wertvoller Tafelapfel
mittelgroß bis groß, hochgebaut, kräftig, stumpfdunkelrot mit Blaustich und winzigen hellen Punkten; mürbe, saftig; fein aromatisch, würzig	Herkunft: Neuzüchtung aus der Obstbauversuchsanstalt Jork/Altes Land (1951); will tiefgründigen Boden, sonst kaum spezielle Ansprüche; Blüten und Holz wenig frostempfindlich; Früchte einzeln hängend, windfest
mittelgroß bis groß, gleichmäßig rund bzw. fast kugelig, sehr fein gerippt; ansprechend rot gefärbt; Fruchtfleisch sehr saftig, fest; schwach feinsäuerlich, ähnlich 'Jonathan'; bleibt im Naturlager lange frisch und saftig	Herkunft: USA/Idaho (um 1935, seit 1942 bekannt); nur für warme Lagen, deshalb wichtige Sorte des oberrheinischen Erwerbsobstbaus; Ansprüche an Bodenfeuchtigkeit, ebenso wie bei der Elternsorte 'Jonathan' gering; hoher Ertrag, ähnlich wie bei 'Golden Delicious'; in manchen Gegenden jedoch mehltauanfällig, ansonsten recht problemlos
mittelgroß, mehr breit als hoch, gut entwickelte Spalierfrüchte oft doppelt so groß wie normal; typisch sind die stark hervortretenden oft 1 cm hohen, regelmäßig um den Kelch verteilten und deutlich bis zum Stiel verlaufenden 5 Rippen; Farbe grün–grünlichgelb, bei Baumreife tiefgelb und an Südmauer mitunter rötlich angehaucht; Fleisch locker, fein und sehr saftig; einmaliges, köstliches, süßsäuerliches Aroma	Herkunft: Frankreich; sollte nur als Spalierbaum an einer Südmauer gezogen werden; liebt mäßig feuchten, nährstoffreichen Boden, vor allem warme Lage; der Kalvill will gemästet sein, damit sich der Baum und die hochedlen Früchte ideal entwickeln können; außerordentlich schorfempfindlich, auch gegen Mehltau und Krebs, deshalb möglichst an regengeschützte Stelle (Vordach) pflanzen bzw. vorbeugend mit organischem Fungizid spritzen; empfindliche Schale, deshalb vorsichtig ernten und lagern; zu Beginn des 20. Jahrh. wurden Kabinettfrüchte mit 0,50–1,50 Mark/Stück gehandelt, der Zentner-Preis (50 kg) lag bei 100–150 Mark! (Bei einem durchschnittlichen Inspektorengehalt von 412 Reichsmark!)
klein bis mittelgroß, regelmäßig hochgebaut; zitronenfarbig, sonnenseits orange, punktiert; abknackend, saftig; sehr aromatisch, fein gewürzt	Herkunft: Rheinland (um 1878); will besten Boden, eignet sich aber auch noch für höhere, rauhere Lage; benötigt regelmäßigen Schnitt; Blüten ziemlich frosthart, im Holz allerdings weniger frosthart; feiner Tafelapfel; ausdünnen
mittelgroß, hochgebaut, glockenförmig; grünlichgelb mit sonnenseitigem ziegelroten Anflug; weißes, sehr festes Fleisch, angenehm säuerlich, erfrischend	Herkunft: angeblich Schweiz, Zufallssämling, genaue Herkunft unbekannt; liebt genügend feuchten Boden und mäßig warme Lage; im Alter regelmäßiger Schnitt erforderlich, da sonst Früchte zu klein bleiben
groß, flachrund, gerippt; grüngelb gefärbt, blaurot geflammt, mit Wachsschicht; druckempfindlich; saftig, angenehm säuerlich	Herkunft: angeblich Schweiz, Zufallssämling, genaue Herkunft unbekannt; liebt genügend feuchten Boden und mäßige warme Lage; im Alter regelmäßiger Schnitt erforderlich, da sonst Früchte zu klein bleiben

'Oldenburg'

'Grahams' ('Grahams Jubiläumsapfel')

'Kaiser Wilhelm'

Empfehlenswerte Apfel-Sorten (geeignet vor allem für Halb- un

Sorte	Baumreife (Erntezeit)	Genußreife	Wuchs	Ertrag
'Gravensteiner'	Anfang–Mitte IX	IX–XI	sehr stark, langlebig	erst spät fruchtend; spärlich bis befriedigend; periodisch, leicht Fruchtfall
'Jakob Fischer'	Anfang–Mitte IX	IX–XI	sehr stark und gesund, breitpyramidale Krone	mittelfrüh, regelmäßig, nur in jedem 2. Jahr hoch, alternierend
'Oldenburg' (auch 'Geheimrat Dr. Oldenburg')	Mitte IX	X–XII	mittelstark, gedrungen	sehr früh; hoch, regelmäßig
'Signe Tillisch'	Mitte IX	X–XI	mittelstark	früh und sehr reich
'Grahams' (auch 'Grahams Jubiläumsapfel')	Ende IX	XI–XII	mittelstark, eigenwilligsparrig	mittelfrüh; mäßig, aber alljährlich
'Jakob Lebel'	Ende IX – Anfang X	X–XII	stark, breit- und flachkronig	mittelfrüh; sehr hoch, regelmäßig
'Landsberger Renette'	Anfang X	XI–II	kräftig, aufrecht	früh; sehr reich, regelmäßig
'Ananasrenette'	Mitte X	XI–III	mittelstark, gedrungen, kleine Krone	früh; hoch, regelmäßig
'Blenheim' (= 'Goldrenette von Blenheim')	Mitte X	XI–III	sehr stark, aufrecht, große Krone	spät einsetzend, unregelmäßig, oft nicht befriedigend
'Brettacher'	Mitte X	XII–IV	stark, breitkronig	etwas spät, dann reichtragend
'Kaiser Wilhelm'	Mitte X	XII–III	sehr stark, breite Krone	etwas spät, dann reichtragend, ausgeprägt alternierend

APFEL

Hochstamm, meist alte Sorten; sortiert nach Baumreife)

Frucht (Form, Farbe, Geschmack)	Bemerkungen
groß, kantig, hoch; gelbgrün, an der Sonnenseite rotgestreift, fettig, duftend; Fleisch gelblich, vollsaftig, süß, würzig, erfrischend; insgesamt sehr guter Geschmack	Herkunft: Dänemark; benötigt besten Boden, hohe Boden- und Luftfeuchtigkeit (Seeklima), keine Frost- und Windlage; sonst als »Ersatz« 'James Grieve'-pflanzen; die Mutation 'Roter Gravensteiner' ist weniger saftig, befriedigt geschmacklich nicht
groß, schön rot gefärbt; saftig, weinsäuerlich, erfrischend	Herkunft: Oberbayern; bevorzugt leichten, durchlässigen Boden; anspruchslos bezüglich Klima; vollständig frosthart, deshalb zum Anbau im rauhen Klima geeignet; bekannte Stammbildner- und Bauerngartensorte
mittelgroß, hochgebaut, leicht fettige Schale; goldgelb, rotgestreift; saftig, etwas gewürzt, aroma eigenartig parfümiert	Herkunft: Rheinhessen (1897); will guten bis besten Boden, sowie wind- und frostgeschützte Lage; Früchte bei reichem Ansatz ausdünnen; beliebte Haus- und Kleingartensorte; schorfanfällig
groß bis sehr groß, fünfkantig, gerippt; Schale weißgelb, leicht gerötet, stark wachsig und empfindlich; saftig, fest; hochfein gewürzt, aromatisch	Herkunft: Dänemark (1866); will mäßig feuchten fruchtbaren Lehmboden und kühle Lage, Liebhabersorte!
sehr groß, hochgebaut, gelb, leicht gerötet; saftarm, gewürzt	Herkunft: England (um 1850); will feuchten Boden und etwas windgeschützte Lage; sehr spät (E. Mai) und lange blühend, deshalb alljährlich Ertrag; sehr widerstandsfähig gegen Schorf und Schädlinge; bildet typische Zweigquirle, deshalb Schnitt schwierig; also: auslichten
groß, plattrund, fettig, goldgelb und rotgestreift; Fleisch gelblichweiß, saftig, mürbe, angenehm säuerlich	Herkunft: Frankreich (um 1850); robuste, anspruchslose alte Hochstammsorte, besonders für hohe, windgeschützte Lage; nicht für schweren Boden; mäßiger Schnitt; ziemlich widerstandsfähig gegen Witterungseinflüsse; Holz frosthart in Höhenlage, in Tallage sehr gefährdet, bekommt leicht Schorf
groß, plattrund; gelb mit leichtem rötlichen Schimmer; lockeres, saftiges, leicht gewürztes Fleisch; recht guter Geschmack	Herkunft: Neumarkt/Preußen (um 1850); will mehr feuchten Boden, sonst genügsam bezüglich Boden und Klima; eignet sich auch für rauhe Lagen bis etwa 800 m Höhe; alte Tafel- und Wirtschaftssorte
klein, eiförmig; Schale goldgelb, sonnenseits organgefarbig, sternförmig grünbraun punktiert; Fleisch gelblichweiß, abknackend, später mürbe, saftig; Geschmack vorzüglich, edel, merklicher Geruch; typisches köstliches Aroma	Herkunft: Holland; will besten Boden, nahrhaft, warm, gut durchlässig, humos; wegen Krebsgefahr nicht zu schwer oder naß aber reichlich feucht; geschützte, warme Lage; Blüte gegen Nässe empfindlich; bei reichem Fruchtansatz ausdünnen, da sonst Früchte zu klein; alte Liebhabersorte, die sich wegen der kleinen, gedrungenen Krone vor allem auch für kleine Gärten eignet
groß bis sehr groß, regelmäßig geformt, plattrund mit weiter Kelchschüssel; Schale glatt, goldgelb mit roter Backe bzw. sonnenseits streifig gerötet; Fleisch zuerst abknackend, später mürbe, saftreich; Geschmack würzig, weinsäuerlich	Herkunft: England (Ende 19. Jahrh.); will nährstoffreichen, genügend feuchten Boden, am liebsten mittleren bis schweren Lehmboden u. ä.; bevorzugt warme Lage, in rauher Gegend zumindest windgeschützt; liebt hohe Luftfeuchtigkeit; Frucht nicht windfest, da sehr schwer; beliebte alte Hochstammsorte
groß, plattrund, schwach gerippt; grüngelb, sonnenseits rot, wachsige Fruchtschale; gut lagerfähig; Geschmack herbsäuerlich, erfrischend	Herkunft: Als Zufallssämling in Brettach/Baden-Wttbg. gefunden; starkwüchsig, deshalb mäßig auslichten; will warme Lage, für Höhen über 500 m oder ziemlich kühle Gebiete weniger geeignet; in solchen Fällen schmecken Früchte »grasig« und sind nicht sortentypisch gefärbt; in Blüte und Holz ziemlich frosthart; begehrter später Tafel-, Koch- und Backapfel für den Liebhaberobstbau
mittel bis groß, breit, abgeplattet, gelb und lebhaft rot verwaschen bzw. leuchtendrot geflammt, hellbraun punktiert; Fleisch gelb, fest, knackend, saftig; würzig, leicht weinsäuerlich	Herkunft: Nordrhein (1864); bevorzugt durchlässigen Lehmboden; bei etwas Windschutz auch für rauhere Lagen geeignet, wobei aber eine möglichst warme Pflanzstelle ausgewählt werden sollte; frosthart und widerstandsfähig gegen Krankheiten; alte, beliebte Hochstamm-Tafelsorte

OBSTARTEN

'Wiltshire'

'Nordhausen'

Empfehlenswerte Apfel-Sorten (geeignet vor allem für Halb- un‹

Sorte	Baumreife (Erntezeit)	Genußreife	Wuchs	Ertrag
'Rote Sternrenette'	Mitte X	X–XII	mittelstark, hohe Krone	spät einsetzend; mittel, unregelmäßig
'Wiltshire'	Mitte X	XII–III	stark, später stark hängende Äste	früh, sehr reich (ausdünnen!), regelmäßig
'Winterrambur'	Mitte X	XII–III	stark, Krone breitausladend	spät beginnend, dann sehr reich, regelmäßig
'Nordhausen' (= 'Schöner aus Nordhausen')	Mitte–Ende X	XII–IV	mittelstark, breitkronig	mittelfrüh, mittel bis hoch, jedoch Neigung zur Alternanz
'Zabergäurenette'	Mitte–Ende X	XI–III	mittelstark bis stark, Krone flachhügelig	mittelfrüh, mittelhoch, periodisch
'Bohnapfel' (= 'Rheinischer Bohnapfel')	Ende X	XII–VI	stark, steil aufrecht	spät einsetzend, dann sehr hoch, meist periodisch
'Champagnerrenette'	Ende X	XII–VI	schwach, aufrecht	früh, hoch, ziemlich gleichmäßig

wird nicht benötigt. Zwei verschiedene Sorten im gleichen Garten sorgen für gute Befruchtung, es sei denn, es stehen bereits andere Apfelbäume im eigenen oder in benachbarten Gärten. Der Schnitt ist denkbar einfach: Einzelne zu lange Seitentriebe auf 3 Augen zurückschneiden – und fertig. Die Bäumchen eignen sich vor allem als Kübelpflanzen sowie als Hecken oder kleine Gruppen. Derzeit werden die Sorten 'Bolero', 'Polka' und 'Waltz' angeboten; letztere, ein Winterapfel, läßt sich mehrere Monate lagern. Die in den Sortentabellen ab S. 62 genannten, meist altbewährten Sorten gibt es in der Säulenform nicht – und eine Hecke mit solchen Bäumen kommt bei 0,60 m Pflanzabstand teurer als ein solider Zaun.

Herzäpfel aus dem eigenen Garten
Wir kaufen dazu im Schreibwarengeschäft eine Packung mit selbstklebenden roten Herzchen in verschiedenen Größen, die im August auf die noch helle Schale von Äpfeln geklebt werden. Dazu eignen sich verständlicherweise nur rote Sorten, auf denen sich später das Herz gut abhebt, wie 'Prinz Albrecht von Preußen', 'Idared', 'Rubinette', 'Elstar', 'Melrose', 'Jonathan', 'Gloster' u. a.
Bei der Ernte im Oktober brauchen wir dann nur das aufgeklebte Herz abzuziehen, das inzwischen ohnehin verblaßt ist. An dieser Stelle ist die Fruchtschale aus Lichtmangel hell geblieben, während die übrige Schale

APFEL

Hochstamm, meist alte Sorten; sortiert nach Baumreife)

Frucht (Form, Farbe, Geschmack)	Bemerkungen
mittelgroß; purpurn bis dunkelrot mit grüngelben Sternchen (Lentizellen); Fleisch mit rötlichen Adern; süßsäuerlich, parfümartiges Aroma	Herkunft: ungewiß, vermutlich Belgien (1830); verlangt tiefgründigen, feuchten Boden sowie kühlere, luftfeuchte Lage; auch für Höhenlage geeignet, jedoch nicht für trockene Stellen; im Holz frosthart, in Blüte mittel; Frucht fällt leicht vom Baum, doch Haltbarkeit wird dadurch nicht wesentlich beeinträchtigt; im Geschmack nicht überragend, wegen der leuchtendroten Farbe als Weihnachtsapfel sehr beliebt
groß, ei- bis kegelförmig; Schale wachsgelb, leicht rötlich gestreift, glatt, dünnschalig; Fleisch saftig aber mit wenig Geschmack	Herkunft: England (vor 1840); anspruchslos an Lage und Klima, auch noch für rauhe und kalte Höhenlagen geeignet; Blüte frosthart; mit Schnitt regulierend eingreifen, da sonst später die Äste stark herabhängen
groß bis sehr groß, unregelmäßig plattrund, stark gerippt; Schale glatt, etwas fettig, grünlich-gelb, rot gestreift und verwaschen mit hellen Schalenpunkten; Fleisch weiß, nach Lagerung mürbe; weinsäuerlich, etwas süß, hoher Vitamin C-Gehalt	Herkunft: Schweiz bis rheinische Tiefebene (vor 1800); bezüglich Lage sehr anspruchslos, geeignet für Höhen bis 800 m; will aber guten und genügend feuchten Boden; im Holz frostempfindlich, Blüte dagegen ziemlich widerstandsfähig; alte westdeutsche Bauernsorte, auch als 'Rheinischer Winterrambur' und 'Teuringer Winterrambur' bekannt
mittelgroß, stumpf eiförmig, hellgrün bis gelb mit roter Backe; Fleisch gelblich, saftig; Geschmack hochfein, säuerlich, würzig; insgesamt angenehm spritzig	Herkunft: Südharz (um 1850); liebt guten humosen, durchlässigen Boden sowie hohe Luftfeuchtigkeit; geeignet für Höhenlagen bis 800 m; wertvolle Sorte für klimatisch ungünstige Lagen, da sowohl im Holz als auch in der Blüte sehr frostwiderstandsfähig; sorgfältig ernten, sonst Druckflecken
groß, meist flachrund, verschiedentlich auch hochgebaut oder schief; gelb bis goldgelb, mit zimtfarbenem Rost überzogen, sonnenseits hellrot bis leicht dunkelrotbraun; wird auf Lager mürbe, dann saftarm; milder als 'Boskoop'	Herkunft: Hausen/Kreis Heilbronn (1885); eignet sich weniger für kühlere Gegenden und Höhenlagen über 500 m; Anspruch an Bodenfeuchtigkeit geringer als bei der ähnlich aussehenden Sorte 'Boskoop'; Ertragsbeginn früher als bei 'Boskoop', schwach alternierend; Früchte windfest
mittelgroß, druckfest, läßt sich auch in Erdmieten lagern; walzenförmig; grüngelblich, rotgestreift, gelbgrün punktiert; Fleisch grünlich, nach Kochen weißbleibend, sehr fest und sauer; erfrischend saftig, später mürbe und wohlschmeckend	Herkunft: Mittelrhein, alte Sorte; bevorzugt guten, mittelschweren, genügend feuchten Boden; auch für rauhere Gebiete bis 1000 m Höhe geeignet; in Holz und Blüte ziemlich frosthart; im Alter gelegentlich auslichten; bekannte Hochstammsorte, die als Most- und Kochapfel geschätzt ist
klein bis mittelgroß, plattrund, leicht rippig; zitronengelb mit trübroter Backe, wachsige Schale; weißfleischig, saftig, weinsäuerlich; wenig gewürzt, erfrischend	Herkunft: Frankreich (1750); hohe Ansprüche an Boden; geeignet für mittleres Klima; immer gut auslichten; kurzes Fruchtholz, deshalb auch als Spalier geeignet; ziemlich frosthart; in Baden als »Zwiebelapfel« bekannt

sortentypisch rot gefärbt ist. Sie machen bestimmt Freude, wenn Sie einen solchen Apfel zum Geburtstag, Namenstag oder einem anderen Anlaß mitbringen, noch dazu aus eigenem Garten.

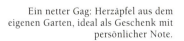

Ein netter Gag: Herzäpfel aus dem eigenen Garten, ideal als Geschenk mit persönlicher Note.

Krankheitsresistente Apfelsorten

Nach langwieriger Züchtungsarbeit ist es gelungen, Sorten auf den Markt zu bringen, die widerstandsfähig gegen verschiedene Krankheiten sind, so daß Pflanzenschutzmaßnahmen entfallen können. Hier einige solcher Neuheiten, die bereits in Baumschulen erhältlich sind:

69

'Florina' – Französische Neuzüchtung mit ausgeprägter Schorfresistenz und geringer Neigung zu Mehltau; wird auch unter dem Namen 'Querina' angeboten; leicht sparriger Wuchs der Jungbäume, später aber gute Fruchtholzverzweigung; Ertrag mittel; Früchte mittelgroß, weitgehend orange bis dunkelrot gefärbt, süßsäuerlich, leicht parfümiert; genußreif von Mitte Oktober–Dezember.

'Pilot' – eine Neuzüchtung aus Dresden-Pillnitz, gilt als weitgehend widerstandsfähig gegen Feuerbrand, Schorf und Mehltau; schwachwüchsig, mit erwünschter waagrechter Verzweigung (Superspindel), reich und regelmäßig tragend; leuchtend orangerot gefärbte Früchte, knackiges Fleisch, säuerlich-süß, aromatisch, genußreif von Mitte Oktober–Ende Januar.

'Priam' – eine Neuzüchtung aus USA, schorfresistent, deshalb ebenfalls sehr interessant für den Anbau im Haus- und Kleingarten, da keinerlei Schorfbekämpfung nötig ist; Wuchs mittelstark, geeignet zur Erziehung kleinkroniger Bäume; reichtragend, kleine bis mittelgroße leuchtendrote Früchte, säurearm, süß; Herbstapfel, genußreif von Mitte–Ende September.

'Remo' – Neuzüchtung aus Dresden-Pillnitz mit fünffacher Resistenz gegen Feuerbrand, Schorf, Mehltau, Holz- und Blütenfrost; verhältnismäßig schwach- und dünntriebig, lockere Kronen; sehr früh, reich und regelmäßig tragend; mittelgroße hochkugelige, weinrote, netzartig berostete Früchte; hoher Zucker- und Säuregehalt, deshalb hervorragend geeignet zum Mosten, aber auch zum Essen; Herbstapfel, genußreif von Anfang September–Anfang Oktober.

'Rewena' – Neuzüchtung aus Dresden-Pillnitz; resistent gegen Feuerbrand, Schorf und Mehltau, widerstandsfähig gegen Blütenfrost; keine Spritzungen gegen Pilzkrankheiten erforderlich; Wuchs schwach, locker; reich und regelmäßig tragend; Früchte mittelgroß, länglich, vollständig rot oder rotbackig; saftig, aromatisch, reich an Zucker und Säure, deshalb guter Most- und Tafelapfel; genußreif von Anfang November–Anfang Januar.

All die genannten Sorten erscheinen wegen ihrer Resistenz gegen die verschiedenen Krankheiten für den Hobbygärtner äußerst interessant. Ob sie diese Vorzüge über lange Jahre beibehalten werden, wird sich wohl erst zeigen, wenn sie in vielen Gärten in den unterschiedlichsten Gegenden mit den verschiedensten Standortbedingungen stehen. Obwohl grundsätzlich Optimist, habe ich Bedenken, daß sich auch bei neuen Obstsorten irgendwelche Nachteile und Mängel erst nach längerem Anbau in der Praxis herausstellen werden. Wie auch bei anderen Gelegenheiten denke ich hier an den Spruch des Fürstenfeldbrucker Arztes und Philosophen Dr. Owlglaß: »Es gibt auf Erden nichts Absolutes, und dieser Umstand hat auch sein Gutes.«

Hochstamm von 'Guter Luise'.

Birne

Die meisten Birnensorten lassen sich nicht so lange lagern wie Äpfel; selbst ausgesprochene Winterbirnen halten sich bei weitem nicht so lange wie so manche späte Apfelsorte. Wir pflanzen deshalb im Verhältnis zum Apfel nur etwa halb soviele Bäume oder etwa ein Drittel davon.

Empfehlenswerte Birnen-Sorten (sortiert nach Baumreife; sehr g

Sorte	Baumreife (Erntezeit)	Genußreife	Wuchs	Ertrag
'Frühe von Trévoux' ■	Ab VIII; einige Tage vor Baumreife abnehmen	14 Tage nach der Ernte	mäßig bis mittelstark, aufrecht; kurzes Fruchtholz	sehr früh einsetzend, regelmäßig und hoch
'Clapps Liebling'	Mitte–Ende VIII; frühzeitig ernten, beim Fall der ersten Früchte	4–6 Tage haltbar	mittelstark, hoch, später breit, Äste bogig überhängend	anfangs spärlich, dann regelmäßig hoch
'Williams Christ' ■	IX; bereits kurz vor Vollreife ernten	bis 14 Tage haltbar	anfangs kräftig, hoch, später nachlassend, langlebig	mittelfrüh einsetzend, dann hoch, ziemlich regelmäßig

BIRNE

Doch saftreiche, aromatische Birnen sind etwas Köstliches. Soweit sie nicht gleich vom Baum oder nach kurzer Lagerung gegessen werden, können wir die Früchte in Gläsern oder Dosen für den Winter haltbar machen – zu dieser Zeit werden Birnen als Nachspeise sehr geschätzt – bzw. zu Kompott oder Dörrobst verarbeiten. Im erwerbsmäßigen Anbau werden sie darüber hinaus eingemaischt und anschließend zu Schnaps gebrannt. Die wertvollste Sorte für diesen Zweck ist 'Williams Christ', die auch in manchem Haus- und Kleingarten zu finden ist.

'Clapps Liebling'

Standortansprüche

'Frühe von Trévoux'

Die Birne will mehr Wärme als der Apfel. Dies gilt besonders für spätreifende Sorten, die nur im Weinklima oder an sehr begünstigten Stellen ihr köstliches, sortentypisches Aroma entwickeln. Unter weniger günstigen Verhältnissen pflanzen wir deshalb solche anspruchsvollen Spätsorten nur als Spalier an eine Süd- oder Südwestwand, wenn wir nicht ganz darauf verzichten wollen. Andernfalls werden wir nur in sehr sonnenreichen Jahren damit zufrieden sein, während in feuchten, kühlen Jahren der Geschmack eher rübenartig, das Fruchtfleisch trocken und zäh bleibt. Wenn man die Früchte mit dem Messer durchschneidet, findet man dann um das Kernhaus herum häufig die für Birnen typischen, harten Steinzellen.

Die Birne ist ein Tiefwurzler, allerdings nur, soweit es die auf Sämling veredelten Hoch- und Halbstämme betrifft. Solche Bäume können wegen des tiefreichenden Wurzelsystems auch längere Trockenzeiten gut überstehen. Der Boden sollte deshalb möglichst tiefgründig sein.

Dies trifft allerdings nicht auf Birn-Spindelbüsche, -Spaliere oder Obsthecken aus Birnbäumchen zu. Für diese kleinbleibenden Baumformen wird nämlich die Quitte als Unterlage verwendet, also eine Obstart mit verhältnismäßig flach verlaufendem Wurzelwerk.

Ganz allgemein sagt der Birne ein leichter, sandiger Lehm- oder lehmiger Sandboden besonders zu. Ungeeignet sind dagegen Böden, die zu ständiger Nässe im Untergrund oder zur Verdichtung neigen. In solchen Fällen kommt es zu Luftmangel im Wurzelbereich, was sich vor allem bei Verwendung der Quitte als Unterlage nachteilig auswirkt. Auf Quitte ver-

auch als Busch oder als Spindelbusch geeignet; die mit ■ gekennzeichneten Sorten auch als Wandspalier)

Frucht (Form, Farbe, Geschmack)	Bemerkungen
mittel bis groß; wird bei zu langer Lagerung mehlig; grün, später hellgelb mit lichtroten Streifen; Geschmack fein, süßsäuerlich, gewürzt, angenehm; gute Einmachfrucht	Herkunft: Frankreich (um 1860); liebt genügend feuchten, gut humosen, aber nicht nassen Boden; bezüglich Lage anspruchslos, auch für mittlere, aber geschützte Höhenlage; Tafelbirne
groß bis sehr groß, schön, regelmäßig birnförmig; glänzend zitronengelb, sonnenseits leuchtend rotbackig; Geschmack sehr von Sommerwärme abhängig, hochfein bis leidlich gewürzt	Herkunft: USA/Massachusetts; bei schwerem, genügend tiefgründigem Boden auf Sämling, bei warmem Sandboden auf Quitte pflanzen; auch für weniger günstige und mittlere Höhenlage; Windschutz; Blütezeit spät; beliebte Frühbirne, auch zum Einmachen
mittelgroß bis groß, schlank, unregelmäßig beulig, am Kelch gerippt; gelb, sonnenseits leicht gerötet; saftreich, sehr aromatisch, zimtartig gewürzt, hochfeines Aroma	Herkunft: England (um 1770); guter bis bester Boden, also: mittelschwer, nährstoffreich, warm und feucht; warme, wind- und frostgeschützte Lage; erstklassig zum Sofortessen und zum Einmachen

'Gute Luise'

'Vereinsdechantsbirne'

'Alexander Lucas'
'Madame Verté'

Empfehlenswerte Birnen-Sorten (sortiert nach Baumreife; sehr gu

Sorte	Baumreife (Erntezeit)	Genußreife	Wuchs	Ertrag
'Gellert' (= 'Gellerts Butterbirne')	Mitte IX	Ende IX–Anfang X	sehr stark und hochwachsend	spät einsetzend, dann hoch; trägt regelmäßig jedes 2. Jahr
'Gute Luise' ■	gegen Mitte–Ende IX; zeitig abnehmen, sobald grüne Schale gelblich wird	2–3 Wochen haltbar	mittelstark, pyramidal, reich verzweigt	früh einsetzend, regelmäßig und hoch
'Köstliche von Charneux'	Mitte–Ende IX	Ende IX–X 3–4 Wochen lang	stark, steil aufrecht, sehr hoch, ähnelt einer Pyramidenpappel; Seitenäste hängend	mittelspät beginnend, dann sehr hoch und ziemlich regelmäßig
'Tongern'	pflücken bei Beginn der Gelbfärbung Ende IX; nicht zu spät, sonst teigig	X–XI; Haltbarkeit etwa 4 Wochen	kräftig, spitzpyramidale Krone; sehr kurzes Fruchtholz	früh einsetzend, regelmäßig hoch
'Alexander Lucas' ■	Mitte X	XI–XII	mittelstark, aufrecht wachsend, Tragäste hängend	mittelfrüh einsetzend, regelmäßig und hoch
'Boscs Flaschenbirne'	X	Haltbarkeit 3–4 Wochen	mittelstark, pyramidal, hängende Zweige	hoch und regelmäßig
'Madame Verté' ■	Mitte–Ende X	XII–I	ziemlich schwach, mit steil aufrecht, bzw. schräg stehenden Ästen	mittelfrüh einsetzend, mittelhoch, regelmäßig
'Vereinsdechantsbirne' ■	Mitte–Ende X bei Beginn der Baumreife pflücken	X–XI; 3–4 Wochen haltbar	kräftig, hoch, gut verzweigt	mittelfrüh einsetzend, stets nur mäßig
'Gräfin von Paris' ■	Ende X, nicht früher pflücken	XII; manchmal bis I/II haltbar	verhältnismäßig schwach, hochstrebend, ziemlich licht	sehr früh einsetzend, reich, fast regelmäßig

BIRNE

auch als Busch oder als Spindelbusch geeignet; die mit ■ gekennzeichneten Sorten auch als Wandspalier)

Frucht (Form, Farbe, Geschmack)	Bemerkungen
mittelgroße bis große Tafelbirne; läßt sich nur 10–12 Tage lagern, da Frucht leicht welkt; grünlich mit braunrotem Schimmer auf der Sonnenseite; Geschmack vorzüglich, sehr saftreich und aromatisch	Herkunft: Frankreich (1838), nach dem Liederdichter Gellert benannt; gedeiht am besten auf kräftigem, nicht zu trockenem Boden in windgeschützter Lage; sehr widerstandsfähig gegen Frost, aber bei viel Regen recht schorfanfällig
mittelgroß, schlank, spindelförmig; fast strohgelb, sonnenseits rote Forellenpunkte; sehr saftreich, süß, melonenhaft gewürzt, hochfein	Herkunft: Frankreich (1788); will nährstoffreichen, humosen, warmen, feuchten, tiefgründigen und gut durchlässigen Boden; offene und warme Lage; für Wein- bis mittleres Klima; Krone gut licht halten, da sonst sehr schorfanfällig; erstklassige Tafel- und Einmachfrucht
mittel bis ziemlich groß; Form sehr wechselnd, schlank, mittelbauchig, eßreif zitronengelb, sonnenseits schwach gerötet; saftreich, gewürzt bis weinsäuerlich, sehr süß und sehr aromatisch	Herkunft: Belgien (um 1850); Boden tiefgründig, feucht und nährstoffreich; kein schwerer, kalter Boden; auch für rauhe Mittelgebirgslagen, aber windgeschützt; denn Holz ist windbrüchig, während Frucht fest im Wind hängt; Höhenzuwachs bremsen (Schnitt); beliebte Herbstsorte
groß, langgezogen, unregelmäßig, mit Beulen und Einbuchtungen; gelbbraun, später goldgelb, zimtfarbig berostet; vollsaftig, süßweinig, würzig, außerordentlich aromatisch; wird bald teigig	Herkunft: Belgien (1823 in Deutschland eingeführt); warmer, nährstoffreicher, feuchter Boden; gutes Kleinklima, mittlere geschützte Lage; im Holz frostempfindlich; alte Liebhabersorte
groß bis sehr groß, dickbauchig; Schale glatt, glänzend gelbgrün, fein punktiert; Fleisch saftig, leicht gewürzt, süßlich	Herkunft: Frankreich (um 1870); Boden nahrhaft, offen, mäßig feucht, durchlässig und möglichst warm; windgeschützte Lage; sehr widerstandsfähig gegen Schorf- und Schädlingsbefall; in rauhen Gegenden nur als Südwandspalier; bekannte wertvolle Winter-Tafelbirne
groß, flaschenförmig, zimtbraun berostet; Fleisch gelblich, sehr saftreich, schmelzend, süß mit edler Würze	Herkunft: Belgien (1810); nicht anspruchsvoll, befriedigt selbst an trockenen Stellen, obwohl die Früchte an Größe einbüßen; am besten in warmen, nährstoffreichem Boden; frostgefährdete Stellen meiden; im Holz frostempfindlich; geschmacklich hochwertige Tafelbirne
klein bis mittelgroß, unansehnlich, trüb grünlichgelb, rauh, genußreif hellgelblich; Geschmack süß mit feiner Säure, sehr aromatisch, schmelzend; wird auf Lager gelegentlich teigig, ohne daß man dies äußerlich erkennt, bei später Ernte gut zu lagern	Herkunft: Belgien/Brüssel (um 1910); warmer, nährstoffreicher, nicht zu trockener Boden; auch für klimatisch weniger günstige Gebiete; in rauhen Lagen geschützt pflanzen; das köstliche, etwas zimtartige Aroma entwickelt sich meist erst ab Januar; wertvolle Winterbirne
groß, ungleichmäßig; Schale grün, später zitronengelb, mattrot, fein punktiert; Fleisch schmelzend, überfließend vor Saftfülle, sehr süß, hochedel gewürzt	Herkunft: Frankreich (1849); genügend feuchter und tiefgründiger, bester humoser Boden; Wein- und mittleres Klima; warme windgeschützte Lage; Blüte spät, unempfindlich; anspruchsvolle Delikatessorte
mittel bis große längliche Früchte, 200–500 g schwer; wenig ansprechend gefärbt, bei Eßreife gelbgrün; sehr fein, saftig, fast schmelzend, fein gewürzt, schwach aromatisch	Herkunft: Frankreich (1893); besserer, leicht erwärmbarer, nährstoffreicher und genügend feuchter Boden; gelangt in Trockenjahren nicht zur Genußreife; Lage geschützt, warm, sonnig; in Höhenlagen besser als Wandspalier; bekannte Wintertafelsorte; nicht zu früh ernten, da sonst rübenartig

OBSTARTEN

Empfehlenswerte Birnen-Sorten (alte Sorten, zum Dörren, Kochen und zur Mostbereitung; vor allem als

Sorte	Baumreife (Erntezeit)	Genußreife	Wuchs	Ertrag
'Stuttgarter Geißhirtle'	Mitte VIII; vor Vollreife pflücken	haltbar bis Ende VIII	in der Jugend stärker, später mäßig; Krone spitzpyramidal, feinästig	früh einsetzend, regelmäßig und hoch; Birnen büschelweise (2–4 Stück) am Fruchtholz
'Gute Graue'	Ende VIII	Anfang IX; 2–3 Wochen haltbar	sehr stark, umfangreiche Krone; kann bis 100 Jahre alt werden	Vollertrag erst ab 15. Jahr; dann regelmäßig alle 2 Jahre und hoch
'Poiteau'	X	bis Anfang XII	sehr kräftig; sehr hohe, schmale Krone	früh einsetzend, regelmäßig und hoch
'Katzenkopf'	Ende X	III–IV, gelegentlich bis Sommeranfang, Verarbeitung ab Dezember möglich	kräftig, aber bald nachlassend; breite, lockere Krone	früh einsetzend, hoch

edelte Birnen neigen außerdem auf kalkhaltigem Boden oder nach längeren Regenperioden häufig zu Chlorose, d. h. die Blätter verlieren ihr typisches Grün und nehmen eine gelblich-bleiche Färbung an. Insgesamt kann man sagen: was den Boden betrifft, will es die Birne eher trocken als zu feucht haben.

Die Birnblüte wird durch Spätfröste mehr geschädigt als die Apfelblüte. Dies hängt mit der früheren Blütezeit zusammen. Im Holz sind vor allem auf Quitte veredelte Birnen in besonders kalten Wintern empfindlich. Andererseits kann man alte Mostbirnbäume auf den Fluren vorfinden, die bestimmt 100 Jahre und älter sind und auch die extremsten Winter der letzten Jahrzehnte ohne Schaden überlebt haben.

Befruchtungsverhältnisse

Hier gilt das gleiche wie beim Apfel, d. h. die Birnensorten sind selbstunfruchtbar und benötigen den Blütenstaub (Pollen) einer anderen Sorte, damit die Samenanlagen befruchtet werden können. Die meisten Sorten sind allerdings diploid. Nur die wertvolle 'Alexander Lucas' ist triploid und damit ein schlechter Pollenspender. Höchst interessant ist, daß bei der Birne die sogenannte Jungfernfrüchtigkeit (Parthenokarpie) vorkommen kann. In diesem Fall entwickeln sich Früchte, ohne daß vorher eine Befruchtung stattgefunden hat, z. B. wenn durch Frost die Samenanlagen vernichtet wurden. Bekannt ist diese Erscheinung vor allem bei der Sorte 'Williams Christ', aber auch bei 'Frühe von Trévoux' und 'Alexander Lucas'.

Unterlagen

Ebenso wie beim Apfel wird für Hoch- und Halbstämme der Birnsämling als Unterlage verwendet. Auf weniger fruchtbaren Böden kommen Birnen auf Sämling besser voran als solche, die auf Quitte veredelt wurden. Kräftiger Wuchs, hohes Alter und eine gute Standfestigkeit sind die Vorteile von Bäumen auf Sämling. Hinzu kommt die ausgezeichnete Frosthärte selbst in extrem kalten Wintern. Nachteilig ist, von den umfangreichen, meist sehr hohen Kronen abgesehen, daß die Fruchtqualität meist nicht so gut wie

Spalierbäume müssen durchaus nicht »korrekt« gezogen werden. Wer will, kann sich künstlerisch betätigen und seiner Fantasie freien Lauf lassen.

Hoch- oder Halbstamm geeignet; sortiert nach Baumreife)

Frucht (Form, Farbe, Geschmack)	Bemerkungen
klein bis mittelgroß, gelblichgrün; süßweinig, fein säuerlich; Fleisch etwas körnig	Herkunft: Rauhe Alb/Württemberg (18. Jahrh.); je wärmer, desto besseres Aroma; sonst keine besonderen Ansprüche; Blüte hart, widerstandsfähig gegen Frost; Tafel-, Einmach- und Dörrbirne
klein bis mittelgroß, kreiselförmig, gras- bis gelbgrün; süßsäuerlich, fein gewürzt	Herkunft: Frankreich (18. Jahrh.); liebt tiefgründigen, feuchten Boden; kein Kiesuntergrund; im feuchten Klima besonders wohlschmeckend; auch für rauhe Gebirgslagen; Tafel-, Einmach- und hervorragende Dörrfrucht
mittelgroß bis groß, unansehnlich, Form sehr ungleichmäßig; grasgrün, bleibt auch bei innerer Überreife grün; sehr saftig, kaum gewürzt, süßweinig; in nassen Jahren wäßrig fade und	Herkunft: Frankreich (Anfang 19. Jahrh.); ziemlich frosthart, geringe Bodenansprüche; bevorzugt geschützte, warme Lage, doch auch noch für frostgefährdete und rauhe, windige, höhere Lage und naßkalte Witterung geeignet; im rauhen Klima als Wandspalier auf Quitte; Tafelsorte für rauhe Lagen, Dörrfrucht
groß bis sehr groß, plump, dickbauchig-kreiselförmig; graugrün, später zitronengelb; Fleisch grobkörnig, roh ungenießbar, gekocht saftig und sehr wohlschmeckend	Herkunft: Nordwest-Europa (sehr alt, ca. 75 Lokalnamen!); ziemlich frosthart und anspruchslos bezüglich Boden und Lage; auch für hohe Gebirgslage; Blüte gegen Nässe und Kälte unempfindlich; die schönsten Blütenzweige aller Birnsorten! beste Winterkochbirne

bei den auf Quitte veredelten Birnbäumen ausfällt.
Wie die schwachwüchsigen Apfelunterlagen, so zeigt auch die Quittenunterlage schwachen Wuchs. Dadurch eignet sie sich für den Spindelbusch, für die Obsthecke und für kleinere Obstspaliere. Weitere Vorteile sind der günstige Einfluß auf die Fruchtgröße und -qualität sowie auf die Reife. Auf Quitte veredelte Birnbäume tragen außerdem regelmäßiger. Allerdings, ganz so schwachwüchsig wie M 9 und M 26 als Typenunterlage bei Apfel ist die Quitte nicht. Birnspindelbüsche werden also etwas größer als Apfelspindelbüsche, sie ähneln bereits einem Buschbaum. Soll entlang der Gartengrenze eine Obstreihe gepflanzt werden, so empfiehlt es sich, Apfel- und Birnspindelbüsche nicht durcheinander zu setzen und bei den Birnen geringfügig mehr Abstand einzuhalten.
Allerdings verträgt sich die Quittenunterlage – da artfremd – mit einigen Birnensorten nicht. In der Baumschule wird diese Unverträglichkeit durch eine Zwischenveredlung behoben: Auf die Quitte kommt erst die verträgliche Birnensorte 'Gellert', und erst darauf veredelt der Baumschuler die verschiedensten Birnensorten.
Meist verwendet man die Typenunterlage Quitte A. Die darauf veredelten Birnbäume neigen allerdings auf zu trockenen und sehr kalkreichen Böden zu Chlorose (blaßgelbes Laub). Birnspindelbüsche auf Quitte C wachsen geringfügig schwächer als solche auf Quitte A; sie blühen und tragen besonders früh und regelmäßig, befriedigen aber auf sehr warmen und trockenen Standorten nicht hinsichtlich Wuchs und Ertrag. Die gelegentlich verwendete Unterlage Quitte BA 29 gilt als kalkverträglich, aber frostempfindlich. Weitere Nachteile der Quittenunterlage: Geringe Standfestigkeit – also mit Pfahl bzw. als Spalier pflanzen – wesentlich geringere Lebensdauer als bei Sorten, die auf Sämling veredelt sind (ca. 15–20, gelegentlich 25 Jahre) und Frostempfindlichkeit im Wurzelbereich. Es empfiehlt sich deshalb, den Boden unter Birnbäumchen, die auf Quitte veredelt sind, den Winter über mit Stroh oder Laub abzudecken.

Verwendung im Garten

Hier gilt ähnliches wie beim Apfel. Einen Birnenhoch- oder -halbstamm pflanzen wir im Terrassenbereich oder an einer anderen Stelle des Gartens, die aus gestalterischen Gründen betont werden soll. Der rein obstbauliche Nutzen kann dabei eine untergeordnete Rolle spielen. Bei der Planung sollte man berücksichtigen, daß der Kronendurchmesser eines solchen Baumes später durchaus 6–8 m erreichen kann. Vor allem wachsen viele Birnensorten steil in die Höhe.
Für den eigentlichen Obstertrag pflanzen wir die Birne dagegen bevorzugt als Spindelbusch mit einem Abstand von mindestens 2,50 bis 2,80 m bei einreihiger Pflanzung. Ebenso wie Äpfel, lassen sich die auf Quitte veredelten Bäumchen als Obsthecke ziehen.
Ausgezeichnet eignet sich die Birne für ein Spalier an der Süd- oder Südwestwand des Hauses, wobei wir Sorten bevorzugen, die von Natur aus kurzes Fruchtholz bilden, wie 'Frühe von Trévoux', 'Williams Christ', 'Gute Lui-

OBSTARTEN

se', 'Vereinsdechantsbirne', 'Alexander Lucas', 'Gräfin von Paris' und auch 'Madame Verté'. Für die besonders wärmeliebenden Spätsorten kommt in Gegenden, die nicht gerade Weinklima haben, ohnehin nur eine geschützte Hauswand in Frage. Steht der Baum dann noch unter einem vorspringenden Dach, so ist er gleichzeitig gegen Regen und damit vor Schorfbefall geschützt.

Nashi – Japanische Apfelbirne

Bei dieser neuen Obstart aus Fernost ähneln die Blätter dem Birnenlaub, die Früchte sehen dagegen wie Äpfel aus. Die gelben oder bräunlichen Früchte sind hellgrau punktiert und wirken deshalb recht apart. Sie sind knackig, saftig, honigartig süß und sehr erfrischend; die Schale ist besonders dünn. Sie eignen sich hervorragend zu Obstsalat und zum Sofortessen, z. B. als Erfrischung aus dem Kühlschrank.
Nashi können überall dort gepflanzt werden, wo auch Birnen gut wachsen. Allerdings sind sie wegen ihrer frühen Blüte – zwischen Pfirsich und Birne – stärker spätfrostgefährdet als diese. Die im Herbst geernteten reifen Früchte müssen allerdings innerhalb von etwa zwei Wochen verbraucht werden. In Kühlräumen soll die Lagerfähigkeit bis zu 6 Monaten reichen.
Die Nashi-Sorten sind Fremdbefruchter, deshalb 2 Sorten pflanzen. Als Hauptsorte gilt derzeit 'Hosui', bronzegelb gefärbt, sehr aromatisch, reichtragend. Zur Befruchtung eine andere der im Handel befindlichen Sorten beigeben! Als Unterlage werden in Baumschulen normale Birnensämlinge verwendet. Die darauf veredelten Bäume zeigen einen relativ mäßigen Wuchs und beginnen bald mit dem Ertrag.

Pflaume, Zwetsche, Mirabelle, Reneklode

Nach Apfel und Birne spielen diese Obstarten für den Haus- und Kleingarten die nächstwichtigste Rolle.
Pflaumen sind an den Enden abgerundet, sie haben eine Fruchtnaht wie Pfirsiche, und ihr Kern sitzt mehr oder weniger fest am Fruchtfleisch. Die frühesten Sorten werden bei uns schon ab Juli geerntet. Die Sorten, die erst im Spätsommer reifen, enthalten mehr Fruchtzucker, das Fleisch ist fester. Wir können sie zu Kompott, Marmelade oder Roter Grütze verwenden oder süßsauer einlegen. Vor allem aber eignen sie sich zum Frischgenuß.
Die Mirabellen werden nur etwa kirschgroß. Typisch ist außerdem ihre goldgelbe Schale und das gelbe, süße Fruchtfleisch. Sie reifen ab August. Wegen ihrer Süße essen wir sie direkt vom Baum; ebenso begehrt sind sie aber auch zum Einmachen – samt Stein, obwohl sich dieser leicht herauslösen läßt –, als Kompott oder zum Einlegen in Essig, Zucker und Wein bzw. für den Rumtopf.

Japanische Apfelbirnen sehen nicht nur recht apart aus, sie schmecken auch gut. Hier die reichtragende Sorte 'Hosui'.

Die Renekloden, auch Reineclauden genannt, haben ihren Namen von der französischen Königin Claudia, der Gemahlin Franz I., die diese Früchte der Überlieferung nach gerne gegessen hat. Renekloden erkennt man an der kugeligen Form, der grüngelben Haut und dem hellen Fruchtfleisch. Wir essen die köstlichen Früchte direkt vom Baum oder verarbeiten sie zu schmackhaftem Kompott.
Zwetschen sind kleiner als Pflaumen, haben spitze Enden und keine Fruchtnaht; sie sind meist gut steinlöslich. Die sehr zarte Haut zerfällt beim Kochen leicht, so daß sie sich gut einkochen lassen. Zu Mus eignen sich vor allem Zwetschen, die am Stiel schon leicht runzelig zu werden beginnen; sie sind besonders aromatisch und enthalten viel Fruchtzucker. Überhaupt haben Zwetschen von allen den höchsten Gehalt an Fruchtzucker und den niedrigsten Wassergehalt. Sie sind vielseitig in der Küche zu verwenden: für Kuchen, Mus, Kompott und zum Einlegen in Essig und Wein; sie lassen sich als einzige »Pflaumenart« einfrieren, entweder als ganze Früchte ohne Zucker oder halbiert und mit einer Zuckerlösung bedeckt. Vor allem die spätestreifende Sorte, die 'Hauszwetsche', ist sehr wertvoll, da sich ihre zuckerreichen Früchte hervorragend als Kuchenbelag (»Zwetschendatschi«) eignen. Genauso gerne essen wir sie aber auch direkt vom Baum, machen daraus Marmelade, wecken sie ein oder dörren sie. Das Brennen zu Zwetschenwasser scheidet für den Hobbygärtner allerdings aus. Wichtig ist, daß wir die 'Hauszwetsche' lange genug am Baum hängen lassen, damit der Zuckergehalt möglichst hoch wird und sich das typische Aroma voll ausbildet.

Standortansprüche

Pflaumen, Zwetschen und all die anderen aus dieser Gruppe kommen mit jedem halbwegs normalen Gartenboden

PFLAUME, ZWETSCHE...

gut zurecht. Dies ist wohl auch der Grund für die weite Verbreitung.
Ideal sind nährstoffreiche, warme, dabei aber ausreichend feuchte Böden, die gut mit Humus versorgt sind. Dabei braucht der Boden gar nicht besonders tiefgründig zu sein. Selbst ein Grundwasserstand, der bis 50 cm unter die Bodenfläche ansteigt, macht einem Zwetschenbaum nichts aus. Nur Trockenheit wird schlecht vertragen; es kommt dann zu Fruchtfall noch vor der Reife.
Die Pflanzstelle sollte möglichst sonnig und warm sein. Bei zuviel Schatten werden die Früchte nicht genügend süß, und in einer rauhen Lage wird die besonders wertvolle, aber späte 'Hauszwetsche' in manchen Jahren nicht reif. Ansonsten aber ist gerade sie sehr anpassungsfähig, was den Boden und das Klima betrifft.

Befruchtungsverhältnisse

Bei Pflaumen und Zwetschen gibt es alle Übergänge von selbstfruchtbar bis zu selbstunfruchtbar. Um eine sichere Befruchtung zu erreichen, ist es deshalb am besten, wenn im eigenen Garten oder in der näheren Umgebung verschiedene Sorten stehen. Auch Schlehen (Prunus spinosa) und die in so manchem Garten stehende Blutpflaume (Prunus cerasifera 'Nigra') sollen nach Beobachtungen in der Lage sein, Pflaumen und Zwetschen zu befruchten.
Die 'Hauszwetsche' ist normalerweise voll selbstfruchtbar, d. h. auch ein einzeln stehender Baum kann gute Erträge bringen. Es ist aber durchaus möglich, daß auch bei dieser Sorte infolge von Mutationen – sprunghaften Veränderungen der Erbanlagen, die weiter vererbt werden – im Laufe von Jahrzehnten Typen entstanden sind, bei denen die Selbstfruchtbarkeit nicht mehr in vollem Maße vorhanden ist. Wenn ein einzelstehender Hauszwetschenbaum reich blüht, aber nicht trägt, könnte dies damit zusammen-

'Wangenheims Frühzwesche'

'Große Grüne Reneklode'

hängen. In diesem Fall sollte man eine andere Sorte in die Nähe pflanzen oder in die Hauszwetschenkrone einveredeln; ein einzelner Ast genügt.

Unterlagen

Auch hier kennen wir sowohl die Sämlingsunterlagen als auch die auf ungeschlechtlichem Wege vermehrten Typen- bzw. Klonunterlagen (siehe S. 23). Schwachwüchsige Unterlagen, mit denen wie bei Apfel und Birne sehr kleine Baumformen möglich sind, gibt es hier vorerst noch nicht.
Heute wird in den Baumschulen überwiegend auf Prunus 'St. Julien A' veredelt, eine Auslese der 'St. Julien'-Pflaume. Neu ist 'Jaspi Fereley', eine schwachwachsende Pflaumenunterlage, ähnlich 'St. Julien INRA 655/2'; sie soll einen früh einsetzenden, hohen Ertrag und große Früchte begünstigen.

Des weiteren sind die neuen Auslesen der Myrobalane (Prunus cerasifera) 'Hamia' und 'Myruni' im Handel. Letztere wurde über Jahre hinweg in Geisenheim/Rhein erfolgreich geprüft, wobei sich folgende gute Eigenschaften gezeigt haben: geringe Standortansprüche, keine Wurzelausschläge, gleichmäßiger Wuchs, früh einsetzender, regelmäßiger Ertrag der aufveredelten Sorten und nur mittelstarker Wuchs, ähnlich wie bei 'St. Julien A'.

Verwendung im Garten

Was im größeren Garten ein Apfel- oder Birnbaum als gestalterisch betonter Punkt sein kann, ist im kleinen Garten ein Baum aus der Pflaumen-Gruppe. Auch zur leichten Beschattung des Kompostplatzes, der möglichst im nicht zu tiefen Schatten liegen soll, eignet sich eine Zwetsche, Pflaume usw. ausgezeichnet.

Scharkatolerante Sorten

Auf scharkaverseuchten Standorten (siehe S. 135) sollten nur scharkatolerante Sorten angebaut werden. Als Ersatz für die altbewährte 'Hauszwetsche' ist die ab Ende September reifende **'Valjevka'**, eine interessante Neuzüchtung aus dem ehemaligen Jugoslawien, zu empfehlen.
Ebenfalls Ende September–Mitte Oktober reift **'Elena'**, eine scharkatolerante Neuzüchtung aus Stuttgart-Hohenheim, selbstfruchtbar, sehr reich und regelmäßig tragend, steinlösend, aromatisch, zum Frischgenuß und als Kuchenbelag geeignet; optimale Entwicklung allerdings nur auf warmem Standort.
'Hanita', eine weitere scharkatolerante Neuzüchtung aus Stuttgart-Hohenheim, selbstfruchtbar, mit sehr gutem Geschmack, reift Mitte bis Ende August; sie bringt regelmäßige, hohe Erträge und fruchtet bereits reich am einjährigen Holz.

Empfehlenswerte Pflaumen-, Zwetschen-, Renekloden-, Mirabellen-Sorten

Sorte/Reife	Wuchs	Befruchtung	Ertrag	Frucht (Form, Farbe)
'Ontariopflaume' Reife: Anfang–Mitte VIII	starkwüchsig; große, breitkugelige Krone	selbstfruchtbar	früh einsetzend, sehr hoch und regelmäßig, oft zu reich tragend	groß bis sehr groß, rundlich eiförmig; grüngelb marmoriert, reif tiefgelb, oft rostartig gefleckt; steinlösend
'Zimmers Frühzwetsche' Reife: Anfang–Mitte VIII	mäßig; kugelige kleine Krone	selbstunfruchtbar	reich und regelmäßig	mittelgroß, kurzoval; schwarzblau, gut steinlösend
'Graf Althans Reneklode' Reife: Ende VIII–Mitte IX	ziemlich stark; Krone breitkugelig	selbstunfruchtbar; Befruchtersorte: 'Große Grüne Reneklode' u. a.	früh einsetzend, regelmäßig sehr reich	mittelgroß bis groß, kugelrund; Haut abziehbar gelblich, blau marmoriert; gut steinlösend
'Mirabelle von Nancy' Reife: Mitte–Ende VIII	ziemlich stark; Krone halbkugelig, später breit; kräftiger Stamm	selbstfruchtbar	mittelfrüh bis spät einsetzend, dann sehr hoch und regelmäßig	klein, rundlich-oval; Haut derb, hellgelb mit Rötelstellen, hauptsächlich am Stielgrund; Fleisch saftreich; gut steinlösend
'Große Grüne Reneklode' Reife: Ende VIII–Mitte IX	ziemlich stark, gedrungen; Krone breit, kugelig	selbstunfruchtbar; Befruchtersorten: 'Graf Althans Reneklode', 'Hauszwetsche'	etwas spät einsetzend, dann unregelmäßig hoch	mittelgroß, kugelrund; Haut grasgrün bis grüngelb, rot punktiert, leicht bläulich-weiß behaucht; Fleisch fest, aber zart, sehr saftig; Stein löst bei trockenem Boden schlecht
'Wangenheims Frühzwetsche' Reife: Mitte VIII–Mitte IX	stark und hochwachsend; breitkugelige Krone	selbstfruchtbar	früh einsetzend, regelmäßig, sehr hoch	mittelgroß bis groß, rundlich-oval; schwarzblau mit hellblauem Duft, Haut leicht abziehbar; saftig; steinlösend
'Hauszwetsche' Reife: Mitte IX–X (je nach Typ verschieden)	starkwüchsig, großkronig	selbstfruchtbar	früh einsetzend, regelmäßig und hoch	mittelgroß bis groß, oval und zugespitzt; dunkelblau, hellblau bereift; Fleisch gelb und fest; gut steinlösend
'Top' Reife: Ende IX–Mitte X (14 Tage nach 'Hauszwetsche')	mittelstark, lockerer Kronenaufbau, flachwinkelige Verzweigung	selbstfruchtbar	früh einsetzend, ab 2. Jahr; Vollertrag ab 5. Jahr	groß, oval, intensiv dunkelblau, platzfest, steinlösend

PFLAUME, ZWETSCHE...

(nach Reifezeit geordnet)

Geschmack	Bemerkungen
wohlschmeckend süßlich, etwas gewürzt	Herkunft: USA, seit 1874 im Handel; Blüte sehr, Holz dagegen wenig frosthart; geringe Ansprüche an Boden und Lage; nach und nach ernten; Tafel- und Einmachfrucht
mild säuerlich, geschmackvoll	Herkunft: Weinbauer Zimmer, Lauf b. Bühl (um 1900); wertvolle Frühsorte, vielseitig verwertbar; nur für warmen, geschützten Standort
süß, fein gewürzt, sehr aromatisch, wohlschmeckend	Herkunft: Böhmen (um 1850–1860); Blüte mittel, Holz sehr frosthart; geringe Bodenansprüche; eignet sich auch für Gebirgslagen, am besten jedoch im Wein- und mittleren Klima
vorzüglich, sehr süß, gewürzt	Herkunft: Frankreich (um 1750); Frosthärte der Blüte mittel, Holz ziemlich hoch; bevorzugt genügend feuchten Boden, warmen Standort, geschützte Lage; gedeiht gut in Wein- und mittlerem Klima; widerstandsfähig gegen Krankheiten; sehr gute Tafel- und Einmachfrucht
sehr wohlschmeckend, würzig, sehr süß	Herkunft: Um 1500 aus Italien nach Frankreich eingeführt; Blüte mittel, Holz sehr frosthart; liebt bewachsenen Grasboden, mittelschwer bis schwer, nährstoffreich und genügend feucht; bevorzugt Wein- bis mittleres Klima und warme, geschützte Lage; hervorragend für Frischgenuß und zum Einmachen; die edelste Reneklodensorte!
vorzüglich, sehr süß, gewürzt	Herkunft: Raum Gotha/Thüringen (1837); robuste Sorte; in Holz und Blüte frostwiderstandsfähig; gedeiht auch in rauheren Lagen, sowohl im Wein- als auch in ungünstigerem Klima; Blütezeit spät; liebt nährstoffreichen Boden; alte Hausgartensorte; Ersatz für Hauszwetsche in rauhen Gebieten; vorzüglich als Kuchenbelag (»Zwetschendatschi«) geeignet
süßsäuerlich, angenehm gewürzt; am feinsten im vollreifen Zustand	Herkunft: im 17. Jahrh. aus dem europäischen Südosten eingeführt; im Laufe der Zeit haben sich gegendweise verschiedene bewährte Lokalsorten entwickelt; liebt feuchten Boden, da Flachwurzler; noch für mittlere, aber nicht zu kühle Gebirgslagen geeignet; Blütezeit spät, gegen Regenwetter sehr empfindlich (Narren- oder Taschenkrankheit!); überhaupt scheint die 'Hauszwetsche' sehr empfindlich gegen kühle Temperaturen kurz vor oder während der Blüte zu sein; trotzdem sollte sie in keinem Garten fehlen, da für alle Zwecke geeignet; nur wertvolle Typen pflanzen! An den Obstbauinstituten Geisenheim/Rheingau und Stuttgart-Hohenheim wurden inzwischen besonders leistungsfähige, hochbewertete Typen ('Meschenmoser', 'Schüfer' u. a.), ausgelesen, die bereits in Baumschulen angeboten werden
vorzüglich, zuckerreich, würzig	Neuzüchtung aus dem Obstbauinstitut Geisenheim/Rheingau; erst seit 1993 im Handel; nach bisherigen Beobachtungen wenig anfällig für Pilzkrankheiten, Spinnmilben und Scharka; robuster Massenträger, weitgehend unempfindlich gegen Trockenheit und Regen; Blüte spät; für Frischgenuß, zum Backen und Tiefgefrieren

Süßkirsche

Eine wertvolle Obstart, die durch die hohen Erntekosten teuer geworden ist. Schon vom Preis her lohnt sich also der Anbau im eigenen Garten. Leider stehen dem der große Platzbedarf von mindestens 60–80 m² und die recht speziellen Bodenansprüche entgegen. Ein weiterer Nachteil: Die umfangreiche Krone läßt sich nur sehr schwer mit Netzen gegen Amseln und Stare schützen, die die Früchte ebenso gern mögen wie wir.

Wenn wir eine Süßkirsche im Garten stehen haben, essen wir die Kirschen am liebsten vollreif vom Baum, ganz gleich, ob es sich um eine früh reifende, weichfleischige Herzkirsche oder um eine später reifende, im Fleisch meist festere Knorpelkirsche handelt. Daneben können wir die Kirschen tiefgefrieren, in Gläsern einmachen oder zur Bereitung von Saft (Süßmost), Mixgetränken und Likör verwenden. Wen es interessiert: Das »Schwarzwälder Kirschwasser« wird aus ausgelesenen zuckerreichen Wildkirschen (Vogelkirschen) hergestellt. Süßkirschen haben einen ähnlichen Vitamin-Gehalt wie Äpfel und sind reich an Kalium, Kalzium, Phosphor und anderen Mineralstoffen.

Standortansprüche

Die Süßkirsche ist nicht anspruchsvoll an die Bodenqualität. Er sollte tiefgründig und kalkhaltig und darf durchaus steinig sein, wenn er nur in der Tiefe genügend zerklüftet ist. Höhenlagen sind zum Anbau geeignet, ebenso auch etwas trockenere Böden. Der Wasserbedarf dieser Obstart ist nämlich gering, denn die Früchte reifen schon im Juni/Juli, so daß die Bäume noch aus dem Wasservorrat vom Winter und Frühjahr her zehren können. Bestes Wachstum und hoher Ertrag sind aber auch bei der Süßkirsche nur von einem »Idealboden« zu erwarten: tiefgründig, gut mit Humus versorgt, nährstoffreich und gut durchlüftet. Wenig Freude werden wir dagegen an einem Kirschbaum haben, der auf nassem, kaltem, schwerem Boden steht. Ein solcher Baum wird bald nur noch dahinvegetieren. Es tritt Spitzendürre auf, Gummifluß, und schließlich sterben ganze Astpartien ab. Auch Frostschäden werden an einem solch ungeeigneten Standort gefördert; die Blüte ist außerdem sehr empfindlich gegen Spätfröste. In Gegenden mit hohen Niederschlägen während der Reifezeit platzen die Früchte auf. Vor allem die wertvollen, großfrüchtigen Knorpelkirschen sind gefährdet.

Befruchtungsverhältnisse

Bei der Süßkirsche sind alle Sorten selbstunfruchtbar, d. h. die Narben müssen mit sortenfremdem Blütenstaub (Pollen) bestäubt werden. Ja, die Befruchtungsverhältnisse sind hier sogar weitaus komplizierter als bei den anderen Obstarten: Es gibt bei Süßkirschen nämlich – nach neuestem Stand – an die 25 Sortengruppen, deren einzelne Sorten sich gegenseitig nicht befruchten können. Man spricht hier von Intersterilität und Intersterilitätsgruppen (siehe Sorten, S. 82/83). Es sollten deshalb im eigenen Garten bzw. in der Nachbarschaft möglichst mehrere Sorten stehen, damit geeignete Befruchtungspartner vorhanden sind. Ist dies

Herrlich, Kirschen vollreif vom Baum zu essen! Vor allem wenn sie leicht zu fassen sind wie bei der niedrigbleibenden Sorte 'Lamberts Compact'.

SÜSSKIRSCHE

nicht möglich, können einige Äste mit geeigneten Sorten umveredelt werden (siehe Seite 46).

Oft ist der Mangel an Früchten nach einer reichen Blüte auf das Fehlen von Befruchtern zurückzuführen. Notfalls hilft es schon, wenn wir in einen blühenden Kirschbaum einige mit Wasser gefüllte Gläser oder einen Eimer mit blühenden Zweigen von Wildkirschen (Vogelkirsche) hängen.

Unterlagen

Die Sorten wurden früher in der Baumschule überwiegend auf Sämlingsunterlagen der Limburger Vogelkirsche veredelt. Diese Unterlage ist ausreichend frosthart und neigt wenig zu Gummifluß (Harzfluß). Dann wurde immer mehr auf Unterlagen veredelt, die von einer in East Malling (England) ausgelesenen Ausgangspflanze abstammen; sie führt die Bezeichnung F 12/1, ist etwas wuchsbremsend, zeigte sich aber empfindlich bei Trockenheit.

Seit einiger Zeit wird als Unterlage 'Weiroot' verwendet. 'Weiroot Nr. 158', durch das Obstbauinstitut der TU München-Weihenstephan ausgelesen, gilt als besonders frosthart und bildet im Gegensatz zu anderen 'Weiroot'-Nummern nur wenig Bodentriebe. Diese Unterlage ist mit den aufveredelten Sorten gut verträglich, begünstigt die Fruchtgröße und wächst auf verhältnismäßig trockenem, gut durchlüftetem Boden. Der Kronenumfang bzw. die Wuchsminderung beträgt 40–50 % im Vergleich zur Vogelkirschen-Unterlage.

Sehr vorteilhaft für kleine Baumformen ist 'Gisela 5', z. Zt. Standard. Diese neue Unterlage – auch unter der Selektionsnummer 'Gisela 148/2' bekannt – ist aus einer Kreuzung am Obstbauinstitut der Universität Gießen hervorgegangen. Sie gilt als gut verträglich für die aufveredelten Süß- und Sauerkirschensorten und ist frosthart.

Ein einfacher Trick: Blühende Zweige einer Wildkirsche in einer Vase genügen meist für eine ausreichende Befruchtung.

Die Ansprüche an den Standort sind gering, 'Gisela 5' neigt wenig zur Bildung von Bodentrieben, die Fruchtbarkeit der aufveredelten Sorten beginnt früh und ist hoch. Die Kronen bleiben um etwa 40 % kleiner im Vergleich zu der oben genannten F 12/1, also eine ideale Unterlage für die Erziehung kleiner Kirschbäume.

Verwendung im Garten

Bevor wir eine Süßkirsche pflanzen, sollte geprüft werden, ob in der näheren und weiteren Nachbarschaft Süßkirschenbäume stehen, die gesund sind und reich tragen. Damit hätten wir den praktischen Beweis, daß sich der Boden in unserem Garten für diese Obstart eignet. Und noch etwas: Zur Erntezeit würde sich die Vogelschar auf mehrere Bäume verteilen, so daß der Schaden beim einzelnen Baum nicht so sehr ins Gewicht fällt.

Schließlich lassen sich von einem gut entwickelten Süßkirschenbaum 2 bis 3 Zentner und mehr ernten.

Die Nachteile eines Süßkirschen-Hoch- oder -Halbstammes wurden bereits erwähnt: Da ist einmal die umfangreiche Krone mit 8–10 m Durchmesser und entsprechender Höhe. Selbst wenn man den Stamm auf tiefer gelegene Äste zurücksetzt und dadurch die Höhe vermindert, bleibt die Ernte eine gefährliche Arbeit. Jedes Jahr kommt es auch bei größter Vorsicht zu schweren Unfällen. Zudem ist ein Schutz gegen Amseln und Stare bei solch einer großen Krone praktisch unmöglich, so daß bei einzeln stehenden Bäumen nur ein Teil der Kirschen – oder gar keine! – geerntet werden können.

Eine Neuheit: Der Süßkirschen-Spindelbusch

Der Wunsch nach einem kleinbleibenden Süßkirschenbaum ging inzwischen in Erfüllung. Die frostharte 'Lamberts Compact' wurde an der niederbayerischen Lehr- und Versuchswirtschaft für Obstbau in Deutenkofen bei Landshut (siehe Bezugsquellen Seite 168) nach 15jähriger Prüfung aus Hunderten von Bäumen ausgelesen.

Die Sorte wird ohne Schnitt nur 4 m hoch. Durch Schnitt läßt sich die Höhe auf 2,50 bis maximal 3 m begrenzen. Es hat sich als zweckmäßig erwiesen, 'Lamberts Compact' als Buschbaum mit 0,60–0,80 m Stammhöhe im Abstand von 2,50–3,00 m zu pflanzen. Auch als Wandspalier scheint diese kleinbleibende Süßkirsche geeignet zu sein. Der Ertrag setzt oft bereits ein Jahr nach der Pflanzung ein. Ab 4. Standjahr kann man mit 5 kg, nach 10 Jahren mit 15 kg je Bäumchen rechnen. Gute Befruchtersorten: 'Hedelfinger', 'Van', 'Sam', sowie die Sauerkirschensorte 'Morellenfeuer'. Nachdem

OBSTARTEN

Empfehlenswerte Süßkirschen-Sorten (außer den genannten gibt es zahlreiche wertvolle Lokalsorten;

Sorte/Reife	Wuchs	Befruchtersorten	Ertrag	Frucht (Form, Farbe)
'Kassins Frühe' ('Kassins') Reife: 2. Kirschenwoche	mittelstark bis stark, breitpyramidal, aufwärtsstrebend	'Große Schwarze Knorpelkirsche', 'Hedelfinger', 'Schneiders Späte Knorpelkirsche'	früh einsetzend, regelmäßig und hoch	groß bis sehr groß, löst schlecht vom Stein, schwarzrot, platzt nur bei langer Regenzeit
'Große Prinzessin' Reife: 5. Kirschenwoche	mittelstark, aufrecht, breitpyramidal	'Kassins', Hedelfinger', 'Schneiders', 'Dönissens Gelbe Knorpelkirsche'	mittelfrüh, gleichmäßig, mittelhoch	groß bis sehr groß, herzförmig, gelblich und rot
'Dönissens Gelbe Knorpelkirsche' Reife: 5.–6. Kirschenwoche	kräftig, erst aufrecht, später breitkugelig	'Hedelfinger', 'Kassins Frühe'	früh einsetzend, regelmäßig und reich; erschöpft sich schnell	mittelgroß, in dichten Büscheln sitzend, einfarbig gelb, sonnenseits goldgelb und glänzend, festfleischig, saftreich, nicht vollständig vom Stein lösend
'Große Schwarze Knorpelkirsche' Reife: 5.–6. Kirschenwoche	kräftig; immer starktriebig; im Alter umfangreiche hochkugelige Krone	'Kassins Frühe', 'Hedelfinger', 'Dönissens Gelbe Knorpelkirsche', 'Schneiders Späte Knorpelkirsche'	früh einsetzend, gleichmäßig, mittelhoch; trägt bis ins hohe Alter	groß bis sehr groß, schön herzförmig, braunrot bis schwarz, platzt bei Regen in Vollreife; Fleisch fest, sehr saftreich, schlecht vom Stein lösend
'Hedelfinger' Reife: 5.–6. Kirschenwoche	in der Jugend sehr stark und aufrecht; später breitkronig, leicht überhängend	'Kassins Frühe', 'Große Schwarze Knorpelkirsche', 'Schneiders Späte Knorpelkirsche', 'Dönissens Gelbe Knorpelkirsche'	mittelspät einsetzend, dann aber gleichmäßig und hoch	groß, stumpfherzförmig (Herzkirsche), schwarzrot glänzend, platzt selten, regenfest, gut vom Stein lösend
'Schneiders Späte Knorpelkirsche' Reife: 6. Kirschenwoche	sehr stark; Krone wird sehr hoch und alt; Höhe durch Schnitt begrenzen	'Große Schwarze Knorpelkirsche', 'Hedelfinger', 'Kassins Frühe', 'Dönissens Gelbe Knorpelkirsche'	ziemlich früh einsetzend, regelmäßig und reich	sehr groß, breitherzförmig, platzt bei Regen kaum; sehr festfleischig; schlecht vom Stein lösend

der Platz im Garten für einen zweiten Kirschbaum vielfach nicht reicht, kann man sich anderweitig behelfen (siehe Bild S. 81).

Wegen der geringen Höhe ist ein Schutz gegen Vögel mit Netzen und mit Folie gegen Aufplatzen bei viel Regen leicht möglich. Außerdem: Bequeme Ernte! Schnitt: Grundlegender Kronenaufbau mit 5–6 Hauptästen, danach ist nur ein gelegentliches Auslichten nötig.

In jüngster Zeit wurden an der Bayerischen Landesanstalt für Wein- und Gartenbau in Würzburg/Veitshöchheim beachtliche Erfolge in Richtung kleinbleibender Süßkirschenbäumchen erzielt. Durch eine Kombination von schwachwachsenden Unterlagen, mäßig wachsenden Sorten und einem speziellen Erziehungssystem wurde dieses Ziel erreicht. Auch beim Süßkirschen-Spindelbusch herrscht – wie bei den uns bekannten Apfel- und Birnspindelbüschen – die Mittelachse vor, also der Stamm, um den nach allen Seiten, locker gestreut, waagrecht formierte Fruchtäste entstehen. Es erfolgt also kein Kronenaufbau mit Leit- und Seitenästen, wie wir dies beim Halb- und Hochstamm anstreben. Solche Spindelbüsche benötigen zeitlebens einen Pfahl und sollten in trockenen Sommern wegen des flachverlaufenden Wurzelwerks gelegentlich kräftig gewässert werden.

Als Sorten mit mäßigem Wuchs eignen sich für die Spindelerziehung u. a.:

'**Burlat**', französische Tafel-Standardsorte, braunrote Herzkirsche; Reife: 2. Kirschenwoche.

'**Van**', Tafelsorte, Neuheit aus Kanada, mäßig wachsend, reich mit Fruchtholz garniert, frühe, reiche Erträge; großfrüchtige, dunkel braunrote, sehr fest-

SÜSSKIRSCHE

bei örtlichen Baumschulen bzw. bei den unter Bezugsquellen S. 168 genannten nachfragen)

Geschmack	Bemerkungen
angenehm, süßweinig würzig	Herkunft: kommt von Werder/Havel (um 1860); liebt nährstoffreichen, tiefgründigen Boden; für Wein- bis mittleres Klima, auch für Windlagen; Schnitt: auslichten
sehr edel, fein gewürzt, angenehm süß-sauer	Herkunft: stammt vermutlich aus Holland, in Deutschland seit Beginn des 18. Jahrh.; nur für Wein- und mittleres Klima; geschützte Lage; bei Regen etwas aufplatzend
wohlschmeckend, süßlich, nicht würzig	Herkunft: Guben/Brandenburg (um 1850); Baum wird nicht sehr alt; bevorzugt leichteren Boden; geeignet für Wein- bis rauhes Klima, auch für geschützte, nicht zu windige Höhenlagen; ideal für Haus- und Kleingärten, da kein Vogelfraß; Schnitt: häufig verjüngen
aromatisch, sehr süß und gleichzeitig fein-säuerlich	Herkunft: unklar, sehr alte Sorte, deshalb verschiedene Wuchstypen; eignet sich nicht für schweren Boden (wird bitter); für Wein- und mittleres Klima; keine rauhe Lage bzw. in etwas ungünstigen Gegenden sehr geschützt pflanzen; Blütezeit lang-andauernd; in der Blüte widerstandsfähig; nur vollreif ernten, sonst bitterer Bei-geschmack; Höhe beschränken, auslichten
edel, bekannte wertvolle Standardsorte	Herkunft: stammt aus dem Stuttgarter Raum (19. Jahrh.) geringe Bodenansprüche; auch noch für wenig günstiges Klima geeignet, für Wind- und Gebirgslagen; gelegentlich auslichten bzw. verjüngen; trägt an den unterschiedlichsten Standorten reich und zuverlässig
sehr edel, außerordentlich feiner Geschmack	Herkunft: Guben/Brandenburg (um 1850); bevorzugt nährstoffreichen Boden, aber ziemlich anspruchslos hinsichtlich Klima und Lage; widerstandsfähig; auch für Wind und Höhenlagen geeignet; Blüte mittelfrüh und langandauernd; sehr wertvolle Tafel-frucht

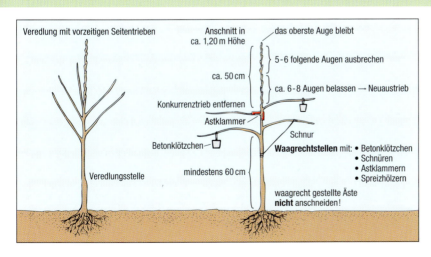

fleischige, kurzstielige Knorpelkirsche; Reife: 5. Kirschenwoche.
'Sam', Tafelsorte, Neuzüchtung aus Kanada, zwar stärker wachsend, aber Triebe reich mit Fruchtholz garniert; große glänzende, rotbraune, recht platzfeste Knorpelkirsche; Reife: 5. Kirschenwoche.

So läßt sich ein kleinbleibender Süßkirschenbaum erziehen. Wichtig ist das Waagerechtstellen der Jungtriebe, um deren Wuchs zu bremsen.

OBSTARTEN

Und so erziehen wir den Spindelbusch: Von der Baumschule einjährige Veredlung (Kombination schwachwachsende Unterlage mit möglichst schwachwüchsiger Sorte) beziehen – vorzeitige Triebe nach der Pflanzung in waagrechte Lage bringen (Schnur, Bast, Betonklötzchen – siehe Seite 40 – oder Astklammer) – Konkurrenztrieb entfernen – Mitteltrieb in etwa 1,20 m Höhe über einer Knospe abschneiden – das oberste Auge (Knospe) belassen, die 5–6 nach unten folgenden Augen ausbrechen, so daß noch etwa 6–8 Augen über dem entfernten Konkurrenztrieb verbleiben, die dann im Mai austreiben.

Sobald dann aus den verbliebenen Knospen kleine, etwa 5 cm lange Jungtriebe entstanden sind, über diesen Wäscheklammern anbringen, damit der Neutrieb waagrecht wächst. Im Bereich der ausgebrochenen Knospen entsteht kein Austrieb, wohl aber aus der belassenen Endknospe, wodurch die Stammverlängerung fortgesetzt wird.

Im kommenden Winter die Stammverlängerung nur anschneiden, wenn der Trieb eine Länge von mehr als 70–80 cm erreicht hat. Ist dies nicht der Fall, entfällt ein Rückschnitt; es erfolgt dann ein Austrieb – die spätere Stammverlängerung – aus der obersten Knospe (Terminalknospe). Anschließend wiederum die nach unten folgenden 5–6 Konkurrenzknospen ausbrechen und die Wäscheklammern entfernen, nachdem die Neutriebe bereits eine waagrechte Stellung eingenommen haben. Diese Arbeiten auch in den folgenden Jahren fortsetzen. Dabei steile bzw. starke Triebe entfernen oder auf möglichst waagrechte Verzweigungen ableiten und die pyramidale Form erhalten, damit alle Teile gut belichtet bleiben.

Wichtig: Waagrechte Seitentriebe nicht anschneiden! Dadurch kommen sie zur Ruhe und beginnen zu tragen. Bei einem Rückschnitt würde dagegen ein unerwünschter Neutrieb, also Holzwachstum, angeregt werden.

Sauerkirsche

Dies ist nun wieder eine Obstart, die sich für den kleinen Garten ebenso gut eignet wie für den großen. Die Krone bleibt von Natur aus wesentlich kleiner als bei der Süßkirsche und läßt sich zudem gut im Schnitt halten. Ein Schutz mit Netzen gegen Vögel ist deshalb gut möglich, so daß wir von einem Sauerkirschenbusch durchaus 20–40 kg Früchte ernten können. Sauerkirschen reifen später als Süßkirschen – je nach Gegend im Juli oder August – und blühen auch später. Dies ist ein großer Vorteil, denn die Blüte ist dadurch wenig frostgefährdet.

Empfehlenswerte Sauerkirschen-Sorten (bis auf 'Köröser

Sorte/Reife	Wuchs/Schnitt	Ertrag
'Schwäbische Weinweichsel' Reife: 3.–4. Kirschenwoche	Wuchs stark, Krone hochkugelig, später etwas hängend. Schnitt: regelmäßig gut auslichten, zeitweilig etwas verjüngen	früh, mittelhoch
'Köröser Weichsel' Reife: 5.–6. Kirschenwoche	in der Jugend kräftig, weitgehend aufrecht; abgeerntete Zweige sofort zurückschneiden bzw. gelegentlich ganze Krone verjüngen	mittelfrüh einsetzend, regelmäßig und hoch, wenn Befruchtersorten vorhanden
'Morellenfeuer' (= 'Kelleriis 16') Reife: 7. Kirschenwoche	mittelstarker Wuchs, Krone breitpyramidal, verkahlt wenig; öfter auslichten, da sonst Früchte klein bleiben	früh einsetzend, hoch und regelmäßig
'Schattenmorelle' (= 'Große Lange Lothkirsche') Reife: 8. Kirschenwoche	Wuchs anfangs kräftig, später schwach und überhängend, wenn nicht regelmäßig geschnitten wird; trägt fast nur am 1jährigen Trieb; deshalb abgetragene Triebe jährlich gleich nach der Ernte bis auf Jungtriebe zurückschneiden, sonst Wuchs wie »Trauerweide« (Peitschentriebbildung); gelegentlich verjüngen	sehr früh einsetzend, sehr hoch und regelmäßig; Massenträger
'Gerema' Reife: 8.–9. Kirschenwoche	Schwacher Wuchs; mehrjähriges Holz verkahlt nicht, da seitliche Bukettriebe	früh einsetzend, hoch

SAUERKIRSCHE

Außerdem sind die Blüten recht widerstandsfähig gegen tiefe Temperaturen, alles Gründe, warum Sauerkirschen sehr regelmäßig tragen.

Die Verwertungsmöglichkeiten sind ähnlich wie bei den Süßkirschen. Nur zum Essen direkt vom Baum reichen sie an erstere nicht heran; das Naschen von ein paar Früchten genügt uns meistens. Dafür sind sie in Gläsern eingemacht eine köstliche Nachspeise für all die übrigen Monate des Jahres. Bei der wohl meist gepflanzten Sorte 'Schattenmorelle' erreichen wir durch Schnitt (siehe auch S. 43) gleich nach der Ernte, daß die Früchte doppelt so groß werden, während sich der Stein nicht vergrößert. Auf diese Weise haben wir beim Essen vor allem Fruchtfleisch im Mund und müssen uns den Genuß nicht durch zuviele Steine stören lassen. Und weil wir schon beim Genießen sind: Eine Schwarzwälder Kirschtorte aus vollreifen Sauerkirschen ist ein Hochgenuß.

So klein läßt sich eine 'Schattenmorelle' durch Schnitt halten. Derselbe Spalierbaum zur Blütezeit und bei der Ernte 1996.

Weichsel' sind alle genannten Sorten selbstfruchtbar)

Frucht (Form, Farbe)	Geschmack	Bemerkungen
klein, bei guter Pflege mittelgroß; Haut rot, bei Vollreife dunkelrot	sehr aromatisch und sauer	Herkunft: Jahrhundertealte Lokalsorte aus dem Raum Dillingen/bayer. Schwaben; sehr robuste Sorte mit nur geringen Ansprüchen an Lage, Boden und Klima; in Blüte und Holz ziemlich frosthart; für Süßmost, zum Einmachen und als Kuchenbelag
mittelgroß bis groß, zum Stiel hin stark abgeplattet, dunkelbraunrot; kann ohne Stiel gepflückt werden, da nicht saftend	kräftiges Aroma, außerordentlich wohlschmeckend	Herkunft: Körös/Ungarn; keine besonderen Ansprüche an Boden und Lage; wächst sowohl im Weinklima als auch in kühleren Lagen. Wichtig: nur pflanzen, wenn gleichzeitig blühende Sauer- und Süßkirschen als Befruchtersorten vorhanden sind, da sonst Ertrag enttäuscht
mittelgroß bis groß, ohne Rückschnitt klein; dunkelrot glänzend; Haut dünn aber platzfest; sehr saftig	süß-säuerlich, fein aromatisch	Herkunft: Dänemark (um 1935); mittlere Bodenansprüche; etwas rauhes Klima wird vertragen bzw. nur geschützte Lage nötig, da Blüte robust; als Tafelfrucht und zur Verwertung geeignet; es scheint verschiedene Typen zu geben, deshalb selbstfruchtbar bis selbstunfruchtbar
groß bei regelmäßigem Schnitt; vollreif schwarzrot; Fleisch fest, sehr saftig; Saft dunkelrot färbend; gut steinlöslich	ziemlich sauer; sehr feines Aroma; sehr erfrischend	Herkunft: stammt aus dem Raum Gotha/Thüringen (Anf. 19. Jahrh.); Holz und Blüte ziemlich frosthart; wünscht nährstoffreichen Boden, eher trocken als feucht; auch für leicht schattige und windige Lagen geeignet; Blütezeit spät, Blüten widerstandsfähig; selbstfruchtbar; Wuchs je nach Unterlage verschieden
groß, dunkelrot, löst trocken vom Stiel	typisches Sauerkirschenaroma	Neuzüchtung der Forschungsanstalt Geisenheim/Rhein mit hoher Resistenz gegen Monilia-Zweigdürre, Sprühflecken- und Schrotschußkrankheit; spätblühend; Frucht kann vollreif noch zehn Tage am Baum hängen bleiben; gut geeignet zum Einmachen, als Kuchenbelag und zum Tiefgefrieren

OBSTARTEN

Standortansprüche

Die Sauerkirsche ist hinsichtlich Klima und Boden äußerst genügsam. Selbst in rauheren Gegenden und in Gebieten mit wenig Niederschlägen kommt sie gut voran. Auch wenn der Boden dürftig ist – die Sauerkirsche wächst und bringt Früchte, natürlich in geringerem Maße als unter günstigen Verhältnissen.

Der Boden darf im Prinzip also schlecht sein, wenn er nur gut durchlüftet ist. Ausgesprochen »sauer« reagiert die Sauerkirsche nur auf sehr schweren, kalten Boden, vor allem wenn Nässe hinzukommt. Wachstum und Ertrag lassen unter solchen extremen Verhältnissen zu wünschen übrig, vor allem erhöht sich auch die Anfälligkeit gegen Krankheiten. Besonders bei der Sorte 'Schattenmorelle' tritt dann Zweig- und Fruchtmonilia auf; einige Äste werden dürr und manchmal stirbt sogar der ganze Baum ab.

An halbwegs »normalen« Standorten aber gibt es mit Sauerkirschen kaum Probleme. Die Winterhärte ist hervorragend, so daß selbst in Gebieten mit heißen Sommern und kalten Wintern nur gute Erfahrungen mit dieser Obstart gemacht werden konnten.

Befruchtungsverhältnisse

Es gibt Sorten, die 100%ig selbstfruchtbar sind, ebenso sind aber auch selbstunfruchtbare im umfangreichen Sortiment vertreten. Für unseren Garten wählen wir nur bewährte Sorten aus der erstgenannten Gruppe und gehen damit allen Schwierigkeiten aus dem Weg. Ein weiterer Vorteil ist, daß die selbstfruchtbaren Sorten ohne Insekten auskommen, weil sie in den meisten Fällen ausreichend durch den Wind bestäubt werden. Nach neuesten Erkenntnissen können sich manche Süß- und Sauerkirschensorten gegenseitig befruchten. Dies hat aber kaum praktische Bedeutung, weil Sauerkirschen meist später blühen als Süßkirschen.

Unterlagen

Auf fruchtbaren Böden empfiehlt sich die Vogelkirsche (wilde Süßkirsche) als Unterlage, sofern ein großkroniger Baum gewünscht wird. Ansonsten werden die gleichen Unterlagen wie bei Süßkirschen verwendet, also vor allem 'Weiroot' und 'Gisela 5' für kleine Bäume.

Verwendung im Garten

Die Sauerkirsche pflanzen wir als Buschbaum mit späterer Rundkrone frei in den Garten oder aber an die Hauswand, wo sie als Spalier fächerförmig gezogen wird. Da die Krone besonders bei der 'Schattenmorelle' klein gehalten werden kann, eignet sich solch ein Busch gut als optischer Schwerpunkt am Anfang oder am Ende eines Staudenbeetes oder im Terrassenbereich anstelle eines Ziergehölzes.

Einen Sauerkirschenbusch können wir vor der Ernte mit einem Netz gegen Vögel schützen, denn die Krone wird nicht groß. Ein Durchmesser von 4–5 m wird kaum überschritten und bei der 'Schattenmorelle', der ein scharfer Schnitt ja gut tut, läßt sich die Krone sogar noch wesentlich kleiner halten. Deshalb eignet sich diese Obstart vor allem auch für schmale Reihenhaus- und Kleingärten.

Mit einem Vorurteil muß bei der 'Schattenmorelle' allerdings aufgeräumt werden: daß sie auch im Schatten prächtig gedeiht. Das Gegenteil ist der Fall: Je mehr Sonne der Baum bekommt, desto besser wächst er und desto köstlicher schmecken die Früchte. Der Wortteil »Schatten« soll nämlich vom französischen »Château« (Schloß) abgeleitet worden sein. Der Baum sollte also auf keinen Fall an die Nordseite des Hauses oder unter ein anderes großkroniges Obstgehölz gepflanzt werden.

Wichtig ist, daß wir mit der Ernte abwarten, bis sich die Früchte schwarzrot färben. Erst in diesem Zustand entwickeln sie ihr köstliches Aroma, eine aparte Mischung aus Säure und Süße; zu früh abgenommen, sind die Früchte dagegen nur sauer.

Ein Sauerkirschen-Buschbaum, durch Schnitt klein gehalten, eignet sich nicht nur für den Obstgarten, sondern könnte ebensogut in einer Staudenpflanzung stehen.

Pfirsich

Eine besonders wärmebedürftige Obstart, die sich vor allem im Weinbauklima wohlfühlt. In solchen Lagen werden Pfirsiche erwerbsmäßig angebaut. Wegen ihres saftreichen Fleisches essen wir die druckempfindlichen Pfirsiche direkt vom Baum. Ebensogut eignen sie sich zum Einmachen in Gläsern oder für Marmelade. Spätreifende Sorten sind aromatischer als frühreifende und sollten daher für den Anbau im eigenen Garten bevorzugt werden. Die gelbfleischigen Früchte enthalten vor allem das wertvolle Karotin (Provitamin A) und reichlich Kalium. Pfirsiche aus dem Garten, von denen wir wissen, daß sie nicht gespritzt sind, essen wir samt Schale, sie ist besonders reich an Karotin.

Standortansprüche

Der Pfirsich liebt das ganze Jahr über eine möglichst warme Lage. Auch die Winter dürfen nicht zu kalt sein, da sonst das Holz geschädigt wird. Die frühe Blüte wird häufig durch Spätfröste geschädigt. Wir suchen deshalb für diese Obstart eine besonders begünstigte Stelle aus. Der Boden sollte locker und warm, dabei aber genügend feucht sein. Auf leichteren Böden, vor allem in Verbindung mit kiesigem Untergrund, können Pfirsichbäume recht alt werden. Gänzlich ungeeignet sind dagegen nasse und kalte Böden sowie kalte, spätfrostgefährdete Lagen. Hier leidet der Pfirsich bald unter Gummifluß. Solche nicht zusagenden Verhältnisse, auch zuviel Kalk im Boden, haben vielfach Chlorose zur Folge; die Blätter sehen dann krankhaft gelblich aus.

Unterlagen

Hierfür werden vielfach Pfirsichsämlinge verwendet, auf die der Baumschuler die verschiedenen Sorten aufveredelt. Vegetativ vermehrte Unterlagen, also Klon- bzw. Typenunterlagen, gibt es beim Pfirsich nicht.

Pfirsiche im eigenen Garten können bis zur vollen Reife am Baum verbleiben. In rauheren Gegenden besser als Wandspalier pflanzen.

Empfehlenswerte Pfirsich-Sorten

Sorte	Reife	Wuchs	Ertrag	Frucht (Form, Farbe, Geschmack)	Bemerkungen
'Rekord aus Alfter'	Mitte–Ende VIII	kräftig; gesund wachsend	sehr gut	sehr groß; schwarzrot, leicht gelbfleischig, sehr saftig; Haut läßt sich abziehen; gut steinlösend	sieht ansprechend aus; relativ widerstandsfähig gegen Krankheiten; frosthart im Holz
'South Haven'	Ende VIII–Anfang IX	stark; meist überhängend	mittelmäßig; erst spät einsetzend	sehr groß; sonnenseitig rot, Fleisch goldgelb; aromatisch süß; Haut läßt sich nicht abziehen; gut steinlösend	ziemlich winterhart; anfällig gegen Kräuselkrankheit und Monilia; Ernte nach und nach
'Kernechter vom Vorgebirge' ('Roter Ellerstädter' ist ein wertvoller Typ dieser Sorte)	Anfang–Mitte IX	kräftig, gesund; ausladende Krone	Massenträger	mittelgroß; auf hellgelbem Grund rot gefärbt; saftig, süß-säuerlich, mittelstark aromatisch; Haut läßt sich abziehen; gut steinlösend	Ansprüche an den Standort gering; relativ widerstandsfähig gegen Kräuselkrankheit; kann aus dem Kern gezogen werden; lange Lebensdauer; beste Einmachfrucht

OBSTARTEN

Als beste Unterlage, die einen frühen Ertrag begünstigt, gilt derzeit die Pflaume 'St. Julien A'.

Verwendung im Garten

Der Pfirsich wird in Gegenden mit Weinklima vor allem als Buschbaum angebaut. Die fertige Krone bekommt einen Durchmesser von 4–5 m. Im Garten kann man den Buschbaum aber durchaus auch kleiner halten, denn der Pfirsich ist für scharfen Schnitt (siehe S. 44) ohnehin dankbar. Kernechte Sorten eignen sich auch für klimatisch weniger günstige Lagen, vor allem, wenn wir sie als Fächerspalier an einer warmen Hauswand ziehen.

Selbst in rauhen Lagen können wir es mit einem Pfirsich versuchen; wir müssen dann allerdings in Kauf nehmen, daß die Blüte in 2 von 3 Jahren erfriert. In den noch verbleibenden Ertragsjahren ist die Ernte aber auch unter ungünstigen Bedingungen erstaunlich hoch. Erträge von 1 Zentner je Baum und mehr sind dann keine Seltenheit. Wer im Garten über reichlich Platz verfügt oder eine geschützte Hauswand frei hat, kann also durchaus einen Pfirsich pflanzen, auch in Gebieten, die von Natur aus dazu nicht gerade geeignet sind.

Saftreiche, aromatische Pfirsiche lassen sich nämlich nur im eigenen Garten ernten. Die gekauften müssen bereits im noch harten Zustand vom Baum genommen werden, um den Transport zu überstehen. Solche Früchte reifen aber nicht vollkommen nach und das typische Aroma fehlt ihnen.

Ebenso wie den kleinbleibenden Sauerkirschenbusch können wir auch den Pfirsich in den Ziergarten miteinbauen. Zur Blütezeit oder mit Fruchtbehang ist er ein Schmuckstück, z. B. als Eckpunkt einer Staudenpflanzung. Sogar im Gemüsegarten könnte ein Pfirsich stehen, denn das luftige Gezweig mit den schmalen Blättern nimmt nur wenig Licht weg.

Übrigens, die Nektarine ist eine glattschalige, unbehaarte Varietät des gewöhnlichen Pfirsichs; Ansprüche an Boden, Klima und Pflege sind gleich. Die großen, saftigen Früchte schmecken besonders süß und aromatisch. Früchte mit 100 g und mehr Einzelgewicht sind keine Seltenheit. Die Steine lösen sich leicht vom Fruchtfleisch. Die Ernte zieht sich über drei bis vier Wochen hin. Ebenso wie der Pfirsich eignet sich die Nektarine zum Frischgenuß und zur Konservierung.

Nektarine

Nektarinen stammen aus Knospenmutationen von Pfirsichen, sind selbstfruchtbar und gut steinlöslich. Sie sehen den Pfirsichen sehr ähnlich, aber ihre Früchte haben eine glatte, unbehaarte, meistens prächtig rotgefärbte Schale. Sie benötigen einen warmen, sonnigen Platz, der gegen Spätfröste geschützt ist. Leider sind Nektarinen anfällig gegen die Kräuselkrankheit. Gepflanzt werden sie als einjährige Büsche, die auf Pfirsich-Sämling veredelt sind. Die genannten Sorten aus den USA haben sich auch bei uns bewährt.

Aprikosenblüte von Hand bestäubt. So gibt es auch bei früher Blüte und fehlendem Bienenflug eine Ernte.

Aprikose

Auch die Aprikose, vielerorts als Marille bezeichnet, läßt sich vielseitig verwenden: wir können die herrlich aromatischen Früchte direkt vom Baum essen, ebensogut eignen sie sich für Kompott, Marmelade und zum Dörren.

Trotz dieser Vorzüge finden wir sie selten in den Gärten. Der Grund: Was beim Pfirsich über Wärmebedürftigkeit gesagt wurde, trifft noch mehr für die Aprikose zu. Sie ist nach der Haselnuß die am frühesten blühende Obstart und wird deshalb häufig bereits während oder nach der Blüte durch Frost geschädigt. Vielfach trägt sie nur in jedem dritten Jahr Früchte. Im Holz ist die Aprikose allerdings frosthärter als der Pfirsich; man kann sie deshalb sogar als Spalier gepflanzt in nach Süden geöffneten Bergtälern finden. Wird es allerdings im Spätwinter empfindlich kalt, so können stärkere Schäden auftreten, weil die Aprikose frühzeitig in Saft kommt und das Holz in diesem Zustand besonders frostanfällig ist.

Es gibt aber noch einen anderen Grund, warum die Aprikose so selten in den Gärten zu finden ist: Die Bäume sterben oft plötzlich ab, sozusagen über Nacht. Die Ursachen sind noch nicht restlos geklärt, es scheint aber, daß pilzliche Schädiger, Gummifluß und Schäden am Holz zusammenwirken. Das soll uns aber nicht davon abhalten, an geeigneten Stellen eine Aprikose zu pflanzen, vor allem als Wandspalier an einer Südseite.

Aprikosen enthalten reichlich Karotin, die Vorstufe des Vitamins A, und zwar gleich das zwanzigfache wie etwa Äpfel. Vor allem getrocknete Aprikosen sind für die Gesundheit wertvoll durch ihren Gehalt an konzentriertem Karotin, der größer ist als der von Butter, Eigelb und sogar Leber. Daneben sind in Aprikosen reichlich Kalium sowie die übrigen Vitamine und Mineralstoffe in ähnlicher Menge wie bei den anderen Obstarten enthalten.

NEKTARINE, APRIKOSE

Empfehlenswerte Nektarinen-Sorten

Sorte	Reife	Wuchs	Ertrag	Fruchtform	Bemerkungen
'Morton'	Anfang–Mitte VIII	stark	gut	rund	saftig, süß; Fruchthaut fast vollständig dunkelrot, Fleisch weißlichgrün; etwas druckempfindlich
'Independence'	Mitte VIII	mittelstark	gut	länglich	Frucht weitgehend leuchtendrot, Fleisch gelblich-orange mit rötlichen Streifen; nicht druckempfindlich
'Flavortop'	Anfang IX	stark	sehr regelmäßig	rund bis leicht oval	Frucht gelb, rotorange geflammt, Fleisch hellgelb bis orange, aromatisch-süß, sehr wohlschmeckend

Standortansprüche

Zum Anbau ist nur im Weinklima oder an einer warmen, geschützten Hauswand zu raten. Der Boden sollte nicht allzu schwer sein, warm, dabei aber nicht zu trocken. Die Bodenansprüche sind also ähnlich wie beim Pfirsich. Wo es im Sommer viel regnet, leidet die Aprikose unter verschiedenen Pilzerkrankungen wie Monilia, Schrotschußkrankheit u. a.

Günstig ist es, wenn in solchen Gegenden die Aprikose unter einem vorspringenden Dach steht, das den Regen von Blüte, Blatt und Frucht abhält. In klimatisch begünstigten Gebirgstälern mit hohen sommerlichen Niederschlägen läßt sich gut beobachten, wie sich derart geschützte Aprikosenbäume wohl fühlen.

Befruchtungsverhältnisse

Die hier empfohlenen Sorten sind im allgemeinen selbstfruchtbar. Wind und Insekten (Bienen) sorgen bei günstiger Witterung gemeinsam für Bestäubung und damit für die nachfolgende Befruchtung. Sollten während der frühen Blütezeit noch keine oder nur wenige Bienen fliegen und die Lage sehr windgeschützt sein (Spalier), kann im Liebhabergarten die Bestäubung mit einem trockenen Pinsel erfolgen, d. h. wir übertragen den Blütenstaub von einer Blüte zur anderen. Dies ist zwar zeitraubend, aber es wirkt. Das gleiche gilt übrigens für den Pfirsich, der ebenfalls früh blüht.

Unterlagen

Die Baumschulen verwenden als Veredlungsunterlage *Prunus*-Formen (Pflaume) wie die Sorte 'St. Julien A'.

Empfehlenswerte Aprikosen-Sorten

Sorte	Reife	Wuchs	Ertrag	Fruchtgröße und -form	Bemerkungen
'Aprikose von Nancy'	Ende VII–Mitte VIII	sehr stark, sparrige Krone mit dünnen, herabhängenden Jahrestrieben	hoch, früh einsetzend	groß; meist rund, doch sehr veränderlich in der Form; saftig	löst gut vom Stein; in der Blüte frostempfindlich, dagegen Holz relativ frosthart; Fruchtfarbe: orangegelb
'Ungarische Beste'	Anfang–Mitte VIII	mittelstark, verhältnismäßig kleine Krone	sehr hoch, früh einsetzend, regelmäßig	mittelgroß, rund; sehr saftig und würzig	löst gut vom Stein; Fruchtfarbe orange, sonnenseits rot marmoriert; vorzüglich zum Sofortgenuß und zum Einmachen geeignet

OBSTARTEN

Köstlich vollreife Aprikosen! Hier am Baum im Voralpenland in 665 m über NN.

Aprikosensorten werden gelegentlich auch auf Aprikosensämlinge veredelt, die vor allem auf leichteren Böden die Fruchtbarkeit günstig beeinflussen. Nachteilig ist allerdings, daß diese gegen die Verticillium-Welke, eine Pilzkrankheit, sehr empfindlich sind, so daß von solchen Veredelungen abzuraten ist.

Verwendung im Garten

In den meisten Gegenden ist nur die Pflanzung an eine warme, geschützte Hauswand erfolgversprechend. Ein solcher Platz ist schon deshalb zu empfehlen, weil hier die Blätter und Früchte vor sommerlichen Regenfällen geschützt sind. Dies aber ist der beste Schutz gegen Pilzkrankheiten, in deren Gefolge Äste oder sogar der ganze Baum absterben können.
Um die frühe Blüte vor Frost zu bewahren, hatte mein Vater eine recht simple, dabei aber sehr wirkungsvolle Methode: Er zimmerte ein einfaches Gestell aus Dachlatten in entsprechender Größe zusammen, bespannte es mit Maschendrahtgeflecht und steckte zwischen die Drahtmaschen bereits während des Winters Fichtenzweige hindurch. Dann wurde diese locker gesteckte Fichtenwand im Februar leicht schräg vor das Aprikosenspalier an der Südseite unseres Hauses gelehnt und dadurch die Blüte bis Ende März oder April hinausgezögert. Ich kann mich noch genau daran erinnern, wie an sonnigen, warmen Frühlingstagen die Bienen hinter dieser Wand – die Fichtennadeln waren z. T. schon abgefallen, d. h. man konnte durch die »Wand« hindurchsehen – im blühenden Aprikosenspalier summten und wir beinahe jedes Jahr einen erstaunlichen Fruchtansatz und eine herrliche Ernte hatten. Der Schutz blieb bis zu den Eisheiligen vor dem Aprikosenbaum stehen, denn auch die jungen Früchte sind kälteempfindlich.

Quitte

Obwohl mit Apfel und Birne verwandt, können die prächtigen, pelzigen Quittenfrüchte nicht direkt vom Baum gegessen werden; sie sind nur im gekochten Zustand genießbar. Ende Oktober, wenn die Quitten gelb werden, nimmt man die flaumigen Früchte ab, legt sie in einen Korb und bewahrt sie im Hause auf. Sie sehen nicht nur hübsch aus, sie verströmen auch einen einmaligen Duft, der immer intensiver wird. Im November, oder auch erst im Dezember werden dann die köstlich duftenden, aromatischen Früchte zu Quittengelee oder Quittenlikör verarbeitet.
Die Quitte, als Busch oder kleines Bäumchen gezogen, wird nur 2–3 m hoch und ebenso breit und eignet sich deshalb auch gut für kleinste Gärten.

Standortansprüche

Die Quitte liebt einen möglichst warmen, geschützten Platz. Dadurch reift das Holz gut aus, und die Empfindlichkeit gegenüber Winterfrösten wird herabgesetzt. Ansonsten aber ist die Quitte denkbar anspruchslos. Sie fühlt sich auch auf weniger fruchtbaren, trockenen Böden noch recht wohl und trägt selbst dort für den Eigenbedarf genügend Früchte. Der Boden sollte nur nicht zu kalkreich sein, da sonst die Blätter sehr leicht chlorotisch werden, sich also bleichgelb verfärben. Wegen der späten Blüte kann die Quitte sogar an eine etwas spätfrostgefährdete Stelle gepflanzt werden.

Befruchtungsverhältnisse

Die Quitte ist meist selbstfruchtbar; ein Busch genügt also, wie man an den vorwiegend einzeln stehenden Bäumchen oder Sträuchern erkennen kann.

Unterlagen

Die von Natur aus strauchartig wachsende Quitte wird in der Baumschule

Empfehlenswerte Quitten-Sorten (alle selbstfruchtbar)

Sorte	Wuchs	Ertrag	Fruchtgröße und -form	Bemerkungen
'Bereczki'	stark, sperrig, strauchartig	beginnt etwas spät, dann aber gut und regelmäßig	sehr groß, birnenförmige Schaufrüchte	vorzüglich zur Geleebereitung, etwas bitter; Früchte goldgelb, mit leichtem Filz bedeckt
'Konstantinopeler'	mittelstark, breit aufrecht	früh und reich	groß, apfelförmig	die im Holz frosthärteste Sorte; Früchte hellgelb mit deutlich hervortretenden Wülsten und Rippen
'Portugiesische Quitte'	stark aufrecht	früh, reich, regelmäßig	sehr groß, birnenförmig	vorzügliche Sorte; Früchte leuchtend- bis strohgelb; Winterhärte allerdings gering

entweder auf die arteigene 'Quitte A' ('Quitte von Angers') oder auf den eng verwandten Weißdorn *(Crataegus monogyna)* veredelt.

Um hochstämmige Quittenbäumchen zu bekommen, wird außerdem noch der Rotdorn *(Crataegus laevigata)* als Stammbildner – Verbindung zwischen Wurzelunterlage und Quittensorte – verwendet. Durch diesen »Trick« bekommt man einen geraden Stamm.

Verwendung im Garten

Wenn auch der Nutzwert nicht so hoch ist wie bei anderen Obstarten, so sollte die Quitte allein schon wegen der Zierde gepflanzt werden. Wer sich im kleinen Garten an einem malerischen Strauch oder kleinen Baum freuen möchte, kann dazu eine Quitte wählen. Sehr gut eignet sie sich auch für die Abpflanzung eines Gartens zur Straße hin, denn sie paßt schon wegen ihrer hübschen weiß-rosa Blüten gut zu anderen Ziersträuchern. Selbst in einem schmalen Reihenhausgarten hat ein Quittenbusch noch Platz. Er sieht im Sommer und Winter gut aus und macht dabei kaum Arbeit. Ein weiterer Vorzug: Der Quittenstrauch bleibt das ganze Jahr über gesund.

Für die Quitte findet sich auch noch im kleinsten Garten ein Platz. Nicht nur die Früchte sind eine Zierde, fast noch mehr gilt dies für die weißen, rosa überhauchten Blüten.

OBSTARTEN

Walnuß

Diese Obstart eignet sich wegen ihrer später umfangreichen Krone nur für sehr große Gärten, etwa ab 1000 m² aufwärts, denn 12–15 m Durchmesser sind keine Seltenheit. Dort kann sie als malerischer Schattenbaum im Bereich der Wohnterrasse oder als Hofbaum in einem bäuerlichen Anwesen eine beherrschende Rolle spielen. Einmal gepflanzt, haben wir mit einem Walnußbaum kaum Arbeit.

In erster Linie wird man den Walnußbaum in klimatisch begünstigten Gebieten pflanzen; die praktischen Erfahrungen zeigen aber, daß die Walnuß auch in verhältnismäßig rauhen Gegenden gut gedeiht, wenn nur die Lage einigermaßen geschützt ist.

Von einem aus dem Kern selbst gezogenen und daher von der Fruchtqualität her oft weniger wertvollen Baum können wir später durchaus 25–40 kg Nüsse ernten, die zur Weihnachtszeit und den ganzen Winter über von jung und alt gern aufgeknackt werden.

Die Nüsse sind sehr eiweiß- und vor allem fettreich. Auf 100 g eßbaren Anteil bezogen, enthalten Äpfel 0,3 g, Pflaumen und Johannisbeeren 0,1 g, Walnüsse dagegen 62,7 g Fett.

Standortansprüche

Der Boden soll warm, aber nicht zu trocken und vor allem gut durchwurzelbar sein. Geeignet sind insbesondere tiefgründige, lehmige Sandböden oder ein nicht zu schwerer Lehmboden. Auch ein gut zerklüfteter, genügend feuchter Gesteinsboden ist günstig.

Vor allem Höhenlagen, die nicht so sehr spätfrostgefährdet sind, eignen sich für den Anbau, während in Tallagen mit Kaltluftstau die Blüten und auch der Austrieb im Mai häufig erfrieren und nur selten Früchte geerntet werden können.

In tiefgelegenen Frostlagen friert der Baum auch im Holz leicht zurück. Sollte auf ungeeignetem Standort der junge Trieb einmal erfrieren, so geht der Baum noch nicht zugrunde; er treibt im Frühsommer erneut aus. Dies darf sich allerdings nicht häufig wiederholen, sonst kommt es zu einer nachhaltigen Schädigung.

Befruchtungsverhältnisse

Die Blüten sind nicht zwittrig wie bei den übrigen Obstgehölzen – außer der Haselnuß –, sondern männliche und weibliche befinden sich getrennt am selben Baum.

Die auffälligen Kätzchen, also die männlichen Blütenstände, liefern den Blütenstaub, der bei Wind, einer gelben Wolke gleich, durch den Baum schwebt; an den unauffälligen weiblichen Blüten sind bei genauem Hinsehen der Fruchtknoten und darüber drei kleine gelbliche Federn – die Narben – zu erkennen; sie fangen den Blütenstaub auf, damit es zur Befruchtung

Walnußbaum in einem bäuerlichen Garten mit 16 m Kronendurchmesser! Wegen der späteren umfangreichen Krone eignet sich diese Obstart nur für große Gärten, wo sich der Baum so richtig »austoben« kann.

WALNUSS

Empfehlenswerte Walnuß-Sorten (veredelte Bäume)

Sortenbezeichnung und Herkunft	Kronenform	Austrieb-/Blütezeitpunkt	Nußgröße und -form	Ertrag
'Nr. 26' (Geisenheim/Rhein)	relativ kleinkronig	spät, deshalb wenig spätfrostgefährdet	mittel, umgekehrt eiförmig	früh, hoch, regelmäßig; Fruchtstand oft büschelweise
'Nr. 139' (Weinheim/Bergstraße)	mittelstark und kompakt wachsend	spät, deshalb wenig spätfrostgefährdet	mittel	früh, sehr hoch, regelmäßig, Nüsse z. T. in traubenförmigen Ansätzen; sehr hellschalig
'Nr. 286' (Straupitz/Spreewald)	mittelstark wachsend, aufrecht	mittelfrüh	mittel, oval	hoch, sehr guter Geschmack
'Nr. 1247' (Mehlen/Mark Brandenburg)	starkwachsend; Baum groß und breitkronig; sehr winterhart	früh, deshalb nur für Standorte ohne Spätfrostgefahr	mittel bis groß, oval	hoch, Nüsse früh reifend
'Esterhazy II' (Ungarn)	mittelstark wachsend, breitkronig	früh, deshalb nur für Standorte ohne Spätfrostgefahr	mittel bis groß, eiförmig	hoch; Nuß dünnschalig; sehr guter Geschmack
'Weinsberg I' (Weinsberg bei Heilbronn)	relativ kleinkronig	mittelfrüh, Blüte mittelspät	groß bis sehr groß, dünne Schale	für warme Lagen besonders wertvolle Sorte hinsichtlich Ertrag und Fruchtqualität

kommt. Weithin leuchtende Blütenblätter, die bei den anderen Obstarten die Insekten anlocken, sind nicht nötig, denn die Walnuß wird ausschließlich vom Wind bestäubt.

Unterlagen

Wegen der Nachteile eines Sämlings (eines aus einem Nußkern gezogenen Walnußbaums) aufgrund der unsicheren Fruchtqualität pflanzt man heute vorwiegend veredelte Bäume.
Als Unterlage werden in den Baumschulen frostharte Herkünfte der Walnuß (Juglans regia) verwendet. Eine solche Kombination ergibt starkwachsende, großkronige, ertragreiche Bäume. An einigen Standorten wurde allerdings bei den unter Nummern angebotenen Herkünften (siehe Sortentabelle) geringerer Wuchs und früherer Ertrag beobachtet, im Vergleich zu unveredelten, also aus dem Kern gezogenen Bäumen.

Verwendung im Garten

Walnüsse warfen die Kinder in spätrömischer Zeit den jungvermählten Ehepaaren in den Weg: Die Nüsse galten als Symbol der Unsicherheit des Ehelebens. Niemand weiß, was es bringt, niemand weiß, was er in der Nußschale vorfindet, eine kleine verdorrte oder eine wohlschmeckend süße Nuß. Heute ist es mit dieser Unsicherheit vorbei – wenigstens bei der Walnuß.
Bei der Pflanzung im Hausgarten geben wir einem veredelten Walnußbaum den Vorzug, denn bei einem selbstgezogenen Sämling weiß man nie, was in bezug auf Fruchtgröße und Ertrag herauskommt. Außerdem bleibt bei einem veredelten Baum die Krone manchmal kleiner.
Ein Walnußbaum soll Mücken abhalten; wir jedenfalls haben einen solchen Baum an der Terrassenecke stehen, so daß die halbe Sitzfläche den Sommer über im Schatten liegt, während die andere voll besonnt ist, und werden nicht von Mücken belästigt.

Männliche (Kätzchen) und weibliche Blüten (links und oben) befinden sich bei der Walnuß getrennt am gleichen Baum. Dasselbe können wir bei der Haselnuß beobachten. Bei beiden sorgt der Wind für die Bestäubung.

OBSTARTEN

Haselnuß

Im Gegensatz zum Walnußbaum eignet sich die Haselnuß auch für den kleineren Garten. Sie wächst meist strauchartig und wird deshalb gerne als Sichtschutz oder als Ziergehölz verwendet. Aber auch zur Befestigung von Böschungen sind Haselnußsträucher gut geeignet, denn das verzweigte Wurzelwerk hält lockeren Boden gut zusammen. Man sollte aber die Stärke des Wuchses nicht unterschätzen, denn ein Haselnußstrauch kann durchaus 7 m hoch werden und einen Durchmesser von 5–6 m bekommen.

Frühling wie aus dem Bilderbuch! Schneeglöckchen und Winterlinge unter alten Haselnußsträuchern. Einmal ausgelegt, vermehren sich diese Frühlingsblüher ohne unser Zutun.

Ebenso wie Walnüsse sind Haselnüsse sehr fetthaltig und deshalb auch sehr kalorienreich. Auch die Haselnuß enthält, bezogen auf 100 g eßbaren Anteil, etwa 62 g Fett.

Standortansprüche

Der Haselnußstrauch gedeiht gut in jedem kräftigen, nicht zu trockenen Boden. Die Wildhasel kommt bei uns sowohl in Tallagen vor, aber auch in Höhen bis 1600 m. Die Kätzchen, also die männlichen Blütenstände, sind frostempfindlich. Wer ernten möchte, sollte deshalb frostgefährdete Lagen meiden und den Haselnußstrauch an eine Stelle pflanzen, an der der Austrieb nicht zu früh erfolgt.
Die bei den anderen Obstarten gefürchteten Spätfröste beeinträchtigen dagegen den Fruchtansatz nur unwesentlich. Was die Frosthärte des Holzes angeht, übertrifft die Hasel alle übrigen Obstarten. Erst bei –35 °C bis –40 °C konnten Schäden an einzelnen Ästen, selten an den ganzen Pflanzen festgestellt werden, d. h. die Hasel ist bei uns völlig frosthart.

Befruchtungsverhältnisse

Die Haselnuß ist nicht selbstfruchtbar, also auf fremden Blütenstaub angewiesen. Deshalb sollten möglichst verschiedene Sorten gepflanzt werden, oder man pflanzt zu einer Kultursorte eine Wildhasel, die sich gut zur Bestäubung eignet.
Gelegentlich fallen taube Nüsse bereits vor der eigentlichen Erntezeit ab; sie sind ohne Kern. Die Ursache ist nicht ein Schädlingsbefall, sondern eine Entwicklungsstörung.

Verwendung im Garten

Meist wird der Haselnußstrauch in der das Grundstück umgebenden Rahmenpflanzung, zusammen mit verschiedenen Ziersträuchern, verwendet oder als Großstrauch in einer Gartenecke untergebracht. Vor allem im naturnahen Garten darf er nicht fehlen. Auch zum Abdecken des Kompostplatzes läßt sich die Hasel bestens gebrauchen. Die langen, geraden Triebe eignen sich zum Stäben von Stauden. Außer den üblichen Haselnußbüschen auf sorteneigenen Wurzeln bieten einige Baumschulen auch Halb- und Hochstämme an. Diese werden durch Veredlung auf Jungbäume der Baumhasel (*Corylus colurna*) gezogen, einer gesund und kräftig wachsenden »Wildart«. Sie stellt geringe Ansprüche an die Bodenfeuchtigkeit und bildet keine lästigen Stockausschläge wie die normale Hasel. Solche veredelten Haselnußbäume bilden recht dekorative, mittelgroße Kronen und sehen im Garten hübsch aus.

HASELNUSS

Der Haselnußstrauch ist Nutz- und Ziergehölz zugleich. Bereits im Februar/März fallen die gelben Blütenkätzchen ins Auge. Dies sind die männlichen Blüten, während die zur gleichen Zeit am Strauch befindlichen weiblichen Blüten – ähnlich wie bei der Walnuß – recht unscheinbar sind. Wer Farbe in den Garten bringen will, kann auch die Purpur- oder Blut-Hasel (*Corylus maxima* 'Purpurea') pflanzen. Mit der Ernte ist es allerdings nicht weit her, denn die Nüsse sind klein und der Ertrag gering.

Sehr gut lassen sich am Fuß eines Haselnußstrauches verschiedene Frühlingsblüher wie Winterlinge, Schneeglöckchen, Frühlingsknotenblumen, Blausternchen und Schachbrettblumen unterbringen, die mit dem Strauch zusammen ein hübsches Frühlingsbild ergeben.

Auch im Winter hat ein Haselnußstrauch seinen Reiz, vor allem wenn die langen, goldgelben Kätzchen aus dem Schnee leuchten. Winzig klein können wir sie bereits ab August am Strauch beobachten.

Wertvolle Haselnuß-Sorten

Es gibt 2 Gruppen von Haselnüssen: Zellernüsse und Lampertsnüsse. Die von den Mönchen des Klosters Zell bei Würzburg angebauten und weit verbreiteten Zellernüsse haben weit geöffnete, kurze, grüne Hülsen, aus denen die Nüsse bei der Reife leicht herausfallen. Sorten, die zu dieser Gruppe gehören, lassen sich deshalb gut schütteln.

Die Lampertsnüsse stammen aus der Lombardei. Sie haben eine grüne, fest anliegende Hülse, die weit über die Frucht hinausreicht, so daß die Ernte etwas mühsam ist. Dafür schmecken Lampertsnüsse besser. Schließlich gibt es noch zahlreiche Übergangsformen zwischen beiden Gruppen, die man als Hybriden bezeichnet. Reife der folgenden Sorten: Mitte bis Ende September.

Empfehlenswerte Haselnuß-Sorten

Sorte	Gruppe	Wuchs	Ertrag	Geschmack	Bemerkungen
'Hallesche Riesen'	Zellernuß	stark und breit	hoch	mäßig	Ertrag beginnt etwa ab dem 6. Standjahr; Nuß sehr groß
'Wunder von Bollweiler'	Zellernuß	stark, breit-aufrecht	hoch	mäßig	sehr große schwere Kerne; ähnelt 'Hallesche Riesen' in allen Eigenschaften; vermutlich sind im Laufe der Jahre beide Sorten verwechselt worden
'Webbs Preisnuß'	Lampertsnuß-Hybride	mittelstark, breit-aufrecht	hoch	gut	trägt früh und regelmäßig; große längliche, hellbraune Nüsse mit hohem Kernanteil; sehr dankbare Sorte

Erdbeere

Wer von uns würde sich nicht jedes Jahr erneut auf die hübsch aussehenden leuchtend roten Früchte freuen? Im Sommer gepflanzt, bringen sie bereits im nächsten Jahr eine reiche Ernte. Die Erdbeere ist deshalb eindeutig die Nr. 1 beim Beerenobst und in beinahe jedem Garten zu finden.

Aber Erdbeeren sehen nicht nur hübsch aus und schmecken, sie sind obendrein gesund. So enthalten 100 g frische Erdbeeren 60–90 mg Vitamin C und sind damit sogar den Zitronen (40–50 mg) überlegen, von denen man außerdem keine großen Mengen essen kann.

Besondere Ansprüche

Erdbeeren können in beinahe jedem Garten angebaut werden. Lediglich spätfrostgefährdete Lagen sind nicht geeignet. Wenn die Temperatur zur Blütezeit nur wenig unter 0 °C absinkt, kommt es zu Schäden an den Samenanlagen; der Blütenboden färbt sich schwarz.

Nachdem die Erdbeeren aus humusreichen Gebieten stammen, sollten wir ihnen auch im Garten genügend Humus zukommen lassen. Wir geben deshalb gut verrotteten Stallmist oder Kompost. Frischer Mist wird nicht vertragen, es kann sogar zu Verbrennungen kommen.

Ansonsten stellen Erdbeeren an den Boden keine speziellen Ansprüche. Sie wachsen in humosem Lehmboden, in lehmigem Sand oder sandigem Lehm und ebenso auf Moorboden. Selbst ein leichter, sandiger Boden ist geeignet, wenn wir ihn mit Humus anreichern, düngen und wässern. Der Boden sollte leicht sauer (pH 5–6,5) bis nahezu neutral (pH 7) sein; Erdbeeren sind also sehr anpassungsfähig.

Pflanzung

Die Erdbeere ist kein Flachwurzler, sondern geht mit ihren Wurzeln bis zu 1 m tief nach unten. Die Bodenbearbeitung sollte deshalb möglichst tiefgründig erfolgen. Andererseits lieben Erdbeeren einen guten Bodenschluß. Läßt es sich nicht vermeiden, daß erst kurz vor der Pflanzung umgegraben wird, so sollte gründlich mit dem Schlauch gewässert werden, damit sich der Boden etwas setzt.

Entscheidend für den Ertrag im kommenden Jahr ist der Pflanzzeitpunkt. Ideal ist eine Pflanzung Ende Juli/Anfang August, spätestens bis 15. August. Nur wenn wir Pflanzen mit kräftigem Wurzelballen haben oder der Boden besonders leicht ist, kann noch eine Woche zugegeben werden. Versuche haben gezeigt, daß bei einer Pflanzung bis zum 15. August im 1. Jahr mit einem vollen Ertrag gerechnet werden kann. Wird dagegen erst im September gepflanzt, so schrumpft der Ertrag auf die Hälfte, und bei einer sehr späten Pflanzung gegen Ende September ist die nächstjährige Ernte gleich Null.

Sollte das vorgesehene Beet im August noch nicht frei sein, so pikieren wir die Jungpflanzen in gute Erde und bringen sie mit möglichst großem, ungestörtem Wurzelballen sobald wie möglich an die vorgesehene Stelle.

Grundsätzlich gilt also: Je zeitiger die Pflanzung, desto höher der Ertrag im nächsten Jahr und umgekehrt. Dies hängt vor allem mit der Wurzelbil-

Erdbeeren, bereits für das Auge ein Genuß! Selbst im kleinsten Garten findet sich Platz.

ERDBEERE

dung zusammen: Wurzeln, die erst ab Mitte August entstehen, entwickeln sich vor allem in die Breite. Flache Wurzeln werden aber bei der Bodenbearbeitung leichter beschädigt und leiden außerdem eher unter Trockenheit. Ende September hört schließlich die Wurzelbildung ganz auf.

Bei Erdbeeren werden die Blütenknospen nicht erst im Frühjahr ausgebildet, wie häufig angenommen wird, sondern bereits im September, ausgelöst durch die kürzer werdenden Tage und die abnehmenden Temperaturen. Wenn Erdbeeren nicht richtig wachsen wollen, so hat dies meist zwei Gründe: Entweder wurde zu tief gepflanzt oder sofort nach der Pflanzung gedüngt; manchmal trifft beides zu.

Ein- oder mehrjährige Kultur?

Bei einjähriger Kultur wird die volle Wuchskraft der jungen Pflanze genutzt, die Früchte reifen früher als an zwei- oder mehrjährigen Pflanzen und sind größer. Dies trifft für jede Sorte zu. Je länger die Erdbeeren auf dem Beet verbleiben, desto kleiner werden die Früchte. Gewichtsmäßig gesehen bleibt der Gesamtertrag in etwa der gleiche, weil bei einjähriger Kultur enger gepflanzt werden kann: Es genügt dann ein Reihenabstand von 40–50 cm. In der Reihe sollte der Abstand je nach Wüchsigkeit 15–30 cm betragen.

Die einjährige Kultur hat den Vorteil, daß wir ständig eine Auslese von gesunden, besonders ertragreichen Pflanzen vornehmen und jährlich die Anbaufläche wechseln können; außerdem ist die Pflanzung lichter und luftdurchlässiger als eine mehrjährige. Dies ist vorbeugender Pflanzenschutz. Wem jedoch die jährliche Pflanzarbeit zuviel ist oder wer nicht früh genug (Ende Juli/Anfang August) pflanzen kann – und darauf kommt es für den Ertrag im 1. Jahr entscheidend an – läßt die Kultur wie üblich 3–4 Jahre stehen. Nach dieser Zeit sollte sie aber in jedem Fall erneuert werden.

Blüte, Frucht, Ernte

Die Blüten der heutigen Sorten sind zwittrig, d. h. männlich und weiblich zugleich. Trotzdem ist es ratsam, nicht nur eine Sorte anzubauen. Die Bestäubung erfolgt durch Wind und Insekten, besonders aber durch Bienen. Werden die Blüten infolge mangelnden Bienenfluges oder regnerischen Wetters ungenügend bestäubt, so führt dies zu teilweise verkrüppelten Früchten. Je mehr Samenanlagen befruchtet werden, desto vollkommener entwickeln sich die Beeren.

Die Ernte zieht sich je nach Gegend und Sorte von Ende Mai bis in den Juli hinein hin. Die Frucht bezeichnet der Botaniker als Sammelfrucht: Die köstlich schmeckende Erdbeere ist »nur« die fleischig verdickte Blütenachse, auf der obenauf die eigentlichen Früchte in Form kleiner Nüßchen zu sehen sind. Je nach Sorte sind diese Nüßchen mehr oder weniger tief im Fruchtfleisch eingesenkt. Geerntet wird am besten in den frühen Vormittagsstunden. Nur kleine Gefäße verwenden! Bei den heutigen Sorten und guter Kultur können wir je Pflanze mit 500 g Ertrag rechnen.

Düngung

An erster Stelle sollte die Versorgung des Bodens mit reichlich Humus stehen. Wir geben deshalb bereits vor der Pflanzung verrotteten Stallmist oder Kompost.

In Bezug auf Nährstoffe sind Erdbeeren dagegen recht bescheiden. Wer eine größere Pflanzung anlegen möchte, läßt am besten eine Bodenuntersuchung durchführen, um zu erfahren, wie es im Boden mit dem Nährstoff-

Qualitätspflanzgut! Wichtig: Nicht zu tief pflanzen, sondern so wie auf Seite 99 gezeigt (Zeichnung Frigo-Erdbeerpflanzen).

vorrat aussieht bzw. welche Düngemittel und Mengen gegeben werden sollen. Im Normalfall verwenden wir einen organischen Dünger oder einen chlorfreien Blau-Volldünger. Hiervon genügen meist 60–80 g, also etwa eineinhalb Handvoll, auf den m². Diese Gesamtmenge geben wir am besten in 2–3 Gaben bis Ende September ver-

Gegen Amseln und Stare schützen wir die Pflanzen mit Netzen. Hier eine gut gepflegte 3jährige Kultur.

97

teilt, wobei die 1. Gabe erst 4 Wochen nach der Pflanzung gegeben werden sollte, denn frisch gepflanzte Erdbeeren sind empfindlich gegen Mineraldünger.

Entscheidend für den Erfolg ist die Düngung bald nach der Ernte, da die Blütenanlagen ja bereits im September ausgebildet werden. Im Frühjahr sollte dagegen nur noch gedüngt werden, und zwar mit Stickstoff (z. B. 20 g/m² schwefelsaurer Ammoniak), wenn die Pflanzen schwächlich bzw. schlecht durch den Winter gekommen sind. Zuviel Stickstoff im Frühjahr fördert eine mastige Laubentwicklung und den Befall mit Grauschimmel. Die Ernte würde dadurch eher geringer als höher.

Pflege

Zwischen Erdbeeren darf der Boden nur flach gelockert, aber auf keinen Fall gegraben werden; es würden sonst zuviele Wurzeln beschädigt. In Gegenden mit strengen Wintern, aber wenig Schnee, empfiehlt es sich, die Erdbeeren locker mit Fichtenzweigen oder Stroh abzudecken. Bevor die Früchte reifen, legen wir Stroh unter die Pflanzen, damit die Beeren nicht verschmutzen.

Zum Gießen: Den größten Wasserbedarf haben Erdbeeren beim Anwachsen, also bei und nach der Pflanzung, während der Blütenknospenbildung im September/Oktober und vom Blühbeginn bis zur Ernte. Wenig Wasser wird von der Ernte bis Ende August benötigt.

Sofort nach der Ernte sollte der Boden oberflächlich gelockert, das Unkraut entfernt, zwischen den Reihen Kompost und im August die Düngung, am besten aufgrund einer Bodenuntersuchung, ausgebracht werden. Das Laub wird bald nach der Ernte mit der Hecken- oder Gartenschere abgeschnitten, denn es ist meist stark von Pilzkrankheiten befallen. Es ent-

Nach der Ernte das Laub mit der Hecken- oder Gartenschere abschneiden; es ist meist von Pilzkrankheiten befallen.

wickeln sich dann rasch gesunde, neue Blätter, die wieder voll assimilieren können. In einer mir bekannten Erdbeerplantage werden z. B. die Pflanzen alljährlich am 20. Juli abgemäht, am 20. August wird nach den Ergebnissen einer Bodenuntersuchung gedüngt.

Wer keine Jungpflanzen benötigt, sollte die sich bildenden Ranken laufend abschneiden. Die Mutterpflanze wird verständlicherweise geschwächt, wenn sie neben den Früchten auch noch die Ausläufer ernähren soll.

Frigo-Pflanzen bringen Vorteile

Erdbeerpflanzen überwintern auf dem Beet, ohne daß dabei Schäden auftreten, zumindest nicht in normalen Wintern. Der Frost zwingt die Pflanze zur Vegetationsruhe. Dies haben sich Erdbeervermehrungsbetriebe mit Hilfe moderner Kühltechnik zunutze gemacht, indem dort voll entwickelte Jungpflanzen von November bis Februar aus dem Boden genommen und anschließend bei −2 °C in einem Kühlraum gelagert werden. Dabei entfernt man alles Laub bis auf die kleinen Herzblätter, verpackt die Pflanzen in Folienbeutel und verschließt diese luftdicht.

Dem Gartenfreund ist dieses Verfahren bisher weitgehend unbekannt, obwohl es erhebliche Vorteile bringt, die der Erwerbsanbau schon seit Jahren nutzt. Die Pflanzung dieser sogenannten Frigo-Erdbeeren erfolgt im Mai (bis Anfang Juni), wobei wegen der kleinen Ware nur geringe Versandkosten anfallen. Es ergeben sich kaum Ausfälle, und drei Wochen nach der Pflanzung wachsen die Erbeeren bereits flott heran. Schon Ende August können wir die ersten Früchte probieren – etwa 100 g je Pflanze. Im nächsten Jahr gibt es zur Erdbeerzeit einen Vollertrag, also 500 g und mehr je Pflanze (je nach Sorte), d. h. der Ertrag ist höher als bei einer Normalpflanzung im August des Vorjahres. Vor allem in rauhen Lagen mit frühem Wintereinbruch sind Frigo-Pflanzen von Vorteil.

Wichtig ist auch hier gesundes Pflanzgut in guten Sorten. Vor allem aber sollten wir nur auf ein Beet pflanzen, auf dem oder in dessen Nähe 4 Jahre keine Erdbeeren gestanden haben, um Neuinfektionen (durch Bodenälchen u. a.) zu vermeiden. Doch das gilt auch bei der Verwendung »normaler« Erdbeerpflanzen. Wenn dies beachtet wird, können sie auf dem Beet 3–4 Jahre lang verbleiben.

Im Garten wird auf Beete von 1,10–1,20 m Breite gepflanzt. Dabei bringt man 3 Reihen mit 40 cm Abstand unter. In der Reihe ist je nach Sorte ein Abstand von 30 cm einzuhalten. Nach der ersten Ernte nehmen wir die Mittelreihe heraus, so daß im 2. Jahr zwischen den verbleibenden Reihen ein Abstand von 80 cm vorhanden ist. Um diesen Platz zu nutzen, können im Spätsommer, also nach dem Entfernen der Mittelreihe, Salat, Kohlrabi u. ä. gepflanzt werden. Im kommenden Frühjahr muß aber der Platz zwischen den Reihen frei bleiben. Besser ist es jedoch, gleich von vornherein auf das Beet nur 2 Reihen mit 70 cm Abstand zu pflanzen, da man sich meist von der Mittelreihe nicht trennen kann und die Pflanzung dann zu dicht und krankheitsanfällig wird. Außerdem benötigen wir dann weniger Pflanzen.

Großfrüchtige Erdbeeren

Wie bei keiner anderen Obstart, werden bei Erdbeeren laufend neue Sorten gezüchtet. Es ist daher selbst für den Fachmann schwierig, den Überblick zu behalten. Nachdem wir Erdbeeren im Garten nur für den Eigenbedarf anbauen, können wir bei der Sortenwahl alle erwerbswirtschaftlichen Gesichtspunkte außer acht lassen. Wir bevorzugen Sorten, die reich tragen und dabei ein vorzügliches Aroma entwickeln; außerdem sollten die Pflanzen möglichst lange gesund bleiben und die Früchte vielseitig verwertbar sein.

Im übrigen informiere man sich alljährlich in Fachzeitschriften über den neuesten Stand. Im Liebhabergarten können wir eine Neuheit durchaus in kleiner Stückzahl ausprobieren, das Risiko ist nicht groß. Man muß allerdings damit rechnen, daß eine Sorte, die überschwänglich gepriesen wird, in Kürze schon wieder vergessen sein kann. Eine »Jahrhundertsorte« wie die 'Senga Sengana', die auch heute noch in vielen Haus- und Kleingärten zu finden ist, gibt es nur selten.

In der Tabelle auf S. 100 werden einige im Garten besonders bewährte Sorten vorgestellt.

Ein Tip für die Kultur von 'Ostara' u. a. mehrmalstragende Sorten: Erste Blüten entfernen, dann setzt die Ernte erst ab 20. Juli ein, also nach der Ernte der normalen, einmaltragenden Sorten. Von da ab kann bis zum Herbst geerntet werden. Der Ertrag ist dann insgesamt etwa ebenso hoch wie bei 'Senga Sengana'. Werden dagegen die ersten Blüten nicht entfernt, so gibt es eine kleine Ernte zur normalen Erdbeerzeit, und die 2. Ernte beginnt erst ab Mitte August. Die letzten Früchte verfaulen dann meist. Aus diesem Grunde empfiehlt es sich, zusätzlich zu einer mehrmalstragenden auch eine einmaltragende Sorte zu pflanzen; die Ernte ist dann über mehrere Monate verteilt. 'Mara des Bois', eine ebenfalls mehrmalstragende Sorte aus Frankreich, kam 1994 in den Handel. Sie entstand aus einer Kreuzung 'Genta' × 'Ostara' und soll ein ausgeprägtes Walderdbeeraroma haben, also besser schmecken als 'Ostara'.

Monatserdbeere

Sie tragen unermüdlich ab Juni bis in den späten Herbst hinein, und die Früchte haben ein köstliches Aroma. Die Beeren sind gleich gut zum Frischgenuß, als Kuchenbelag oder zum Verzieren geeignet. Und wie sich erst die Kinder freuen!

Monatserdbeeren bilden keine Ausläufer. Sie eignen sich deshalb bestens als Wegeinfassung im Gemüsegarten. Als gute Sorte kennen wir 'Rügen'.

Die Pflanzen können wir uns durch Aussaat selbst heranziehen, indem wir den im Fachgeschäft gekauften Samen ab April in Schalen oder einem größeren Topf dünn aussäen. Am Zimmerfenster oder im Frühbeet ist dies auch schon früher möglich. Nach leichtem

Monatserdbeeren sind so richtig gut zum Naschen. Sie blühen und fruchten bis zum Frost.

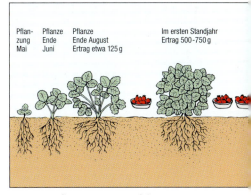

Von Frigo-Pflanzen, im Mai auf das Beet gebracht, können wir bereits im September die ersten Früchte probieren.

Übersieben mit feiner Erde wird das Kistchen schattig gestellt und stets feucht gehalten. Darauf ist besonders zu achten, andernfalls vertrocknet die Saat während der Keimung. Sobald dann die Sämlinge 2–3 winzige Laubblätter ausgebildet haben, pikieren wir sie auf 5 cm Abstand und pflanzen sie später, nachdem sie sich kräftig entwickelt haben, aus.

Walderdbeere

So köstlich Monatserdbeeren auch schmecken, an das Aroma von Walderdbeeren können auch sie nicht heran. Wir können Walderdbeeren im Garten auf offenem Boden vor Gehölzen oder dazwischen als Bodendecker anstelle anderer, teurer Bodendecker ansiedeln. Man braucht nur auf einem Waldspaziergang einige Ausläufer mit nach Hause zu nehmen und sie zu pflanzen. Ein- oder zweimaliges Angießen genügt, und schon fassen sie Fuß, ohne daß wir uns noch groß um sie kümmern müßten. Bald ist die ganze Fläche mit den zierlichen Ausläufern übersponnen. Eine billige und hübsche Lösung, vor allem im naturnahen Garten! Wer Kinder hat, macht gleichzeitig auch diesen eine Freude, denn Walderdbeeren, noch dazu im eigenen Garten, naschen sie nur zu gerne.

Empfehlenswerte Erdbeersorten (geordnet nach Reifezeit)

Sorte	Reifezeit	Wuchs/Ertrag	Frucht (Form, Farbe, Geschmack, Pflückbarkeit)	Bemerkungen	Verwendung
'Elvira'	früh	schwach bis mittelstark; ertragreich	vorzügliches Aroma; leicht zu pflücken	wenig krankheitsanfällig; zur Verfrühung unter Glas, Folie oder Vlies besonders geeignet (auf Teilfläche!); sehr beliebt, empfehlenswert	
'Korona'	früh bis mittelfrüh	aufrecht, offen, dunkelgrüne, etwas muldenförmige Blätter; reich tragend	groß, dunkelrot; köstliches Aroma; schwierig ohne Kelch zu pflücken	wenig krankheitsanfällig; für den Garten bestens geeignet, da lange Erntezeit	neben Frischverzehr gut für Marmelade und zum Einfrieren
'Florika'	mittelfrüh	Früchte an kräftigen Stielen in Blatthöhe; sehr hoher Ertrag	mittelgroß; vorzügliches Aroma, da Herkunft von der Walderdbeere	Markteinführung 1989; gesund; aufgrund der Wuchsform Strohunterlage nicht nötig und kaum Schneckenfraß; im Garten zunächst in Reihen gepflanzt, entwickelt sich 'Florika' zu einer immergrünen, pflegeleichten Erdbeerwiese, gebildet aus vielen Ausläufern, die über 5 Jahre hinweg genutzt werden können; wächst auf jedem Boden und eignet sich als Bodendecker unter Bäumen und Sträuchern	vielseitig verwendbar; zum Frischverbrauch, zum Einmachen und Einfrieren
'Senga Sengana'	mittelfrüh	sehr stark, starke Rankenbildung; hoher Ertrag	Geschmack säuerlich-aromatisch	geringe Bodenansprüche; anfällig für Grauschimmel	Frischgenuß; bestens zum Einmachen und Tiefgefrieren
'Elsanta'	mittelspät	stark aufrecht, reichblühend mit langen, kräftigen Blütenstielen; Ertrag überdurchschnittlich hoch	groß, gleichmäßig in Form und Farbe; sehr fest und lange haltbar; leicht zu pflücken	nur für leichten Gartenboden geeignet, da sehr anfällig gegen Wurzelkrankheiten; wegen des hohen Ertrags z. Zt. wichtigste Sorte im Erwerbsanbau	
'Tenira'	mittelspät	stark, ziemlich aufstrebend; Ertrag hoch bis sehr hoch	groß; gutes Aroma; gut ohne Kelch zu pflücken	wenig anfällig für Krankheiten; geeignet für mehrjährige Kultur	vor allem zum Frischgenuß
'Mieze Schindler'	spät	schwach; geringer Ertrag	Aussehen und Aroma brombeerähnlich	rein weiblich, benötigt eine weitere dazugepflanzte Sorte als Befruchter; älteste deutsche Liebhabersorte	
'Peltata'	spät	mittelstark; hoher Ertrag, allerdings nicht so hoch wie bei 'Senga Sengana'	köstliches Erdbeeraroma	gut für biologischen Anbau, da kaum krankheitsanfällig	zum Frischgenuß und zum Einmachen, bestens zum Einfrieren
'Ostara'	mehrmals tragend!	stark, breit ausladend	groß, ähnlich wie von 'Senga Sengana', aber geschmacklich besser	erste Blüten entfernen; die Früchte reifen dann erst nach den Einmaltragenden bis hin zum Frost	

Johannisbeere

Einige Johannisbeersträucher haben in jedem Garten Platz. Wir können sie entlang der Grenze pflanzen oder mit ein paar Exemplaren den Kompostplatz abschirmen. Auch als Begrenzung des Gemüsegartens zur Rasenfläche hin sind sie gut geeignet.

Es gibt Rote, Weiße und Schwarze Johannisbeeren. Nachdem sich die beiden erstgenannten in ihren Ansprüchen und in der Pflege ähneln, werden sie hier zusammengefaßt und lediglich bei den Sortenempfehlungen getrennt behandelt.

Rote Johannisbeeren enthalten zwar wesentlich weniger Vitamin C als schwarze Sorten (32 mg/100 g bzw. 170 mg/100 g), dafür aber erheblich mehr Zitronen-, Äpfel- und Weinsäure sowie Pektin. Durch diese Fruchtsäuren bleibt beim Kochen ein großer Teil der Vitamine erhalten. Der in den Beeren enthaltene Fruchtzucker ist leicht verdaulich und deshalb auch für Diabetiker bekömmlich.

Rote Johannisbeeren, vor oder nach der Mahlzeit mit Zucker bestreut gegessen, regen die Verdauungssäfte an und wirken gegen Darmträgheit. Vorzüglich schmecken die roten Beeren als Kuchenbelag und zu Gelee verarbeitet, in dem Fruchtzucker, Vitamine und Fruchtsäuren in besonders hohem Maße erhalten bleiben.

Während Rote Johannisbeeren säuerlich schmecken – weiße sind süßer –, ist den schwarzen Sorten ein typisch strenger Geruch eigen, der aber keineswegs unangenehm ist. Im Winter braucht man nur an den Trieben zu reiben und kann dann im Zweifelsfall sofort rote von schwarzen Sträuchern unterscheiden.

Schwarze Johannisbeeren zeichnen sich durch den höchsten Vitamin C-Gehalt unter allen Früchten unseres Gartens aus. Mit 170 mg und darüber auf 100 g frische Beeren liegt dieser mehr als fünfmal so hoch wie bei den Roten Johannisbeeren.

'Traubenwunder', eine sehr reichtragende Sorte. Bei bester Pflege können wir von den meisten der auf S. 104 genannten Sorten 10–15 kg/Strauch ernten.

Zur Reifezeit können wir die Beeren gleich roh vom Strauch essen oder aber wir verarbeiten sie zu Saft, um den Winter über möglichst ohne Erkältung zu bleiben. Schwarze Johannisbeeren wirken außerdem blutreinigend und sind reich an wertvollem Fruchtzucker.

Besondere Ansprüche

Die Johannisbeere gedeiht zwar noch im Halbschatten, entschieden reicher trägt sie aber in sonniger, luftiger Lage; die Früchte enthalten dann mehr Zucker, während die Beeren an einem etwas schattigen Standort einen höheren Säuregehalt aufweisen.

Günstig ist ein mittelschwerer, nährstoffreicher Boden mit einem pH-Wert von 5,5–6, also leicht sauer. Da Johannisbeeren sehr flach wurzeln, sollte vor allem die obere Bodenschicht vor der Pflanzung mit Komposterde verbessert werden. Besonders aber wollen wir darauf achten, daß der Boden frei von Dauerunkräutern wie Giersch, Quecke, Ackerwinden usw. ist. Im anderen Fall würden die Wurzeln solcher langlebiger Unkräuter sehr rasch in die Wurzelstöcke der Johannisbeeren hineinwachsen; man kann sie dann kaum mehr entfernen.

Pflanzung

Gepflanzt wird am besten im Herbst, denn Johannisbeeren treiben sehr zeitig aus. Kann erst im Frühjahr gepflanzt werden, so sollte dies sobald als möglich geschehen. Rote Sorten sollten nur etwas tiefer gepflanzt werden als sie vorher in der Baumschule gestanden haben, schwarze Sorten bringen wir dagegen um Handbreite tiefer in den Boden. Dadurch entstehen aus dem Wurzelstock reichlich junge Triebe, die wir bei den schwarzen Sorten zur ständigen Verjüngung brauchen.

Soll eine ganze Reihe Johannisbeersträucher gepflanzt werden, so arbeiten wir den Boden vorher in der gesamten Länge und etwa 1,50 m breit durch. Er sollte mindestens in Spatentiefe gelockert werden, besser noch etwas tiefer. Das Lockern und Durcharbeiten geschieht bei einem halbwegs normalen Boden nicht mit dem Spaten, sondern mit der Grabgabel. Mit diesem Gerät lassen sich die Erdklumpen leicht zerkleinern und die zur Verbesserung verwendete Komposterde gleichmäßig verteilen. Bei schwerem oder steinigen Boden wird man den Pickel zur Hilfe nehmen müssen, um das Erdreich gründlich zu lockern.

Als Pflanzware genügen Sträucher mit 3–4 bzw. 5–7 Trieben. Eine stärkere und dadurch teurere Ware ist nicht nötig, da wir den Strauch ohnehin am Anfang mit höchstens 6 Trieben aufbauen. Übrigens, für den Eigenbedarf reichen bei einer vierköpfigen Familie meist 4 Rote und 3 Schwarze Johannisbeersträucher aus. Nur wer viel Johannisbeersaft oder -wein herstellen will, wird mehr pflanzen. Häufig kann man in den Gärten eine große Zahl von Sträuchern sehen, die aber zu eng stehen und schlecht gepflegt sind. Lieber weniger Sträucher pflanzen und diese optimal pflegen!

Nachdem die Sträucher meist in einer Reihe gepflanzt werden, genügen bei Schwarzen Johannisbeeren Abstände von 2 m, bei starkwachsenden roten Sorten ('Rote Vierländer', 'Rondom', u. a.) 1,80 m und bei schwachwüchsigen roten Sorten ('Red Lake', 'Heros') 1,50 m. Dies genügt auch bei weißfrüchtigen Johannisbeeren.

Bei der Pflanzung schneiden wir beschädigte Wurzeln bis auf gesunde Teile zurück, heben mit der Schaufel im vorbereiteten Boden ein kleines Pflanzloch aus – so groß, daß alle Wurzeln gut Platz haben –, stellen den Strauch hinein und umgeben die Wurzeln mit ein Paar Handvoll feuchten Torf bzw. Torfersatzstoffen. Dadurch wird die Neubildung von Wurzeln gefördert. Dann wird das Loch mit Erde gefüllt, wobei darauf geachtet werden sollte, daß die Wurzeln gut in Erde eingebettet sind. Schließlich treten wir den Boden um den Strauch herum mit den Fußspitzen leicht fest, gießen die Pflanze mit Wasser kräftig an und decken den Boden um den Strauch herum mit kurzem Stroh, Rasenschnitt oder Stallmist ab. Auf diese Weise bleibt die Erde gleichmäßig feucht und locker und der Strauch hat ideale Startbedingungen.

Schnitt

Unmittelbar bei der Pflanzung lassen wir nur 5–6 kräftige, möglichst gut verteilte Triebe stehen und kürzen sie auf etwa ein Drittel der vorhandenen Trieblänge ein. Je schärfer der Rückschnitt, desto kräftiger der Austrieb, desto rascher entsteht ein prächtiger Strauch, und umgekehrt.

Der weitere Schnitt ist bei Roten und Schwarzen Johannisbeeren unterschiedlich. Bei den roten Sorten sollte der im Ertrag befindliche Strauch nicht mehr als 8–12 kräftige, gut verzweigte Triebe haben. Triebe, die älter als 5 Jahre sind – erkenntlich am dunkleren Holz – werden spätestens im Winter entfernt und dafür als Ersatz 2 oder 3 den Sommer über entstandene Jungtriebe belassen. Also: Jedes Jahr, am besten gleich nach der Ernte, 2 oder 3 ältere Triebe herausnehmen und ebenso viele kräftige, gut verteilte Neutriebe nachziehen. Alle übrigen aus dem Wurzelstock entstandenen Neutriebe schneiden wir im Sommer dicht über dem Boden ab.

Ein jährlicher Rückschnitt der Verlängerungstriebe ist nur bei schwachwüchsigen Sorten nötig, bei denen wir im Winter den Triebzuwachs um ein Drittel bis zur Hälfte einkürzen. Dadurch wird eine gute Verzweigung erreicht, die Triebe werden stabil und hängen bei reichem Fruchtbehang nicht allzusehr zu Boden.

Der Schnitt der Weißen Johannisbeeren erfolgt wie bei den Roten.

Nun zu den Schwarzen Johannisbeeren: Während die roten Sorten vor allem am zwei- bis dreijährigen Holz reich tragen, bringen Schwarze Johannisbeeren den besten Ertrag vorwiegend an den einjährigen Trieben, und zwar besonders zur Spitze hin. Aus diesem Grunde müssen wir hier alljährlich für Neutrieb sorgen. Das erreicht man, indem die abgeernteten Triebe entweder dicht über dem Boden abgeschnitten werden, wenn genügend Jungtriebe aus dem Wurzelstock entstanden sind, oder aber, indem die abgeernteten Triebe bis auf Jungtriebe zurückgesetzt werden, die sich aus ihrem unteren Drittel entwickelt haben.

Wer es sich ganz bequem machen möchte, kann Ernte und Schnitt kombinieren: Man schneidet die mit Beeren behangenen Triebe aus dem Strauch heraus, entweder dicht über dem Boden oder über einem seitlich entstandenen Jungtrieb, und kann sie auf der Terrasse im Sitzen abpflücken.

Johannisbeeren, Stachelbeeren, Himbeeren... wurzeln sehr flach. Deshalb nicht mit dem Spaten zwischen den Sträuchern umgraben.

JOHANNISBEERE

Nur licht gehaltene Sträucher bringen hohe Erträge; 8–12 Triebe genügen. Hier: vor und nach dem winterlichen Schnitt.

Die im Strauch verbleibenden Triebe können sich dann im Laufe des Sommers noch kräftig entwickeln.

Ebenso wie Stachelbeeren, gibt es auch Johannisbeeren als Stämmchen zu kaufen. Wer mehrere davon pflanzen will, sollte einen gegenseitigen Abstand von 1,30 m einhalten. Der Schnitt erfolgt ähnlich wie bei den Sträuchern. Nach dem Aufbau sollte die Krone nicht mehr als 8 kräftige, gut verteilte Äste besitzen.

Im Gegensatz zu Stachelbeeren halte ich jedoch Johannisbeerstämmchen – zumindest bei roten Sorten – nicht für besonders empfehlenswert: Sie tragen wesentlich weniger als ein gut entwickelter Strauch und außerdem werden wir im Vorbeigehen nur wenig davon naschen, einfach weil die roten Beeren vieler Sorten auch im reifen Zustand etwas säuerlich schmecken. Anders ist dies bei den Vitamin C-reichen schwarzen Sorten, aber auch hier gilt, daß ein Strauch wesentlich mehr Beeren bringt.

Düngung und Pflege

Als Grundlage der Düngung arbeiten wir jedes Frühjahr reichlich Kompost oberflächlich ein. Auf diese Weise wird der Humusgehalt und damit die Bodenstruktur verbessert und das Bodenleben gefördert.

Um den Nährstoffbedarf zu decken, geben wir jährlich im Frühjahr einen Blau-Volldünger oder organischen Volldünger (50–70 g/m², Verteilung siehe Stachelbeeren) bzw. Einzeldünger in Höhe der nach einer Bodenuntersuchung empfohlenen Menge.

Zur Pflege: Man kann immer wieder sehen, daß Johannisbeersträucher in den Rasen gepflanzt werden und von Gras umgeben sind. Davon rate ich ab; die Sträucher kümmern unter solchen Bedingungen jämmerlich dahin, und der Ertrag ist äußerst gering, denn die Grasnarbe entzieht Wasser und Nährstoffe. Gut entwickelte Sträucher wachsen nur auf offenem Boden heran. Keinesfalls darf der Boden unter Strauchbeerenobst tief bearbeitet werden, da die Wurzeln sehr flach, in nur 2–20 cm Tiefe, verlaufen. Deshalb auf keinen Fall im Herbst mit dem Spaten umgraben! Es würden dabei eine Menge Faserwurzeln abgestochen, die für die Wasser- und Nährstoffaufnahme nötig sind. Der Boden sollte mit der Grabgabel nur flach gelockert werden. Die ideale Form der Bodenpflege unter den flachwurzelnden Sträuchern ist eine Bodendeckung mit Mulchmaterial. Dazu eignet sich vor allem der ab Mai anfallende kurze Rasenschnitt, mit dem man meist ohnehin nicht weiß, wohin, aber auch kurzes Stroh und verrotteter Stallmist.

Unter einer solchen 10–15 cm hohen Mulchdecke bleibt der Boden gleichmäßig feucht, besitzt eine ausgezeichnete Gare und wird bei Regen nicht verschlämmt. Außerdem kommt kaum Unkraut hoch. Daß sich die Beerensträucher dabei sehr wohl fühlen, kann man schon daran erkennen, daß die Mulchdecke oft bis obenhin durchwurzelt wird.

Blüte, Frucht, Ernte

Johannisbeeren blühen bereits Anfang April, die Beeren reifen im Juni und Juli. Die grünlichen Blüten hängen in Trauben und sind zwittrig. Rote und Weiße Johannisbeeren sind weitgehend selbstfruchtbar; wenn möglich, pflanzen wir aber mindestens 2 verschiedene Sorten, denn Fremdbefruchtung fördert den Ertrag und die Beerengröße. Bei Schwarzen Johannisbeeren gibt es dagegen Sorten, die selbstfruchtbar sind, wie 'Roodknop', sowie andere, die fast völlig selbstunfruchtbar sind, wie die bekannte 'Rosenthals Langtraubige Schwarze'; es sind alle Übergänge vorhanden.

Bienenflug ist bei Roten und Schwarzen Johannisbeeren günstig für die Bestäubung und den Fruchtansatz. Dadurch werden in den einzelnen Beeren mehr Samen ausgebildet, die Beeren werden größer. Von gut entwickelten, reichtragenden Sträuchern können bei roten Sorten 10–15 kg je Strauch geerntet werden, bei Schwarzen Johannisbeeren 3–5 kg.

Das »Rieseln« der kleinen Beeren bald nach der Blüte kann man vor allem bei

OBSTARTEN

Schwarzen, aber auch bei Roten Johannisbeeren beobachten. Die häufigste Ursache hierfür sind Spätfröste während der Blütezeit oder mangelnde Befruchtung, wenn während der Blüte der Bienenflug durch kaltes, nasses Wetter behindert ist. Auch das Fehlen von geeigneten Pollenspendern, also anderer Sorten in unmittelbarer Nähe, kann das Rieseln begünstigen.

Sorten

Rote Johannisbeeren

'Red Lake' – reift ab Mitte Juni; schwachwachsend, etwas überhängend und schlechte Verzweigung, deshalb ständig im Schnitt halten und düngen; lange Trauben mit sehr großen mildaromatischen Beeren, vorzüglich für Frischgenuß. Ähnliche Eigenschaften hat die Sorte 'Heros'.

'Rondom' – reift ab Ende Juni; starkwüchsig und sehr ertragreich; aufrechtwachsend, bei Fruchtbehang meist überhängend; im Alter starker Rückschnitt erforderlich; später Austrieb, auch in rauhen Lagen sicher tragend; die leuchtendroten Beeren sitzen dicht beieinander und rund um den Stiel, deshalb »Rondom«; von hoher innerer Qualität, gut für Saftbereitung; z. Z. wohl die meistgekaufte Rote Johannisbeersorte.

'Mulka' – reift im Juli; starkwüchsig; sehr winterhart; die aromatischen, dunkelroten Beeren halten sich sehr lange am Strauch; sehr ertragreich, hohe Saftausbeute; gesund, keine Blattkrankheit, rieselfest, stark schneiden; gut geeignet für Heckenpflanzung.

'Rovada' – Neuzüchtung aus Holland; reift Mitte Juli, also spät; kräftiger aufrechter Wuchs; sehr lange Trauben mit großen glänzenden aromatischen Beeren; verhältnismäßig platzfest bei Regen.

'Traubenwunder' – wenig bekannte Sorte, weil es nur eine Bezugsquelle hierfür gibt (siehe S. 168); reift ab Mitte Juli; sehr reichtragend; an den 10–15 cm langen Trauben sitzen meist 25 Beeren; hervorragend zum Frischgenuß gleich vom Strauch; Trauben reifen nacheinander, deshalb ideal für den Liebhabergarten.

'Heinemanns Rote Spätlese' – starkwüchsig und sehr ertragreich; reift erst 5–6 Wochen nach den übrigen Sorten, also im August; lange Trauben mit mittelgroßen, hellroten Beeren besetzt, die viele Samen enthalten; säuerlich, gut gelierfähig, für Frischgenuß und Verarbeitung; Sträucher zur Erntezeit mit Netzen schützen, da sonst vielfach starker Schaden durch Amseln und Stare, die scheinbar zu dieser Zeit wenig andere Nahrung finden.

Weiße Johannisbeeren

'Weiße Versailler' – Frühsorte, reift mit 'Red Lake', Anfang bis Mitte Juli; mittelstarker Wuchs; ziemlich lichte Büsche mit straffen, wenig verzweigten Trieben; erfordert wenig Schnitt; anspruchslos an Boden und Klima; mittlerer Ertrag; selbstfruchtbar; langstielige Trauben mit locker verteilten, grünlich-weißen Beeren, süßsäuerlich, aromatisch; vorzüglich zum Frischgenuß.

Schwarze Johannisbeeren

'Rosenthals Langtraubige Schwarze' – reift ab Ende Juni; starker, breitausladender Wuchs; relativ frostempfindlich in Holz und Blüte; meist hoher Ertrag; sehr große, tiefschwarze Beeren; hoher Säure- und Vitamin C-Gehalt, für Verarbeitung.

'Silvergieters Schwarze' – reift ab Ende Juni; wenig anspruchsvoll an Boden und Lage; kräftiger, aufrechter Wuchs; große Beeren; süßer und milder im Geschmack als andere Sorten, deshalb für Frischgenuß und Verarbeitung.

'Titania' – Schwedische Neuzüchtung; Reife Mitte Juli; starker Wuchs, selbstfruchtbar; regelmäßiger hoher Ertrag, mittellange bis lange Trauben mit großen tiefschwarzen Beeren; besonders wertvoll wegen der Resistenz gegen verschiedene Krankheiten, deshalb kaum Mehltau, Rost und Blattfallkrankheit, wenig anfällig für Gallmilbe.

'Ometa' – Deutsche Neuzüchtung; reift spät, Mitte bis Ende Juli; starker aufrechter Wuchs; langtraubig, große Beeren, guter Geschmack; reichtragend, gleichmäßige Reife; widerstandsfähig gegen Blattfallkrankheit, Rost und Gallmilben; eine Spitzensorte für den Hausgarten.

Bei Schwarzen Johannisbeeren werden die tragenden Triebe bei der Ernte oder gleich danach auf Jungtriebe zurückgesetzt.

Jostabeere

Mit der Josta wurde eine völlig neue Beerenobstart gezüchtet, eine Kreuzung zwischen Schwarzer Johannisbeere und Stachelbeere. Daher auch der Name: Jo(hannisbeere) und Sta(chelbeere). Die Schwarze Johannisbeere war die Mutter, die mit dem Blütenstaub der Stachelbeere bestäubt bzw. befruchtet wurde. Nahezu 60 Jahre ist es her, seit die ersten Kreuzungsversuche unternommen wurden, aber erst vor 30 Jahren begann das praxisreife Stadium dieser Neuheit, die nach 1975 in den Handel kam.

Im äußeren Erscheinungsbild herrscht eindeutig die Schwarze Johannisbeere vor, deshalb wird diese Neuheit auch nach dieser Beerenobstart vorgestellt. Stacheln fehlen an den Trieben. Die Josta-Sträucher wachsen außerordentlich kräftig, stärker als jede Sorte von Schwarzen Johannisbeeren. Die Büsche sollten deshalb mindestens 2,50 m, noch besser 3 m voneinander entfernt stehen. Geizen wir also nicht mit dem Platz, sonst wachsen die Triebe bald ineinander. Blätter und Beeren befinden sich dann zu sehr im Schatten und können ihr typisches Aroma nicht entwickeln.

Schwarze Johannisbeeren und Stachelbeeren blühen und tragen bereits am einjährigen Holz. Diese gute Eigenschaft können wir auch bei der Josta beobachten. Der Strauch trägt also über Jahre hinweg in allen Teilen Beeren, kahlt aber nicht so leicht aus wie die Schwarze Johannisbeere.

Die Beeren selbst sehen wie übergroße Schwarze Johannisbeeren oder wie etwas kleingebliebene Stachelbeeren aus. Meist sitzen 2–3, verschiedentlich aber auch bis zu 5 oder sogar 7 Beeren in einer Traube zusammen. Da die Beeren nicht gleichzeitig reifen, muß mehrmals durchgepflückt werden. Nur die bereits sehr dunklen, beinahe schwarzen Beeren sind vollreif. Die Ernte zieht sich innerhalb eines Strauches über 2 Wochen hin.

Etwa 2–3 Jahre nach der Pflanzung gibt es den ersten kleinen Ertrag, der sich in den folgenden Jahren rasch steigert. Ein vollentwickelter Strauch kann unter besten Bedingungen bis zu 10 kg Beeren bringen, der Durchschnittsertrag liegt bei etwa 5 kg.

Auch geschmacklich ist die Jostabeere etwas Neues. Wir haben hier eine Mischung von Stachelbeeraroma mit dem typischen Geschmack der Schwarzen Johannisbeere. Der herbe Geschmack der Schwarzen Johannisbeere ist also abgemildert. Im Vitamin C-Gehalt kommt die Jostabeere mit 90–100 mg bei 100 g Beeren nahe an die Schwarze Johannisbeere heran und zählt damit zu unseren Vitamin-C-reichsten Obstarten.

Ein paar Hinweise zum Schnitt: Ein Pflanzschnitt wie bei Johannis- und Stachelbeere ist bei der Jostabeere nicht nötig; sie wächst auf allen Böden gut an und entwickelt sich kräftig. Später genügt ein jährliches, mäßiges Auslichten, damit an die Blätter genügend Luft und Licht herankönnen. Der Auslichtungsschnitt kann gleich nach der Ernte vorgenommen werden. Wer um diese Zeit nicht dazukommt, holt die Arbeit im Winter nach. Störende überhängende Triebe können ohne Nachteil eingekürzt werden.

Gedüngt braucht nur zu werden, wenn die Triebbildung deutlich nachläßt. In diesem Fall düngen wir wie bei Schwarzen Johannisbeeren.

Wertvoll an dieser Neuheit ist auch ihre Unempfindlichkeit gegen Krankheiten und Schädlinge. So konnte bisher weder Befall durch den Amerikanischen Stachelbeermehltau noch durch die Blattfallkrankheit beobachtet werden.

Sehr widerstandsfähig scheint die Jostabeere auch gegen die Johannisbeergallmilbe zu sein, die bei Schwarzen Johannisbeeren die Rundknospigkeit hervorruft.

Selbstverständlich können wir die Jostabeeren im Vorbeigehen gleich vom Strauch essen, so wie wir dies auch bei den anderen Beerenobstarten

Die Jostabeere, eine Kreuzung zwischen Schwarzer Johannisbeere und Stachelbeere.

tun. Sobald die Sträucher aber reichlich tragen, wird man einen Teil der Ernte zu Gelee verarbeiten, das ganz vorzüglich schmeckt. Die Beeren werden dabei wie üblich entsaftet und mit der gleichen Menge Zucker eingedickt. Ebenso läßt sich Marmelade herstellen. Dabei sollte allerdings der Zuckeranteil verringert werden. Vorzüglich schmeckt auch der Saft der Beeren. Wem die Arbeit auf einmal zuviel ist, kann sie erst tiefgefrieren und sie zu einem späteren Zeitpunkt verarbeiten. Inzwischen gibt es von dem bekannten Pflanzenzüchter Dr. Rudolf Bauer 2 Josta-Sorten, die ebenfalls frei von Gallmilbenbefall und resistent gegen den Amerikanischen Stachelbeermehltau, Blattfallkrankheit und Säulenrost sind. Sie können daher ohne Pflanzenschutzmaßnahmen angebaut werden:

'Jogranda' – sehr frühe Reife; sehr große Beeren bei schwachem, eher hängendem Wuchs des Busches; ideal für den kleinen Garten.

'Jostine' – reift mittelspät; starkwachsend, dichter Fruchtbehang; ovalrunde, nicht ganz so große Beeren wie bei 'Jogranda'.

Die Früchte beider Sorten schmecken gut, aromatisch, mit kräftiger Säure (Vitamin C!); sie eignen sich vorzüglich zum Sofortessen, für besonders gute Gelees, Marmelade, für Kuchen und zum Tiefgefrieren.

OBSTARTEN

Stachelbeere

Auch Stachelbeeren enthalten wertvollen Fruchtzucker und Zitronensäure sowie Vitamin C in ähnlicher Höhe wie Rote Johannisbeeren. Stachelbeeren wirken blutreinigend und verdauungsfördernd. Im Haushalt sind bereits die grünen, noch unreifen Früchte als Kuchenbelag geschätzt. Halbreife und reife Früchte verarbeitet die Hausfrau zu Marmelade, Kompott oder macht sie in Gläsern ein. Vor allem aber essen wir die herrlichen Früchte vollreif gleich vom Strauch oder – noch besser, weil man sich nicht zu bücken braucht – vom Hochstämmchen weg; mancher Gartenfreund setzt auch Stachelbeerwein an.

Besondere Ansprüche

In ihren Ansprüchen gleichen Stachelbeeren weitgehend den Johannisbeeren. Sie wollen hell und sonnig stehen, bringen aber auch noch eine reiche Ernte, wenn sie wenigstens den halben Tag Sonne bekommen und gut gepflegt werden. Wenn die reifenden Früchte in der vollen Sonne hängen, können empfindliche Sorten sogar durch Sonnenbrand geschädigt werden.
Der Boden sollte möglichst lehmig und nährstoffreich sein. Trockene, sandige Böden werden deshalb vor der Pflanzung mit reichlich Kompost verbessert, weil sonst die Blattfallkrankheit stark auftritt.
Die Blüten sind gegen Spätfröste empfindlich; es gibt dann eine geringe Ernte. Werden die Sträucher dagegen während der frühen Blüte einmal überraschend von Schnee bedeckt, so hat dies auf den Behang kaum einen nachteiligen Einfluß. Hochstämmchen sollte man bei viel Schnee, der im April meist naß und schwer ist, abschütteln, damit sie nicht abbrechen. Außerdem: Pfahl überprüfen (siehe Bild Seite 108)!

Pflanzung

Hier gilt das gleiche wie bei Johannisbeeren. Wenn einreihig gepflanzt wird, soll der Abstand von Strauch zu Strauch gut 1,50 m betragen. Bei Hochstämmchen, die sich durch Schnitt in ihrem Umfang begrenzen lassen, sollte ein Abstand von 1,20 bis 1,30 m eingehalten werden. Wer allerdings genügend Platz hat, pflanzt die Hochstämmchen 1,80–2 m auseinander. Dann können die jungen Triebe lang bleiben und die Krone kann sich zur vollen Größe entwickeln. Bei guter Pflege ist ein Durchmesser von 1,80 m durchaus möglich.

Schnitt

Der Pflanzschnitt und der Aufbau erfolgt wie bei der Johannisbeere. Der fertige Strauch soll aus nicht mehr als 8–12 ein- und zweijährigen Trieben bestehen. Dies gilt auch für den Hochstamm. Triebe, die älter als 3 Jahre sind – erkenntlich am dunkleren Holz – werden möglichst entfernt und an ihre Stelle wieder Jungtriebe nachgezogen. Diese entstehen bei Sträuchern aus dem Wurzelstock, bei Hochstämmchen aus der Kronenbasis.
Das Auslichten geschieht am besten gleich nach der Ernte, denn zu diesem Zeitpunkt sind uns die »stachligen Erfahrungen« noch in »bester Erinnerung« und wir sind dann beim Ausschneiden nicht gar so zimperlich.
Sollte Amerikanischer Stachelbeermehltau (siehe Seite 148) auftreten, kürzen wir im Winter sämtliche Triebspitzen bis auf das gesunde Holz ein. Sind die Jungtriebe dagegen gesund, so erübrigt sich das Einkürzen. Die Beeren hängen dann an den Jungtrieben wie an einer Perlenkette bis zur Spitze hin.

Heckenerziehung, Hochstämmchen

Stachelbeeren können ebenso wie Johannisbeeren auch als Hecke gezogen

Stachelbeer-Hochstämmchen bringen eine romantische Note in den Garten. Die Beeren können wir im Vorbeigehen pflücken.

STACHELBEERE

werden. Man baut dazu ein ca. 1,20 m hohes Drahtgerüst, verteilt daran die aus dem Boden kommenden Triebe im Abstand von 20–25 cm locker nach rechts und links und heftet sie mit Bast an den Drähten an.

Sehr beliebt ist bei Stachelbeeren der Hochstamm, und das zu Recht. Wir können sozusagen im Vorbeigehen an den reifen Früchten naschen und das Beet läßt sich im Parterre zusätzlich mit angesäten Sommerblumen oder Gemüse nutzen.

Ebenso wie Rosenhochstämmchen erinnert auch die in dieser Form gezogene Stachelbeere an die »gute alte Zeit«. Mit Hochstämmchen bringen wir einen Hauch Romantik in unseren Garten und gliedern ihn gleichzeitig. Dabei kann sich der Ertrag überall sehen lassen, denn 5 kg Ernte von einem gut gepflegten Hochstämmchen sind durchaus möglich.

Die Lebensdauer ist allerdings kürzer als beim Strauch, denn die Hochstämmchen sind auf die Goldjohannisbeere (Ribes aureum) aufveredelt. Von dieser gibt es Auslesen, wie z. B. 'Brechts Erfolg', die lange gerade Triebe – die Stämmchen – entwickeln. Sie werden in der Baumschule in der gewünschten Höhe mit Stachelbeersorten veredelt. Veredlungen mit nur 30 cm hohen Stämmchen bezeichnet man als Fußstamm, solche mit 1,20 m als Hochstämmchen.

Wichtig ist bei der Pflanzung von Hochstämmchen, daß sie einen imprägnierten Pfahl bekommen, der in die Krone hineinragen muß. An diesem wird nicht nur das Stämmchen, sondern auch ein kräftiger Trieb, der sich möglichst in der Mitte der Krone befindet, angebunden. Wird nur das Stämmchen befestigt, so besteht die Gefahr, daß eine umfangreich entwickelte Krone bei reichem Behang, Sturm, starkem Regen oder nassem Schneefall genau an der Bindestelle abbricht. Dies ist dann sehr ärgerlich. Aus dem gleichen Grunde überprüfen wir auch immer wieder einmal durch leichtes Dagegendrücken, ob der Pfahl

noch in Ordnung oder bereits abgefault ist. In diesem Fall sollte er schleunigst ersetzt werden.

Eine andere Möglichkeit: Wir umgeben Stachelbeerstämmchen mit 3 Pfählen (Dreieck), die oben mit Latten verbunden werden. Die fruchtbeladene Krone kann auf dem Lattendreieck sicher aufliegen, auch bei stärkerem Sturm. Das Stämmchen braucht nur an einem der 3 Pfähle angebunden zu werden.

Der Schnitt des Hochstämmchens ist ähnlich wie beim Strauch. Nach einem kräftigen Rückschnitt bei der Pflanzung ist in den kommenden Jahren dafür zu sorgen, daß die Krone licht bleibt und sich stets lange Jungtriebe entwickeln, an denen die köstlichen Beeren hängen.

Pflege, Düngung

Die Bodenbearbeitung erfolgt in der gleichen Weise wie bei Johannisbeeren, denn auch die Stachelbeeren wurzeln sehr flach. Eine Mulchdecke fördert auch bei dieser Beerenobstart das Wachstum und den Ertrag.

Bezüglich der Düngung gilt das bei den Johannisbeeren gesagte, also 50 bis 70 g/m² Blau-Volldünger pro Jahr. Ein Drittel dieser Menge geben wir bereits im zeitigen Frühjahr, ein Drittel zur Blüte und das letzte Drittel im Mai bis

Stachelbeer-Hochstämmchen vor und nach dem Schnitt. Hier wurden vorrangig die älteren (dunkleres Holz) und die zu dicht stehenden Jungtriebe aus dem »Struwwelpeterkopf« entfernt.

Anfang Juni. Das letzte Drittel braucht allerdings nur gegeben zu werden, wenn die Sträucher oder Hochstämmchen reich mit Früchten behangen sind.

Blüte, Frucht, Ernte

Die im April erscheinenden Blütenglöckchen sind unscheinbar gelbgrün. Sie stehen meist einzeln, zu zweit oder in kleinen Büscheln zusammen. Botanisch interessant ist, daß der männliche Blütenstaub bereits vorhanden ist und keimen kann, ehe die weibliche Narbe empfängnisbereit ist. Aus diesem Grunde sollten mehrere Sorten – mindestens 2 – gepflanzt werden, die unterschiedlich blühen.

Wenn in der weiteren Umgebung Bienen vorhanden sind, summt es in blühenden Stachelbeersträuchern und in den Kronen der Hochstämmchen den ganzen Tag über; aber auch schwerfällige Hummeln lieben die Stachelbeerblüten und tragen zur Bestäubung bei.

OBSTARTEN

Pfähle und Bindematerial immer wieder überprüfen. Stämmchen auch in der Krone anbinden, damit es nicht abbricht!

Von reichtragenden Sträuchern oder Stämmchen können bereits ab Mitte Mai ein Drittel bis zur Hälfte der noch unreifen Beeren herausgepflückt und in der Küche verwertet werden. Man spricht von Grünpflücke. Selbstverständlich sind diese Beeren nur zum Einkochen oder zur Kompottbereitung geeignet, immer mit verhältnismäßig viel Zucker. Bei der Grünpflücke nehmen wir vorwiegend die mangelhaft ausgebildeten Beeren weg und lassen die schönsten hängen. Die verbleibenden Früchte werden dadurch besonders gut ausgebildet.

Die Haupterntezeit liegt im Juli. Man muß aber nicht alle Beeren auf einmal pflücken, sondern kann dies bei jeder Sorte über 2–3 Wochen hinweg ausdehnen. Wir pflücken dann jeweils nur die vollreifen und schönsten Früchte heraus. Ein gut gepflegter Stachelbeerstrauch kann 5–10 kg bringen, ein Hochstämmchen 5 kg und darüber.

Sorten

'**Hönings Früheste**' – reift ab Mitte Juni; altbekannte gelbe Frühsorte; mittelstark wachsend; reichtragend; süß und wohlschmeckend, deshalb vorzüglich zum Essen vom Strauch oder Hochstämmchen; wenig mehltauanfällig; geeignet für jeden Standort.
'**Weiße Triumph**' – reift ab Anfang Juli; wird in Deutschland seit 1848 angebaut; kräftiger Wuchs; weißfruchtig, sonst wie 'Rote Triumph'.
'**Rote Triumph**' – reift ab Mitte Juli; seit 1888 in Deutschland angebaut; trägt reich und regelmäßig; Geschmack angenehm süßsäuerlich; robust, kann jedoch Mehltau bekommen; wichtigste rote Sorte, geeignet für Grünpflücke und Verarbeitung.

Mehltauresistente Sorten:
'**Invicta**' – kommt aus England; stark und aufrecht wachsend, überhängende Triebe; Beeren groß, hellgrün, leicht behaart; mittlerer Geschmack; ertragreich; geeignet für Erziehung am Drahtspalier.
'**Rokula**' – Deutsche Neuzüchtung; reift mittelfrüh; Wuchs mittelstark, locker; Früchte dunkelweinrot, glattschalig, rund, wohlschmeckend.

Himbeere

Himbeeren zeichnen sich durch einen hohen Gehalt an Mineralstoffen (Kalium, Eisen, Phosphor) aus. Durch die enthaltene Äpfel- und Zitronensäure schmecken die Beeren angenehm säuerlich. Sie wirken erfrischend und blutreinigend. Im eigenen Garten angebaut, können wir die Beeren bis zur letzten Reife an den Pflanzen belassen. Allerdings, an das köstliche Aroma der kleineren Waldhimbeeren kommen auch die besten Sorten von Gartenhimbeeren nicht heran.

Besondere Ansprüche

Himbeeren wachsen am besten auf einem mittelschweren, lockeren und humosen Gartenboden in möglichst windgeschützter, sonniger Lage. Sie lieben leicht sauren Boden; ein pH-Wert von 5,5–6 wäre ideal, doch auch wenn dieser etwas geringfügig höher liegt, kann man reichlich ernten, sofern die sonstigen Kulturansprüche beachtet werden. Ein zu hoher pH-Wert hat allerdings Eisen- und Manganmangel zur Folge; die Blätter färben sich dann ungesund-gelblich (Chlorose).
Ist der vorhandene Boden leicht und sandig, verbessern wir ihn mit organischen Düngemitteln, also mit Kom-

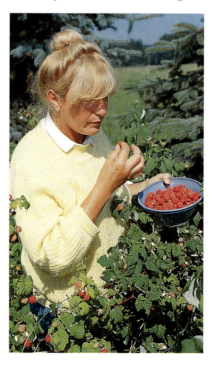

Köstliche Himbeeren! Im eigenen Garten können wir sie bis zur vollen Reife hängenlassen. Bei heißem Wetter möglichst täglich ernten.

HIMBEERE

post oder verrottetem Stallmist. Wenn dann gemulcht und zusätzlich bei Trockenheit während des Wachstums und der Fruchtreife gewässert wird, ist auch unter solchen von Haus aus ungeeigneten Böden der Anbau von Himbeeren lohnend.

Pflanzung

Himbeeren pflanzen wir, wie auch das übrige Strauchbeerenobst, am besten im Herbst. Der Start im Frühjahr ist dann ein besserer. Können wir erst im Frühjahr pflanzen, dann so früh wie möglich. Himbeeren in Containern, also mit Topfballen, können – ohne Rückschnitt – fast das ganze Jahr über gepflanzt werden. Im Garten werden Himbeeren meist nur in einer Reihe gepflanzt, vielfach entlang des Zaunes oder als Abgrenzung des Gemüsegartens. Als Pflanzabstand genügen 40–50 cm bzw. 1,50 m Reihenabstand, wenn mehrere Reihen gepflanzt werden sollen.

Die grundlegende Bodenvorbereitung nehmen wir wie bei den Johannisbeeren oder Stachelbeeren vor (siehe S. 101 ff.). Da die Wurzeln der Himbeeren empfindlich sind, werden die Pflanzen bei Ankunft der Sendung gleich eingeschlagen oder sofort gepflanzt. Jedenfalls muß verhindert werden, daß sie austrocknen. Beim Pflanzen selbst geben wir um die Wurzeln herum ein paar Handvoll Kompost oder feuchten Torf bzw. Torfersatzstoffe; dies fördert das Anwachsen. Wichtig ist, daß die an der Basis sitzenden Triebknospen nicht beschädigt werden, denn die daraus entstehenden Triebe bringen die erste Ernte im Jahr nach der Pflanzung.

Wir setzen die Pflanzen so tief, daß die Bodenknospen etwa 5 cm hoch mit Erde bedeckt sind. Dann gießen wir an und decken den Boden mit kurzem Stroh, verrottetem Stallmist, grobem Kompost oder Rindenmulch ab. Schließlich werden die Triebe auf etwa 20 bis 30 cm Länge eingekürzt. Würde man sie lang lassen, so entstünden im selben Jahr zwar einige Seitentriebe und vereinzelt auch Früchte, aber kaum ein Neutrieb für das kommende Jahr. Entscheidend für den Erfolg ist auch hier die Sorte und die Herkunft der Pflanzen. Sie müssen vor allem gesund sein, denn viele Himbeerkulturen leiden unter Mosaikvirus: Dabei treten geblich-grüne Marmorierung und leichte Kräuselung der Blätter auf. Mit Himbeerausläufern, die man vom Nachbarn oder einem sonstigen guten Bekannten geschenkt bekommt, sollte man deshalb vorsichtig sein.

Schnitt

Der Schnitt ist einfach: Gleich nach der Ernte werden die abgetragenen Ruten dicht über dem Boden abgeschnitten. Gleichzeitig entfernt man alle schwachen, zu dicht stehenden Neutriebe. Je Meter Pflanzreihe sollten nur an die 8–12 Ruten verbleiben. Diese tragen im kommenden Jahr. Zusätzlich können wir im zeitigen Frühjahr die besonders langen Ruten auf etwa 2 m Länge einkürzen. Sie bringen dann zwar ein paar Beeren weniger, die verbleibenden werden dafür umso größer.

Triebe, die zu weit von den Mutterpflanzen entfernt entstanden sind, gräbt man mit dem Spaten aus. Dadurch sieht die Pflanzung ordentlich aus und die eigentliche Himbeerreihe bekommt genügend Licht. Wurden mehrere Himbeerreihen gepflanzt, so werden auch die Triebe, die zwischen den Reihen aus dem Boden kommen, entfernt.

Bei den zweimaltragenden Sorten werden im Winter bzw. zeitigen Frühjahr alle Triebe abgeschnitten. Man kann sie auch abmähen. Nachdem sich neue Ruten entwickelt haben, entfernen wir gegen Mitte Juni alle schwachen Jungtriebe, so daß nur noch 8–12 kräftige Triebe je Meter Pflanzreihe verbleiben.

Spaliergerüst mit je 2 Querhölzern und Doppeldrähten, zwischen denen die Ruten hindurchwachsen können.

Wenn wir so vorgehen, beginnt bei remontierenden, also zweimaltragenden Sorten die Ernte erst dann, wenn diese bei den normalen Sorten bereits beendet ist, d. h. sie zieht sich bis in den Spätherbst hin. Wenn es im Oktober kälter wird, spannen wir eine Folie darüber und können auf diese Weise noch lange weiter ernten, denn Himbeeren erfrieren erst bei etwa –5–6 °C. Übrigens, bei den Herbstsorten gibt es wegen der späten Reife keine wurmigen Früchte.

Spaliergerüst

Himbeeren benötigen ein einfaches Drahtgerüst: In Abständen von etwa 5 m werden imprägnierte Holzpfähle 50 cm tief in den Boden geschlagen; ihre Höhe über dem Boden sollte etwa 1,30 m betragen. Nach 70 cm und nach weiteren 50 cm werden Drähte gespannt, an denen wir die Ruten mit Bast befestigen.

Eine andere Möglichkeit ist es, an den Pfählen in 70 und 120 cm Höhe je ein

Querholz anzubringen und diese Hölzer durch Doppeldrähte miteinander zu verbinden. Die Ruten wachsen dann zwischen den Drähten hoch und fallen nicht auseinander. Bei dieser Methode ersparen wir uns das Anbinden der Ruten.

Pflege, Düngung

Gerade bei der Himbeere hat sich das Abdecken des Bodens mit organischen Stoffen bestens bewährt. Die bis dicht an die Oberfläche reichenden feinen Saugwurzeln sind dadurch ständig von Humus umgeben, sie sind vor Sonnenstrahlen geschützt, haben es feucht und gleichzeitig luftig. Die Pflanzen fühlen sich unter einer solchen Mulchdecke sichtlich wohl, denn auch an ihrem natürlichen Standort, in Waldlichtungen, ist die Himbeere bedeckten Boden gewohnt. Gleichzeitig ist das Mulchen mit die wichtigste Vorbeugungsmaßnahme gegen die Rutenkrankheit. Der Boden sollte bei Himbeeren überhaupt nicht gelockert werden. Die Wurzeln wachsen so sehr in die Mulchdecke, daß auch eine ganz flache und vorsichtige Bodenbearbeitung zu einer Wachstumsstörung führen kann. Vorhandenes Unkraut kann leicht von Hand aus der Mulchdecke entfernt werden.

Auch zur Düngung haben sich organische Stoffe bewährt. Um die verbrauchten Nährstoffe zu ersetzen, geben wir verrotteten Stallmist, Kompost, Hornspäne, Rizinusschrot u. a. Daneben bekommen die Pflanzen bei Bedarf Blau-Volldünger, der auch Magnesium enthalten sollte. Himbeeren leiden nämlich leicht an Magnesiummangel, wobei die Blätter zwischen den Rippen vergilben. Nachdem Himbeeren gegen eine zu hohe Salzkonzentration im Boden empfindlich sind, geben wir den Dünger nicht auf einmal: Zwei Drittel davon streuen wir im zeitigen Frühjahr, ein Drittel gegen Ende der Blüte im Bereich der Himbeerwurzeln aus. Selbstverständlich kann anstelle des Blau-Volldüngers auch einer der im Handel befindlichen organisch-mineralischen Volldünger in entsprechender Aufwandmenge – siehe Aufdruck auf der Packung – verwendet werden. Nachdem solche Dünger auf Horn-Knochenmehl-Basis langsam wirken, gibt man die gesamte Menge im zeitigen Frühjahr gleich auf einmal. Dies alles sind sehr pauschale Angaben. Ob eine Düngung nötig ist und welche Nährstoffe in welcher Menge gegeben werden sollen, kann nur anhand einer Bodenuntersuchung (siehe S. 56) festgestellt werden.

Blüte, Frucht, Ernte

Himbeeren sind selbstfruchtbar. Doch empfiehlt sich die Pflanzung von mehreren Sorten, denn auch bei dieser Beerenobstart bringt Fremdbestäubung besonders hohe und regelmäßige Erträge sowie große Beeren.
Die Früchte hängen an den im Vorjahr entstandenen Ruten und reifen im Juli. Gleichzeitig wachsen aus den Wurzelstöcken neue Triebe, die den Ertrag für das nächste Jahr liefern.
Geerntet wird erst, wenn die Beeren völlig rot sind. Dabei zieht man sie einfach vom Zapfen (Fruchtboden) ab. Nachdem die Beeren rasch überreif werden, pflücken wir sie alle 2–3 Tage durch, bei heißem Wetter sogar möglichst täglich.

Sorten

'**Meeker**' – mittelfrüh reifend; kräftig und gesund wachsend; sehr aromatische, gut haltbare Früchte; regelmäßige, hohe Erträge; zum Tiefkühlen geeignet; nicht geeignet für Höhenlagen über 700 m; widerstandsfähig gegen Krankheiten, deshalb besonders zum Anbau im Haus- und Kleingarten zu empfehlen.

'**Rusilva**' – mittelfrüh reifend; sehr ertragreich; große, hellrote Beeren, köstliches Aroma; Haupterntezeit Anfang Juli; nach warmen Sommern trägt 'Rusilva' im Herbst im oberen Drittel der Jungruten nochmals; gesunder Wuchs; widerstandsfähig gegen Wurzel- und Rutenkrankheiten sowie gegen Himbeerblattlaus.

'**Zefa 2**' – mittelfrüh reifend; Schweizer Züchtung; kräftige Neutriebe; hoher Ertrag an dunkelroten, aromatischen Früchten; auch für etwas leichtere und weniger feuchte Böden geeignet.

'**Himbostar**' – spät reifend, mittelstark wachsend mit wenig Jungtrieben, deren Anzahl jedoch für Vollertrag ausreicht; ertragreich, braucht ausreichend Niederschläge bzw. genügend feuchten Boden; Beeren leuchtendrot, aromatisch; wertvolle Züchtung.

'**Schönemann**' – spät reifende, bewährte Hauptsorte; kräftige, stark aufrechtwachsende Triebe; überaus reichtragend; Beeren dunkelrot, von angenehm süß-säußerlichem Geschmack; robust wachsend mit reichlich Wurzelschossen, wenig krankheitsanfällig.
'**Autumn Bliss**' (= 'Blissy') – Herbstsorte; die Ruten, die sich ab April entwickeln, tragen bereits im selben Spätsommer und werden nach der Ernte dicht über dem Boden abgeschnitten; hoher Ertrag geschmacklich wertvoller Früchte; widerstandsfähig gegen Wurzelfäule und Rutenkrankheit, deshalb für den Garten gut geeignet; Reife: Anfang August–Anfang Oktober.
'**Zefa Herbsternte**' – in den Katalogen auch unter 'Zefa 3' geführt – Herbstsorte; Schweizer Züchtung, wohl die beste zweimaltragende Himbeere für warme, sonnige Standorte; mäßiger Wuchs, Ruten werden nur bis etwa 1 m lang; Haupternte im September, Früchte reifen jedoch bis zu den ersten stärkeren Frösten; Beeren kräftig rot und wohlschmeckend.

Brombeere

Bei Himbeeren sind es die Ausläufer, die so manchen Gartenfreund von der Pflanzung abhalten, bei den Brombeeren ist es das Gewirr der stachligen Triebe. Dabei zählen die aromatischen, besonders bei Kindern beliebten Brombeeren zu den gesündesten Früchten. Von allen Beerenobstarten weisen sie den höchsten Gehalt an Vitamin A (Karotin) auf und eignen sich wegen ihres niedrigen Eiweiß- und Zuckergehalts für die Diät bei Magen-, Zucker-, Nieren- und Rheumaleiden. Von besonderer Bedeutung ist der Gehalt an Mineralstoffen und Fruchtsäuren. Brombeeren eignen sich vorzüglich als Naschfrüchte; man kann sie zu wohlschmeckenden Marmeladen, zu Kompott und Gelee verarbeiten, oder aber zu Saft und sogar zu Likör.
Loganbeere, Boysenbeere, Youngbeere und Marionbeere sind verwandte Brombeer-Arten bzw. Kreuzungen von Brombeeren mit Himbeeren. Sie werden in den USA in vielen Sorten angebaut, haben aber bei uns trotz ihres interessanten Aussehens und vorzüglichen Geschmacks keine Bedeutung. Wer eine der genannten Hybriden (Kreuzungen) trotz ihrer geringen Frosthärte und des geringen Ertrags pflanzen möchte, sollte dafür einen besonders geschützten Platz auswählen.

Brombeeren als Wandspalier. Im Frühjahr die abgetragenen Ruten entfernen und die jungen Triebe locker verteilt anbinden.

Besondere Ansprüche

Ideal für Brombeeren ist ein sonniger Platz, der möglichst wind- und frostgeschützt sein sollte. Dagegen sind die Ansprüche an den Boden sehr gering. Diese Beerenobstart ist selbst mit einem leichten, sandigen Boden zufrieden, der sich für andere Obstarten nur wenig eignet. Nur bei schwerem, feuchtem Boden ist Vorsicht geboten, weil hier besonders häufig winterliche Frostschäden und Blattvergilbungen auftreten. Und noch etwas: Brombeerwurzeln sind eine Leibspeise für Wühlmäuse. Deshalb bei Gefahr in einem »Korb« pflanzen, den wir aus engmaschigem, verzinkten Sechseck-Drahtgeflecht basteln (siehe S. 131).
Damit sind wir bei einem kleinen Schönheitsfehler: In sehr kalten Wintern, in denen die Temperatur unter –15 °C absinkt, erfrieren häufig die Ranken. Das letzte Mal war dies nach den kalten Wintern 1985 und 1987 in vielen Gärten der Fall. In einem solchen Jahr gibt es dann keine Ernte. Ähnlich wie bei Kletterrosen, treiben jedoch aus dem Stock zahlreiche Jungtriebe aus, die im kommenden Jahr wieder ganz normal blühen und fruchten.
Wegen der Kälteempfindlichkeit eignen sich Höhenlagen über 600 m nicht mehr besonders für den Brombeeranbau. Hier kann es bereits im September Frostnächte geben, also bereits zu einer Zeit, zu der die Beeren noch bei weitem nicht alle abgeerntet sind. Pflanzt man die Brombeeren allerdings an eine sonnige geschützte Hauswand oder an einen Holzschuppen, so gibt es auch in höheren Lagen noch eine annehmbare Ernte.

Pflanzung

Um alle Ausfälle während des Winters zu vermeiden, pflanzen wir Brombeeren am besten erst im Frühjahr. Nachdem die Pflanzen im Container, also mit Topfballen, angeboten werden,

OBSTARTEN

Ein schwungvoll gezogenes Brombeerspalier. Das Beispiel zeigt, daß bei richtigem Schnitt kein stacheliges Triebgewirr entsteht.

brauchen wir uns damit nicht zu beeilen. Die Bodenvorbereitung erfolgt wie beim übrigen Strauchbeerenobst. Obwohl anspruchslos, wollen wir auch bei Brombeeren darauf achten, daß vor der Pflanzung alle Wurzelunkräuter entfernt werden. Andernfalls würden diese, vom Wurzelstock der Brombeere ausgehend, immer wieder in den Garten hineinwachsen.

Bei den rankenden, mit Stacheln bewehrten Sorten sollte 3,50–4 m Pflanzabstand eingehalten werden, während bei den stachellosen Brombeeren 2 m Abstand genügen. Aufrechtwachsende Sorten pflanzt man mit 50 cm Abstand in der Reihe und mit 1,50–2 m Reihenabstand, sofern mehrere Reihen angelegt werden sollen.

Beim Pflanzen darf das meist nur schwache Wurzelwerk nicht beschädigt werden; das Gleiche gilt für die am Wurzelhals sitzenden Triebknospen. Wir pflanzen so tief, daß diese bodennahen Knospen anschließend etwa 5 cm hoch mit Erde bedeckt sind. Dann wird angegossen und der Boden um die Pflanzstelle mit organischem Material abgedeckt.

Spaliergerüst

Auch bei Brombeeren ist ein Spaliergerüst erforderlich. Wir schlagen etwa alle 5 m einen imprägnierten Pfahl mit 10 cm oberem Durchmesser in den Boden oder betonieren ein Eisenrohr ein. Das Spaliergerüst soll 1,80 m hoch sein. Höhere, mit Ranken bewachsene Drahtgerüste machen den Garten optisch kleiner. Der erste Draht wird 50 cm über dem Boden gespannt, in Abständen von je 25 cm folgen 5 weitere. Auf diese Weise haben wir die Möglichkeit, bei jeder Pflanze 6 Tragruten und 6 Jungtriebe anzuheften.

Wer will, kann aber auch nur 3 Drähte in 0,60, 1,20 und 1,70 m Höhe spannen und an diesen die Tragruten und Jungtriebe in geschlungener Form anbinden. Dies ergibt eine grüne Wand, die zudem dekorativ aussieht. Auch bei dieser Methode werden die Ruten im Herbst zu Boden gelegt und erst im Frühjahr hochgebunden.

Schnitt

Bei der Pflanzung im Frühjahr wird an den ein- oder zweijährigen Pflanzen mit Topfballen weder an den Wurzeln noch an den Ruten etwas zurückgeschnitten, vielmehr binden wir die sommerlichen Jungtriebe an den Drähten des Spaliergerüsts an. Geiztriebe, die sich ab Ende Juni in deren Blattachseln entwickeln, werden auf 2–4 Augen zurückgeschnitten, sobald sie 30–40 cm lang geworden sind. Dies geschieht bis zum Herbst mehrmals, ebenso wie das laufende Anbinden der Jungtriebe an den Drähten.

Durch das Einkürzen der Geiztriebe entwickeln sich aus deren verbleibenden Augen (2–4) im nächsten Jahr große Blütenstände und große Beeren, die rasch gepflückt werden können, ohne daß wir uns die Hände zerkratzen. Dieser Sommerschnitt ist die wichtigste Arbeit. Unterbleibt er, so entsteht in kurzer Zeit ein Triebgewirr, in dem wir uns kaum mehr zurechtfinden.

Im Winter nach der Pflanzung entfernen wir alle Triebe bis auf 3 besonders kräftige, die bis zur Hälfte eingekürzt werden. Im 2. Jahr nach der Pflanzung entsteht daraufhin aus dem Wurzelstock eine große Anzahl junger Triebe, von denen wir nur die 6 kräftigsten stehen lassen und diese an den Drähten links und rechts festbinden.

Der sich jährlich wiederholende Winterschnitt wird erst nach der Frostperiode, also im zeitigen Frühjahr, durchgeführt. Dabei werden alle abgetragenen Ranken weggeschnitten, während man die 6 im letzten Sommer belassenen Jungtriebe gleichmäßig verteilt an den Drähten anbindet. Wegen der Frostgefahr sollten sie im Spätherbst zusammen mit den abgetragenen Ranken auf den Boden heruntergelegt und wenn möglich mit Fichtenzweigen, Stroh oder Laub locker bedeckt werden.

Zu lange Ranken – bei der bekannten Sorte 'Theodor Reimers' können sie 8–10 m lang werden – schneiden wir

im zeitigen Frühjahr um etwa ein Drittel zurück. Wir können sie dann leichter am Drahtgerüst anbinden; ferner kommt dieser Rückschnitt den an den verbleibenden Ranken angesetzten Blüten und Früchten zugute.
Wurde der so wichtige Sommerschnitt versäumt, so kann er im Nachwinter nachgeholt werden, wenn auch mit erheblich mehr Arbeitsaufwand als im Sommer. In diesem Fall kürzen wir die in den Blattachseln entstandenen Geiztriebe auf 1–2 Knospen, also auf kurze Stummel ein.

Pflege, Düngung

Auch Brombeeren sind wie alle Strauchbeerenobstarten für ein Bedecken des Bodens mit organischem Material dankbar, vor allem, wenn sie auf einem leichten, sandigen Boden stehen. Wer die Pflanzen im Spätherbst gegen winterliche Kälte mit Stroh bedeckt hat, kann dieses im Frühjahr gleich als Mulchdecke liegenlassen.
Düngung wie bei Himbeeren. Auch für organische Stoffe, als Grundlage jeder mineralischen Düngung, gilt das bereits bei den Himbeeren gesagte; auch Brombeeren entwickeln sich auf humusreichem Boden besonders gut.

Blüte, Frucht, Ernte

Brombeeren sind selbstfruchtbar, es genügt also eine Sorte. Die Bestäubung erfolgt durch Bienen und Hummeln während der gesamten Blütezeit vom Mai bis in den August hinein. Blüten und mehr oder weniger reife Früchte sind während dieser Zeit gemeinsam an den Ranken zu finden.
Geerntet wird erst, wenn die Früchte gut ausgereift sind, weil sie erst dann ihre Inhaltsstoffe und ihr köstliches Aroma voll entwickelt haben. Die Ansatzstelle des Fruchtbodens ist dann bläulich bis violett gefärbt, die Beeren bekommen meist einen matten Schimmer und lassen sich bei Vollreife leicht vom Fruchtboden lösen. Je nach Witterung und Sorte reifen die Früchte von Mitte Juli bis Ende September. Je Meter Pflanzreihe kann man mit 3–4 kg Ertrag rechnen.

Sorten

'**Theodor Reimers**' – altbekannte, bewährte Sorte, die bereits um 1890 aus den USA eingeführt wurde; anspruchslos an Boden, entwickelt sie selbst auf leichten, mageren Böden bis zu 10 m lange Ranken; sehr stachelig, reift ab Anfang August bis in den Oktober hinein; sehr reichtragend; Beeren vollreif saftig, sehr süß und aromatisch, wertvoll für Frischgenuß und Verarbeitung; Ranken frostempfindlich, deshalb im Herbst auf den Boden legen und abdecken. Trotz aller Neuheiten die Spitzensorte in Aroma und Ertrag.

Die Taybeere ist keine Frucht zum Naschen, denn auch reif schmeckt sie sauer. Umso mehr eignet sie sich für die häusliche Verwertung.

'**Black Satin**' – eine neuere rankende, aber stachellose Sorte (Brombeeren haben keine Dornen, sondern Stacheln!); mittelstark wachsend; reift 2 Wochen früher als die meisten anderen Sorten, ab Anfang August bis Mitte Oktober; mittlerer Ertrag; Früchte glänzend schwarz mit typischem Brombeeraroma.

'**Nessy**' (auch '**Loch Ness**') – stachellos; Wuchs mittel, d. h. nicht so stark wachsend wie ältere stachellose Sorten; sehr robust; Früchte etwa doppelt so groß wie bei 'Theodor Reimers', aromatisch-süß, fest und nicht saftend; Reife ab Ende August bis Mitte September; aromamäßig wohl die beste unter den stachellosen Sorten.

'**Thornfree**' – ebenfalls stachellos, reift ab Ende August, feines Brombeeraroma; wertvoll für Frischgenuß und Verarbeitung, sehr saftreich.

'**Wilsons Frühe**' – einzige aufrechtwachsende Sorte; Wuchs mittelstark; wie Himbeeren behandeln; Pflanzabstand von 50 cm genügt; wenig Stacheln; Reife ab Ende Juli; Beeren klein bis mittelgroß, süßlich, mit vielen Samen; während der Fruchtreife viel Wasser geben, damit Beeren nicht zu klein bleiben; anschließend wird dann wieder mehr Trockenheit vertragen.

Taybeere (Tayberry)

Es handelt sich hier um eine Kreuzung aus Himbeere und Brombeere, die allerdings vom Wuchs her der Brombeere viel näher steht als der Himbeere. Die Ranken werden 3–4 m lang und sind stark mit Stacheln besetzt, so daß man bei den erforderlichen Schnitt- und Bindearbeiten Handschuhe tragen muß. Die Ranken erscheinen wie bei der Brombeere aus der Basis des Strauches und entwickeln in ihrem unteren Bereich Geiztriebe.

OBSTARTEN

Die Taybeere ist keine Frucht für den Frischgenuß, denn sie schmeckt auch im vollreifen Zustand recht sauer. Ideal eignet sie sich dagegen für die Zubereitung von Gelee, Marmelade oder Konfitüre. Wenn die Beeren frisch püriert und gezuckert werden, bekommt man eine Fruchtsoße, die zu Eis oder Pudding köstlich schmeckt. Sehr gut lassen sich Taybeeren auch tiefgefrieren. Nachdem die weichen Früchte nicht transportfähig sind, dürfte diese Neuheit kaum am Markt angeboten werden.

Besondere Ansprüche

Taybeeren wachsen in jedem normalen Gartenboden. Selbst ein leichter Boden eignet sich, wenn bei Trockenheit genügend gegossen wird. Lediglich schwere, verdichtete Böden scheiden aus, da hier Wurzelkrankheiten auftreten können und der Trieb spät abschließt. Dadurch nimmt die Frostempfindlichkeit zu. Bei winterlichen Temperaturen unter −15 °C erfrieren die Ranken, wenn sie nicht wie bereits bei der Brombeere empfohlen, heruntergelegt und durch Schnee, Fichtenzweige oder Stroh geschützt sind. Die Frosthärte ist allerdings größer als bei der bereits erwähnten Logan- oder der Boysenbeere (siehe Seite 111).

Pflanzung

Wegen der Frostgefährdung wird erst im Frühjahr gepflanzt. Meist genügen 1 oder 2 Pflanzen, die im Abstand von 2–2,50 m gesetzt werden. Wird die Taybeere vor die Hauswand gepflanzt, so ist – ähnlich wie bei Brombeeren – ein Rankgerüst nötig bzw. für eine freistehende Hecke ein Drahtgerüst. Es genügen 4 Drähte, von denen der unterste etwa 60 cm über dem Boden verläuft, während die anderen im Abstand von 40 cm folgen.

Pflege, Düngung, Schnitt

Was bereits bei der Brombeere gesagt wurde, gilt auch hier. Im Frühjahr genügt neben reichlich Kompost eine Gabe von 50 g/m² Blau-Volldünger oder die entsprechende Menge eines organischen Düngers. Für eine gute Fruchtqualität kommt es vor allem auf eine ausreichende Kali- und Magnesiumversorgung an.

Zum Schnitt: Die jungen Ranken läßt man am untersten Draht oder am Boden entlangwachsen, während die tragenden Ranken an den übrigen Drähten angebunden werden. Im Frühjahr schneidet man die alten, abgetragenen Ranken über dem Boden weg und befestigt die im letzten Jahr entstandenen Jungranken an den Drähten. Während des Sommers verbleiben je Pflanze höchstens 6 Ranken. In den Blattachseln entstehende Geiztriebe werden auf 2–4 Augen eingekürzt.

Blüte, Frucht, Ernte

Die leicht rosa gefärbten Blüten mit vielen Stempeln erscheinen im Mai an kurzen Seitentrieben, meist 5–7. Die sich daraus entwickelnden Früchte sind fast walzenförmig, weinrot und etwa doppelt so schwer wie Himbeeren, allerdings samt Zapfen, denn dieser bleibt bei der Ernte – im Gegensatz zur Himbeere – in der Frucht.

Die Ernte beginnt wie bei Himbeeren etwa Anfang Juli und zieht sich über 3 Wochen hin. Man sollte unbedingt die Vollreife abwarten, denn nur dann erreicht die Taybeere ihr typisches Aroma. Trotz der dornigen Triebe lassen sich die Früchte rasch ernten, weil sie frei hängen. An einem freistehenden Spalier kann man bei Pflanzen im Vollertrag mit 3 kg Beeren je Meter Pflanzreihe rechnen.

Während der Blüte können es Gartenheidelbeeren mit jedem Zierstrauch aufnehmen.

Gartenheidelbeere

Die köstlich schmeckenden Kultursorten finden unter den Gartenfreunden zunehmend Liebhaber. Sie reifen, je nach Sorte, von Mitte Juli bis Mitte September und haben im allgemeinen mehr Zucker und weniger Säure als unsere Waldheidelbeeren.

Am besten schmecken die fast kirschgroßen Beeren (14–18 mm Durchmesser), wenn man sie frisch vom Strauch pflückt und gleich ißt. Aber auch für Kuchen, Kompott oder Saft sind sie geeignet; ebenso gut lassen sie sich konservieren und einfrieren. Die Früchte haben nichtfärbenden Saft, die Haut aber ist je nach Sorte hellblau bzw. tiefblau wie bei der gewöhnlichen Waldheidelbeere. Übrigens, zur Blütezeit im Mai sind Heidelbeeren besonders attraktiv. Man kann die bis zu 2 m hoch werdenden Sträucher durchaus

GARTENHEIDELBEERE

als Zierpflanzen am Gartenrand mit einplanen und später noch die Früchte ernten.

Besondere Ansprüche

Nicht immer tragen die Sträucher so reich, wie dies auf Abbildungen in Katalogen und Gartenbüchern zu sehen ist. Der Hobbygärtner ist dann sehr enttäuscht und schimpft auf den schuldlosen Pflanzenlieferanten. Der Grund für den Mißerfolg ist in beinahe allen Fällen eine unzureichende Bodenvorbereitung.

Wichtigste Voraussetzung für den Erfolg mit Kulturheidelbeeren ist nämlich ein saurer Boden mit einem pH-Wert von etwa 4–5, vielfach sogar 3,5–4,5; dies entspricht dem pH-Wert eines Hochmoor- oder eines humusreichen Waldbodens.

Die meisten Gartenböden zeigen dagegen eine nur schwach saure bis neutrale Reaktion (pH 6–7) und müssen deshalb speziell für die Pflanzung von Heidelbeeren vorbereitet werden. Andernfalls würden die Pflanzen kümmern und kaum Neutriebe entwickeln. Heidelbeeren unter nicht zusagenden Bodenverhältnissen bekommen außerdem meist gelbliche Blätter, wachsen eher rückwärts als vorwärts und gehen schließlich ganz ein. Wenn allerdings die speziellen Wünsche an sauren Boden berücksichtigt werden, ist es durchaus möglich, auch auf von Natur aus ungeeigneten Böden erfolgreich Heidelbeeren anzubauen.

Wir heben deshalb vor der Pflanzung für jeden Strauch eine Grube von mindestens 1 × 1 m und 0,40 m Tiefe aus und füllen diese mit einer Mischung, bestehend aus der Hälfte des Bodenaushubs und saurem Material, also Torf bzw. Torfersatzstoffen. Als solche eignen sich verschiedene Abfallprodukte aus dem Garten, wie Lauberde, Nadelstreu, Sägespäne, Borke – am besten gelagerte, vererdete Borke von Kiefern –, geschredderte bzw. zerkleinerte Schilfblätter, aber auch im Handel angebotener Torfersatz wie Kokosfasern u. ä. In Gegenden mit besonders kalkreichen Böden können wir zusätzlich die Innenwände der Pflanzgrube mit Folie auskleiden, damit von den Seiten her möglichst kein Kalk eingewaschen wird. Bewährt hat es sich auch, ein leeres Faß oder einen großen Kübel ohne Boden einzugraben und mit dem beschriebenen sauren Boden zu füllen. Kalk und frischer Stallmist sind für Heidelbeeren Gift!

Und noch etwas: Die im Garten gepflanzten Sorten wollen im Gegensatz zur Waldheidelbeere volle Sonne.

Pflanzung

Die Pflanzung erfolgt im Herbst oder zeitigen Frühjahr. Schön sieht es aus, wenn die Sträucher in einer Gruppe zusammenstehen, die dann gleichzeitig Zierwert hat. Es kann aber auch eine Reihe gepflanzt werden. In all diesen Fällen sollte der Abstand von Strauch zu Strauch etwa 1,50–2 m betragen. Als Reihenabstand bei größeren Pflanzungen haben sich 3 m bewährt.

Wir kaufen 2–3jährige Sträucher, die möglichst gut bewurzelt sein sollen. Sie werden in Spezialbetrieben (siehe S. 168) mit Ballen oder im Container angeboten. Nicht zu tief pflanzen, da die Wurzeln sehr lufthungrig sind. Heidelbeeren bilden mit verschiedenen Bodenpilzen eine Lebensgemeinschaft (Mykorrhiza-Symbiose), vorausgesetzt, der Boden ist gut mit Sauerstoff versorgt.

Nach der Pflanzung treten wir die Sträucher leicht an und gießen kräftig, damit die Erde an den Wurzeln geschwemmt wird. Dann wird der Boden um die Sträucher mit organischem Material abgedeckt, also gemulcht. Besonders gut eignen sich zum Mulchen – wegen der sauren Reaktion – Waldhumus, Laub, Kiefernrinde (Borke) oder angerottete Sägespäne bzw. Rindenmulch, wie er im Fachhandel sackweise angeboten wird.

Pflege

Ebenso wie Johannis- und Stachelbeeren sind die Kulturheidelbeeren ausgesprochene Flachwurzler. Deshalb darf zwischen den Sträuchern auf keinen Fall mit dem Spaten gegraben werden. Wir nehmen zur Bodenbearbeitung nur die Grabgabel, lockern flach und ziehen das Unkraut heraus.

Besonders wüchsig zeigen sich die Heidelbeeren, wenn der Boden unter den Sträuchern gemulcht wird. Dazu bringen wir jedes Jahr eine 10–15 cm hohe Schicht aus den bereits oben genannten Materialien auf. Zum Gießen wird möglichst kalkarmes Wasser, am besten also weiches Regenwasser, verwendet.

OBSTARTEN

Mit der Heidelbeerernte warten wir, bis die Beeren richtig blau sind.

Düngung

Um den Humusgehalt und damit das Bodenleben zu fördern, bringen wir jedes Frühjahr unter den Sträuchern organische Stoffe aus, also Kompost oder verrotteten Stallmist.

Bezüglich der Nährstoffe sind Kulturheidelbeeren recht genügsam. Schwacher Neutrieb und gelblichgrüne Blätter sind allerdings Anzeichen von Stickstoffmangel. In Plantagen im norddeutschen Raum wird derzeit im Frühjahr mit 20 g/m² Nitrophoska Suprem (20 % N, 5 % P, 10 % K, 3 % Mg, 5 % S) gedüngt, also mit einem stickstoffbetonten, phosphatarmen Volldünger, der auch Magnesium und Schwefel enthält. Im Garten können wir im Fachhandel erhältliche Spezialdünger verwenden, die sauer wirken, also Kleinpackungen eines Heidelbeer-, Azaleen- oder Rhododendrondüngers. Ebenso kann aber ein kalk- und chlorfreier Volldünger wie Nitrophoska blau (ca. 20 g/m²) gegeben werden bzw. Akrisal, das sich auch gut zum Düngen von Rhododendron und Azaleen eignet. Wer einen organischen, also langsamwirkenden, Dünger bevorzugt, sollte diesen nicht zu spät geben, damit das Wachstum im Herbst beendet ist, die Triebe dann ausgereift sind und das Laub die typisch rote Herbstfärbung bekommt. Andernfalls treten in strengen Wintern Frostschäden auf.

Schnitt

Ein scharfer Pflanzschnitt, wie er bei anderen Beerensträuchern anzuraten ist, braucht nicht durchgeführt zu werden. Die Kulturheidelbeeren kommen mit wenig Schnitt aus. Erst nach etwa 5 Jahren werden überalterte, sich überkreuzende, nach innen wachsende und zu sehr dem Boden aufliegende Triebe herausgeschnitten. Der Schnitt erfolgt entweder dicht über dem Boden oder aber über einem Jungtrieb, der aus einem älteren Trieb entstanden ist. Als Ersatz läßt man einige gut verteilte, kräftige Jungtriebe stehen, die sich aus dem Wurzelstock entwickelt haben. Die Triebe sollen möglichst nicht älter als 4–5 Jahre sein und dann durch junge ersetzt werden.

Blüte, Frucht, Ernte

Die 1,20–2 m hoch werdenden Sträucher sind im Mai mit weiß bis rosa gefärbten glockenförmigen Blüten besetzt. Sie sind zwittrig und selbstfruchtbar. Trotzdem empfiehlt es sich, mindestens 2 Sträucher verschiedener Sorten zu pflanzen. Durch Fremdbestäubung bringen die Sträucher höhere Erträge und größere Beeren. Bienen und Hummeln sind für die Bestäubung der Blüten unentbehrlich und Voraussetzung für eine reiche Ernte und große Beeren. Nicht befruchtete Beeren bleiben klein und lederartig.

Vom 3.–4. Jahr ab gibt es bereits recht erfreuliche Erträge. Ein voll entwickelter Strauch kann 4–7 kg Beeren bringen, unter besonders günstigen Verhältnissen sogar bis zu 10 kg und mehr. Die aus Neuseeland kommende Sorte '**Reba**' soll unter optimalen Bedingungen sogar 10–17 kg je Strauch bringen. Sie wird bei Erscheinen des Buches allerdings noch nicht an Hobbygärtner abgegeben, dürfte aber in absehbarer Zeit erhältlich sein.

Je nach Sorte reifen die Früchte von Mitte Juli bis in den September hinein. Mit der Ernte warten wir, bis die Beeren richtig blau sind; erst dann haben sie ihr köstliches Aroma voll entwickelt. Beeren, die nicht sofort verwertet werden können, lassen sich ohne Nachteile einige Tage lang im kühlen Keller oder im Kühlschrank aufbewahren.

Nachdem die Beeren nacheinander reifen, werden sie gerne von Vögeln heimgesucht. Wir müssen sie deshalb unbedingt schützen, da sonst kaum eine Beere richtig reif wird. Scheinbar finden die Amseln um diese Zeit in den Gärten nichts Verlockenderes. Einzelne Sträucher oder eine kleine Gruppe umgeben wir deshalb am besten mit einem Käfig aus engmaschigem Drahtgeflecht oder einem Kunststoffnetz.

Sorten

Bereits kurz nach 1900 begann in den USA die systematische Züchtung großfrüchtiger Kulturheidelbeersorten. Heute gibt es etwa fünfzig davon. Empfehlenswerte Sorten sind:

'**Bluetta**' – sehr früh; dunkelblaue, gleichmäßig reifende Beeren; halbhoher Strauch (0,90–1,50 m).

'**Patriot**' – früh; Wuchs kräftig aufrecht; reichtragend; liebt sonnige, warme Stellen; ebenso geeignet bei kurzer Vegetationszeit, aber langem Tageslicht; in kalten norddeutschen Sommern befriedigt der Geschmack nicht; frosthart, deshalb auch für Höhenlagen geeignet.

'**Bluecrop**' – mittelfrüh; reichtragend, große Fruchttrauben; sehr frosthart, verträgt Trockenheit recht gut.

'**Goldtraube**' – mittelfrüh; stark aufrecht wachsend, robust; dunkelblaue, große bis sehr große Beeren; gutes Heidelbeeraroma, süß.

'**Berkeley**' – mittelspät; sehr große, schön hellblaue beduftete Beeren.

'**Coville**' – spätreifend; starkwachsend; attraktive lichtblaue Beeren, platzfest und von ausgezeichnetem Geschmack.

Preiselbeere

Aus einer wilden Pflanze durch züchterische Bearbeitung eine »zahme« zu machen, die auch im Garten befriedigt, ist nicht immer ganz einfach. Dies gilt auch für die Preiselbeere, die deshalb erst neuerdings dem Hobbygärtner zu versuchsweisem Anbau empfohlen werden kann. Preiselbeeren sind bekanntlich nicht nur vielseitig verwertbar, sie haben auch einen vorzüglichen Geschmack und gelten deshalb zu Recht als Delikatesse, die Feinschmecker zu schätzen wissen.

Besondere Ansprüche

Preiselbeeren wachsen von Natur aus in sandigen Böden Norddeutschlands, in den Mittelgebirgen – z. B. Bayerischer Wald – und in den Alpen bis zu 3000 m Höhe; vor allem aber sind sie in Finnland zuhause. Sie kommen als Unterwuchs trockener Wälder vor, besonders in lichten Kiefernwäldern. Der Boden ist an diesen Stellen sandig, kiesig oder humusreich, in jedem Fall aber nährstoffarm und sauer.

Diese Voraussetzungen müssen wir auch den züchterisch bearbeiteten Pflanzen bieten. Überspitzt ließe sich sagen, daß Kultur-Preiselbeeren dort wachsen, wo sonst nichts mehr gedeiht. Guter Boden bekommt ihnen schlecht. Sie lieben es humusreich, sandig, durchlässig, nährstoffarm. Sind solche Verhältnisse in unserem Garten nicht gegeben, bereiten wir den Boden wie zur Pflanzung von Rhododendren und Azaleen bzw. wie bei Gartenheidelbeeren vor. Wir vermischen ihn mit viel saurem Torf, Waldhumus, Sägespänen, Rinde und eventuell noch Sand. Der Platz sollte möglichst frei und sonnig bis halbschattig sein.

Die Eingewöhnung von Preiselbeeren in den Garten fällt jedenfalls leichter als bei den Gartenheidelbeeren. Auch später sind sie weniger heikel, weil sie ein geringeres Wurzelwachstum haben und deshalb nicht aus der vorbereiteten Bodenschicht herauswachsen.

Pflanzung, Pflege, Düngung

Gepflanzt wird am besten im Herbst oder zeitigen Frühjahr. Auf einem Beet normaler Breite, so wie vom Gemüsegarten her gewohnt, haben je nach Sorte 2–4 Reihen Platz, also Reihenabstand 25–50 cm und gleicher Abstand innerhalb der Reihen. Je m² werden also 5–6 Pflanzen benötigt. Wenn wir die Pflanzen etwas tiefer setzen, treiben sie reichlich Ausläufer und bedecken bald das ganze Beet.

Wir können die Preiselbeeren aber auch im Ziergarten unterbringen, etwa als Bodendecker zwischen Rhododendren bzw. Azaleen und Koniferen, denn sie gedeihen sowohl in voller Sonne als auch in leichtem Schatten und sind wintergrün. Auch für einen Heidegarten sind sie geeignet.

Zusätzliches Wasser brauchen Preiselbeeren sogar auf leichtem Boden selten, es sei denn, es wird einmal über eine längere Zeit hinweg trocken.

Gedüngt werden die Kultur-Preiselbeeren nur sehr vorsichtig mit allenfalls 20 g/m² eines Blau-Volldüngers, der auch Magnesium enthalten sollte. Hierzu liegen noch zu wenig Erfahrungen vor, um genaue Empfehlungen geben zu können. Bei stärkerer Düngung werden die sonst vollkommen gesunden Pflanzen anfällig für *Phytophthora*-Fäule. Das Mulchen mit Sägespänen, Torfmull oder Nadelstreu ist dagegen in jedem Fall vorteilhaft.

Blüte, Frucht, Ernte

Die Preiselbeeren blühen meist zweimal, im Mai/Juni und nochmals im Juli/August. Die Reife der Beeren erfolgt ebenfalls in zwei Schüben. Der erste ist im Juli dran, der zweite im September/Oktober. Die erste Ernte bringt nicht viel, aber es reicht meist zu einer Kostprobe. Die Haupterntezeit ist der Herbst. Die dann geernteten Beeren sind auch größer und von besserer Qualität.

Die glockenförmigen Blüten stehen dicht an dicht in mehrblütigen Trauben; sie sind weiß und rötlich getönt. Die Bestäubung der zwittrigen Blüten wird wie bei anderen Beerenobstarten auch, überwiegend von Bienen und Hummeln übernommen. Ebenso wie die Blüten hängen auch die Früchte in dichten Trauben. Sie sind kugelig, erst weiß glänzend, dann scharlachrot. Einige Jahre nach der Pflanzung können je m² etwa 0,5 kg geerntet werden, unter besonders günstigen Voraussetzungen sogar bis zu 300 g je Pflanze.

Im Garten ernten wir mit der Hand, in norddeutschen Erwerbsbetrieben benützt man dazu einen finnischen Pflückkamm.

Sorten: **'Koralle'** und **'Red Pearl'**. Letztere bildet zwar starke Einzelpflanzen, vermehrt sich aber nicht.

Preiselbeeren, ideal für den Ziergarten.

OBSTARTEN

Kiwi

Diese Obstart ist in subtropischen Regionen zu Hause; dort wachsen Kiwis üppig. Bei uns gedeihen sie dagegen nur in Weinbaugebieten oder an sehr geschützten Stellen, wobei die Früchte aber deutlich kleiner bleiben. Gute Erfahrungen habe ich mit Kiwis an der geschützten Westseite einer Holzhütte gemacht, und dies sogar im Voralpenraum.

Besondere Ansprüche

Kiwis brauchen sauren Boden, d. h. der pH-Wert muß bei 5,5–6,5 liegen. Ist der Boden zu kalkreich, so tritt Chlorose auf, ähnlich wie bei Rhododendron u. a. Die großen Blätter bleiben dann nicht sattgrün wie beim Austrieb, sondern werden gelblich, bekommen braune Blattränder und fallen vorzeitig ab.

Da Kiwis zweihäusig sind, d. h. die weiblichen und die männlichen Blüten befinden sich auf verschiedenen Pflanzen, muß unbedingt ein Pärchen zusammenstehen; andernfalls gibt es keine Früchte. Bei einer größeren Pflanzung versorgt ein »Männchen« die Blüten von 6–7 weiblichen Pflanzen mit Blütenstaub.

Ebenso wesentlich für den Erfolg ist eine sehr windgeschützte, sonnige und warme Lage. Das Holz verträgt Temperaturen bis etwa –12 °C.

Wird es im Winter kälter, kommt es zu Frostschäden, wie etwa im Januar 1985 bzw. 1987 mit Temperaturen bis –25 °C und noch darunter.

In den Jahren davor und danach hatten wir verhältnismäßig milde Winter, so daß mancher Gartenbesitzer nicht so recht an die Frostempfindlichkeit der Kiwis glauben wollte. Vor allem junge Kiwipflanzen sind gegen Kälte sehr empfindlich, während ältere stärker verholzt sind und deshalb etwas mehr aushalten können.

Oben: weibliche Blüten in strahlendem Weiß.
Unten: Die etwas gelblichen Blüten einer männlichen Pflanze.

Über 300 solcher Früchte wurden 1996 von einer älteren Pflanze geerntet, und dies im Voralpenland in 655 m Höhe, allerdings an geschützter Stelle.

Pflanzung

Wegen ihrer Frostempfindlichkeit werden Kiwis nur im Frühjahr gepflanzt. Die Pflanzen werden von den Baumschulen im Container angeboten. Wir stellen sie kurz in einen Eimer mit Wasser, damit sich der Wurzelballen gut vollsaugen kann, und pflanzen dann mit viel feuchtem Torf.

Ist der Boden nicht sauer genug, werden reichlich Torf bzw. Torfersatzstoffe zugesetzt. Außerdem wird der Boden vor der Pflanzung tief gelockert.

Man zieht die Kiwi-Schlingpflanzen am besten an der Hauswand oder an einer Mauer bzw. an einem bis zu 2 m hohen Holz- oder Drahtspalier. Aber auch eine Pergola kann damit berankt werden. Der Abstand von Pflanze zu Pflanze sollte 3–4 m betragen.

Pflege, Düngung, Schnitt

Während der Vegetationszeit brauchen Kiwis viel Wasser, sonst stoßen sie die Früchte leicht ab. Eine Mulchdecke fördert das Triebwachstum. Ab dem 2. Jahr nach der Pflanzung wird im Frühjahr erstmals leicht gedüngt; nach dem 5. Jahr, wenn der Vollertrag einsetzt, werden die Gaben erhöht (siehe unter »Himbeeren« S. 110).

Beim Schnitt kommt es darauf an, daß sich die Pflanzen gut mit Fruchtzweigen garnieren und licht bleiben. Beim Winterschnitt im Februar/März wird deshalb das abgetragene Holz entfernt. Zusätzlich empfiehlt sich ein Sommerschnitt im Juli/August, wenn die Früchte walnußgroß sind. Dabei wird jeder Trieb über dem 5.–6. Blatt oberhalb der Früchte gekappt.

KIWI/WEINSTOCK

Blüte, Frucht, Ernte

Die aparten weißen, bei den männlichen Pflanzen etwas gelblichen Blüten öffnen sich erst im Juni. Damit die Kiwi-Früchte ihre volle Süße und ihr typisches Aroma entwickeln, sollte man sie bis Anfang November an den Pflanzen hängen lassen, denn sie halten bis zu −3 °C aus. Die nicht ganz hühnereigroßen Früchte haben eine hellbraune Haut mit vielen kurzen Haaren. Das grünliche Fruchtfleisch ist mit zahlreichen, kleinen, aber nicht störenden Kernen durchsetzt. Der Geschmack ist angenehm säuerlich, ähnlich wie bei Stachelbeeren. Kiwis werden meist roh gegessen oder zu köstlichen Nachspeisen zubereitet.

Sorten

'**Hayward**' – Wuchs mäßig, blüht spät, im Herbst früher Triebabschluß; sehr ertragreich; Früchte groß, süß und aromatisch; Fruchtreife Anfang–Mitte November; am häufigsten angebaute Sorte.

'**Tomuri**' – als männliche Pflanze zur Befruchtung dazunehmen; Blütezeit deckt sich mit der von 'Hayward'.

'**Weiki**' – Diese kleinfrüchtige, sehr schmackhafte Kiwi der Art *Actinidia arguta* wurde am Institut für Obstbau der TU München/Weihenstephan aus zahlreichen Typen ausgelesen und ist seit 1988 im Handel; die nur stachelbeergroßen Früchte erscheinen in Massen und können mit Stumpf und Stiel gegessen werden; auch für die Verwertung sind sie gut geeignet. Der besondere Vorteil: Die Pflanzen sind außerordentlich winterhart. Als Kletterhilfe genügt ein Maschendrahtzaun; ideal für den kleinen Garten. In Baumschulen werden beide Pflanzen (männlich und weiblich) zusammen in einem Topf angeboten.

Weinstock

Von Weinbaugebieten abgesehen, paßt der Weinstock am besten an die Süd- oder Südwestseite des Hauses, denn

Farbenfroher Herbst! Weinspalier und Gartenchrysanthemen in vielerlei Pastelltönen.

OBSTARTEN

eine Mauer strahlt auch nachts noch Wärme ab. Ebenso eignet er sich zur Bekleidung einer Laube. Selbst in etwas rauheren Gebieten gedeiht die Weinrebe, wenn nur die Pflanzstelle kleinklimatisch begünstigt ist. Ein Weinstock am Haus ist ebenso wie ein Obstspalier eine Zierde. Wenn wir dann auch noch vollreife Trauben ernten können, ist die Freude groß.

Wir haben einen Weinstock seit etwa 60 Jahren an der Westseite des Hauses stehen, und das im Voralpenland zwischen München und den Bergen. Er bedeckt die gesamte Hauswand, hat alle Frostwinter überstanden und trägt jedes Jahr. Die Beeren sind zwar klein, schmecken aber köstlich, und wir ziehen sie den gekauften Trauben entschieden vor, obwohl diese für das Auge mehr hermachen, beim Essen aber oft enttäuschen.

trägt ziemlich regelmäßig. Wichtig ist, daß wir ihn alljährlich im Spätwinter und im Sommer schneiden. Die Trauben entstehen nämlich nur an Jungtrieben aus dem letztjährigen Holz.

Der Boden sollte möglichst kräftig, locker, warm und tiefgründig sein. Staunässe wird nicht vertragen. Vor der Pflanzung heben wir deshalb ein 40 cm tiefes und 1 m² großes Loch aus und geben kohlensauren Kalk oder alten lockeren Bauschutt zu, denn der Weinstock ist kalkliebend. Anschließend wird die Sohle mit der Grabgabel oder bei festem Boden mit dem Pickel nochmals 20 cm tief gelockert, so daß die Pflanzstelle auf etwa 60 cm Tiefe vorbereitet ist. Wenn möglich, sollte auch die Umgebung der Pflanzstelle gelockert werden, denn der Weinstock besitzt weitreichende Wurzeln.

Pflanzung

Gepflanzt wird im Frühjahr, Topfreben auch noch bis in den Sommer hinein. Wir beziehen dazu von einer Baumschule bzw. einem Garten-Center veredelte, starke Pflanzen im Topf bzw. Container und stellen diese in einen mit Wasser gefüllten Eimer, bis sich der Wurzelballen vollgesaugt hat. Dann setzen wir die Pflanzen etwas schräg in das gut vorbereitete Pflanzloch, d. h. der Wurzelballen sollte etwa 40 cm von der Hauswand entfernt ge-

setzt und der Trieb zur Wand hingeleitet werden. Es wird so tief gepflanzt, daß die Veredlungsstelle gerade noch über dem Boden zu sehen ist. Anschließend kräftig angießen und die Veredlungsstelle anhäufeln. Der Trieb braucht nicht zurückgeschnitten zu werden; wir lassen ihn hochwachsen und binden ihn laufend an. Lediglich überzählige Triebe werden weggeschnitten.

Die Weinrebe, ursprünglich ein Schlinggewächs, braucht für das erste Jahr einen Stab, für die weiteren Jahre ein Spaliergerüst, an dem in Abständen von 40–50 cm Querlatten angebracht oder Drähte gespannt sind.

Schnitt

Im kommenden Spätwinter (Ende Februar/Anfang März) – nicht zu spät, sonst blutet der Weinstock – wird der hochgewachsene junge Trieb auf etwa die Hälfte eingekürzt. Beim Rückschnitt bleibt, im Gegensatz zu den übrigen Obstarten, über der Knospe, auf die wir zurückschneiden, ein kleiner Zapfen von 2 cm Länge stehen. Dadurch wird ein Austrocknen der empfindlichen Knospen verhindert.

Aus der obersten Knospe dieses vorjährigen Triebes entsteht im Frühsommer ein kräftiger Jungtrieb, den wir immer wieder anbinden, um eine gerade Mitte zu erhalten. Aus den übrigen Knospen sollen im Abstand von etwa 20 cm seitliche Triebe entstehen.

Ist eine größere Fläche zu bekleiden, so lassen wir im Abstand von etwa 1 m Seitentriebe nach links und rechts vom Mitteltrieb weiterwachsen und binden sie an das Spaliergerüst an. Es sollen daraus stärkere Äste (= Schenkel) werden, an denen ebenso wie am Mitteltrieb Fruchtholz entsteht. Die Verlängerungen sowohl der seitlichen Äste als auch der Mitte werden alljährlich im Frühjahr eingekürzt.

Ähnlich wie bei den Obstbäumen bauen wir also auch beim Weinstock erst

Besondere Ansprüche

Der Weinstock hat von allen hier genannten Obstarten das größte Wärmebedürfnis. Er sollte möglichst windgeschützt stehen, ist sonst aber geradezu bescheiden. Wo er sich wohlfühlt, wächst er eigentlich von selbst und

Winterschnitt: Von beiden abgetragenen Jungtrieben den äußeren entfernen, den verbleibenden auf 2 Augen einkürzen. Zapfen stehenlassen!

WEINSTOCK

Sommerschnitt: Die tragenden Triebe auf 2–4 Blätter über der äußeren Fruchttraube einkürzen, die übrigen Triebe entspitzen; Geiztriebe bis auf 1 Blatt zurücknehmen.

ein Gerüst aus stärkeren Ästen auf, an denen zahlreiche seitliche Triebe (Fruchtholz) entstehen. Diese Seitentriebe, die im Abstand von etwa 20 cm aufeinander folgen sollen, werden nach dem Austrieb an das Spaliergerüst gebunden. Beim nächsten Winterschnitt, der nach Beendigung der stärksten Kälte (Ende Februar/Anfang März) vorgenommen wird, kürzen wir diese Seitentriebe auf 2 Knospen ein, wobei über der äußeren Knospe wieder ein Zapfen verbleibt. Aus den beiden Knospen entwickeln sich 2 junge Triebe, die einer Sommerbehandlung bedürfen.

Ab Anfang Juni werden sämtliche zu dicht stehenden Jungtriebe ausgebrochen, besonders Wasserschosse, die aus dem alten Holz entstanden sind. Je Zapfen verbleiben nur die 2 kräftigsten Triebe mit noch geschlossenen Blütenständen (Gescheine).

Kurz nach der Blüte, also Ende Juni/Anfang Juli, wenn der junge Fruchtansatz gerade gut sichtbar ist, kürzen wir tragende Triebe auf 2 bis 4 Blätter über dem äußeren Geschein (Blüten- bzw. Fruchttraube) ein und entspitzen die übrigen Triebe. Geiztriebe, die aus den Blattachseln entstanden sind, nehmen wir bis auf 1 Blatt zurück.

Anschließend binden wir alle Triebe mit Bast gut verteilt an das Spaliergerüst, so daß die Wandfläche möglichst gleichmäßig bedeckt ist und alle Blätter und Trauben viel Licht und Sonne bekommen. Das Entspitzen und Binden wird, wenn nötig, den Sommer über fortgesetzt. Vielfach können wir uns das Binden jedoch ersparen, wenn Trauben und Blätter genügend Licht bekommen.

Beim darauffolgenden Winterschnitt wird von den jeweils beiden Jungtrieben, die inzwischen verholzt sind, der äußere entfernt. Der andere Trieb bleibt stehen und wird erneut auf 2 Augen zurückgeschnitten. Dies wiederholt sich Jahr für Jahr.

Blüte, Frucht, Ernte

Die Blüten wachsen in Rispen, den Blättern gegenübergestellt, und zwar nur an 1jährigen Trieben, die am 2jährigen Holz sitzen. Die Blütezeit liegt im Juni, während die Trauben, je nach Sorte, im September/Oktober reifen.

Der Ertrag eines Weinspaliers an der Hauswand schwankt von Jahr zu Jahr. Je nach Größe der Mauerfläche kann man pro Stock mit 7–10 kg Trauben rechnen, vorausgesetzt, Amseln und Wespen richten kurz vor der Reife nicht noch großen Schaden an.

Vogelscheuchen, Staniolstreifen u. ä. nützen gegen Vogelfraß kaum. Nachdem ich mich lange genug geärgert habe, wenn nach all der Pflegearbeit die Beeren durch Amseln angefressen werden und sich gleichzeitig die Wespen darüber hermachen, versuchte ich, die Trauben mit Tüten zu schützen. Gefrierbeutel, auch solche, die mit einem Bürolocher perforiert wurden, brachten nicht den gewünschten Erfolg; in diesen bildete sich Schwitzwasser, die Trauben bekamen Grauschimmel. Leichte Papiertüten, wie man sie heute wieder beim Bäcker und anderswo bekommt, bewährten sich dagegen ausgezeichnet. Sobald sich die ersten Fraßschäden zeigen, werden die schönsten Trauben in solche Tüten gesteckt und diese mit schmalen Plastikstreifen an den Stielen befestigt. Noch im Oktober, ja bis in den November hinein können auf diese Weise vollreife, herrlich süße Trauben geerntet werden.

OBSTARTEN

Der Holunder, ein prächtiges Frucht- und Ziergehölz. Oft als »zu gewöhnlich« angesehen, wird er nun wieder geschätzt.

Sorten

Wo keine näheren Angaben gemacht sind, handelt es sich um weiße Sorten; im allgemeinen hat man mit diesen außerhalb von Weinbaugebieten mehr Erfolg als mit roten bzw. blauen Sorten, es sei denn, der Sommer ist sehr heiß.

Früh reifend:
'**Augusta Luise**' – eine Würzburger Kreuzung von betont vornehmer, nicht aufdringlicher Muskatellerart.
'**Ortega**' – ebenfalls eine Würzburger Züchtung, bringt zwar keine Höchsterträge, reift aber auch unter schwierigsten Bedingungen und besticht durch feines Traubenaroma.

'**Perle von Czaba**' und '**Königin der Weingärten**' – beides aus Ungarn stammende Sorten, zeichnen sich durch Muskataroma aus.
'**Blauer Portugieser**' – große Trauben mit wohlschmeckenden, dunkelblauen Beeren, die im September reifen; nur für warme Lagen geeignet; günstig für große Wände, da kräftiger Wuchs.
'**Früher Blauer Burgunder**' – mit schwarzblauen, süßen Trauben, Reife bereits im August; eine recht anspruchslose Sorte, mit kleinen, aber zahlreichen Trauben.

Mittelfrüh reifend:
'**Früher Malinger**' (auch '**Früher Malingre**') – eine altbekannte Sorte, die sich auch in rauhen Gegenden noch gut bewährt; wegen des sehr süßen Geschmacks auch »Zuckertraube« genannt; die Trauben sind von mittlerer Größe; wegen der großen Fruchtbarkeit und der sicheren Reife ist diese Sorte sehr zu empfehlen.
'**Weißer Gutedel**', '**Roter Gutedel**' (Beeren rot) und '**Muskat-Gutedel**' – sie zählen zu den ältesten Tafeltrauben; sehr guter Ertrag auf gutem, nicht zu trockenem Boden; keine besonderen Ansprüche an die Lage, doch sollten sie in rauheren Gegenden an die wärmende Hauswand gepflanzt werden.

'**Phoenix**' – eine pilzresistente neue Rebsorte
Diese von der deutschen Rebenzüchtung entwickelte Neuheit kommt meist ohne Spritzungen aus. Vom Falschen Mehltau (*Peronospora*) wird sie überhaupt nicht befallen, vom Echten Mehltau (*Oidium*) nur sehr selten. Die Beeren sind außerdem widerstandsfähig gegen Grauschimmel (*Botrytis-Fäule*). Dies ist zumindest der aktuelle Stand bei Drucklegung dieser Neuauflage. Wie lange die Resistenz tatsächlich anhält, wird sich erst im Laufe der nächsten Jahre zeigen.
'Phoenix' stellt keine besonderen Ansprüche an den Boden und gedeiht überall dort, wo auch die für die Weinbereitung wichtige Sorte 'Müller-Thurgau' wächst. 'Phoenix' ist starkwüchsig, das winterharte Holz reift gut aus. Die Trauben gleichen in der Größe denen von 'Müller-Thurgau', sind aber kompakter, und die Beeren sind größer. Hinzu kommt ein feines Muskataroma, das die Sorte für den Anbau im eigenen Garten interessant macht.

Holunder

Es ist hier ähnlich wie beim Löwenzahn: Nur, weil der Holunder überall vorkommt und praktisch von selbst wächst, wird er nicht allzuhoch geschätzt. Dabei handelt es sich um einen prächtigen Blütenstrauch, der auch in einem vornehmen Villengarten als attraktives Ziergehölz gepflanzt würde, wenn er nur selten wäre und die Baumschulen einen hohen Preis verlangten.
In so manchem Dorf wurden die Holunderbüsche, die so gut in die bäuerliche Umgebung passen, in den zurückliegenden Jahren herausgehackt und durch steife Serbische Fichten oder gar protzige Rhododendren ersetzt. Man glaubte, ein Holunderbusch sei nicht mehr »in« und man müsse es den Städtern gleichtun.
Erfreulicherweise hat inzwischen ein Umdenken eingesetzt, und der Holunder kommt wieder zu Ehren. Er bedarf keiner Pflege; wo er aufgeht, weil Amseln die Samen »fallengelassen« haben, entwickelt er sich ganz von selbst zu einem mächtigen Strauch. Meist wird er 4–5 m hoch, er kann aber auch eine Höhe bis zu 10 m und einen Durchmesser von 6 m erreichen.
Schön und nützlich sind nicht nur die weißen Blütenteller im Juni/Juli. Wir können sie zu »Hollerkücherl« (gebackene Holunderdolden) im schwimmenden Fett herausbacken oder zu »Sekt« ansetzen. Ebenso schön und nützlich ist der Strauch im Herbst,

HOLUNDER

wenn er mit glänzend schwarzen Beerendolden behangen ist. Aus den Beeren macht man Mus, Gelee und Sirup; für Konfitüre läßt sich Holunder gut mit anderen Früchten mischen. Außerdem ist Holunder heilkräftig: Die Blätter, Blüten, Beeren, Rinde und Wurzeln haben eine blutreinigende, harn- und schweißtreibende Wirkung und werden als Abführmittel verwendet.

Pflege

Wie schon erwähnt: Holunder ist denkbar anspruchslos. Schnitt wird gut vertragen, so daß sich zu umfangreich werdende Sträucher ohne Schwierigkeit verkleinern lassen. Wenn man den Strauch regelmäßig auslichtet, gibt es Fruchtstände mit besonders großen Beeren.

Die Ernte zieht sich 2–4 Wochen hin. Ein Strauch bringt je nach Größe 5–20 kg Beeren. Die Blüten schneiden wir mit einer Schere ab, und zwar jeweils die ganze Dolde knapp beim Ansatz. Anschließend werden sie an einem schattigen, luftigen Platz getrocknet, sofern sie nicht gleich zu »Sekt« oder »Hollerküchert« verwertet werden.

Verwendung im Garten

Wir bauen den Holunder in die Rahmenpflanzung um das Grundstück mit ein, am besten aber pflanzen wir ihn in eine Gartenecke, da er im Laufe der Jahre doch ziemlich mächtig wird. Vorzüglich eignet er sich als Schattenspender für den Kompostplatz, wo er sich besonders wohlfühlt. Im Dorf hat er seinen angestammten Platz unmittelbar am Haus oder am Rande der Straße. Von besonderer Wirkung ist ein Holunderbusch, wenn sich die Blütendolden von einer dunklen Holzwand abheben.
Inzwischen gibt es auch Sorten von Holunder, z. B. **'Haschberg'**, eine Auslese aus Klosterneuburg (Österreich), großdoldig und sehr ertragreich; reift sehr ausgeglichen; wird wegen des etwas herberen Geschmacks von den Vögeln nur selten gefressen; starkwachsend.

Ländliche Idylle! Dieses Dorf, von malerisch gewachsenen Obstbäumen umgeben, kann es mit jeder städtischen Grünanlage aufnehmen. Wer möchte hier nicht im Gras liegen und träumen?

PFLANZENSCHUTZ

Vorbeugen ist besser als heilen

Der Erwerbsobstbauer ist zu häufigen Spritzungen gezwungen, denn auch der umweltbewußte Verbraucher will überwiegend lupenrein sauberes Obst. Er will Äpfel wie bei »Schneewittchen«: wohlgeformt und rotbackig, frei von Maden und »Würmern«. Dies zwingt ihn zu intensivem Pflanzenschutz. Anders im Liebhabergarten, wo sich kleine Einbußen leicht hinnehmen lassen. Hier arbeiten wir möglichst wenig mit chemischen Mitteln und beugen vor, damit es erst gar nicht zu einem stärkeren Auftreten von Krankheiten und Schädlingen kommen kann.

- Obstbäume und Beerensträucher, die am richtigen Platz stehen, werden nicht so leicht und nicht so stark von Krankheiten und Schädlingen befallen wie von Haus aus schwächlich wachsende Pflanzen. Deshalb: Kulturansprüche der einzelnen Obstarten studieren und diese berücksichtigen. Auf ungeeignete Obstarten und -sorten besser ganz verzichten!
- In gut ausgelichteten Obstbäumen trocknen die Blätter nach Regenfällen rasch wieder ab; die Kronen sind gut durchlüftet. Dadurch bleibt ein Pilzbefall (z. B. Schorf) wesentlich geringer als in zu dichten Kronen, und wir können uns manche Spritzung ersparen. Also: Säge und Schere häufig gebrauchen!
- Ausreichende Pflanzabstände einhalten! So bekommen alle Teile der Baumkrone viel Licht und können sich kräftig entwickeln. Die Früchte werden gut ausgebildet und gefärbt, und Pilzkrankheiten haben keine so günstigen Entwicklungsmöglichkeiten. Lieber weniger Obstbäume und Beerensträucher, diese aber im richtigen Abstand pflanzen!
- Widerstandsfähige Sorten bevorzugen! Von jeder Obstart gibt es mehrere Sorten; bei Apfel und Birne geht deren Zahl – Lokalsorten mitgerechnet – weit in die Tausende. Die Sorten unterscheiden sich nicht nur im Aussehen, in der Reifezeit und im Geschmack, sondern auch in ihrer Anfälligkeit gegen Krankheiten. Siehe Hinweise bei den Sortentabellen!
- Mit Stickstoff nicht überdüngen! Die Pflanzen wachsen dann zwar sehr rasch und die Früchte bekommen Übergröße, ebenso aber werden alle Teile weich und damit anfällig gegen Krankheiten und Schädlinge. Also: Immer harmonisch düngen, d. h. auch die übrigen Haupt- und Spurennährstoffe berücksichtigen! Düngung bleiben lassen, wenn der Boden gut versorgt ist bzw. wenn die Bäume und Sträucher gut im Trieb sind, reich tragen und gleichzeitig genügend Blütenknospen für das kommende Jahr ansetzen.
- Boden den Sommer über mulchen! Die Pflanzen fühlen sich dann sichtlich wohl, denn auch in der Natur bleibt kein offener Boden lange unbedeckt. Unter einer Mulchdecke erhält sich der Boden gleichmäßig feucht und krümelig, es entwickelt sich ein reiches Bakterienleben, und wir haben nur noch wenig Arbeit mit der Unkrautbekämpfung.

Krebsige Wucherungen an Obstbäumen bis auf das gesunde gelblich-grüne Holz ausschneiden und mit Wundverschlußmittel verstreichen.

Nützlinge im Garten

Es gibt eine ganze Reihe von Nützlingen, die uns im Obstgarten so manche Spritzung einsparen helfen. Wir wollen sie fördern und ihre Hilfe in Anspruch nehmen. Da sind vor allem einmal verschiedene Vögel, die besonders während der Brutzeit eifrig damit beschäftigt sind, ihre Jungen mit allerlei Insekten aus dem Garten zu füttern. Selbst an milden Wintertagen ist den quicklebendigen Meisen gut zuzuschauen, wie sie flink von Baum zu Baum, von Ast zu Ast fliegen und hüp-

NÜTZLINGE

fen und dabei Futter suchen. Zweifellos sind viele überwinternde Schädlinge darunter.

Nach Untersuchungen besteht die Nahrung von Kohlmeise, Blaumeise und Kleiber zu 60 % aus Schädlingen. Feldlerche, Fitislaubsänger und Gartengrasmücke bringen es auf 70 %, Tannenmeise und Gartenrotschwanz sogar auf 77 %. Schade, daß wir keinen Kuckuck im Garten haben, denn mit 90 % Schädlingsnahrung ist er einsame Spitze! Vogelschutz hat also nichts mit Sentimentalität zu tun, er ist nützlich. Deshalb: Nistkästen aufhängen, Vogeltränken aufstellen und bei Kälte und Schnee an die Winterfütterung denken!

Daneben kennen wir viele kleine Nützlinge, die besonders den Blattläusen den Garaus machen. Dazu zählen vor allem die verschiedenen Marienkäfer und ihre Larven; sie vernichten den Sommer über eifrig Blattläuse, aber auch Schild- und Wolläuse. Die Lieblingsspeise der Florfliege und deren Larven sind ebenfalls Blattläuse. Dieser Nützling ist leicht zu erkennen: hellgrüner Körper, durchsichtige, grünlich schimmernde Flügel und lange Fühler. Im Herbst zieht sich die Florfliege in unsere Wohnungen zurück, wo wir ihr des öfteren begegnen können.

Auch die Larven von Schwebfliegen sind häufig in Blattlauskolonien anzutreffen. Eine einzige ausgewachsene Larve kann täglich bis zu 40 Blattläuse vernichten. Ohrwürmer, die ebenfalls über Blattläuse herfallen, können wir »ködern«, indem wir mit Holzwolle gefüllte Blumentöpfe in die Baumkronen hängen. Dort suchen sie untertags Unterschlupf und gehen nachts auf Jagd. Daneben gibt es Raubwanzen, die Raupen aussaugen, Laufkäfer, die sich über Erdraupen und Schnecken hermachen, und flinke, kleine Raubmilben, die der »Roten Spinne« gefährlich werden. Schließlich sind auch unter den Schlupfwespen und Raupenfliegen nützliche Parasiten, die ihre Eier in oder an Raupen ablegen. Sobald die Larven geschlüpft sind, fressen diese ihre Wirte bei »lebendigem Leib« von innen her auf. Für diese grausam, für uns nützlich.

Schutz der Bienen

Obwohl die Bestäubung der Obstbäume und Beerensträucher auch durch andere Insekten erfolgt, so sind die Bienen doch unentbehrlich. Sie haben den Hauptanteil an einer guten Obsternte. Bienen sind vor allem in großer Zahl an den Bäumen, sobald zwischen Regenschauern während der Blütezeit auch nur für ein paar Stunden die Sonne scheint. Deshalb ist es wertvoll, wenn starke Bienenvölker in der Nähe unseres Obstgartens stehen. In größeren Kleingartenanlagen oder Siedlungen sollte nach Möglichkeit ein Randgarten als Bienengarten vorgesehen werden. Die Bestäubungstätigkeit der Bienen kommt dann allen Gartenfreunden zugute. Bedenken wegen Bienenstichen sind selbst in den Nachbargärten meist unbegründet, wenn der Bienengarten mit Bienennährgehölzen umgeben ist, da die Bienen erst hochfliegen, bevor sie sich in der Luft verteilen.

PFLANZENSCHUTZ

Aus den genannten Gründen muß uns der Schutz der Bienen am Herzen liegen. Bienengefährliche Präparate dürfen deshalb auf keinen Fall an blühenden Pflanzen verwendet werden, wobei eine Pflanze bereits als blühend gilt, wenn sich die erste Blüte öffnet. Aber auch für Bienen nicht gefährliche Präparate sollten nur außerhalb der Hauptflugzeit gespritzt werden, weil Bienen bereits unterkühlt und dadurch flugunfähig werden können, wenn sie nur mit bloßem Wasser besprüht werden. Sind blühende Unkräuter vorhanden, so werden diese vor einer unbedingt notwendigen Spritzung abgemäht und als Mulch belassen. Auf dies alles sei hingewiesen, gehen doch alljährlich bei den Pflanzenschutzämtern Schadensmeldungen ein, nur weil die Vorschriften zum Schutz der Bienen nicht beachtet wurden. Auf den Packungen bienengefährlicher Pflanzenschutzmittel steht: »Achtung! Bienengefährlich«.

Schwebfliegen sehen den Wespen sehr ähnlich, besitzen aber nicht die typische Wespentaille; sie können wie ein Hubschrauber in der Luft stehenbleiben, ja seitwärts und sogar rückwärts fliegen. Ihre Larven sind uns willkommene Blattlausjäger.

Vorsicht mit Pflanzenschutzmitteln!

Soviel steht fest: Unglücksfälle durch Pflanzenschutzmittel kommen nur bei unsachgemäßem Umgang vor. Doch selbst dies ist selten der Fall. Richtig verwendet können Pflanzenschutzmittel von Nutzen sein, ebenso wie etwa Elektrizität, Gas, Verkehrsmittel und viele andere Dinge, ohne die unser tägliches Leben nicht mehr zu denken ist, die aber bei leichtsinnigem Umgang gefährlich werden. Sollte trotzdem durch ein Versehen oder in selbstmörderischer Absicht einmal ein Vergiftungsfall eintreten, so muß sofort ein Arzt benachrichtigt werden. Notfalls kann er sich Auskünfte beim nächstgelegenen Pflanzenschutzamt einholen.

Im Interesse unserer eigenen Gesundheit und der unserer Kinder und anderer Familienangehöriger sollten folgende Punkte beachtet werden:

- Spritzmittel nicht in bewohnten Räumen aufbewahren!
- Niemals aus Originalpackungen in andere Behälter (Tüten, Flaschen, Dosen) umfüllen!
- Mittel unbedingt in einem verschlossenen, Kindern nicht zugänglichen Behälter aufbewahren!
- Spritzbrühen nicht in bewohnten Räumen vorbereiten und für diesen Zweck eigene Behälter verwenden!
- Angesetzte Spritzbrühe auf keinen Fall unbeabsichtigt stehen lassen – Gefahr für Kinder!
- Nur soviel Spritzbrühe ansetzen wie unbedingt benötigt wird, besser weniger! Keine Reste ausschütten – Gefahr für das Grundwasser!
- Beim Spritzen Schutzkleidung tragen, also alte Kleidungsstücke, Gummistiefel, Handschuhe anziehen bzw. sich einen Schutzanzug kaufen. Auf keinen Fall nur mit Badehose bekleidet spritzen.
- Nicht gegen den Wind spritzen. Bei stärkerem Wind auf Spritzung ganz verzichten, da sonst das Mittel auf erntereife Kulturen im eigenen oder im Nachbargarten abtriften könnte.
- Auch bei Windstille erntereife Kulturen unter oder in unmittelbarer Nähe der Bäume oder Sträucher vorsichtshalber mit Folie abdecken bzw. gleich unmittelbar nach der Behandlung mit dem Gartenschlauch abspritzen.
- Nicht während des Bienenflugs spritzen, auch wenn das verwendete Mittel bienenungefährlich ist! Spritzungen also nur morgens oder abends vornehmen.
- Während dem Spritzen nicht rauchen, essen oder trinken. Vor allem Alkoholgenuß davor, während oder danach kann gefährlich werden.
- Nie verstopfte Spritzdüsen mit dem Mund ausblasen! Nach der Arbeit gründlich waschen!

Marienkäfer-Eier inmitten einer Blattlauskolonie.

PFLANZENSCHUTZMITTEL

Richtig dosieren und ausbringen

- Flüssige Spritzmittel (Emulsionen) sind in einem Meßbecher mit cm³- bzw. ml-Einteilung genau abzumessen. Viele Firmen liefern solche Becher mit oder die Maßeinteilung ist auf der Verschlußkappe des Präparates angebracht.
Auf keinen Fall Überdosieren, nach dem Motto »Viel hilft viel!« Andernfalls können Pflanzenschäden auftreten, aber auch gesundheitliche Nachteile (Wartezeiten beziehen sich auf normale Dosierung). Wird dagegen gespart, so ist keine oder eine zu geringe Wirkung vorhanden. Richten Sie sich also genau nach den Angaben auf den Packungen.
- Noch einfacher ist es, wenn der Verschluß des Spritzmittelfläschchens mit einer Pipette versehen ist. Auf der Packung steht dann, wieviele Pipettenfüllungen für 5 l Spritzbrühe benötigt werden.
So heißt es z.B. bei Curol, das ich im eigenen Garten seit langem gegen Schorf an Kernobst und Echten Mehltau an Rosen verwende: 3 Pipettenfüllungen auf 5 l Wasser. Dieses organische Fungizid besitzt übrigens vorbeugende und heilende Wirkung. So können Schorfinfektionen mit Curol bis 96 Stunden nach der Infektion sicher abgetötet werden. Das Mittel dringt innerhalb einer Stunde, also sehr schnell, in die Blätter ein und kann von nachfolgenden Niederschlägen nicht mehr abgewaschen werden.
- Von Bio-Insektenfrei (Insektizid), sicher wirkend gegen Blattläuse, Käfer und Raupen, reichen 3,5 Pipettenfüllungen auf 5 l Wasser aus, um bei sehr starkem Befall die genannten Schädlinge zu bekämpfen.
- Die genaue Dosierung pulverförmiger Mittel ist inzwischen besonders einfach geworden. So sind in der 100-g-Packung des organischen Pilzbekämpfungsmittel Dithane Ultra 10 Beutel à 10 g enthalten, die jeweils für 5 l Spritzbrühe genügen. Ich verwende dieses Mittel seit Jahrzehnten mit bestem Erfolg gegen Obstbaumschorf – manchmal kombiniert mit Curol – und gegen alle Rostpilze sowie gegen Sternrußtau an Rosen.
- Die 10 g-Packung von Pirimor Granulat gegen Blattläuse an Kernobst, Kirschen, Gemüse und Zierpflanzen enthält 4 Portionsbeutel à 2,5 g, von denen jeder ebenfalls für 5 l Spritzbrühe reicht. Wenn unbedingt nötig, verwende ich dieses Präparat, weil es – wie all die vorhin genannten auch – nicht bienengefährlich und zudem nützlingsschonend (Marienkäfer und Florfliegen) ist. Die Wirkung gegen Blattläuse ist hervorragend, da mit diesem Spezialmittel eine Kontakt- und Dampfwirkung erzielt wird; es dringt in die Blätter ein, so daß auch die auf den Unterseiten der Blätter sitzenden Blattläuse bekämpft werden.
- Werden andere pulverförmige Mittel verwendet, die nicht gartengerecht portioniert sind, so sollten diese mit der Briefwaage genau abgewogen werden, um jede Überdosierung zu vermeiden.
- Jedes Pflanzenschutzmittel, vor allem, wenn es pulverförmig ist, wird erst in einem Eimer mit wenig Wasser angerührt bzw. angeteigt. Anschließend verdünnt man es im Eimer oder gleich in der Spritze mit der nötigen Wassermenge. Dabei achten wir auf eine gleichmäßige Durchmischung, damit nicht anfänglich Wasser und zum Schluß konzentrierte Brühe gespritzt wird.
- Wenn wir Pilzkrankheiten (Schorf, Zweigmonilia, Zwetschenrost u.a.) während der Vegetation bekämpfen wollen, verwenden wir eine möglichst feine Düse. Der Grund: Je feiner die Spritztröpfchen sind, desto gleichmäßiger wird die Oberfläche von Blättern und Früchten benetzt und desto besser ist der Schutz.

Spritzgeräte

Leider befallen Krankheiten und Schädlinge vor allem die Obstarten und Sorten, die auch uns am besten schmecken. Ich habe zwar in den vorangegangenen Abschnitten immer wieder darauf hingewiesen, wie wir im eigenen Garten vorbeugend und durch biologische Maßnahmen einen Befall weitgehend verhindern oder zum mindesten gering halten können, doch wer glaubt, es geht ganz »ohne«, macht sich selbst etwas vor.

Ein Spritzgerät gehört deshalb zur Grundausstattung für jeden, der möglichst regelmäßig halbwegs gesundes Obst ernten will. Auch hier bitte nicht sparen, denn die ohnehin unangenehme Arbeit würde durch ein »billiges« Gerät noch wesentlich unangenehmer sein.

Gut bedient ist der Gartenfreund mit einer Druckkesselspritze für 5 oder 10 l Spritzbrühe, einem Stahlblechbehälter, innen und außen feuerverzinkt, 2 Tragriemen und Rückenstütze, einschließlich Druckablaßventil, Manometer und Sicherheitsventil. Der Arbeitsdruck ist 6 bar. Man pumpt auf diesen Druck auf und kann dann bis zum Schluß ohne zusätzlichen Kraftaufwand spritzen. Für solche Geräte gibt es zusätzliche Verlängerungsrohre, so daß sich auch höhere Bäume behandeln lassen. Das TÜV- und GS-Zeichen bürgt für Sicherheit.

Diese Geräte sind von den Firmen Gloria, Mesto u.a. im Handel. Es gibt sie aus rostfreiem Edelstahl, allerdings teurer, sowie als besonders preiswerte 5 l-Ausführungen aus Kunststoff, wie sie meist in Garten-Centern angeboten werden.

PFLANZENSCHUTZ

Wartezeiten beachten!

Unter Wartezeit versteht man den Zeitraum, der zwischen der letzten Behandlung einer Kultur mit einem Pflanzenschutzmittel und der Ernte der betreffenden Kultur eingehalten werden muß.

Die Wartezeiten sind für die einzelnen Mittel verschieden und auf den Packungen aufgedruckt. Sie werden durch die Biologische Bundesanstalt in Zusammenarbeit mit dem Bundesgesundheitsministerium nach umfangreichen Prüfungen und großem Sicherheitsspielraum festgelegt. Sie können sich aufgrund neuer Forschungsergebnisse ändern.

Im eigenen Interesse wollen wir die vorgeschriebenen Wartezeiten lieber über- als unterschreiten, zumal eine zu späte Bekämpfung von Schädlingen, vor allem aber von Pilzkrankheiten, ohnehin nicht mehr viel nützt.

Bei der Wahl der Mittel bevorzugen wir solche, die möglichst ungiftig und nützlingsschonend sind sowie eine kurze Wartezeit haben. Fragen Sie im Fachgeschäft danach.

Schädlinge, Krankheiten und ihre Bekämpfung

Es werden hier nur solche Krankheiten und Schädlinge vorgestellt, die erfahrungsgemäß in vielen Gärten und häufig auftreten. Zuerst folgt ein kurzer »Steckbrief« von einigen besonders wichtigen Schädlingen und Krankheiten, deren Biologie man kennen sollte, um das »Wann« und »Wie« einer Bekämpfung besser verstehen zu können, dann in Tabellenform nochmals eine Gesamtübersicht (Seite 136 ff.), ab Seite 138 nach den Obstarten geordnet. Damit kann auch der eilige und noch wenig erfahrene Gartenfreund ein auftretendes Schadbild zuordnen und sich rasch über die zweckmäßige Bekämpfung informieren.

Bei den meist im eigenen Garten erprobten Bekämpfungsvorschlägen werden vorbeugende und biologische Möglichkeiten vorangestellt, dann aber auch Tips gegeben, was man tun kann, wenn es »brennt«.

Blattläuse

Die durch Blattläuse verursachten Schäden, wie verkrüppelte, zusammengerollte Blätter und gestauchte bzw. korkenzieherartig gedrehte Triebe, sind jedem Gartenfreund bekannt.

Bei ihrer Saugtätigkeit scheiden die Blattläuse den überschüssigen, zuckerhaltigen Pflanzensaft aus, der dann als klebriger Belag (Honigtau) sowohl Blätter als auch Triebe und Früchte überzieht. Ameisen und Bienen werden von diesen »Süßigkeiten« angelockt. Wenn also Ameisen an Obstbäumen oder Beerensträuchern zu sehen sind, so sind meist auch Blattläuse vorhanden. Wir brauchen dann nur noch genau hinzuschauen, um die ersten Kolonien, vorwiegend an jungen Triebspitzen, zu finden. Auf dem Honigtaubelag siedeln sich im Laufe des Sommers meist Schwärze- oder Rußtaupilze an. Die Folge ist, daß sich die Blätter und auch die Früchte mit einem schwarzen Belag überziehen. Dadurch wird die Assimilationstätigkeit der grünen Teile stark eingeschränkt. Einige Blattlausarten können auch gefährliche Viruskrankheiten übertragen.

Grüne und schwarze Blattläuse treten an den verschiedensten Pflanzen auf. Manche Arten sind mit Wachs weißlich bepudert wie die Mehlige Pflaumenlaus, andere rufen an den Blättern von Apfel und Johannisbeeren blasige, gelblich-rötliche Auftreibungen hervor. Näheres siehe bei den Tabellen der einzelnen Obstarten (Seite 138 ff.). Blattläuse vermehren sich im Sommer durch Jungfernzeugung weiter, d.h. sie können lebende Junge ohne Befruchtung zur Welt bringen. Besonders bei warmer Witterung vermehren sich Blattläuse sehr rasch. Für eine weitere Verbreitung sorgen geflügelte Stadien. Im Herbst legen die meisten Arten Eier ab, die überwintern.

Bekämpfung: Grundsätzlich erst einmal beobachten, ob sich beginnender Blattlausbefall weiter ausbreitet oder ob sich bereits Marienkäfer und deren Larven, Schwebfliegen- und Florfliegenlarven an den befallenen Pflanzen befinden, sich über die Blattläuse hermachen und sie fressen oder aussaugen. Manche Blattlausarten wandern

Schwarze Kirschblattlaus. Wie andere Blattläuse befällt sie vor allem die zarten Triebspitzen.

Kein Schädlingsbefall, sondern Frostschaden. Die jungen Apfel-Blätter sind verkrüppelt.

SCHÄDLINGE, KRANKHEITEN

Um Frostspannerbefall vorzubeugen, legt man im Oktober Leimringe um die Stämme.

bald wieder auf andere Pflanzen ab, so daß sich eine Bekämpfung erübrigt. Nur bei sehr starker Vermehrung bzw. wenn die Pflanzen bereits erste Schäden zeigen und der Befall durch Nützlinge nicht in Schach gehalten werden kann, sollte mit einem zugelassenen Mittel gespritzt werden, dann allerdings möglichst rasch.

Obstbaum-Spinnmilbe (Rote Spinne)

Die sehr kleinen, nur mit der Lupe genauer erkennbaren Tiere sind rötlich gefärbt. Ähnlich wie Blattläuse schädigen sie die Pflanzen durch Saugen. Dabei entstehen auf den Blättern kleine weißliche Flecken. Bei rasanter Vermehrung in trockenen, warmen Sommern wird der Befall oft so stark, daß die Blätter ein bleigraues bis bronzefarbenes Aussehen bekommen. Die Bäume leiden darunter, die Früchte werden oft nicht reif. Dies ist verständlich, denn stark befallene Pflanzen können nur noch schlecht assimilieren, weil die Spinnmilben viele Blattzellen zerstören; die Zuckerbildung wird stark eingeschränkt.
Die Rote Spinne schädigt vorwiegend Zwetschen und Mirabellen, doch kann es ebenso an Apfel- und Birnbäumen zu einer Massenvermehrung kommen. Auch an Erdbeeren, Gemüsearten und zahlreichen Zierpflanzen kommt dieser Schädling vor.
Im Winter können wir an den Obstbäumen die kleinen, rötlichen Eier in den Rindenfalten des Fruchtholzes finden. Beim Obstbaumschnitt darauf achten! Man meint, die Bäume seien an diesen Stellen von einem roten, punktförmigen Ausschlag befallen. Die Tiere schlüpfen meist während oder gleich nach der Blüte aus den Wintereiern. Von den Wintereiern her kann jedoch nicht auf den zu erwartenden Befall geschlossen werden. Bei diesem Schädling ist vielmehr die Witterung nach dem Schlüpfen dafür entscheidend, ob es zu einem starken Befall kommt und ob etwas dagegen unternommen werden sollte. Unter günstigen Bedingungen können sich bis zum Herbst mehrere Generationen entwickeln.
Bekämpfung: Vorbeugend gute Kulturbedingungen schaffen. Dazu gehört vor allem auch ein geeigneter Standort und eine vernünftige Düngung. Nur bei Befall, nie aufs Geradewohl spritzen! Das Schlüpfen erfolgt meist zwischen Mitte April und Anfang Mai. Da zu dieser Zeit vielfach recht niedrige Nachttemperaturen auftreten, kann sich eine Bekämpfung erübrigen. Die Junglarven der Spinnmilben sind nämlich sehr kälteempfindlich. Am besten, wir kontrollieren die jungen Blätter nach der Blüte mit der Lupe hin und wieder. Zeigen sich dann, vor allem auf den Blattunterseiten, viele kleine, zum Teil bewegliche rötliche Punkte und nimmt der Befall zu, können speziell gegen Spinnmilben zugelassene Präparate eingesetzt werden.

Raupen

Als Raupen bezeichnet man die aus dem Ei schlüpfenden Larven von Schmetterlingen. Sie kommen an vielen Pflanzen, so auch an Obstbäumen und Beerensträuchern vor und fressen Löcher in Knospen und Blätter bzw. sorgen für »wurmige« Früchte. Bei starkem Raupenbefall kann es sogar zu Kahlfraß kommen. Als Wicklerraupen bezeichnet man kleine Räupchen, die sich bei Berührung abspinnen (abwickeln). Hierzu gehört der Apfelwickler (siehe S. 130), der alljährlich größere Schäden verursacht.
Afterraupen nennt man die Larven von Blattwespen. Sie ähneln zwar den

Chlorose an Pfirsich: keine Krankheit sondern Eisenmangel. Kommt auf schwerem, nassen, schlecht durchlüfteten Boden vor.

129

PFLANZENSCHUTZ

Schmetterlingsraupen, haben aber stets mehrere Bauchfüße und sind besonders gefräßig, wie z. B. die Larven der Stachelbeerblattwespe oder die schneckenähnliche Raupe der Kirschblattwespe.

An Spannerraupen kommen an Obstbäumen die hellgrünen Raupen des Kleinen Frostspanners und die bräunlichen des Großen Frostspanners vor. Letztere sieht man sehr selten; sie sehen wie kleine dürre Zweige aus, weil sie erstarren, sobald sich etwas bewegt. Typisch für Spannerraupen: Sie machen beim Fortbewegen einen Katzenbuckel.

Bekämpfung: Bei geringem Befall Raupen an kleinen Bäumen absammeln bzw. einzelne Raupennester abschneiden und vernichten. Das gleiche gilt für Raupennester oder Eigelege, die wir im Winter beim Obstbaumschnitt vorfinden. Spritzung mit einem Insektizid nur bei starkem Befall.

Apfelwickler, »Obstmade«

»Wurmige« Äpfel kennt jeder Gartenfreund. Sie werden durch den Apfelwickler verursacht, einen Falter, dessen 1. Generation im Mai/Juni fliegt. Der Flughöhepunkt liegt meist gegen Mitte Juni: Die Weibchen legen winzig kleine Eier auf die jungen Früchte, nach 1–2 Wochen schlüpfen die Raupen. Sie kriechen 2–3 Tage auf der Frucht umher, bevor sie sich in diese einbohren. Bei näherem Hinsehen fallen uns die immer größer werdenden Kothäufchen auf, die aus dem Einbohrloch herausquellen.

Nach mehrwöchigem Fraß spinnt sich die Raupe im Juli von der beschädigten Frucht an einem Faden ab oder verläßt eine bereits abgefallene Frucht. Dann wandern die Raupen sofort dem Baum zu. Ein Teil der Raupen verpuppt sich in Verstecken unter der Rinde. Dies geschieht bei warmer Witterung bereits Ende Juli, so daß im August vielfach eine besonders schädliche 2. Faltergeneration auftreten kann.

Bekämpfung: Im Erwerbsobstbau erfolgt diese mit chemischen Mitteln, meist durch Spritzung Mitte-Ende Juni und nochmals 4 Wochen später, wobei es entscheidend auf den richtigen Zeitpunkt ankommt. Zu diesem Zweck werden in die Obstbäume Madenfallen gehängt, mit denen die Hauptflugzeit ermittelt werden kann. Im Garten ist dies kaum möglich, außerdem scheidet eine chemische Bekämpfung ohnehin aus, weil sich zu diesem Zeitpunkt meist erntereifes Gemüse oder Beerenobst in unmittelbarer Nähe der Bäume befindet. Im eigenen Garten nehme ich die ungefähr 20 % befallenen Früchte in Kauf. Schließlich kann man die »wurmigen« Stellen ausschneiden und den Rest zu Kompott verarbeiten oder anderweitig verwerten.

Baumschwamm – solch ein Baum ist nicht mehr zu retten, kann aber trotzdem noch über Jahre hinweg blühen und fruchten.

Um den Befall zu mindern, sammeln wir die bereits im Juli befallenen, herabgefallenen Früchte ein und verwerten sie. Auch Fanggürtel beugen der weiteren Verbreitung vor. Dazu legen wir Ende Juni einen etwa 20 cm breiten Wellpappegürtel mit den Rillen nach innen um den Stamm und – falls vorhanden – ebenso um den Pfahl. Der Fanggürtel wird am oberen Ende mit einem Draht so befestigt, daß er unten wie ein Reifrock absteht. Die am Stamm hochwandernden Raupen kriechen darunter, um sich dort zu verpuppen. Die versteckten Schädlinge sollten möglichst wöchentlich abgesammelt werden, sofern sie nicht bereits von Vögeln herausgepickt wurden. In diesem Fall den zerfetzten Fanggürtel erneuern und spätestens Ende Oktober abnehmen.

Auch die bereits erwähnten Madenfallen zur Beobachtung des Falterfluges könnten eingesetzt werden, um den Befall zu vermindern. Diese Pheromonfallen sind mit Sexuallockstoffen präpariert, auf die die Apfelwicklermännchen im wahrsten Sinne des Wortes »fliegen« – und auf dem Leim der Falle klebenbleiben. Dadurch läßt sich die Begattung der Weibchen und damit eine Eiablage unterbinden.

Einfach und erprobt ist der Einsatz von *Trichogramma,* einer nützlichen Schlupfwespenart (Bezugsquelle siehe S. 168). Die Wespenweibchen parasitieren auf den Eiern des Apfelwicklers und bringen diese zum Absterben. Die Nützlinge werden in Form von Kärtchen, die mit einem Aufhängebügel versehen sind, ab Anfang Juni in die Obstbäume gehängt. Auf 12–15 m² Standfläche genügt 1 Einheit (1 Kärtchen), deren Wirkungsdauer sich auf 2–3 Wochen erstreckt. Der Einsatz muß vor Beginn der Eiablage erfolgen, deshalb möglichst den Flugbeginn mit einer Duftstoff-Falle (siehe oben) feststellen.

Das Apfelwickler-Granulosevirus ist ein weiterer natürlicher Gegenspieler. Es kommt natürlich in Apfelwicklerlarven vor und wird als »Granupom«

SCHÄDLINGE, KRANKHEITEN

angeboten (Bezugsquelle siehe S. 168). Dabei handelt es sich um ein Viruskonzentrat, das mit Wasser verdünnt wird. Die Viren müssen von den schlüpfenden Larven aufgenommen werden, bevor sich diese in die Früchte einbohren.

Die Wirksamkeit soll bei 80–90 % liegen, wenn das Präparat zum richtigen Zeitpunkt angewendet, mehrmals ausgebracht und die Blätter und Früchte gründlich benetzt werden. Der günstigste Anwendungszeitpunkt sollte auch hier mit Duftstoff-Fallen ermittelt werden. Befinden sich innerhalb 1 Woche mehr als 5 Apfelwickler in der Falle, soll 7 Tage danach die erste Behandlung mit dem Granulosevirus erfolgen. Bei anhaltendem Falterflug sind alle 8 Tage Wiederholungsspritzungen nötig. Dies gilt für die 1. (Mai/Juni) wie für die 2. Wicklergeneration (Juli/August). Die Wirkungsdauer des Spritzbelages ist von der UV-Empfindlichkeit des Virus abhängig: Nach 7–8 Sonnentagen mit intensiver Strahlung wird der Spritzbelag unwirksam und muß erneuert werden.

Dies alles erscheint doch recht kompliziert und zeitaufwendig. Da bleibe ich lieber bei den einfacheren Vorbeugungsmethoden bzw. nehme einen nicht allzu hohen Befall in Kauf.

Wühlmaus, Schermaus

In Ermangelung anderer Futterquellen frißt dieser Schädling im Februar/März die Obstbaumwurzeln samt Stumpf und Stiel ab. Die Bäume treiben im Frühjahr nur noch schwach aus und lassen sich leicht aus dem Boden ziehen. Besonders Apfelbäume auf schwachwachsender Unterlage werden durch die Nager geschädigt. Wo Wühlmausgefahr besteht, sollte man deshalb Jungbäume am besten in einen »Korb« aus Drahtgeflecht mit 1 cm Maschenweite pflanzen, der anschließend oben bis zum Stamm hin mit dem gleichen Geflecht geschlossen wird.

Erdauswürfe, unterirdisch angefressene Pflanzen sowie große Gänge, die man bei der Gartenarbeit findet, zeigen an, daß Wühlmäuse vorhanden sind. Die Erdhaufen sind flach und unregelmäßig und mit Gras- und Wurzelresten durchsetzt. Sie unterscheiden sich deutlich von den hohen, runden Maulwurfshügeln. Der Ausgang befindet sich neben dem Erdhaufen. Die unterirdischen Gänge sind hochoval, d. h. höher als breit.

Tabula rasa! Typischer Wühlmausschaden an jungem Obstbaum. Vor allem Gärten, die an Wiesen und die offene Flur angrenzen, sind gefährdet.

Bekämpfung: Bevor etwas unternommen wird, öffnen wir den Wühlmausgang, um zu sehen, ob er noch »befahren« ist. Oft schon nach 10 Minuten wird er von der Wühlmaus mit Erde von innen verstopft, denn sie duldet keinen offenen Gang. Diese Verwühlprobe erleichtert es auch, den Wühlmausgang von dem des Maulwurfs zu unterscheiden. Die Wühlmaus stopft nämlich den Gang oft 10–20 cm weit und fest zu, während der Maulwurf nur etwas Erde lose an die Gangöffnung schiebt.

Die »klassische« Bekämpfungsmethode ist das Fangen mit der Falle. Sie ist die sicherste und gleichzeitig die billigste Art, erfordert aber einige Erfahrung. Die Falle nur mit Handschuhen anfassen, da die Wühlmaus eine sehr feine Witterung hat! In sehr lockerem Gartenboden den Gang soweit aufreißen, bis er in dichtere Bodenschichten führt, z. B. unter einem Gar-

Hervorragender Schutz gegen Wühlmäuse: Obstbäume (ohne Container) in einen »Korb« aus engmaschigem Drahtgeflecht pflanzen. Drahtkorb nach dem Einpflanzen oben schließen.

PFLANZENSCHUTZ

tenweg. Die Falle – gut bewährt hat sich z. B. die Augsburger Kippbügelfalle, auch unter dem Namen »Bayerische Drahtfalle« bekannt – wird mindestens 30 cm weit in den geöffneten Gang gebracht und stets fein eingestellt. Dies sollte man sich beim Kauf zeigen lassen, damit nicht die eigenen Finger »gefangen« werden.

Anschließend wird die Öffnung lichtdicht, aber nicht luftdicht abgeschlossen; es genügt, wenn ein großes Blatt oder ein Stück Pappkarton daraufgelegt wird. Da die Wühlmaus den Luftzug nicht vertragen kann, versucht sie, die Öffnung zuzuwühlen und gelangt dabei in die Falle. Oft hat man das Tier schon nach 10 oder 15 Minuten gefangen, ein Erfolgserlebnis für jeden Gartenfreund.

Eine andere ungiftige und billige Methode: Nachdem man die Wühlmausgänge ermittelt hat, die sich oft entlang von Gartenwegen, Betonsockeln und Gartenhausfundamenten dahinziehen, wird ein Eimer mitten in einen solchen Gang so tief eingegraben, daß die obere Kante desselben mit der Erdoberfläche abschließt. Dann wird der Eimer zu einem Viertel mit Wasser gefüllt. Bei starkem Befall sollten mehrere Eimer in die Hauptgänge eingegraben werden. Mit dieser Methode fing ein mir bekannter Gartenfreund in fast regelmäßigen Abständen 87 Wühlmäuse, und das in einem nur 500 m^2 großen Garten.

Andere Hobbygärtner halten Wühlmäuse mit Erfolg vom Eindringen ab, indem sie entlang der Gartengrenze 50 cm breite Blechstücke o. a. Materialien senkrecht in den Boden eingraben; oben sollte nur ein schmaler Rand sichtbar bleiben. Diese Methode ist arbeitsaufwendig, könnte aber ratsam sein, wenn das Grundstück an die freie Flur angrenzt und immer wieder die Gefahr der Zuwanderung von Wühlmäusen besteht.

Des weiteren gibt es Wühlmausköder, die man nach Gebrauchsanweisung einsetzt. Letztere werden besonders im Frühjahr angenommen.

'Gute Luise' vom Spalierbaum (Abb. S. 6), ohne Spritzung, unter Vordach. Rechts daneben: Die gleiche Sorte, auch ohne Spritzung, jedoch von freistehendem Baum; erheblicher Schorfbefall!

Übrigens, über eingegrabene Flaschen, in die Gänge geschobene, mit Petroleum getränkte Lappen, über Wolfsmilchpflanzen oder Knoblauch »lachen« nach meinen Erfahrungen die Wühlmäuse. Bestenfalls werden sie durch solche Hausmittelchen in den Nachbargarten vertrieben. Ja, die Wühlmaus ist ein ärgerlicher Schädling, geheimnisumwittert und schlecht faßbar, weil man sie kaum zu sehen bekommt. Wer ein einfach anzuwendendes, absolut sicher wirkendes und dabei preiswertes Mittel erfindet, könnte schnell Millionär werden.

Vogelfraß

Im Winter: Die Knospen von Johannisbeeren, Kirschen und Pfirsichen werden häufig von Spatzen, Dompfaffen (Gimpel) und Grünfinken herausgepickt. Größere Schäden können vor allem dann auftreten, wenn infolge milder Winterwitterung die Knospenentwicklung vorzeitig einsetzt.

Beerensträucher mit Netzen schutzen oder zwischen den Trieben dünne Fäden spannen! Die leichten Kunststoffnetze lassen sich von zwei Personen aber auch über niedrige, gefährdete Bäume ausbreiten. Eine andere Möglichkeit: Sträucher und Bäume bereits zu Jahresbeginn mit einem der im Handel erhältlichen Präparate auf Branntkalk-Basis spritzen. Man kann sich die Lösung auch selbst herstellen: In 10 l Wasser 150 g Branntkalk verrühren und wegen der besseren Haftfähigkeit etwas Tapetenkleister dazugeben.

Im Sommer: Amseln und Stare können bei Kirschen, aber auch bei Erdbeeren, Himbeeren, Johannisbeeren, Heidelbeeren und Weintrauben mehr »naschen«, als uns bei aller Tierliebe recht ist. Es kann zu erheblichen Ernteverlusten kommen, denn der Überfall der Stare auf Kirschbäume erfolgt oft so schlagartig und in solchen Massen, daß in kurzer Zeit kaum noch Früchte an den Bäumen hängen bleiben.

Der beste Schutz sind Kunststoffnetze, die über die Kronen gebreitet werden. Wer ernten will, sollte deshalb Süß- und Sauerkirsche möglichst nur als niedrige Baumform pflanzen!

Wespen

Sie machen sich über alle reifen Früchte her. Vor allem die schönsten, saft-

SCHÄDLINGE, KRANKHEITEN

reichsten unter ihnen werden durch Wespenfraß wertlos, weil an diesen Stellen bald die Fruchtmonilia (Fruchtfäule) auftritt. Besonders gefährdet sind süße Pflaumen und Renekloden, Birnen und Weintrauben.

Bekämpfung: Wespen sind vorwiegend Nützlinge, weil sie zur Aufzucht ihrer Brut viele schädliche Insekten verfüttern. Nachdem sie aber bei den ersten Frösten ohnehin absterben, können wir sie ab Spätsommer mit gutem Gewissen bekämpfen. Lediglich die Königin überwintert, doch sie verläßt zur Fruchtreife das Nest nicht. Bewährt haben sich gegen Wespen seit langem Fangflaschen, die zu einem Drittel mit Bier oder Fruchtsaft gefüllt sind und in die gefährdeten Bäume bzw. an den Weinstock gehängt werden. Zuckerwasser darf man dazu nicht verwenden, weil dadurch Bienen angelockt und in den Flaschen gefangen würden.

Schorf

Dies ist die wichtigste Pilzkrankheit bei Apfel und Birne, die jedes Jahr mehr oder weniger stark auftritt. Nach der Blüte zeigen sich auf den Blättern rundliche, erst olivgrüne, später dunkle Flecken, die sich mehr und mehr vergrößern. Wenn die Blätter stark von diesen dunkelbraunen Flecken bedeckt sind, fallen sie vorzeitig ab. Auf den Früchten entstehen ähnliche runde dunkle Flecken; die Schale wird schorfig, sie reißt auf.

Der Pilz überwintert in den schorfkranken Blättern, die im letzten Herbst von den Bäumen gefallen sind. Bei günstiger Frühjahrswitterung, also bei Regen und Wärme, platzen die überwinternden Sporenschläuche und »schießen« die Sporen in die Luft, wo sie vom Wind erfaßt und auf die jungen, zarten Obstbaumblätter getragen werden. Auf einem mit den winterlichen Sporenlagern reichlich besetzten Blatt können bis zu 2 Millionen Sporen produziert werden.

Je wärmer es ist, desto weniger Feuchtigkeit bedarf es, damit Schorf auftritt. So kommt es z.B. bei einer mittleren Tagestemperatur von 8 °C dann zu einer Infektion, wenn vom Beginn des Regens bis zum Abtrocknen der Blätter mehr als 17 Stunden vergehen. Bei 11 °C müssen die Blätter dagegen nur 12 Stunden lang feucht sein, und bei 16–24 °C gar nur 9 Stunden. Diese von Wissenschaftlern erforschten Zusammenhänge bestätigen die Beobachtungen des Gartenbesitzers, daß feuchte, warme Jahre auch Schorfjahre sind.

Grob gesagt, ist in den Monaten April, Mai und Juni nach jedem längeren Regen mit Infektionen zu rechnen. In den einmal befallenen Blättern entstehen die Sommersporen, die mit jedem Wassertropfen auf Blätter und Früchte gelangen und so für die innere Verseuchung des Baumes sorgen. Je stärker die Blätter befallen sind, desto mehr werden auch die Früchte geschädigt. Schorfige Äpfel halten auf Lager wesentlich schlechter als gesunde, weil durch die Befallsstellen verschiedene Fäulniserreger eindringen. Leider sind viele wertvolle Sorten auch schorfempfindlich.

Bekämpfung: Um die Früchte schorffrei zu halten, werden im Erwerbsobstbau 10 und mehr Spritzungen durchgeführt!

Im eigenen Garten kommt es uns dagegen nicht darauf an, völlig schorffreie Äpfel und Birnen zu ernten, das wäre viel zu aufwendig. Wir wollen nur den ärgsten Befall vermeiden. Den größten Wert sollten wir deshalb auf eine vorbeugende Bekämpfung legen. Reichliche Pflanzabstände und lichte Kronen sind dabei besonders wichtig. Das Laub trocknet dann nach Regenfällen rasch ab, d. h. die für eine Infektion erforderliche Feuchtigkeitsdauer wird nicht erreicht. Zusätzlich kann das Fallaub im Herbst unter den Bäumen weggenommen und kompostiert werden. Übrigens, auch die Regenwürmer sind Nützlinge bezüglich Schorf: Sie ziehen die abgefallenen Blätter, auf denen der Pilz überwintert, in ihre Erdröhren und fressen sie.

Bei empfindlichen Sorten reichen aber diese Maßnahmen allein nicht aus, vor allem nicht bei feuchtwarmer Witterung. Wie wir anhand der Lebensweise des Schorfpilzes gesehen haben, sind Spritzungen mit einem organischen Fungizid besonders nach längeren Regenfällen in den Monaten April, Mai und Juni empfehlenswert. Wir können bereits mit 2–3 solcher Spritzungen viel erreichen, wenn diese im genannten Zeitraum durchgeführt werden (siehe auch S. 127).

Monilia-Fruchtfäule

Der Moniliapilz befällt Früchte aller Kern- und Steinobstarten. Anfangs zeigen sich kleine Faulstellen, die sich rasch vergrößern. Um diese herum entstehen ringförmig angeordnete, graubraun gefärbte Fruchtkörper des Pilzes (Polsterschimmel). Die Krankheit wird während der Fruchtreife besonders von Wespen verbreitet.

Bekämpfung: Befallene Früchte abnehmen und in die Mülltonne geben! Die den Winter über am Baum hängenden Fruchtmumien beim Obstbaumschnitt entfernen!

Fruchtmumien beim winterlichen Obstschnitt entfernen.

PFLANZENSCHUTZ

Der *Monilia*-Pilz befällt Äpfel, Birnen, Zwetschen...; eine Krankheit, die häufig auftritt. Sie wird vor allem durch Wespen verbreitet.

Zweigmonilia (Spitzendürre)

Diese Pilzkrankheit tritt besonders bei Sauerkirschen und anderen Steinobstarten auf. Während der Blüte, vor allem bei Regenwetter, welken plötzlich die Blüten und vertrocknen. Im weiteren Verlauf sterben die Triebe und Blätter ab, deshalb auch »Spitzendürre«.

Bekämpfung: Abgestorbene Triebe sofort bis ins gesunde Holz zurückschneiden. Bei zu erwartendem starken Befall mit zugelassenem, bienenungefährlichem Mittel spätabends in die offenen Blüten spritzen. Behandlung bei regnerischem Wetter nach 1 Woche wiederholen. Bei 'Schattenmorelle' vorbeugend kräftiger Rückschnitt gleich nach der Ernte (siehe S. 43).

Obstbaumkrebs

Bei Auftreten entstehen am Stamm oder an den Ästen Wucherungen, die sich immer weiter ausdehnen. Über den Krebsstellen stirbt der Zweig oder Ast ab, weil die Wasser- und Nährstoffzufuhr unterbrochen ist. An jungen Trieben stirbt die Rinde vielfach um ein Auge herum ab. Der Erreger ist ein Pilz, die Krankheit hat also nichts mit dem Krebs beim Menschen zu tun.

Im Winter entstehen kugelig rote Pilzfrüchte. Darin befinden sich die Sporen, durch die sich der Pilz vermehrt. Die Erreger, also die Sporen, dringen durch Wunden in den Baum ein; dies können Schnittstellen sein, aber auch Wunden, wie sie durch Frost, Hagelschlag oder durch das Reiben von Ästen entstehen. Im Herbst sind es vor allem die Blattnarben, durch die der Pilz sich Zugang verschafft.

Größere Schnittwunden, wie sie beim Obstbaumschnitt entstehen, verstreicht man aus diesem Grunde mit einem Wundverschlußmittel.

Vorbeugend sollten Apfelbäume nur an einen zusagenden Standort gepflanzt werden. Kalte Lagen und feuchter, schwerer Boden begünstigen das Auftreten. Einseitige Stickstoffdüngung oder gar Überdüngung wirkt sich ebenfalls krebsfördernd aus. Deshalb tritt Baumkrebs häufig in Bauerngärten auf, in denen einseitig mit Jauche gedüngt wird.

Von den bekannten Apfelsorten können auf ungünstigem Standort nahezu alle befallen werden. Einige sind aber besonders anfällig, z. B. 'Berlepsch', 'Cox Orange', 'Gloster', 'James Grieve', 'Klarapfel' und 'Oldenburg'.

Bekämpfung: Ist Obstbaumkrebs vorhanden, so schneiden wir befallene Zweige bzw. Äste gut handbreit unterhalb der krebsigen Stelle ab. Krebsstellen am Stamm und stärkeren Ästen werden mit dem Messer, evtl. auch mit der Säge, bis in das gesunde Holz hinein ausgeschnitten. Anschließend behandelt man die Schnittflächen mit einem speziellen Wundverschlußmittel wie Spisin o. ä.

Birnengitterrost

Diese Pilzkrankheit betrifft zwar nur die Birne. Sie soll aber trotzdem etwas ausführlicher besprochen werden, nachdem sie in vielen Gärten stark auftritt (siehe Abb. S. 140), ins Auge springt und den Gartenfreund alarmiert. Auf den Blättern entstehen ab Frühsommer leuchtend orangerote, runde Flecke, die sich kontrastreich vom Grün des Blattes abheben. Vom Spätsommer an bis in den Herbst hinein bilden sich auf den Unterseiten der befallenen Blätter gelbliche Anschwellungen: die Sporenlager. Sie reißen schließlich auf und entlassen eine große Zahl mikroskopisch kleiner Sporen.

Diese richten jedoch am Birnbaum keinen weiteren Schaden mehr an. Sie überwintern am Sadebaum (*Juniperus sabina*) und anderen Wacholderarten, die entweder im eigenen Garten oder in der Nachbarschaft stehen und als Hauptwirt des Pilzes dienen. Dabei entstehen keulenförmige Verdickungen, die Sporenlager, aus denen die Verbreitung auf die Birnbäume (dem Zwischenwirt) durch Wind im nächsten Frühjahr erneut einsetzt.

In den zurückliegenden Jahren ist diese Krankheit in vielen Gärten sehr stark aufgetreten. Es gab sogar Fälle, wo Gartenbesitzer ihre Birnbäume deswegen gerodet haben. Sicher, an den Befallsstellen wird die Assimilationsfläche zerstört, doch der Schaden ist nicht größer als bei Schorfbefall, der häufig vernachlässigt wird.

Bekämpfung: Durch Entfernen der als Wirtspflanzen dienenden Wacholderarten könnte man den Pilz »aushungern«, doch sind uns die Nadelgehölze im Garten meist zu wertvoll, um dies übers Herz zu bringen. Außerdem können die Sporen auch aus den Nachbargärten zufliegen, auf die wir keinen Einfluß haben.

Aufgrund von Versuchen sind drei Spritzungen im Abstand von 10 bis 14 Tagen anzuraten, sobald sich im Mai/Juni der Befall zeigt; mit Baycor wurde eine gute Wirkung erzielt, während andere eingesetzte Präparate in der Wirkung abfielen. Die Schadensschwelle, ab der bekämpft werden sollte, weil sonst nachhaltige Schäden auftreten, liegt bei 30–50 % befallene Blätter, d. h. bei einem geringen bis mittleren Befall ist eine chemische Bekämpfung nicht erforderlich. Bei einer schwachen Infektion der Birnen-

SCHÄDLINGE, KRANKHEITEN

blätter sollten diese entfernt werden, bevor sich die warzenartigen Anschwellungen auf den Blattunterseiten (die sporenbildenden Fruchtkörper) gebildet haben.

Feuerbrand

Triebe welken ab Frühsommer schlagartig, geradezu »über Nacht«. Sie werden dürr, verfärben sich zunächst braun, später mitunter schwarz. Die Pflanzen sehen dann wie verbrannt oder verdorrt aus. Von den Infektionsstellen kann sich die Krankheit auf benachbarte Triebe, stärkere Äste, ja sogar auf den Stamm ausbreiten.
Beim Apfel werden vor allem die Sorten 'Alkmene', 'Gloster', 'Goldparmäne', 'James Grieve', 'Idared', 'Jonathan' und 'Klarapfel' befallen.
Bei der Birne sind dies: 'Bunte Julibirne', 'Clapps Liebling', 'Conference', 'Gräfin von Paris', 'Nordhäuser Winterforelle', 'Vereinsdechantsbirne' und 'Williams Christ' sowie zahlreiche Mostbirnen.
Über das Auftreten dieser gefährlichen Bakterienkrankheit an Apfel, Birne und Quitte wurde erstmals vor etwa 200 Jahren aus dem Osten der USA berichtet. Bei uns wurde erst seit kurzem, in den 80er Jahren, ein Befall festgestellt, verursacht wohl durch die rasante Zunahme des Waren- und Personenverkehrs zwischen den Ländern, wobei auch Krankheiten und Schädlinge verschleppt werden.
Bekämpfung: Welke Triebe sofort bis weit ins gesunde Holz – 30 cm und mehr – zurückschneiden und in die Mülltonne geben. Weiter empfiehlt es sich, die verwendeten Geräte wie Schere und Säge nach Gebrauch zu desinfizieren.
Aufgrund von Versuchen der Eidgenössischen Forschungsanstalt Wädenswil (Schweiz) hat sich dazu das Einstellen in einen Kübel und Übergießen mit kochend-heißem Wasser hervorragend bewährt, da nach 5 Minuten Einwirkung eine 100 % desinfizierende Wirkung eintritt. Vielfach wird auch das Einlegen des Werkzeugs in 70 % Brennspiritus empfohlen, doch muß dies etwa 30 Minuten lang erfolgen. Diese hygienischen Maßnahmen empfehlen sich auch gegen andere bakterielle oder viröse Krankheiten.
In meiner nächsten Umgebung zeigten nicht nur die vorhin genannten, sondern auch ansonsten kerngesunde, alte Exemplare anderer Sorten 1993 erstmals verheerenden Befall. Eine gefährliche Krankheit, die Schorf, Mehltau u. a. geradezu als »harmlos« erscheinen läßt.
Im eigenen Garten war u. a. ein 60 Jahre alter Hochstamm von 'Grahams' stark befallen. Hunderte Triebe dieser äußerst robusten Sorte welkten und verdorrten schlagartig. Soweit von der Leiter und den Ästen aus erreichbar, wurden diese Triebe bis weit ins gesunde Holz hinein zurückgeschnitten. Doch obwohl nicht alle befallenen Teile entfernt werden konnten, erholte sich der Baum bereits im nächsten Jahr; nur noch wenige Triebe zeigten erneut Befall. Seit 1996 ist keine Spur der Krankheit mehr erkennbar, das Laub ist gesund, der Fruchtansatz völ-

Feuerbrand, eine Bakterienkrankheit, die in manchen Jahren verheerend auftritt. Befallene Triebe sofort zurückschneiden!

lig normal. Auch andere befallene Sorten in einer Spindelbuschreihe hatten sich bereits 1994 erholt, 1995 waren Aussehen und Ertrag wieder normal. Ein Beweis, daß auch bei starkem Befall eine Heilungschance besteht, wenn die Witterung – feucht und warm während und nach der Blüte – nicht eine erneute Infektion begünstigt.
Außer den genannten Obstarten werden auch eine Reihe von Ziergehölzen aus der Familie der Rosengewächse befallen, z. B. Cotoneaster oder Weißdorn, nicht dagegen Stein- und Beerenobst, die meisten Laubgehölze (außer den vorgenannten) sowie Koniferen.
Wichtig ist das rechtzeitige Erkennen. Deshalb gefährdete Obstarten u. a. Pflanzen besonders ab der Blüte und im Frühsommer regelmäßig auf Befall durchsehen. Die Krankheit sofort nach Auftreten dem nächsten Pflanzenschutz- oder Landwirtschaftsamt melden (meldepflichtige Krankheit)!

Scharkakrankheit

Eine vom Balkan eingeschleppte Viruskrankheit, die Zwetschen, Pflaumen, Mirabellen und Renekloden, aber auch Pfirsiche und Aprikosen befallen kann. Auf den Blättern erscheinen meist helle, aber auch olivgrüne, unscharfe Flecken und Ringe. Die pockennarbig verunstalteten Früchte empfindlicher Sorten fallen unreif vom Baum; sie eignen sich weder zum Essen noch zur Verwertung. Es gibt aber Sorten, die trotz nachweisbarem Virusbefall der Zweige und Blätter gesunde Früchte hervorbringen. Sie werden als scharkatolerant bezeichnet.
Bekämpfung: In Befallsgebieten nur scharkatolerante Sorten anbauen (siehe Seite 77). Andere Sorten nur in Gegenden pflanzen, die frei von dieser Krankheit sind, d. h. außerhalb der bekannten Zwetschenanbaugebiete. Bei Auftreten oder Verdacht nächstgelegenes Landwirtschafts- oder Pflanzenschutzamt verständigen (meldepflichtige Krankheit)! Befallene Bäume roden.

PFLANZENSCHUTZ

Schädlinge und Krankheiten, die an mehreren Obstarten auftreten können

Schadbild	Schädling/Krankheit	Vorbeugende bzw. biologische Bekämpfung	Chemische Bekämpfung
Blätter gekräuselt oder bereits zusammengerollt, Triebe gestaucht bzw. korkenzieherartig gedreht, kleine Früchte verkrüppelt; Honigtaubildung, Rußtau.	Blattläuse	Marienkäfer und deren Larven, Schlupfwespen- und Schwebfliegenlarven sowie Ohrwürmer gehen auf Blattlausjagd; beobachten, ob solche Nützlinge vorhanden sind oder ob Spritzung erforderlich.	Mit Insektizid spritzen, wenn größerer Schaden zu befürchten ist. Zugelassene Mittel im Fachgeschäft (Garten-Center u. a.) erfragen.
Napf- oder kommaförmige Schilde auf Zweigen und Ästen; unter den Schilden sitzen fuß- und augenlose Tiere, die ebenso wie Blattläuse vom Pflanzensaft saugen.	Napf- bzw. Kommaschildlaus	Auftreten meist nur an schlecht gepflegten Obstbäumen und Beerensträuchern bzw. wenn diese an ungeeignetem Platz stehen; für gute Pflege und Ernährung von Bäumen und Sträuchern sorgen.	Bei sehr starkem Befall Austriebsspritzung. Nach dem Austrieb wirken Spritzungen mit einem Insektizid. Zugelassene Mittel im Fachgeschäft erfragen.
Auf der Rinde der Triebe grauer, krustiger Belag; rotgefleckte Früchte bei Apfel und Birne, besonders in der Kelch- und Stielgrube; Befall aber auch an Ästen und Stämmen von Kern- und Steinobst.	San-José-Schildlaus	Von diesem gefährlichen Schädling können sämtliche Obstgehölze befallen werden; besonders gefährdet sind Johannisbeeren, sie gelten geradezu als Fangpflanzen.	Befallsverdacht sofort dem nächsten Pflanzenschutz- oder Landwirtschaftsamt melden! Außer der oben genannten Austriebsspritzung ist gegen San-José-Schildlaus eine zusätzliche Spritzung in erhöhter Konzentration erforderlich. Zugelassene Mittel im Fachgeschäft erfragen.
Auf den Früchten anfangs kleine Faulstellen, bald ringförmiger, graubrauner Polsterschimmel; Früchte gehen in Fäulnis über und sind nicht mehr zu verwerten.	Monilia-Fruchtfäule	Einsammeln und Vernichten der befallenen Früchte; beim winterlichen Obstbaumschnitt die noch am Baum befindlichen kranken Früchte entfernen, da von den Fruchtmumien im nächsten Jahr gesunde Früchte angesteckt werden.	Keine chemische Bekämpfung!
Dürre Äste und Zweige von Johannisbeere, Walnuß, aber auch anderer Obstarten mit kleinen roten Warzen besetzt.	Rotpustelkrankheit	Wenn der Pilz günstige Lebensbedingungen vorfindet, kann er auch gesundes Holz befallen; deshalb: altes, abgeschnittenes Holz nicht so lange liegen lassen, bis sich Pusteln bilden; erkrankte Triebe sofort bis reichlich ins gesunde Holz hinein zurückschneiden; Wunden verstreichen, damit die Sporen nicht ins gesunde Holz eindringen können.	Keine chemische Bekämpfung!
Auf den Blättern punktförmige weißliche Flecken, bei starkem Befall bekommen Blätter bleigraue bis bronzefarbene Färbung; Blattfall möglich.	Spinnmilben (Rote Spinne)	Gute Kulturbedingungen schaffen, vor allem geeigneten Standort wählen und harmonisch düngen.	Beobachten! Nur bei Befall, nie aufs Geratewohl spritzen; warten, bis die Masse der Larven aus den Wintereiern geschlüpft ist (gegen Ende der Blüte); dann bei starkem Befall mit einem bienenungefährlichen Akarizid spritzen. Zugelassene Mittel im Fachgeschäft erfragen.

SCHÄDLINGE, KRANKHEITEN

Schadbild	Schädling/ Krankheit	Vorbeugende bzw. biologische Bekämpfung	Chemische Bekämpfung
Wenn Ameisen auftreten, sind meist Blattläuse, Schildläuse oder Blattsauger in unmittelbarer Nähe; beobachten!	Ameisen	Raupenleimringe anbringen; am Leim bleiben dann auch Ameisen hängen, die den Stamm hochkrabbeln.	Chemische Bekämpfung nicht nötig!
Lochfraß an Knospen, Blättern und jungen Früchten.	Raupen	Es gibt eine große Zahl schädlicher Raupen, von denen die wichtigsten bei den einzelnen Kulturen genannt sind; einzelne Raupen an kleinen Obstbäumen absammeln, Raupennester wegschneiden und vernichten.	Nur bei sehr starkem Befall mit gegen Raupen zugelassenen Präparaten spritzen. Gegen viele Raupen wirkt *Bacillus thuringiensis*, ein biologisches Präparat. Zugelassene Mittel im Fachgeschäft (Garten-Center u. a.) erfragen.
Wespenfraß an reifenden Birnen, Pflaumen, Weintrauben u. a.	Wespen	Fangflaschen, die zu einem Drittel mit gärendem Fruchtsaft oder Bier gefüllt sind, in die Bäume hängen; kein Zuckerwasser, da damit Bienen gefangen würden!	Keine chemische Bekämpfung!
Wurzelhals von Obstbäumen den Winter über angenagt.	Feldmaus	Völlig »geringelte« Bäume sind meist nicht mehr zu retten; Neupflanzung von Bäumen bei Mäusegefahr erst im Frühjahr; Mulchdecke im Herbst unmittelbar um die Baumstämme herum entfernen (Unterschlupf); Fallobst lockt Feldmäuse an, deshalb nach der Ernte restlos aufsammeln.	Giftkörner im Herbst tief in die Mauslöcher legen, nicht oberflächlich ausstreuen, damit Vögel, Wild und Haustiere nicht gefährdet werden.
Wurzeln junger Bäume samt Stumpf und Stiel abgefressen, Wurzelschäden auch an älteren Bäumen möglich, wenn diese auf schwachwachsender Typenunterlage stehen.	Wühlmaus	Fang mit Falle; vor allem die Bayerische Drahtfalle, die Kippbügelfalle und die Attenkofersche haben sich gut bewährt; zahlreiche »Hausmittel« für Wühlmausfang sind bekannt (siehe S. 131).	Köder wie Rumetan-Wühlmausköder u. a. in die Gänge einbringen. Weitere Möglichkeiten im Fachgeschäft (Garten-Center u. a.) erfragen.
Den Winter über stärkere Fraßschäden an den Baumstämmen, vor allem im Außenbereich von Ortschaften und in schneereichen Wintern.	Feldhasen	In gefährdeten Gebieten für dichte Zäune und geschlossene Tore sorgen; das beim Obstbaumschnitt angefallene Holz bis zum Frühjahr unter den Bäumen liegen lassen; Jungbäume ab Spätherbst mit Drahthosen schützen.	Wildverbißschutz- und Verwitterungsmittel anbringen. Gebrauchsanweisung genau lesen!
Knospen von Johannisbeeren, Kirschen und Pfirsichen werden im Winter herausgepickt.	Dompfaffen (Gimpel), Grünfinken, Spatzen	Sträucher und kleine Bäume mit Netzen schützen oder zwischen den Trieben Bindfäden spannen.	Gefährdete Gehölze mit Präparaten auf Branntkalk-Basis spritzen, im Handel erhältlich oder selbst herstellen (siehe S. 132).
Schäden an reifenden Früchten bei Kirschen, Erdbeeren, Himbeeren, Johannisbeeren, Heidelbeeren und Weintrauben.	Amseln, Stare	Sträucher und niedrige Bäume mit Netzen schützen; Staniolfolien, kleine Glocken, weiße Tücher bereits in die Bäume hängen, bevor die Früchte rot zu werden beginnen; Weintrauben am besten eintüten (siehe S. 121).	Keine chemische Bekämpfung!

PFLANZENSCHUTZ

Schädlinge und Krankheiten am Apfel

Schadbild	Schädling/ Krankheit	Vorbeugende bzw. biologische Bekämpfung	Chemische Bekämpfung
Auf den Blättern zuerst olivgrüne, später dunkle Flecken; auf den Früchten ähnliche runde, dunkle Flecken; die Schale reißt auf: schorfig.	Schorf	Wichtigste Krankheit bei Apfel und Birne; durch reichliche Pflanzabstände und lichte Kronen läßt sich der Befall verhältnismäßig gering halten.	Vor allem ab Ende April–Juni 2–3 mal in Abständen von 14–21 Tagen mit einem organischen Fungizid spritzen. Zugelassene Mittel im Fachgeschäft erfragen (siehe auch S. 133).
Nach dem Austrieb auf Blättern, Blütenknospen und Blüten, weißer, mehliger Belag; Blüten kränklich blaßgrün.	Apfelmehltau	Beim Winterschnitt Mehltautriebe entfernen, nach Austrieb erkrankte Triebe abschneiden und vernichten.	Im Erwerbsanbau mehrere Spritzungen mit Schwefelpräparaten, Saprol u. a.; im Liebhabergarten wie nebenstehend empfohlen.
Am Stamm oder an den Ästen Krebswucherungen, die sich ausdehnen; über diesen stirbt der Trieb oder Ast meist ab.	Obstbaumkrebs	Bodenansprüche beachten, nicht mit Stickstoff überdüngen, größere Schnitt- u. a. Wunden verstreichen; befallene Zweige und schwächere Äste gut Handbreit über Krebsstelle abschneiden.	Krebsstellen an Stamm und stärkeren Ästen gut ausschneiden und mit Wundpflegemittel verstreichen; herbstliche Blattfallsspritzungen mit Kontaktfungiziden schützen vor Neuinfektionen, auch nach starkem Hagelschlag.
Kleine Faulstellen am Stammgrund, die sich rasch ausdehnen und dann den Stamm kragenförmig umgeben.	Kragenfäule	Boden gut mit Humus versorgen; Fallobst aufsammeln, da daran die Sporen überwintern.	Abgestorbene Bäume roden.
Auf der Frucht bräunlich verfärbte Dellen, darunter Fruchtfleisch gebräunt.	Stippigkeit	Vielfach sortentypisch; nicht einseitig mit Stickstoff und Kali düngen; Boden gut mit Humus versorgen und auf Wasserabzug achten.	Im Erwerbsobstbau wird während der Fruchtreife mit Kalzium gespritzt, im Garten nicht praktikabel.
»Wurmige« Äpfel; auf den Früchten krümelige, braune Häufchen, darunter der Fraßgang; im Innern rötliche Raupe.	Apfelwickler, (Obstmade)	Anfang Juli an den Stämmen der Obstbäume Wellpappegürtel anlegen, nach der Ernte abnehmen und verbrennen; geringen Befall in Kauf nehmen, da sich »wurmige« Stellen ausschneiden lassen (siehe auch S. 130).	Im Erwerbsanbau 2 Spritzungen, Terminangabe durch Pflanzenschutzwarndienst, meist Mitte–Ende Juni und 4 Wochen später; im eigenen Garten auf Bekämpfung mit chemischen Mitteln verzichten (siehe Spalte links).
Blätter rollen und kräuseln sich.	Grüne Apfelblattlaus, Mehlige Apfelblattlaus	Beobachten, ob genügend Nützlinge am Baum sind (Marienkäfer und deren Larven u. a.), so daß sich eine Bekämpfung erübrigt.	Bei Jungbäumen genügt es meist, nur die befallenen Triebspitzen mit einem Insektizid zu behandeln. Zugelassene Mittel im Fachgeschäft erfragen.
Blätter kräuseln sich, Blattfalten intensiv gelb bis leuchtendrot gefärbt.	Apfelfaltenlaus	Bekämpfung erübrigt sich, da Schaden nur gering; dies gilt auch für die **Apfelgraslaus** (Blätter rollen und kräuseln sich), die um die gleiche Zeit auftritt; beide sind die erste Nahrung für Marienkäfer und Florfliegen.	Keine chemische Bekämpfung!

SCHÄDLINGE, KRANKHEITEN

Schadbild	Schädling/Krankheit	Vorbeugende bzw. biologische Bekämpfung	Chemische Bekämpfung
Rotbraune Räupchen fressen im Frühjahr an oder in den Knospen, die dann nicht austreiben.	Knospenwickler	Bekämpfung nur, wenn Räupchen beobachtet werden oder wenn erfahrungsgemäß mit stärkerem Befall zu rechnen ist.	Späte Austriebsspritzung oder Spritzung vor der Blüte mit einem Insektizid. Zugelassene Mittel im Fachgeschäft erfragen.
In der Baumkrone weißliche Gespinste, in denen es von Raupen wimmelt; Kahlfraß möglich.	Gespinstmotten	Einzelne Gespinste mitsamt Zweig abschneiden und vernichten.	Nur bei sehr starkem Befall mit einem Insektizid spritzen, dann aber, wenn die Gespinste noch klein und durchlässig sind.
Grüne Raupen, die beim Fortbewegen einen Katzenbuckel machen.	Kleiner Frostspanner	Im September Leimringe an die Baumstämme anlegen und spätestens im März des nächsten Jahres abnehmen; einzelne Raupen an kleinen Bäumchen absammeln.	Spritzungen kaum nötig, nur bei überraschendem, starken Befall. Zugelassene Mittel im Fachgeschäft erfragen.
An den Blättern geschlängelte oder rundliche Fraßgänge, in denen kleine Räupchen fressen.	Obstbaumminiermotte	Bekämpfung nicht nötig; kommt auch an Süß- und Sauerkirsche vor.	Bekämpfung nicht nötig, da Schaden gering.
Auf den Zweigen wollige Wachsausscheidungen, an Trieben und Ästen auffallende Wucherungen (Blutlauskrebs).	Blutlaus	Einzelne Befallsstellen herausschneiden und vernichten; Blutlauszehrwespe als Nützling einsetzen. Nicht zu viel Stickstoff geben.	Nester mit zugelassenem Insektizid (im Fachgeschäft erfragen) bepinseln, bei Befall des ganzen Baumes mit gleichen Mitteln und scharfem Strahl spritzen; reichlich Spritzbrühe verwenden.
Blatt- und Blütenbüschel entfalten sich nicht, sie sind mit klebrigen, wachsartigen Kottröpfchen verschmiert; Rußtau an den Blättern.	Frühlings-Apfelblattsauger	Gefährdet sind Gärten in Waldnähe, kommt an gepflegten Apfelbäumen kaum vor.	Austriebsspritzung mit zugelassenem Mittel, aber nur, wenn im Winter viele winzige, gelbe Eier vorgefunden wurden bzw. wenn mit Auftreten zu rechnen ist.
Verkrüppelte Blätter, die klebrig und mit Rußtau überzogen sind, verunstaltete Triebspitzen.	Sommer-Apfelblattsauger	Auf erste Anzeichen der Rußtauflecken auf den Blattunterseiten achten.	Nur bei starkem Befall mit einem Insektizid spritzen. Zugelassene Mittel im Fachgeschäft erfragen.

Apfelmehltau

Schorf an 'Golden Delicious', eine sehr anfällige Sorte. Die sauberen Äpfel wurden im Hausgarten dreimal gespritzt.

Schaden durch Apfelwickler (Obstmade)

PFLANZENSCHUTZ

Schädlinge und Krankheiten an der Birne

Schadbild	Schädling/ Krankheit	Vorbeugende bzw. biologische Bekämpfung	Chemische Bekämpfung
Auf den Blättern erst grünliche, später dunkle Flecken, die immer größer werden; an den Früchten ebenfalls dunkle Flecken; Schale reißt häufig auf.	Schorf	Wichtigste Krankheit, wie beim Apfel; Pflanzabstände genügend weit wählen, lichte Kronen aufbauen, dadurch Befall sichtlich geringer. Sortenwahl! Als Spalier unter Vordach (siehe S. 6, S. 132).	Ab Ende April–Juni 2–3 mal in 2–3wöchigen Abständen mit organischem Fungizid spritzen. Zugelassene Mittel im Fachgeschäft erfragen.
Auf den Blättern ab Frühsommer leuchtend orangerote, runde Flecke; ab Spätsommer auf den Blattunterseiten gelbliche, warzenartige Anschwellungen.	Birnengitterrost	Sobald Krankheit sichtbar wird, an kleinen Bäumen die befallenen Blätter entfernen und vernichten (siehe auch S. 134).	Bei starkem Befall im Vorjahr: Ab 3 Wochen nach Blühbeginn 3 mal im 10–14tägigen Abstand mit hierfür zugelassenem Mittel (= gleichzeitig vorbeugende Schorfbekämpfung) oder nach ersten Befallsanzeichen 3 mal im 10–14tägigen Abstand spritzen.
Blütenknospen von Birnen (auch Apfel) treiben aus, ohne sich zu entfalten, sie werden schwarz und vertrocknen; Triebe und Zweige welken und bräunen sich oft ganz plötzlich.	Feuerbrand	Befallene Teile großzügig herausschneiden (siehe auch S. 135).	Bei starkem Befall den ganzen Baum roden; Auftreten dem nächsten Pflanzenschutz- oder Landwirtschaftsamt melden!
Kleine, blattlausähnliche, platte, erst gelblich-, später dunkelbraune Tiere sitzen kolonieweise am Grunde junger Triebe; Honigtau und Rußtau an den Blättern.	Birnenblattsauger	Birnbäume im Frühjahr gelegentlich mit der Lupe kontrollieren. Birnblattsauger haben natürliche Feinde, vor allem Raubwanzen und Schlupfwespen, die sie sehr wirksam bekämpfen.	Der günstigste Zeitpunkt für eine Bekämpfung liegt nach dem Schlüpfen der Larven aus den gelben Eiern; bei starkem Befall mit zugelassenem Mittel spritzen. Im Fachgeschäft nachfragen.
Kleine Früchte schwellen auffallend an, verfärben sich schwarz und fallen meist ab; in ihrem Innern viele kleine Larven.	Birnengallmücke	Befallene Früchte entfernen und vernichten; weiße Leimtafeln aufhängen, weibliche Gallmücken bleiben dann kleben; mit Beginn der Blüte Tafeln abnehmen.	Wenn vorbeugende Maßnahmen nicht ausreichen und Befall regelmäßig und stark ist, kurz vor dem Öffnen der Blüten mit einem bienenungefährlichen Insektizid (Fachgeschäft!) spritzen.
Auf den Blättern im Frühjahr zahlreiche flache, blasenförmige Auftreibungen, anfangs rötlich, später schwarzbraun.	Birnenpockenmilbe	Befall wird von winzigen, mit dem bloßen Auge nicht sichtbaren Milben hervorgerufen.	Bei erfahrungsgemäß starkem Befall gründliche Austriebsspritzung mit zugelassenem Mittel (Fachgeschäft!) durchführen.

Schorf bei Birnen, auch an Trieben (Zweiggrind)

Birnengitterrost

140

SCHÄDLINGE, KRANKHEITEN

Schädlinge und Krankheiten an Pflaume, Zwetsche, Mirabelle, Reneklode

Schadbild	Schädling/ Krankheit	Vorbeugende bzw. biologische Bekämpfung	Chemische Bekämpfung
Napfförmige Schilde an Ästen und Zweigen, bei starkem Befall »Kruste« aus unzähligen Schildchen, Honigtau, Rußtaubildung.	**Zwetschen- oder Napfschildlaus**	Gute Pflege und Ernährung der Bäume; dieser Schädling tritt fast ausschließlich an ungepflegten Bäumen auf.	Austriebsspritzung mit zugelassenem Mittel oder später mit Insektizid. Im Fachgeschäft nachfragen.
Die jungen Früchte fallen bald nach der Blüte ab, jede Frucht weist ein kleines Loch auf; Schädling kann mehrere Früchte hintereinander befallen.	**Pflaumensägewespe**	Nicht bekannt.	Sofort nach Abfallen der Blütenblätter bis 5 Tage danach mit einem Insektizid spritzen; nur halbe Konzentration wie Packungsangabe, wenn nur Sägewespe zu bekämpfen ist. Zugelassene Mittel im Fachgeschäft erfragen.
Früchte »wurmig«, vorzeitiger Fruchtfall.	**Pflaumenwickler**	»Wurmige« Pflaumen in Kauf nehmen, da meist ernteeife Unterkulturen vorhanden und Mittel giftig. Einsatz von Schlupfwesen (*Trichogramma cacoeciae*) ab Anfang Juli, wenn die Falter der 2. Generation mit der Eiablage beginnen.	Wichtig ist der Spritztermin, meist letztes Junidrittel, Pflanzenschutzwarndienst (tel. Anrufbeantworter) beachten. Zugelassene Mittel im Fachgeschäft erfragen.
Auf den Blättern kleine weißliche Flecken, bei starkem Befall färben sich Blätter bleigrau bis bronzefarben.	**Spinnmilben (Rote Spinne)**	Gute Kulturbedingungen schaffen, vor allem geeigneten Standort wählen und harmonisch düngen; nie vorbeugend spritzen!	Nur bei beginnendem starkem Befall mit einem speziellen Mittel (Akarizid) spritzen. Zugelassene Mittel im Fachgeschäft erfragen.
In der Baumkrone weißliche Gespinste, in denen es von Raupen wimmelt; evtl. Kahlfraß.	**Gespinstmotten**	Einzelne Gespinste mitsamt Zweig abschneiden und vernichten.	Bei sehr starkem Befall bereits mit einem Insektizid spritzen, wenn die Gespinste noch klein und durchlässig sind.

Befall durch Pflaumensägewespe

Zwetschenrost

Pflaumensägewespe: gut erkennbare Einbohrlöcher

Narren- oder Taschenkrankheit

PFLANZENSCHUTZ

Schädlinge und Krankheiten an Pflaume, Zwetsche, Mirabelle, Reneklode

Schadbild	Schädling/ Krankheit	Vorbeugende bzw. biologische Bekämpfung	Chemische Bekämpfung
Auf der Oberseite der Blätter kleine gelbe Flecken, auf der Blattunterseite dunkelbraune Pusteln; vorzeitiger Laubfall.	Zwetschenrost	Kronen licht halten.	Nach der Blüte im Abstand von 3 Wochen 2mal mit organischem Fungizid spritzen. Zugelassene Mittel im Fachgeschäft erfragen.
Auf jungen Blättern kleine rötliche Flecken, die später herausfallen.	Schrotschußkrankheit	Kronen licht halten.	Bäume, die erfahrungsgemäß jedes Jahr stärker befallen werden, sofort nach der Blüte mit organischem Fungizid spritzen (Fachgeschäft!).
Früchte flachgedrückt, anfangs gelblichgrün, dann braun mit mehligem Überzug, größer als normal.	Narren- oder Taschenkrankheit	Befallene Früchte frühzeitig pflücken und vernichten.	Bei Blühbeginn bzw. in die Blüten mit einem bienenungefährlichen organischen Fungizid spritzen. Zugelassene Mittel im Fachgeschäft erfragen.
Früchte auffallend marmoriert und gummiartig zäh, fallen vorzeitig ab; auf den Blättern hellgrüne, unscharfe Flecken.	Scharkakrankheit	Viruskrankheit, kann auch an Pfirsich, Aprikose, Mandel, Ziermandelstämmchen und Schlehe auftreten. In Befallsgebieten scharkatolerante Sorten pflanzen (siehe auch S. 77 und 135).	Befallene Bäume roden; bei Auftreten oder Verdacht dem Landwirtschafts- oder Pflanzenschutzamt melden!
Blätter bald nach Austrieb eingerollt und gekräuselt.	Kleine Pflaumenlaus	nicht bekannt	Bei stärkerem Auftreten mit Insektizid spritzen. Zugelassene Mittel im Fachgeschäft erfragen.
Unterseite der Blätter mehlig bestäubt (Wachsausscheidungen), Blätter werden schwarz (Rußtau).	Mehlige Pflaumenlaus	nicht bekannt	Wie bei Kleiner Pflaumenlaus.

Schrotschußkrankheit an Kirsche

Sprühfleckenkrankheit an Sauerkirsche

Zweigmonilia an Sauerkirsche

Gummifluß (Harzfluß) an Kirsche

SCHÄDLINGE, KRANKHEITEN

Schädlinge und Krankheiten an Süß- und Sauerkirsche

Schadbild	Schädling/Krankheit	Vorbeugende bzw. biologische Bekämpfung	Chemische Bekämpfung
Auf jungen Blättern kleine rötliche Flecken, die später herausfallen.	Schrotschußkrankheit	Kronen licht halten.	Bäume, die erfahrungsgemäß jedes Jahr stärker befallen werden, sofort nach der Blüte mit organischem Fungizid spritzen.
Triebe welken während und kurz nach der Blütezeit und sterben ab (Spitzendürre).	Blüten- und Zweigmonilia	Abgestorbene Triebe sofort bis etwa 20 cm ins gesunde Holz zurückschneiden; bei 'Schattenmorelle' jährlicher Fruchtholzschnitt gleich nach der Ernte (siehe S. 43 f.).	Sobald sich die Blüten öffnen, mit einem bienenungefährlichen Fungizid in die Blüte spritzen; bei regnerischem Wetter während der Blüte wiederholen.
Auf den Blättern zahlreiche kleine rotviolette »Sprühflecken«, Blätter werden gelblich und fallen vorzeitig ab.	Sprühfleckenkrankheit	Kronen licht halten.	Wenn erfahrungsgemäß mit Befall gerechnet werden muß, dann vorbeugend Anfang–Mitte Juni im Abstand von 14 Tagen 2 mal mit einem organischen Fungizid (im Fachgeschäft erfragen) spritzen.
Starker Harzfluß (**Gummifluß**) an Ästen, Zweigen und Stamm.	Valsakrankheit	Befallene Äste rasch bis ins gesunde Holz zurückschneiden, Wunden verstreichen.	Keine Mittel bekannt.
»Wurmige« Kirschen.	Kirschfruchtfliege	Frühe Sorten werden nicht befallen; bis zu 6 leuchtend gelbe Leimtafeln mit Köderstoff vor Einsetzen der Eiablage in die Südseite des Baumes hängen, sobald sich die ersten Früchte gelb oder gelbrot verfärben.	Wenn sich Früchte gelb bis gelbrot färben, mit zugelassenem Mittel (Fachgeschäft!) spritzen; besser den Termin nach den Angaben des Pflanzenschutzwarndienstes einhalten.
Blätter kräuseln sich stark.	Schwarze Kirschblattlaus	nicht bekannt	Mit einem Insektizid spritzen (Fachgeschäft!).
An Blättern und halbreifen Früchten fressen hellgrüne Raupen, die sich mit einem Katzbuckel vorwärtsbewegen.	Kleiner Frostspanner	Im September Leimringe an die Baumstämme anlegen, spätestens Anfang März des nächsten Jahres abnehmen.	Spritzung kaum nötig, nur bei überraschendem, starkem Befall. Zugelassene Mittel im Fachgeschäft erfragen.
An den Blättern geschlängelte oder rundliche Fraßgänge, in denen kleine Räupchen fressen.	Obstbaumminiermotte	Kommt auch an Apfelbäumen vor.	Bekämpfung nicht erforderlich, da Schaden gering.
Trotz reichen Blütenansatzes entwickeln sich nur wenige Früchte.	Kirschblütenmotte	Räupchen fressen sich in die schwellenden Blütenknospen, Fruchtknoten bzw. jungen Früchte ein und zerstören sie.	Wenn starker Befall festgestellt wurde, dann im nächsten Jahr zu Beginn des Knospenschwellens Austriebsspritzung vornehmen.
Fensterfraß an den Blättern.	Kirschblattwespe	Der Schaden wird von nacktschneckenähnlichen »Raupen« verursacht; sie sind meist mit schwarzem Schleim bedeckt.	Nur bei starkem Befall mit einem Insektizid spritzen. Zugelassene Mittel im Fachgeschäft erfragen.
Jüngere und ältere Zweige vertrocknen, es folgen die Äste; befallene Knospen verfärben sich dunkel, vertrocknen und fallen bei leisester Berührung ab.	Grauer Knospenwickler	Nicht möglich; Schadbild hat verschiedene Ursachen, darunter auch Befall durch diesen Schädling; Raupen dringen im März in Blatt- und Blütenknospen ein, schädigen aber auch ganze Sprosse.	Austriebsspritzung oder vor der Blüte mit einem Insektizid spritzen. Zugelassene Mittel im Fachgeschäft erfragen.

PFLANZENSCHUTZ

Schädlinge und Krankheiten an Pfirsich und Aprikose

Schadbild	Schädling/ Krankheit	Vorbeugende bzw. biologische Bekämpfung	Chemische Bekämpfung
Blätter im Frühjahr blasig aufgetrieben, weißlichgrün bis rot gefärbt; erkrankte Blätter vertrocknen und fallen ab; bei starkem Befall werden auch Früchte abgestoßen.	**Kräuselkrankheit**	Vereinzelte befallene Blätter entfernen; gelbfleischige Sorten sind besonders anfällig.	Wenn erfahrungsgemäß starker Befall zu erwarten ist, sobald sich die Knospenschuppen lösen (gegen Anfang März) mit einem organischen Fungizid (Fachgeschäft!) bei mildem, feuchtem Wetter spritzen.
Blätter gekräuselt und gerollt, jedoch nicht rötlich gefärbt wie bei der Kräuselkrankheit.	**Grüne Pfirsichblattlaus, Mehlige Pfirsichblattlaus**	Erstere ist eine gefährliche Überträgerin von Viruskrankheiten, letztere sitzt oft zu Tausenden an den Blattunterseiten; die Blätter kleben vor Honigtau, es folgt Rußtau.	Sofern nicht Nützlinge den Befall in Schach halten, mit einem Insektizid spritzen. Zugelassene Mittel im Fachgeschäft erfragen.
Blätter gelb bis ausgebleicht.	**Chlorose**	Keine Krankheit, sondern Eisenmangel; kommt häufig auf kalkreichem, schwerem, nassem, schlecht durchlüftetem Boden vor; günstige Kulturbedingungen schaffen, Boden mit Kompost oder Torf verbessern.	Mit Fetrilon oder Sequestren (eisenhaltige Dünger) die Blätter spritzen; dadurch wird der Eisenmangel kurzfristig beseitigt, die Blätter werden wieder grün. Doch dies ist nur »Dreck unter den Teppich gekehrt«, deshalb vorrangig Boden in Ordnung bringen.
Äste welken und vertrocknen ganz plötzlich, Gummifluß tritt auf, manchmal stirbt die ganze Krone ab.	**Aprikosensterben** (Ursache nicht bekannt)	Einzelne abgestorbene Äste herausschneiden, Wunden verstreichen.	Roden, wenn der ganze Baum abgestorben ist.

Grauschimmel (*Botrytis*) an Erdbeere

Rhizom- und Wurzelfäule

Schaden durch Erdbeermilben

Erdbeerblütenstecher

Schädlinge und Krankheiten an Erdbeeren

Schadbild	Schädling/Krankheit	Vorbeugende bzw. biologische Bekämpfung	Chemische Bekämpfung
Reife und halbreife Früchte überziehen sich häufig sehr rasch mit einem grauen Schimmel; sie beginnen zu faulen, besonders bei Regenwetter; wichtigste Pilzkrankheit bei Erdbeeren.	**Grauschimmel (*Botrytis*)**	Nicht zu eng pflanzen, Kultur möglichst nicht älter als 2–3 Jahre werden lassen, nicht zuviel Stickstoff geben, vor allem keine Stickstoffgaben im Frühjahr; Früchte mit Stroh unterlegen; während des Fruchtbehangs nicht spätabends gießen; kranke Beeren sofort entfernen; Sortenwahl.	Anfällige Sorten 2–3 mal während der Blüte spritzen (Fachgeschäft!): 1. wenn 10–20 % der Blüten geöffnet sind, 2. etwa 8 Tage später (Vollblüte), bei regnerischem Wetter nochmals 8 Tage später, gegen Ende der Blütezeit. Blüten mit 2 Liter Spritzbrühe auf 10 m Erdbeerreihe naß spritzen; spätere Behandlungen sind ohne Wirkung; Wartezeit beachten!
Die roten Beeren verblassen und färben sich braun, ohne daß sie von einem grauen Pilzrasen überzogen sind; Früchte nicht matschig, sondern wie eine Mischung aus Leder und Gummi.	**Lederfäule**	Erkrankte Früchte einsammeln und vernichten; rechtzeitig vor Ernteginn Stroh u. a. unterlegen.	Vorbeugende Spritzungen gegen Grauschimmel wirken auch gegen Lederfäule. Gegen Grauschimmel zugelassene Mittel im Fachgeschäft erfragen.
Auf der Unterseite der Blätter bildet sich ein feiner, weißer, mehliger Belag; die Blattränder rollen sich nach oben ein, die Blattunterseiten färben sich rötlich; Beeren klein, hart und trocken.	**Erdbeermehltau**	Keine anfälligen Sorten pflanzen; Laub nach der Ernte abmähen; einseitig hohe Stickstoffgaben vermeiden.	Wirkungsvoll sind mehrmals wiederholte, bereits vor der Blüte beginnende Spritzungen mit Mehltaumitteln (Fachgeschäft); im Garten zu aufwendig und nicht unbedingt nötig.
Die Blätter sind nach der Ernte mit kleinen, rot umrandeten Flecken mit weißlichem Zentrum übersät; Laub vertrocknet bei Regenwetter.	**Weißfleckenkrankheit**	Befallenes Laub gleich nach der Ernte abmähen; Boden lockern und düngen; im Frühjahr dürres Laub entfernen.	Chemische Bekämpfung nicht nötig, da Pilzkrankheit kaum gefährlich.
Blattrandvergilbung, Blätter kräuseln sich oder zeigen mosaikartige Flecken; sie bleiben klein und färben sich im Herbst vorzeitig; Pflanzen kümmern, geringe Ernte.	**Viruskrankheiten**	Befallene Pflanzen entfernen; Meristem-Pflanzgut verwenden.	Spritzungen gegen Blattläuse, von denen die Viren übertragen werden.
Die Herzblätter sind stark gekräuselt und verkrüppelt; Blüten und Früchte sind mißgestaltet.	**Erdbeermilbe**	Befallene Pflanzen entfernen; gesundes Pflanzgut beziehen.	Schädling tritt besonders auf mehrjährigen Erdbeerbeeten auf; chemische Bekämpfung nach der Ernte und evtl. nochmals vor der Blüte mit zugelassenem Mittel.
Die Pflanzen beginnen zu kümmern und kränkeln, die Blätter welken, schließlich gehen die Pflanzen ganz ein.	**Rhizom- und Wurzelfäule**	Gute Kulturbedingungen schaffen, harmonisch düngen, Anbaufläche wechseln, gesundes Pflanzmaterial beziehen.	Chemische Bekämpfung nicht möglich!
Pflanzen kümmern reihenweise; geringer Ertrag, wenig Ausläufer; Blütenstiele kurz und verbreitert; Blüten verkrüppelt und dicht beieinander, sehen wie Blumenkohl aus.	**Älchen (Nematoden)**	Befallene Pflanzen entfernen; auf keinen Fall von einem verseuchten Beet Ausläufer gewinnen; Anbaufläche wechseln; Erdbeeren erst nach 4 Jahren wieder auf das gleiche Beet pflanzen, vorher möglichst *Tagetes*-Einsaat.	Chemische Bekämpfung nicht möglich!

PFLANZENSCHUTZ

Schädlinge und Krankheiten an Erdbeeren

Schadbild	Schädling/ Krankheit	Vorbeugende bzw. biologische Bekämpfung	Chemische Bekämpfung
Die Blütenstiele sind abgeknickt.	Erdbeerblütenstecher	Vorbeugende Bekämpfung nicht bekannt; 10–20 % zerstörte Blüten können hingenommen werden.	Nur bei erfahrungsgemäß starkem Auftreten bereits vor der Blüte 1–2 mal mit Insektizid spritzen.
Früchte werden vor allem nachts und bei feuchtem Wetter angefressen; Schleimspuren sichtbar.	Nacktschnecken	Zwischen Erdbeerbeete alte Bretter legen, Schnecken von der Unterseite ablesen.	Schneckenkorn auf Metaldehyd-Basis – ohne Wartezeit – zwischen die Reihen streuen.
Längliche Tiere mit vielen Beinen fressen an oder in den Früchten.	Tausendfüßler	Fruchtstände mit Stroh oder Holzwolle unterlegen; halbierte Kartoffeln als Köder mit der Schnittfläche nach unten auslegen.	Keine chemische Bekämpfung!
Pflanzen kümmern und welken; Wurzelfraß; Befall besonders bei heißem trockenem Wetter sichtbar.	Engerlinge, Erdraupen u. a.	Welkende Pflanzen aus dem Boden heben und die an den Wurzeln fressenden Larven bzw. Raupen zertreten, einige Salatpflanzen als Köder setzen.	Nur bei sehr starkem Befall (neues Gartenland) vor dem Pflanzen Streumittel (20 g/m^2) streuen und 5 cm tief einarbeiten. Zugelassene Mittel im Fachgeschäft erfragen.
Pflanzen gehen reihenweise ein; an den Wurzeln fressen schmutzigweiße, etwa 1 cm lange Larven, die sich schließlich in den Wurzelhals einbohren.	Dickmaulrüßler	Vorbeugende Bekämpfung wie bei Engerlingen; Erdbeerbeete alle 2 Jahre neu pflanzen, da der Schädling vorwiegend an älteren Kulturen auftritt.	Keine chemische Bekämpfung!
Zur Erntezeit feinsäuberlich auf kleine Haufen zusammengetragene Früchte, vor allem von Sorten, deren Samen (Nüßchen) hoch an der Oberfläche sitzen.	Erdmaus	Klappfalle aufstellen, Dörrobst als Köder verwenden.	Keine chemische Bekämpfung!

Säulenrost an Schwarzer Johannisbeere

Befall durch Johannisbeergallmilbe

Blattfallkrankheit bei Roter Johannisbeere

Hagelschaden an Roter Johannisbeere

SCHÄDLINGE, KRANKHEITEN

Schädlinge und Krankheiten an Johannisbeeren

Schadbild	Schädling/Krankheit	Vorbeugende bzw. biologische Bekämpfung	Chemische Bekämpfung
Kugelig angeschwollene Knospen an den winterlichen Trieben von Schwarzen Johannisbeeren; noch auffälliger kurz vor dem Austrieb.	**Johannisbeergallmilbe**	Bereits im Winter alle erkennbaren Rundknospen auszwicken und in die Mülltonne geben. Stark befallene Triebe dicht über dem Boden abschneiden.	Eine chemische Bekämpfung scheidet aus.
Auf den Blattunterseiten von Schwarzen Johannisbeeren im Hochsommer rotbrauner Belag; es kann sehr rasch zu vorzeitigem Blattfall kommen.	**Säulenrost**	Sträucher bei oder gleich nach der Ernte gut auslichten! Sortenwahl! Als resistent gegen Säulenrost hat sich 'Titania' gezeigt.	Tritt trotzdem starker Befall auf, dann vorbeugend mit einem organischen Fungizid spritzen; 1. Spritzung gleich nach der Blüte, 2. Spritzung nach der Ernte.
Winzig kleine, nur wenige Millimeter große dunkle Flecken auf den Blättern von Roten und Weißen Johannisbeeren; Blätter rollen sich bei fortschreitendem Befall vom Rand her ein, vertrocknen und fallen ab.	**Blattfallkrankheit**	Sträucher gut auslichten! Möglichst an vollsonnige Stellen pflanzen. Resistente Sorten (z. B. 'Titania') bevorzugen.	Wiederholt sich der Befall trotzdem, dann mehrmals mit einem organischen Fungizid spritzen. 1. Spritzung gleich nach der Blüte, 2. Spritzung nach der Ernte; bei sehr starkem Befall zusätzlich bereits vor der Blüte.
Blätter an den Triebspitzen rollen sich ein und verkrümmen.	**Johannisbeertrieblaus**	Schaden ist meist unbedeutend, Bekämpfung kann meist unterbleiben.	Nur bei sehr starkem Befall mit Insektizid spritzen. Zugelassene Mittel im Fachgeschäft erfragen.
Auf den Blättern gelbliche und rötliche Auftreibungen.	**Johannisbeerblasenlaus**	Wie oben; Sträucher im Winter kräftig auslichten.	Wie oben; nur wenn Triebe stark mit Wintereiern besetzt sind, vor dem Austrieb mit einem Ölpräparat spritzen.
Auf der Rinde napfförmige oder anders geformte Schilde.	**Schildläuse**	Befall meist an schlecht gepflegten Sträuchern; günstige Kulturbedingungen schaffen!	Austriebsspritzung. Zugelassene Mittel im Fachgeschäft erfragen.
Triebe welken und vertrocknen; im Innern ein Fraßgang.	**Johannisbeerglasflügler**	Befallene Triebe im Winter abschneiden und vernichten.	Keine chemische Bekämpfung!
Braune Schwämme am Wurzelhals.	**Brauner Holzschwamm**	Tritt besonders in feuchten Lagen auf; auch wenn mit Jauche gedüngt wird; günstige Kulturbedingungen schaffen.	Chemische Bekämpfung nicht möglich!
Blätter vergilben bereits im Juni vom Rand her und rollen sich nach oben ein.	**Blattrandkrankheit**	Das Schadbild kann sich auch bei Befall durch Säulenrost oder Blattfallkrankheit zeigen; ist dies nicht der Fall, können Kalimangel oder Trockenheit die Ursache sein.	Bei Trockenheit gut wässern, zusätzliche Kaligabe (Kalimagnesia 50 g/m^2 = Patentkali) um die Sträucher streuen.
Junge Früchte fallen im Laufe einiger Wochen nach der Blüte ab.	**Rieseln der Beeren**	Keine Krankheit; Ursachen: erbliche Veranlagung, vor allem aber Spätfröste während der Blüte; mangelnde Befruchtung bei kaltem regnerischem Wetter (mangelnder Bienenflug); Fehlen von geeigneten Befruchtersorten in der Nähe.	Ursachen beheben!

PFLANZENSCHUTZ

Schädlinge und Krankheiten an Stachelbeeren

Schadbild	Schädling/Krankheit	Vorbeugende bzw. biologische Bekämpfung	Chemische Bekämpfung
Blätter, Triebe und Früchte von mehligem, weißem Pilzbelag überzogen, der später braun wird; Früchte zur Ernte fleckig braun und ungenießbar.	Amerikanischer Stachelbeermehltau	Sträucher gut auslichten, befallene Triebspitzen im Winter zurückschneiden; mehltauempfindliche Sorten meiden; resistente Sorten wie 'Invicta', 'Rokula', 'Rolanda' u. a. bevorzugen.	Bei wiederholt starkem Befall Austriebsspritzung vornehmen; nach dem Austrieb in Abständen von 2–3 Wochen mit Spezialmitteln (Konzentration nach Gebrauchsanweisung) spritzen. Wartezeiten beachten! Zugelassene Mittel im Fachgeschäft (Garten-Center u. a.) erfragen.
Im Sommer braune, runde Flecken auf den Blättern, die bald gelb werden und viel zu früh abfallen.	Blattfallkrankheit	Sträucher gut auslichten.	Wie bei Johannisbeeren (Blattfallkrankheit).
Sträucher plötzlich von innen heraus kahlgefressen.	Stachelbeerblattwespe	Im Mai und später ab und zu nachsehen, ob Befall vorhanden; die nesterweise auftretenden Raupen absammeln bzw. befallene Triebteile abschneiden.	Bei Auftreten der Raupen sofort mit Insektizid spritzen. Zugelassene Mittel im Fachgeschäft erfragen.
Blätter verfärben sich weißlichgrau, vertrocknen und fallen ab.	Stachelbeerspinnmilbe	Für gute Kulturbedingungen sorgen.	Bei ersten Anzeichen des Befalls mit einem Akarizid spritzen. Zugelassene Mittel im Fachgeschäft erfragen.
Blätter rollen und kräuseln sich.	Blattläuse	Es treten verschiedene Arten auf, vor allem die Stachelbeertrieblaus; häufig in dichten Kolonien.	Bei beginnendem Befall ein Insektizid mit kurzer Wartezeit anwenden. Zugelassene Mittel im Fachgeschäft erfragen.

Blattfallkrankheit bei Stachelbeere

Himbeerrutenkrankheit

Amerikanischer Stachelbeermehltau

Falscher Mehltau (»Ölflecken«) beim Wein

SCHÄDLINGE, KRANKHEITEN

Schädlinge und Krankheiten an Himbeeren und Brombeeren

Schadbild	Schädling/ Krankheit	Vorbeugende bzw. biologische Bekämpfung	Chemische Bekämpfung
Im Frühsommer zeigen sich an den jungen Trieben violette bis graue Flecken; die Rinde reißt auf und blättert ab.	Himbeerrutenkrankheit	Abgetragene Ruten sofort nach der Ernte bodeneben entfernen; auslichten; nicht hacken, sondern zwischen den Pflanzen mulchen, optimal düngen: $2/3$ der Gesamtmenge im zeitigen Frühjahr, $1/3$ gegen Ende der Blüte.	Organische Fungizide wirken gegen die Krankheit nicht.
Marmorierte Blätter, Vergilbung bzw. Bänderung der Blattadern.	Viruskrankheiten	Kranke Pflanzen aus dem Boden nehmen und vernichten; gesundes Meristem-Pflanzgut beziehen.	Gegen Blattläuse als Überträger mit nützlingsschonendem Insektizid spritzen.
»Wurmige« Himbeeren.	Himbeerkäfer	Im eigenen Garten einen Teil befallener Himbeeren in Kauf nehmen, also auf Spritzung verzichten.	Bekämpfung mit einem bienenungefährlichen Insektizid mit Wirkung gegen beißende Insekten ist möglich; 1. Spritzung kurz vor, 2. Spritzung während der Blüte.
Früchte färben sich vor der Ernte fleckenweise oder vollständig rot; sie werden nur teilweise und sehr spät reif, bzw. bleiben hart, sauer und dadurch ungenießbar.	Brombeergallmilbe	Abgetragene, befallene Ranken gleich im Herbst, spätestens vor dem Austrieb, herunterschneiden und entfernen. Boden mulchen, übermäßige Düngung und spätreifende Sorten vermeiden; Boden feucht halten; befallene Früchte abernten und vernichten.	Chemische Bekämpfung möglich, doch Aufwand lohnt nicht bei einer oder wenigen Pflanzen.
Im Sommer auf den jungen Ranken etwa 2 cm große rötliche Flecken; sie färben sich allmählich braun mit roten Rand; Blatt- und Fruchtentwicklung leiden.	Brombeerrankenkrankheit	Junge Ranken rechtzeitig hochbinden, kranke Ruten herausschneiden.	Chemische Bekämpfung nicht nötig, bzw. Aufwand lohnt nicht.

Krankheiten beim Wein

Schadbild	Schädling/ Krankheit	Vorbeugende bzw. biologische Bekämpfung	Chemische Bekämpfung
Blätter und andere grüne Teile mit weiß-grauem, mehlig aussehendem Belag, sie sterben ab. Die Haut befallener Beeren wächst nicht mehr und platzt auf. Der Befall wird durch warme Tage, kühle Nächte und Luftfeuchtigkeit gefördert.	Echter Mehltau (*Oidium*)	Sortenwahl! Die pilzresistente neue Sorte 'Phoenix' wird nach bisherigen Erfahrungen nur selten vom Echten Mehltau befallen.	Schwefelpräparate; 1. Spritzung bei Befallsbeginn, Bekämpfung wiederholen.
Auf den Blättern durchscheinende gelbe Flecken (»Ölflecken«), auf den Blattunterseiten grau-weißer Pilzrasen. Erster Befall oft schon im Frühjahr. Befallen werden alle grünen Teile, die Gescheine und Trauben bis zur beginnenden Reife. Schließlich verbräunen die Blätter und trocknen ein.	Falscher Mehltau (*Plasmopara*, syn. *Peronospora*)	Sortenwahl! 'Phoenix' kommt nach bisherigen Beobachtungen meist ohne Spritzungen aus. Lichthalten der Weinstöcke (Winter- und Sommerschnitt!), Reben an der Hauswand unter vorspringendes Dach pflanzen (Regenschutz!)	Wiederholte Spritzungen mit organischem Fungizid bei feuchtwarmer Witterung von Ende Mai/Anfang Juni bis zur beginnenden Traubenreife; während längerer Trockenperioden können größere Abstände zwischen den einzelnen Spritzungen eingehalten werden.

OBSTERNTE

So macht die Ernte Spaß. Spindelbusch, Sorte 'Melrose', Ernte 1996: 202 Äpfel!

Ernte

Wenn wir schon Obst anbauen, wollen wir auch in den Genuß des vollen Aromas kommen. Dazu aber müssen wir den richtigen Erntezeitpunkt kennen. Die Früchte dürfen weder zu früh noch zu spät vom Baum genommen werden, da sonst Färbung, innere Qualität und Haltbarkeit nicht optimal sind.

Kernobst

Frühäpfel reifen unterschiedlich, wir pflücken deshalb die Bäume mehrmals durch. Frühbirnen nehmen wir schon 8–10 Tage vor der eigentlichen Reife vom Baum. Wie alle anderen Birnensorten werden sie nach der Ernte bis zur Genußreife kühl gelagert. Bleiben Äpfel zu lange am Baum, werden sie mehlig, die Birnen teigig.

Herbstäpfel wie 'James Grieve' oder 'Oldenburg' lassen wir bis zur vollen Reife am Baum hängen; wir nehmen sie erst ab, wenn die Farbe gut ausgebildet ist. Herbstbirnen wie 'Gute Luise' werden dagegen schon vor der Genußreife abgenommen und noch etwas gelagert, bis sie ihr köstliches Aroma ausgebildet haben. Die Früchte müssen sich übrigens bei leichtem Drehen oder Anheben mühelos vom Fruchtholz lösen; dann ist der richtige Erntezeitpunkt gekommen.

Apfelspätsorten wie 'Boskoop', 'Berlepsch', 'Ontario' u. a. werden immer etwas vor der vollen Baumreife abgenommen, weil dies die Lagerfähigkeit verbessert. Das ist meist Mitte Oktober der Fall. Einige späte Birnensorten wie 'Gräfin von Paris' oder 'Madame Verté' nehmen wir sogar erst gegen Ende

ERNTE UND LAGERUNG

Oktober ab. Bei zu früher Ernte bilden sie ihr typisches Aroma nicht aus und schmecken rübenartig.

Leichte Nachtfröste schaden den Früchten nicht, nur dürfen wir sie nach einer kalten Nacht nicht gleich mit den Händen anfassen, da es sonst Faulstellen gibt.

Bei Quitten reifen die Früchte am Busch nicht aus. Wir warten mit der Ernte bis zu den ersten Frösten und lassen sie dann in der Wohnung nachreifen.

Bei allen Obstarten wird die Ernte schonend vorgenommen. Schließlich wollen wir uns nicht um den Lohn für unsere Mühe bringen. Empfindliche Apfel- und Birnensorten pflücken wir in Plastikeimer oder in gepolsterte Handkörbe. Auch die Kisten, in die dann die Eimer oder Körbe entleert werden, sollten mit Wellpappe oder anderem weichem Material ausgelegt sein. Andernfalls ist es unvermeidlich, daß ein beträchtlicher Teil der Früchte einige Druckstellen oder Abschürfungen bekommt und bald zu faulen beginnt. Weniger empfindliche Apfel- und Birnensorten können in größeren gepolsterten Weidenkörben in Obstkisten oder Flachsteigen transportiert werden.

Steinobst

Beim Steinobst zeigt uns eine Kostprobe, ob die Ernte beginnen kann. Auch stärkerer Fruchtfall ist bei Zwetschen und anderen Arten ein sicheres Zeichen dafür. Zwetschen und Mirabellen können geschüttelt werden, während wir die empfindlicheren Pflaumen und Reneklodn besser von Hand pflücken. Alle Steinobstarten, also auch Kirschen, Pfirsiche und Aprikosen werden in Spankörbe oder Schalen gepflückt.

Die 'Hauszwetsche' und andere späte Sorten sollten möglichst lange am Baum hängen bleiben. Erst wenn die ersten Früchte zu schrumpfen beginnen, ist der ideale Zeitpunkt für die Ernte gekommen. Leichte Nachtfröste schaden nicht.

Pfirsiche umfaßt man mit der ganzen Hand. Durch leichtes Drehen und Anheben der Frucht löst sie sich vom Fruchtholz; dies gilt auch für die Aprikose. Nicht zu früh ernten, denn nur bei Vollreife entwickeln Pfirsiche und vor allem Aprikosen ihr köstliches Aroma und den herrlichen Duft.

Süßkirschen werden mit Stiel geerntet. Dabei zwicken wir die Stiele mit den Fingernägeln vom Fruchtholz ab oder drehen sie ab. Für besonders saftige Sorten nimmt man die Schere zu Hilfe. Auch Sauerkirschensorten, die sich schlecht pflücken lassen, ernten wir mit der Schere. Für die häusliche Verwertung können aber die meisten Sorten ohne Stiel gepflückt werden.

Nüsse

Walnüsse werden vollreif geerntet, d. h. wenn sie sich von selbst aus der grünen Hülle lösen. Dazu braucht man nicht auf den Baum zu steigen. Die Nüsse werden aufgesammelt, wenn sie ab September, vor allem aber im Oktober vom Baum fallen. Falsch wäre es, die Nüsse mit Stangen vom Baum zu schlagen, wenn sie noch nicht völlig ausgereift sind.

Die Haselnuß-Ernte fällt ebenfalls in die Monate September/Oktober. Die Nüsse sind reif, sobald die harte Nußschale in der unteren Hälfte ringsum braun gefärbt ist. Die Nüsse lassen sich dann leicht aus den sie umgebenden Hülsen lösen. Wir können die Nüsse zu diesem Zeitpunkt pflücken oder aber den Strauch schütteln und die am Boden liegenden auflesen. Sollen Nüsse gelagert werden, so müssen sie völlig reif sein und sich selbständig aus den Hüllen lösen. Nicht voll ausgereifte Nüsse schmecken nicht!

Lagerung

Während sich Kirschen und viele Beerenobstarten hervorragend zum Tiefgefrieren eignen bzw. wie auch Pflaumen und Zwetschen entweder vollreif gegessen, zum Backen verwendet, eingeweckt oder zu Marmelade verarbeitet werden, ergeben sich für späte Äpfel und Birnen meist Lagerprobleme.

In zu warmen, trockenen Räumen beginnen die Früchte bald zu schrumpfen, besonders die rauhschaligen. Als günstige Temperatur gelten +3 bis +5 °C, zumindest sollten +8 °C nicht überschritten werden. Die relative Luftfeuchtigkeit sollte 85–90 % betragen. Nachdem wir keinen Obstlagerraum wie im Erwerbsobstbau zur Verfügung haben, müssen wir uns anderweitig behelfen. Meist werden wir die Früchte in den Keller bringen oder in einen anderen möglichst kühlen Raum. Zusätzlich öffnen wir die Fenster, wenn es kalt und neblig ist bzw. überbrausen den Boden des öfteren mit Wasser.

Walnüsse fallen ohne unser Zutun vom Baum und brauchen nur noch gesammelt, gewaschen und an der Luft getrocknet zu werden.

OBSTERNTE

Obstlagerung in Horden und in Folienbeuteln. Darunter: Mit Erfolg erprobt: Obststeigen im Kellerlichtschacht. Erst wenn es kälter wird – etwa ab –5 °C – decken wir den Rost mit einer 5 cm starken Styroporplatte und eventuell zusätzlich mit Laub oder Stroh ab.

Vor dem Einlagern wird der Raum gründlich gereinigt und geweißt. Dabei kann ein Desinfektionsmittel wie Dimanin A der Farbe zugesetzt werden. Auch die Stellagen, Obsthorden usw. sollten mit der Desinfektionslösung gebürstet werden.
Beim Einräumen des Obstes achten wir darauf, daß die Äpfel und Birnen möglichst übersichtlich lagern, damit Früchte, die zu faulen beginnen, gleich entdeckt und entfernt werden können. Gut eignen sich für Äpfel und Birnen richtige Obsthorden oder aber Flachsteigen, die wir in jedem Lebensmittelgeschäft gratis bekommen können. Durch Übereinanderstellen läßt sich der Raum gut ausnutzen.
Wenn wir in einem zu warmen, trockenen Raum wertvolle Spätsorten möglichst lange aufbewahren wollen, so kann dies mit luftfeuchtem Torf geschehen. Wir wickeln die einzelnen Früchte in Seidenpapier, bringen auf den Boden einer Obstkiste eine 5 cm hohe Torfmullschicht auf und legen darauf die erste Schicht Äpfel. Nun folgen abwechselnd je eine Torfmullschicht und eine Schicht Äpfel bzw. Birnen. Selbstverständlich werden wir uns diese Mühe nur mit wirklich erstklassigen, gesunden Früchten einer Spitzensorte machen.
Auch mit Folienbeuteln kann die Haltbarkeit verlängert bzw. verbessert werden. Es kommen aber nur mittelgroße, völlig gesunde Früchte hierfür in Frage. Geeignet sind Beutel aus 0,05 mm starker PE-Folie, die 2–5 kg Äpfel fassen. Bewährt hat sich diese Möglichkeit bei 'Jonathan', 'Golden Delicious', 'Roter Boskoop', 'Glockenapfel' und 'Melrose'.
Diese Sorten sollen für die Lagerung in Folienbeuteln bereits etwa 1 Woche vor dem sonst üblichen Zeitpunkt geerntet werden. Die Beutel dürfen erst verschlossen werden, wenn sich das darin befindliche Obst der Lagerraumtemperatur angepaßt hat. Andernfalls bildet sich Schwitzwasser, Fäulnis wird begünstigt. Die Beutel sollten bei möglichst niedrigen Temperaturen, etwa + 5 bis + 10 °C, gelagert werden, da bei höheren Temperaturen Fruchtfleisch- und Schalenbräune auftreten können. Ist der Lagerraum geringfügig wärmer als angegeben, so sollte wenigstens dafür gesorgt werden, daß das beim Reifungsprozeß entstehende Kohlendioxid zum Teil abziehen kann. Dazu stechen wir einen 2 kg-Beutel 1- oder 2mal mit einer Büroklammer ein. Bei noch höherer Temperatur sollten bis zu 10 Einstiche angebracht werden, wodurch sich allerdings die Lagerfähigkeit erheblich verkürzt.
Man nimmt das Obst einige Tage vor dem Verbrauch aus dem Beutel und läßt es offen nachreifen. Dadurch verschwindet ein eventuell vorhandener muffiger Geruch. Die gute Haltbarkeit beruht auf der Sättigung mit Wasserdampf im weitgehend luftdicht verschlossenen Folienbeutel, was die weitere Verdunstung stoppt; die Früchte bleiben frisch und knackig. Aber auch das bei der Reife entstehende Kohlen-

VERWERTUNG

dioxid wirkt sich bis zu einer gewissen Menge günstig auf die Haltbarkeit aus. Leider ist dies alles ein wenig umständlich und eben nur ein Notbehelf anstelle eines günstigen Lagerraums. Geradezu ideal für die Obstlagerung ist ein Keller unter einer Gerätehütte oder unter einem Gartenhaus. Ein solcher Keller ist sehr kühl, dabei aber absolut frostsicher. Außerdem ist eine günstige relative Luftfeuchtigkeit vorhanden, bedingt durch den Natur- oder Ziegelboden. Schade, daß es in den meisten Kleingartenanlagen nicht gestattet ist, das Gartenhäuschen zu unterkellern. Dies würde weder das Aussehen der Anlage nachteilig beeinflussen noch sonst irgendwelche Nachteile haben. Sicherlich, der Preis für die Gartenlaube würde sich erhöhen, aber das Ausheben des Bodens könnte ja in eigener Regie erfolgen. Dem stünde jedoch ein großer Nutzen bei der Lagerung von Obst und Gemüse gegenüber.

Wenn ein solcher Keller also nicht sein darf oder kann, so kann trotzdem das Obst im Gartenhaus oder in der Gerätehütte eines Hausgartens gelagert werden. Ich kenne eine ganze Reihe von Hobbygärtnern, die dies seit Jahren mit Erfolg praktizieren. Die Obstkisten müssen dann nur mit Decken oder – noch besser – mit Isolierfolie (Noppenfolie) abgedeckt werden, damit bei nicht zu strenger winterlicher Kälte das Obst nicht erfriert und die vom Boden her nachfließende wärmere Luft zurückgehalten wird. Einige Grad unter Null schaden nicht. Nur wenn es ab Januar oder im Februar so richtig kalt wird, muß das Obst aus dem Lager geholt und im Haus gelagert werden. Doch bis dahin ist meist schon ein ganzer Teil verbraucht.

Ich kenne auch Gartenfreunde, die mangels eines geeigneten Lagerraums die Obstkisten auf den Balkon stellen. Sie geben auf den Boden jeder Kiste mehrere Lagen Zeitungspapier, ebenso zwischen jede Obstschicht und decken die Kisten dick mit Zeitungspapier bzw. Wolldecken ab. Auf diese Weise halten sich die Äpfel meist bis zum Frühjahr frisch.

Sehr spät reifende und besonders hartfrüchtige Sorten wie z. B. 'Rheinischer Bohnapfel', 'Welschisner', 'Roter Eiserapfel' u. a. lassen sich bis zum Frühjahr ausgezeichnet in 30–50 cm tiefen Erdmieten bzw. in leerstehenden tiefen Frühbeetkästen lagern, so wie wir dies vom Wintergemüse her kennen.

Wer einen Obstgarten besitzt und ein Haus neu baut, sollte möglichst auch einen Obstlagerraum mit einplanen, vor allem, wenn die Kellerfläche groß genug ist. Ein solcher Raum wird gegen die anderen Räume gut isoliert, der Boden bleibt so, wie er von Natur aus ist, d. h. er sollte etwa aus gestampftem Lehm bestehen. Hier kann den Winter über laufend Feuchtigkeit hochsteigen.

Nach diesen Tips für die Lagerung von Äpfel und Birnen noch ein paar Hinweise zu den Nüssen: Walnüsse werden gleich nach der Ernte aus der grünen Schale gelöst und in fließendem Wasser mit einem Reisigbesen gereinigt. Dann trocknet man sie in der Sonne oder in einem warmen Raum, aber nicht auf dem Ofen. Wichtig ist, daß die Nüsse nicht in der äußeren grünen Schale bleiben, bis diese schwarz wird und zu faulen beginnt. Die Nüsse würden in diesem Fall unansehnlich und die Kerne von Schimmelpilzen befallen. Wir könnten sie dann nicht mehr essen. Nachdem sie gereinigt und getrocknet sind, bewahren wir die Walnüsse, ebenso wie Haselnüsse, in luftdurchlässigen Säckchen auf.

Was tun mit all' dem Obst?

Am liebsten essen wir Obst gleich von der Hand in den Mund. Im Unterbewußtsein fühlen wir uns dabei wie im Paradies. Doch bei den meisten Obstarten ist dies nicht zu schaffen; sie tragen bei richtiger Pflege reich und das Obst wird, ist der ideale Reifezustand erreicht, oft schon in wenigen Tagen überreif. Also müssen wir sie in irgendeiner Form verwerten. Verschiedene Beerenarten eignen sich vorzüglich zum Tiefgefrieren, andere Obstarten können zu Marmelade oder Gelee verarbeitet bzw. eingemacht werden, Äpfel, Birnen und Zwetschen lassen sich dörren.

Doch die Gefriertruhe quillt bald über und auch mit den anderen genannten Verwertungsmöglichkeiten lassen sich keine allzugroßen Mengen verarbeiten. Sie sollen hier auch nicht näher beschrieben werden, denn jede Hausfrau hat damit mehr Praxis als ich, und außerdem gibt es dazu vorzügliche Fachliteratur.

Hier nur ein paar Tips, wie man große Obstmengen am besten verwerten kann: Wir verflüssigen sie zu Saft und Wein.

Obstsäfte

Darunter versteht man den unvergorenen Saft der Früchte, der meist durch Pressen gewonnen wird. Saft von Äpfeln oder Birnen kann frisch gepreßt sofort getrunken werden, Säfte von Beeren und Sauerkirschen müssen erst verdünnt und gezuckert werden.

Solche Säfte sind gesundheitlich außerordentlich wertvoll, denn die Vitamine und sonstigen Inhaltsstoffe bleiben hier weitgehend erhalten.

Und so wird's gemacht: Voll ausgereifte Früchte waschen und zerkleinern, dabei schlechte oder faule Stellen herausschneiden. Kleine Mengen können wir mit einem Ansatzgerät zum Fleischwolf oder dem Zusatz zur Küchenmaschine entsaften. Der so gewonnene Saft sollte allerdings rasch verbraucht werden, denn er kommt bei dieser Methode stark mit Luft in

Berührung, d. h. das enthaltene Vitamin C wird rasch abgebaut. Außerdem enthält ein solcher Saft einen hohen Anteil an Fruchtmark.

Wer mittlere Obstmengen, vor allem Beerenobst, verwerten will, verwendet dazu den Dampfentsafter. Durch den Dampf platzen die Früchte auf; der erhitzte Saft tritt heraus und braucht nur noch in saubere Flaschen abgefüllt zu werden, die man langsam auskühlen läßt. Bei diesem Verfahren bekommen wir sehr viel Saft; die Inhaltsstoffe bleiben weitgehend erhalten.

Wer größere Obstmengen zu bewältigen hat und das Entsaften ein bißchen profihaft betreiben möchte, kann sich eine richtiggehende kleine Kelter (Spindelpresse) zulegen. Solch ein Gerät sieht nach Etwas aus, denn es besteht aus klassischen Materialien wie Holz und verzinnten bzw. lackierten Eisenteilen, das Arbeiten macht Spaß. Je nach Modell kann der Preßkorb einer solchen Haushaltskelter 5 bis 40 Liter und mehr fassen. Dazu gehört eine aufsetz- und schwenkbare Mühle, die das mühselige, zeitaufwendige Zerkleinern des Obstes sehr erleichtert. Eine andere Möglichkeit: Es gibt Betriebe, die im Lohnverfahren pressen. Man liefert das Obst an und nimmt den Saft mit nach Hause.

Auf keinen Fall dürfen bei der Saftgewinnung Zink-, Kupfer- oder Eisengefäße verwendet werden, nachdem sich Spuren des Materials durch die Fruchtsäuren lösen und dies gesundheitliche Schäden zur Folge haben kann. Brauchbar sind dagegen Behälter aus Holz, Aluminium, Emaille, Kunststoff und verzinnte Eisenteile (Mühle, Presse).

Nachdem die Verarbeitung rasch erfolgen soll, können wir nicht abwarten, bis sich die im frisch gepreßten Saft befindlichen Trübstoffe restlos absetzen. Wer einen weitgehend klaren Saft haben möchte, muß ihn deshalb filtern, z. B. mit dem Kitzinger Trichterfilter, in den zusätzlich ein Perlonfilter eingelegt und am Rand mit Wäscheklammern festgehalten wird.

Damit der frisch gepreßte und gefilterte Saft haltbar wird, müssen wir ihn pasteurisieren. Dazu wird der Saft in saubere Flaschen gefüllt und im Weckapparat etwa 20 Minuten lang auf 80 °C erhitzt; im Inneren der Flaschen hat dann der Saft ca. 75 °C. Dann stülpt man über die Flaschen Gummikappen, die in heißem Wasser bereitgelegt wurden. Nach dem Erkalten der Flaschen müssen sie sich etwas nach innen ziehen; nur dann schließen sie dicht ab.

Wir machen Äpplwoi, Most, Obstwein

Aus dem Saft der gepreßten Früchte kann außer unvergorenem, alkoholfreiem Süßmost auch ein alkoholisches Getränk hergestellt werden: »Äpplwoi« heißt es im Frankfurter Raum, während man im süddeutschen, österreichischen und schweizerischen Raum von »Most« spricht; es ist immer das Gleiche: vergorener Obstsaft, also Obstwein. Er muß nicht allein aus Äpfeln bestehen, auch eine Mischung ist möglich, ja sogar zu empfehlen: Apfel- und Birnenmost. Aber auch von allen möglichen anderen Obstarten können Weine hergestellt werden: Johannis- und Stachelbeerwein, Erdbeerwein, Sauerkirschwein, usw. In diesen Fällen lassen wir den Saft gären, wobei der vorhandene Zucker durch die Hefepilze (Gärhefe) zu Alkohol und gasförmig entweichender Kohlensäure (Kohlendioxid) umgewandelt wird. Für das spätere Aroma ist der Säuregehalt der Früchte bzw. des Fruchtsaftes entscheidend.

Der erste Arbeitsvorgang ist wie bei der Herstellung von Süßmost: Waschen der Früchte, zerkleinern bzw. mahlen (es entsteht die Maische) und anschließend pressen. Dies alles soll rasch hintereinander erfolgen, damit es einen reinen, goldgelben Most gibt. Wer sich nicht selbst zum Kauf einer kleinen Obstmühle mit Presse entschließt, kann sich an einen Obst- und Gartenbauverein wenden, der eine solche Einrichtung besitzt, oder an eine der Lohnkeltereien, die diese Arbeit gewerblich vornehmen. Von 50 kg angelieferten Obstes erhält man gegen eine geringe Gebühr 25–30 Liter Saft zurück. Ein Schönheitsfehler: Man bekommt nicht den Saft aus dem eigenen Obst, sondern von Äpfeln und Birnen, die ein anderer zuvor angeliefert hat. Von 10 kg Äpfeln bekommt man beim Pressen 5–7,5 Liter, bei Birnen 6–8 Liter Saft, wobei Schwankungen bis zu 2,5 Liter möglich sind.

Nicht jeder Fruchtsaft ist von Natur aus zum Vergären geeignet. Um einen wohlschmeckenden Obstwein zu bekommen, muß man vielfach Zucker und Säure zusetzen. Erst dann kann man mit der entsprechenden Haltbarkeit und dem gewünschten Alkoholgehalt rechnen. Den Zuckergehalt können wir auf ganz einfache Weise feststellen: Mit der Öchsle- oder Mostwaage, einem thermometerähnlichen »Ding«, das anzeigt, um wieviel Gramm 1 Liter Saft schwerer ist als 1 Liter Wasser. Die Differenz ist beim Most vor allem Zucker. Gemessen wird in Öchsle-Graden, benannt nach dem schwäbischen Goldschmied und Feinmechaniker Ferdinand Öchsle, dem Erfinder der Öchslewaage.

Wird der gemessene Wert durch 5 geteilt, so erhalten wir den prozentualen Zuckeranteil im Most, multiplizieren wir ihn dagegen mit 2, so wissen wir, wieviel Gramm Zucker je Liter enthalten sind. Beispiel: 60° Öchsle (abgekürzt: Oe) entsprechen einem Zuckergehalt von etwa 12 % bzw. 120 g in 1 Liter Saft. Wenn man die Öchsle-Grade durch 8 teilt, erhält man den zu erwartenden Alkoholgehalt nach der Gärung; in unserem Beispiel dürfte der Wein also 7,5 Volumen% Alkohol bekommen.

VERWERTUNG

Zerkleinern der Früchte, hier mit einer elektrisch betriebenen Obstmühle... Einfüllen der Maische in die Spindelpresse (Kelter)... Pressen der Maische. Zum Auffangen des Saftes eignen sich Behälter aus Kunststoff, Holz, Aluminium oder Emaille.

Und außerdem können wir mit der Öchslewaage den Verlauf der Gärung verfolgen: Je mehr Alkohol entsteht, desto mehr geht der Zuckergehalt und damit auch das angezeigte Mostgewicht von Woche zu Woche zurück. Dies ist ein gutes Zeichen für einen günstigen Gärverlauf. Wenn die Öchslewaage nur mehr 0–5° Öchsle anzeigt, ist die Gärung beendet.

Wann soll aufgezuckert werden?

Der Zuckergehalt schwankt nicht nur von Sorte zu Sorte, sondern bei der gleichen Sorte auch von Jahr zu Jahr, je nachdem ob es regen- oder sonnenreich war. Wie beim Wein gibt es also auch beim Obst gute und schlechte Jahrgänge.
Ist von Natur aus zu wenig Zucker im Saft, so würde der Most sauer schmecken, auch der Alkoholgehalt wäre dann zu gering, was sich wiederum auf die Haltbarkeit auswirken würde. Wir machen es in diesem Fall wie die Weinbauern: Wir zuckern auf. Soll z. B. ein Saft von nur 50° Öchsle auf 60° verbessert werden, so müssen auf 100 Liter rund 2,5 kg Zucker zugegeben werden; will man 70° Öchsle erreichen, also um 20° verbessern, so sind 5 kg Zucker nötig. Man löst die gewünschte Zuckermenge in einer Plastikschüssel mit Saft auf und gibt die Zuckerlösung in das Faß bzw. in den Gärbehälter. Für einen normalen, leichten Tischwein sollte der Saft 50–80° Öchsle aufweisen, bei Beeren- und Steinobst 80° Öchsle. Wer dagegen einen Dessertwein erzeugen will, muß auf etwa 130° Öchsle aufzuckern. Aber Vorsicht: Ein solcher Wein wirft auch den stärksten Mann leicht um, denn er hat über 16% Alkohol! Ich kann mich noch gut an einen Abend mit Erdbeer-Dessertwein erinnern, den ich in damaliger Unkenntnis der Wirkung als angenehm schmeckendes »Zuckerwasser« einstufte. Anschließend dachte ich ganz anders darüber.
Die Säurebestimmung des gepreßten Saftes ist dagegen etwas schwieriger und meist auch nicht nötig, vor allem wenn wir typische Mostäpfel oder Mostbirnen verwerten.

Der gärende junge Most

Der Saft wird in einen Glasballon, Kunststoff-Faß bzw. Kleintank (15 bis 200 Liter) gefüllt. Ein Holzfaß sieht zwar schöner aus, ist aber erheblich teurer und bedarf einer alljährigen Pflege. Das Gefäß wird nur bis zu vier Fünftel gefüllt, da es beim Gären zur Schaumbildung kommt.
Überläßt man den Gärprozeß den stets anwesenden »wilden« Hefen, so befriedigt das Ergebnis nicht immer. Sicher gehen wir, wenn eine speziell für die betreffende Fruchtart geeignete Reinzuchthefe hinzugefügt wird sowie ein Hefe-Nährsalz, das die Entwicklung der Reinzuchthefe fördert.

In dickem Strahl läuft der Obstsaft aus der Kelter. Er kann sofort getrunken, pasteurisiert oder zu Obstwein verarbeitet werden.

Links: Kunststoff-Faß (30 l) mit Hobby-Gäraufsatz und Hahn zum Entnehmen des trinkfertigen Mostes. Die Trübstoffe haben sich darunter abgesetzt.
Daneben: Gärender Most. Die Kohlensäure entweicht blubbernd aus dem Gärglas (kleines Foto).

Wichtig ist, daß das Hefefläschchen vor dem Öffnen mehrmals kräftig geschüttelt wird, bis die darin enthaltene Flüssigkeit gleichmäßig trübe geworden ist.

Für Apfel- und Birnenmost eignet sich am besten die Heferasse Steinberg. Wichtig: Die angewärmte Zuckerlösung, mit der die Reinzuchthefe vor dem Zugeben vermengt wird, darf auf keinen Fall mehr als 28 °C haben; bei höheren Temperaturen werden nämlich die Hefepilze abgetötet.

Jetzt verschließen wir den Gärbehälter mit einer Gummikappe mit Loch und einem Hobby-Kunststoff-Gäraufsatz, bzw. mit einem Glasröhrchen, weil wir so den Gärprozeß gut sichtbar verfolgen können. Der Gäraufsatz wird mit einer Sperrflüssigkeit – meist Wasser, Mostexperten nehmen hierfür einen »Klaren«, also Schnaps – gefüllt. Auf diese Weise kann das bei der Gärung entstehende Kohlesäuregas entweichen, gleichzeitig wird aber der Eintritt von Luft verhindert.

Der Gäraufsatz aus Glas oder ein becherförmiger aus Kunststoff kann auf dem Behälter mit dem fertigen Wein verbleiben. Man muß ihn dann nur mit »Klarem« oder mit schwefeliger Säure füllen, damit die beim Abzapfen eindringende Luft desinfiziert wird.

Auf diese Weise können wir unseren Haustrunk ganz nach Bedarf dem Gär- bzw. Aufbewahrungsgefäß entnehmen, d. h. wir ersparen uns das Abfüllen in Flaschen.

Während der Gärphase sollte die Temperatur möglichst gleichbleibend sein und nicht um mehr als 7 °C abfallen. Am besten eignet sich für den Anlauf der Gärung ein Raum mit Temperaturen von 15–18 °C für Apfelmost und von 20–22 °C für Beerenmost mit viel Zucker. Wer Kitzinger Reinzuchthefe verwendet, hat einen größeren Spielraum. Sie paßt sich jeder Kellertemperatur an und arbeitet in einem Temperaturbereich von 6 °C–28 °C.

Ab jetzt gehen wir immer wieder einmal in den Keller und freuen uns, wenn es in den Gärgläsern rhythmisch blubbert bzw. wenn die Gäraufsätze leicht und regelmäßig klappern. Damit der gesamte Saft gleichmäßig gärt, werden die Ballons des öfteren geschüttelt und die Fässer und Kunststoffbehälter gerüttelt. Bei mehr als 50 Liter Inhalt nehmen wir einen Stab und rühren die sich am Boden absetzenden, gärungsfördernden Stoffe immer wieder auf.

Die Gärung muß nach wenigen Tagen einsetzen. Der vorhandene Zucker wird dabei etwa zu gleichen Teilen in Alkohol und gasförmige Kohlensäure gespalten. Die Kohlensäure steigt nach oben und bringt den ganzen Saft in Bewegung, was sich auf die lebhaft tätige Reinzuchthefe günstig auswirkt. Auf der Oberfläche der gärenden Flüssigkeit bildet sich meist ein bräunlicher Schaum; deshalb ist es wichtig, das Gärgefäß nur zu $4/5$ zu füllen. Wegen der festsitzenden Gummikappe kann die Kohlensäure nur durch den Gäraufsatz nach oben steigen und entweicht deutlich sichtbar und hörbar. So können wir beobachten, wann die Gärung einsetzt, wie sie sich steigert und wieder abklingt.

Sobald die Gärung nach 2–3 Wochen beendet ist und sich die Hefe abgesetzt hat, wird der Wein mit einem einfachen Plastikschlauch in ein anderes Gefäß »abgezogen«.

Apfel-, Birnen- oder auch andere Obstweine kann man – wie Süßmost – haltbarer machen, indem man beim Abziehen je 10 Liter eine Schwefeltablette von 1 g dazugibt. Das Schwefeln verhindert eine mögliche Oxidation, also das Braunwerden, und trägt zur Klärung des Weines bei; so bekommen wir einen Most mit goldgelbem Glanz.

Nach dem Abziehen wird der junge Most in einen kühleren Raum gebracht. Zu warm gelagert, würde er an Geschmack verlieren. Das Gefäß, in das der Wein nach dem Abzug gegeben wird, sollte möglichst randvoll sein. Wir verschließen mit einem Gäraufsatz, weil möglicherweise noch eine geringfügige Nachgärung einsetzt. Nachdem schließlich der Wein oder Most nach 6–8 Wochen ein zweites Mal von den abgelagerten Trübstoffen abgezogen ist, können wir ihn in Flaschen füllen, die mit Natur- oder Kronenkorken fachgerecht verschlossen werden. Mit einem der im Handel erhältlichen, praktischen Hebelgeräte gelingt dies ohne Schwierigkeit.

Geräte und Zubehör für die Süßmost- und Obstweinherstellung gibt es in Garten-Centern, Drogerien und landwirtschaftlichen Lagerhäusern.

OBSTGARTEN IM JAHRESLAUF

Januar

Ältere, zu dicht gewordene Bäume auslichten Dies ist den ganzen Monat über möglich, sofern die Temperaturen nicht unter –5 °C liegen. Am besten warten wir auf einen sonnigen, frostfreien Tag, es sei denn, es stehen viele Bäume im Garten, bei denen diese wichtige Pflegemaßnahme durchgeführt werden muß. Dabei werden vorrangig kranke, dürre und zu dicht stehende Äste entfernt, denn nur in locker aufgebauten Kronen kann das Sonnenlicht bis in das Innere eindringen. Der Erfolg dieser Arbeit ist offensichtlich: Die Fruchtqualität, also Größe und Färbung, wird merklich verbessert. Außerdem wird der Baum weniger anfällig gegen Pilzkrankheiten, weil Holz, Blätter und Früchte nach sommerlichen Regenfällen nun rascher abtrocknen.
Alte, vergreiste Bäume verjüngen Vor allem bei Bäumen wertvoller Sorten, die zu kleine Früchte bringen, ansonsten aber gesund sind, lohnt sich das kräftige Zurückschneiden ins alte Holz. Probieren Sie es, wenn Sie einen 'Klarapfel', 'Ontario' oder eine 'Goldparmäne' im Garten stehen haben!
Absterbende Bäume oder unbefriedigende Träger roden Nachdem auch der Wurzelstock aus dem Boden muß, ist dies eine Arbeit, die bei Kälte erledigt werden kann, denn sie macht warm. Man sägt zuerst die Äste vom Stamm und versucht dann, den Wurzelstock freizulegen. Sobald die meisten Hauptwurzeln mit dem Pickel abgehackt sind, wird ein Seil im zweiten Drittel der Stammhöhe um den Stamm gelegt und angezogen, bis der Baum fällt.
Umveredelungen vorbereiten Bereits jetzt wird die gesamte Baumkrone ausgelichtet und dann um gut zwei Drittel zurückgeschnitten. Auch die Edelreiser werden bis spätestens Mitte Januar geschnitten. Nur wenn wir sie in voller Winterruhe vom Baum nehmen, bleiben sie bis zum Veredeln im Frühjahr frisch. Nach dem Schnitt schlagen wir sie an schattiger Stelle, also im kühlen Keller oder an der Nordseite des Hauses ein; mindestens das untere Drittel sollte in Erde oder in leicht feuchtem Sand stecken. Darauf achten, daß die Reiser etwa bleistiftstark sind und nur an der Sonnenseite des Mutterbaumes geschnitten werden; dort sind die Knospen am besten ausgebildet.
Beerensträucher auslichten Sofern dies nicht bereits im Sommer nach der Ernte geschehen ist, holen wir es möglichst bald nach, denn Beerensträucher treiben zeitig aus. Triebe dicht über dem Boden abschneiden, am besten mit einer Astschere.
Wildschäden verhindern Wenn Hasenfraß zu befürchten ist, sollte die Einfriedung des Obstgartens kontrolliert und dafür gesorgt werden, daß sie dicht ist. Zusätzlich werden die Baumstämme mit einer engmaschigen Drahthose umgeben. Es empfiehlt sich auch, abgeschnittene Äste unter den Bäumen liegen zu lassen, damit sich ein in den Garten eingedrungener Hase erst über diese hermacht.
Schutz der Baumstämme Dies kann mit einem Kalkbrei-Anstrich geschehen; um eine bessere Haftfähigkeit zu erhalten, zu 2 kg Branntkalk auf 10 Liter Wasser etwas Tapetenkleister zusetzen! Darüber hinaus gibt es im Handel fertigen Weißanstrich für Obstbäume oder Preicobakt, einen biologischen Obstbaumschutz, der vorbeugend gegen Moose und Flechten, Frostplatten und -risse wirkt. Wem dies zu viel Aufwand ist, der kann an die Südseite der Baumstämme je ein ausreichend breites Brett stellen, damit der Stamm weitgehend beschattet ist. Darauf kommt es nämlich an, denn Frostplatten und -risse entstehen überwiegend durch starke Temperaturschwankungen zwischen Tag und Nacht. Untertags wird an einem sonnigen Januartag der Stamm aufgeheizt, während bei Nacht die Temperatur vielfach bis weit unter den Gefrierpunkt absinkt. Der weiße Anstrich reflektiert die Sonnenstrahlen, und auch das vor den Stamm gestellte Brett hält sie ab.
Knospenfraß bei Beerenobst verhindern Vögel, vor allem Gimpel, Spatzen und Grünfinken, machen sich des öfteren über die Johannisbeersträucher her und picken die Knospen ab. Geht es nur um wenige Sträucher, kann man ein Netz darüberhängen. Andernfalls mit Kalkmilch + Haftmittel spritzen. Es hat den Anschein, daß die Vögel von der weißen Farbe abgeschreckt werden. Eine andere Möglichkeit: Im Handel nach einem zugelassenen Mittel gegen Knospenfraß fragen.

Februar

Schnittarbeiten fortsetzen Wie bereits im Januar beschrieben, werden auch in den nächsten Wochen zu dichte ältere Baumkronen ausgelichtet oder verjüngt. Bei Bäumen, die im Frühjahr umveredelt werden sollen, wird die Krone abgeworfen. Dabei ist darauf zu achten, daß erst unmittelbar vor dem Veredeln der endgültige Rückschnitt erfolgt, d. h. die Äste müssen dann nochmals um etwa 20 cm nachgeschnitten werden. Alle Wunden, die bei Schnittarbeiten entstehen und größer als ein Fünf-Mark-Stück sind, werden anschließend verstrichen.
Jetzt auch jüngere Obstbäume und empfindliche Arten schneiden Sofern die letzten Februarwochen nicht allzu kalt sind, können jetzt auch jüngere Bäume geschnitten werden. Bei diesen wird der Erziehungsschnitt durchgeführt, also der Aufbau einer möglichst idealen, lichten Krone. Etwa 5 bis 6 Jahre nach der Pflanzung ist diese Arbeit weitgehend abgeschlossen. Ebenso werden ab Ende des Monats die frostempfindlicheren Obstarten wie Pfirsich, Aprikose und Brombeere geschnitten.
An Frostschutz denken Inzwischen beginnt der Saft zu steigen. Starke Temperaturschwankungen zwischen Tag und Nacht können zu Holz- und Rindenschäden führen. Deshalb für weißen Anstrich sorgen bzw. ein Brett vor die Stämme stellen.
Schutz gegen Wildverbiß Wenn viel Schnee liegt, reicht in wildgefährdeten Gebieten der Schutz des Einzelbaumes mit

157

OBSTGARTEN IM JAHRESLAUF

einer Drahthose oft nicht mehr aus. In solchen Fällen bleibt das frisch geschnittene Astholz unter den Bäumen liegen, vor allem bei Einzelbäumen in der freien Landschaft.

Mäusefraß verhindern Wenn nicht bereits im Spätherbst geschehen, wird das im letzten Jahr aufgebrachte Mulchmaterial (Graschnitt, Stroh, Holzhäcksel) schnellstens um den Stamm herum entfernt. Dadurch wird dem Mäusefraß vorgebeugt. Mäuse nagen die Rinde ringförmig um den Stamm bis auf das Holz ab und schädigen die Bäume deshalb meist wesentlich stärker als Hasen, bei deren Fraß normalerweise Rindenstreifen und Kambiumreste verbleiben, so daß bei sachgemäßer Behandlung die Stammwunden verheilen.

Vorbeugender Pflanzenschutz Die vom Apfelmehltau befallenen Triebspitzen werden beim Schnitt der Obstbäume entfernt, ebenso Fruchtmumien und Eigelege. Leimringe gegen den Frostspanner abnehmen.

Schnitt des Strauchbeerenobstes Diese Arbeit eilt, denn Stachel- und Johannisbeersträucher beginnen bereits Ende Februar/Anfang März auszutreiben. Bei den Stachelbeersträuchern oder -stämmchen achten wir dabei auf Befall mit Amerikanischem Stachelbeermehltau. Die von dieser Pilzkrankheit befallenen Triebe sind am weißlichen bis bräunlichen Belag, vornehmlich im Bereich der Triebspitzen, zu erkennen. Solche Triebe werden bis ins gesunde Holz zurückgeschnitten und in die Mülltonne gegeben bzw. im Ofen verbrannt.

Johannisbeergallmilbe bekämpfen An den Trieben von Schwarzen Johannisbeeren befinden sich häufig ballonförmige Rundknospen, die mit den Fingern ausgebrochen und in die Mülltonne gegeben werden. Stark befallene Triebe abschneiden.

Zweimaltragende Himbeeren schneiden Wer im Garten auch »normale« Himbeeren hat, die im Juli reifen, sollte die Ruten der zweimaltragenden Sorte jetzt insgesamt bis zum Boden herunterschneiden. Es entstehen dann kräftige Jungtriebe, die im Spätsommer und Herbst tragen. Ist jedoch ausschließlich eine zweimaltragende Sorte vorhanden, so lassen wir bei dieser jetzt nur die kräftigsten Ruten in einem Abstand von etwa 20 cm stehen. Auf diese Weise gibt es eine kleine erste Ernte im Juli, und es ist Platz vorhanden, damit sich die im Herbst tragenden Jungtriebe entwickeln können.

Weinspalier schneiden Gegen Ende des Monats ist in den meisten Gegenden der richtige Zeitpunkt hierfür gekommen, da die Triebe bei zu spätem Schnitt stark »bluten« und der Weinstock dadurch geschwächt wird.

Obstlager kontrollieren Diese Arbeit ist den ganzen Winter hindurch zu wiederholen, wobei Früchte mit beginnender Fäulnis rasch entfernt und verwertet werden. In einem zu trockenen Lagerraum kann die Luftfeuchtigkeit erhöht werden, indem man den Boden wiederholt mit etwas Wasser besprengt.

März

Obstbaumschnitt beenden Der Schnitt jüngerer Bäume sollte gegen Monatsende erledigt sein. Das gleiche gilt für den Pflanzschnitt von Obstbäumen und Beerensträuchern, die im Herbst in den Boden kamen. Bei Bäumen und Sträuchern, die jetzt gepflanzt werden, erfolgt dieser 1. Schnitt sofort.

Pflanzzeit Sobald der Boden frostfrei ist, können Obstbäume und Beerensträucher gepflanzt werden. In manchen Wintern ist dies schon im Februar möglich. Vorher den Boden gründlich vorbereiten und möglichst mit Kompost verbessern! Feuchter Torf bzw. Torfersatzstoffe fördern die Wurzelbildung. Für Pfirsich, Aprikose, Walnußbäume, Weinreben und Brombeeren ist jetzt die beste Pflanzzeit. Nach erfolgter Pflanzung und kräftigem Angießen wird die Pflanzscheibe mit kurzem Stroh, gehäckselten Zweigen oder strohigem Mist abgedeckt. Dadurch bleibt der Boden locker und gleichmäßig feucht, so daß nicht so oft gegossen zu werden braucht. Sollten die gewünschten Sorten und Baumformen bereits vergriffen sein, ist es besser, bis zum Herbst zu warten als ungeeignetes Material zu verwenden.

Weinreben schneiden Dies ist zu Monatsbeginn fällig, in jedem Fall aber vor dem Knospenschwellen, da sonst der Weinstock zu stark blüten würde.

Baumpfähle überprüfen Eine wichtige Arbeit! Wir bewegen die Pfähle von Spindelbüschen und Beerenhochstämmchen etwas hin und her und merken, ob sie bereits abgefault sind. Bei Bedarf die Pfähle erneuern, ebenso das Bindematerial, wenn dieses nicht mehr haltbar genug ist, um ein Umfallen der Stämmchen zu vermeiden.

Beerenobst-Hochstämmchen bei starkem Schneefall abschütteln! Vor allem bei nassem Schnee. Im Frühjahr kommt es sonst leicht zu Schäden.

OBSTGARTEN IM JAHRESLAUF

Obstbäume düngen Dies sollte bis zur Blüte erledigt sein. Unter den flachwurzelnden Spindelbüschen und Beerensträuchern verbessern wir den offenen Boden zuallererst mit halbverrottetem Kompost, der nur flach eingearbeitet wird. Diese Humusgabe sollte die Grundlage jeder Düngung sein. Zusätzlich wird dann ein Blau-Volldünger ausgestreut bzw. in Wasser gelöst und mit der Gießkanne eingebracht, so wie dies im Kapitel Düngen (Seite 54 ff.) beschrieben wurde. Einseitige übertriebene Stickstoffdüngung ist von Übel, denn dadurch würden die Obstgehölze zu mastig wachsen und krankheitsanfällig werden. Außerdem besteht die Gefahr von Nitratanreicherung im Grundwasser. Meist reichen 40 bis 50 g/m^2 – das ist etwa eine Handvoll – eines Blau-Volldüngers für die von den Wurzeln durchzogene Fläche aus, es sei denn, aufgrund einer Bodenuntersuchung wurden andere Gaben empfohlen. Ist eine reine Stickstoffdüngung nötig, weil die anderen Nährstoffe in genügender Menge vorliegen, so genügen meist 20–25 g/m^2 – eine halbe Handvoll – Kalkammonsalpeter. Wer einen organisch-mineralischen Volldünger vorzieht, hat damit ebenso Erfolg, wenn er den meist geringeren Stickstoffgehalt eines solchen Düngers beachtet und sich nach der auf der Packung angegebenen Menge richtet.

April

Obstbaumschnitt beenden Schneiden wir später, so hat dies eine Schwächung der Bäume zur Folge. Bei sehr starktriebigen Bäumen kann das allerdings erwünscht sein, um das Wachstum zu bremsen. Dies ist z. B. bei einem Wandspalier der Fall, das in seiner Höhe begrenzt bleiben soll. Wir haben es so gezogen, daß die oberen Äste waagrecht verlaufen und darüber die Stamm-Mitte entfernt wurde. Nachdem aber die obersten Teile eines Baumes wachstumsmäßig am stärksten gefördert werden – der Saftstrom steigt nach oben –, werden entlang der oberen waagerechten Äste eine Vielzahl kräftiger »Wasserschosse« nach oben treiben. In einem solchen Fall ist es zweckmäßig, diese senkrecht nach oben schießenden Triebe erst nach erfolgtem Austrieb zu entfernen, um das Wachstum zu bremsen.

Wundenpflege Diese Arbeit darf nicht vernachlässigt werden, denn gerade hierfür gilt: kleine Ursachen – große (Aus)Wirkungen. Größere Wunden, die beim Obstbaumschnitt versehentlich nicht verstrichen wurden, behandelt man mit einem der im Handel erhältlichen Wundpflegemittel. Vor allem aber werden Wunden, die durch Wildverbiß oder Frost (Frostrisse, Frostplatten) entstanden sind, mit einem scharfen Messer (Hippe) bis hin zu den gesunden gelblichgrünen Wundrändern ausgeschnitten. Das gleiche gilt für krebsige Stellen. Anschließend wird die gesamte Wunde einschließlich der glatt geschnittenen Wundränder mit einem Wundpflegemittel verstrichen. Größere Stammwunden durch Wildverbiß oder Frost verheilen gut, wenn man sie nach einem alten Rezept behandelt: Lehm und Kuhmist mischen, auf die Wunde auftragen und mit Sackleinen (Rupfen, Jute) umwickeln.

Pflanzarbeiten Obstbäume und Beerensträucher können noch den ganzen April hindurch gepflanzt werden, je eher, desto besser. Der Pflanzschnitt erfolgt dabei sofort.

Mulchen Eine der wichtigsten Pflegearbeiten! Wenn unter den Obstbäumchen und Beerensträuchern Unkräuter wachsen, werden diese entfernt und der Boden mit der Grabgabel nur ganz flach (Vorsicht Wurzeln!) gelockert. Soweit nicht bereits im März geschehen, wird anschließend gemulcht, also daumenstark Kompost aufgebracht und der Boden mit dem ersten Rasenschnitt, Mist oder kurzem Stroh abgedeckt.

Veredeln Sobald sich die Rinde löst, kann veredelt werden. Vorher werden die bereits im Winter stark zurückgeschnittenen Äste etwa 20 cm tiefer abgesägt, damit die Pfropfköpfe frisch sind. Bei Kirschen und Zwetschen gelingt das Veredeln am besten zur Blütezeit, bei Apfel und Birne ist dies bis weit in den Mai hinein möglich. Die Reiser dürfen allerdings nicht eingetrocknet oder zu weit ausgetrieben sein.

Frostschutz Gras unter den Obstbäumen wirkt isolierend und behindert dadurch den Wärmenachschub aus dem Boden. Es sollte deshalb vor Blühbeginn möglichst kurz gemäht werden.
Erdbeeren, Spaliere am Haus und Spindelbüsche kann man bei Frostgefahr mit Folien, Tüchern oder Schattierleinen schützen. Das Abdeckmaterial soll aber möglichst nicht auf den Pflanzen aufliegen. Daher ein einfaches Gestell aus Stangen oder Dachlatten bauen, das sich hinterher leicht zerlegen und lagern läßt.

In den ersten Jahren nach der Pflanzung umgeben wir Obstbäume im Rasen mit einer Baumscheibe. Zusätzlich wird mit Rasenschnitt, kurzem Stroh, Stallmist o. ä. gemulcht.

Pflanzenschutz Es gibt Pilzkrankheiten, die beinahe jedes Jahr auftreten. Wer sie vermeiden und halbwegs sauberes Obst ernten will, muß bereits vorbeugend spritzen. Dazu zählt der Schorf an Apfel und Birne, gegen den sich bereits unmittelbar vor oder während der Blüte eine vorbeugende Spritzung mit einem organischen Fungizid empfiehlt. Pflanzenschutzwarndienst beachten!
Gegen Kräuselkrankheit bei Pfirsich erfolgt die Bekämpfung bereits beim Knospenschwellen, gegen Zweigmonilia bei Sauerkirschen und Narren- oder Taschenkrankheit bei Zwetschen verspricht nur eine Spritzung in die Blüten sichtbaren Erfolg. Zu beachten ist, daß auch bienenungefährliche Mittel nur morgens oder abends, also außerhalb der Flugzeit der Bienen, eingesetzt werden dürfen.
Nur bei stärkerem Befall mit Blattläusen, Raupen und anderen tierischen Schädlingen ein Insektizid zusetzen! Ansonsten besser darauf verzichten!

OBSTGARTEN IM JAHRESLAUF

Mai

Mulchen Offener Boden unter Obstbäumen und Beerensträucher wird gemulcht. Vor allem Himbeeren sind für eine solche Abdeckung dankbar. Das Mulchmaterial in Form von kurzem Rasenschnitt fällt ab Mai in beinahe jedem Garten reichlich an. Selbstverständlich kann auch kurzes Stroh oder Holzhäcksel zum Mulchen verwendet werden. Eine andere Möglichkeit: Auf den Baumscheiben Kapuzinerkresse, Bienenfreund (*Phacelia*) oder Ringelblumen ansäen.

Frostschutz Bis zu den Eisheiligen (12.–14. Mai) muß noch mit Nachtfrösten gerechnet werden. Erst nach der »Kalten Sophie« (15. Mai) beginnt es im allgemeinen, wärmer zu werden. Also: Tücher, Folien oder Abdeckplanen bereithalten, um kleine, reichblühende Bäumchen in Frostnächten zu schützen; vor allem bei Spalierbäumen an der Hauswand, die bereits kleine Früchte angesetzt haben, lohnt sich ein solcher Schutz.

Wässern Bei anhaltender Trockenheit neu gepflanzte Bäumchen und Sträucher gelegentlich gründlich gießen und den Boden mit Mulchmaterial abdecken.

Erdbeeren Auch sie werden bei Trockenheit zusätzlich gegossen, damit sich die Früchte gut entwickeln können. Nach den Eisheiligen säubert man die Beete von Unkraut und bedeckt den Boden unter den Pflanzen mit kurzem Stroh. Dadurch bleibt die Erde feucht und krümelig und die heranreifenden Früchte sind vor Verschmutzung geschützt. Kurzes Stroh trocknet nach Regen rasch ab, der Geschmack der Früchte wird nicht beeinträchtigt. Sorten, die erfahrungsgemäß stärker von Grauschimmel (*Botrytis*) befallen werden, sollte man vorbeugend mit einem hierfür zugelassenen Mittel spritzen. Wichtig ist, daß die 1. Spritzung bereits zu Blühbeginn und eine 2. zur Zeit der Vollblüte erfolgt. Bei Regenwetter oder feuchtwarmer Witterung empfiehlt sich noch eine 3. Behandlung beim Abblühen der Pflanzen.

Veredlungen Das Pfropfen hinter die Rinde kann auch jetzt noch vorgenommen werden. Die Reiser dürfen aber weder trocken sein noch ausgetrieben haben.

Pfirsichschnitt In Gegenden, in denen sowohl die Blüte als auch die kleinen Früchte des Pfirsichs immer einmal wieder durch Spätfröste geschädigt werden, empfiehlt es sich, den Schnitt erst nach den Eisheiligen vorzunehmen. Zu diesem Zeitpunkt kann man eindeutig erkennen, inwieweit der Baum behangen ist. Alles Nähere hierzu auf S. 44 f.

Himbeeren Soweit noch nicht geschehen, werden die Ruten angebunden oder zwischen die parallel verlaufenden Spanndrähte geschoben. Von zu dicht stehenden Jungtrieben, die jetzt aus dem Boden kommen, also erst im nächsten Jahr tragen, werden möglichst frühzeitig die schwächsten ausgerissen, so daß die verbleibenden sich kräftig entwickeln können. Ein Bedecken des Bodens mit Mulchmaterial fördert die Gesundheit der Pflanzen.

Pflanzenschutz Soweit möglich, wollen wir im Garten mit wenig Chemie auskommen. Vorbeugend läßt sich jetzt die Zweigmonilia bei Sauerkirschen bekämpfen, indem alle von diesem Pilz befallenen und dadurch eingetrockneten Zweige bis auf das gesunde Holz zurückgeschnitten und aus dem Garten entfernt werden.
An Apfelbäumen werden die weißlichen Mehltauspitzen abgeschnitten und dadurch die weitere Verbreitung des Pilzes gehemmt.
Gegen Schorf an Apfel und Birne ist die Nachblütenspritzung mit einem organischen Fungizid fällig, die nach etwa 2–3 Wochen wiederholt werden sollte. Auf diese Weise ist die erste starke Infektion unterbunden, so daß sich der weitere Befall in Grenzen hält. Bei Zwetschen und Pflaumen kann eine Spritzung gegen Pflaumenrost und Pflaumensägewespe starken Befall verhindern, bei Kirschen gilt dies für die Schrotschußkrankheit.

OBSTGARTEN IM JAHRESLAUF

Insektenmittel (Insektizide) werden bei der vorbeugenden Bekämpfung von Pilzkrankheiten nur dann zugesetzt, wenn tatsächlich ein stärkerer Befall an tierischen Schädlingen vorliegt, gegen den vorhandene Nützlinge nicht ausreichen. Also immer zunächst beobachten und dann erst zur Spritze greifen! Wartezeiten beachten! In keinem Fall erntefähige Kulturen, vor allem auch nicht im Nachbargarten, treffen!

Frühling pur! Ein Bild von unvergleichlicher Schönheit. Jahr für Jahr können wir es in der freien Landschaft, aber auch im eigenen Garten erleben.

Juni

Mulchen Ab jetzt fällt reichlich Rasenschnitt an. Sobald er angetrocknet ist, wird damit der offene Boden unter den Obstbäumen, vor allem unter Spindelbüschen und Beerensträuchern, bedeckt; er bleibt dann gleichmäßig feucht und krümelig. Gleichzeitig wird das Bodenleben gefördert und dadurch eine laufende Nährstoffzufuhr.

Wässern Die Juniwitterung beeinflußt die Fruchtentwicklung ganz entscheidend. Deshalb bei anhaltender Trockenheit die flachwurzelnden Beerensträucher, Spindelbüsche und Obstspaliere gut wässern.

Sommerschnitt Bei den streng gezogenen Formspalieren von Apfel und Birne wird ab Anfang Juni der Sommerschnitt durchgeführt: Man entspitzt (pinziert) dabei alle entlang der waagrechten Äste oder des Stammes entstandenen Holztriebe, sobald sie 15–20 cm lang geworden sind. Dabei kneift man die Triebspitze aus, so daß noch 3–4 gut entwickelte Blätter verbleiben.

Veredelungen Sobald die aufgepfropften Edelreiser austreiben, wird der Bast mit einem Längsschnitt gelöst. Andernfalls würde er das in die Dicke wachsende Edelreis einschnüren. Gleichzeitig entfernt man die unterhalb der Veredlungsstelle entstehenden »Wildtriebe« bzw. entspitzt sie bis auf die grundständigen Blätter. Anschließend sollten die Äste bis etwa 30 cm unterhalb der Veredlungsstellen frei von langen Trieben sein.

Fruchtausdünnung Apfelspindelbüsche setzen oft überreich Früchte an. In diesem Fall dünnt man die Fruchtbüschel aus und beläßt jeweils nur die am besten entwickelte Frucht. Dies wirkt sich vorteilhaft auf die Größe der verbleibenden Äpfel aus und trägt außerdem zur Vermeidung von großen Ertragsschwankungen bei.

Erdbeeren Bei Trockenheit gießen, damit die Früchte nicht zu klein bleiben, möglichst früh am Abend oder morgens, da durch lang anhaltende Feuchtigkeit (über Nacht) der Grauschimmelbefall gefördert wird. Die sich bildenden Ranken werden laufend abgeschnitten, es sei denn, man will Jungpflanzen gewinnen. In diesem Fall kennzeichnet man gesunde, reichtragende Mutterpflanzen mit Stäben u. ä. und beläßt deren Ausläufer. Vor Erntebeginn kurzes Stroh unter die Pflanzen legen.

Himbeeren Auch hier kann der Grauschimmel bei viel Regen und geringem Abstand der Ruten auftreten. Deshalb sollten je Meter Pflanzreihe nicht mehr als 8–10 starke Ruten stehen. Mulchen fördert Wachstum und Gesundheit.

Brombeeren Hier bilden sich aus den Blattachseln sogenannte Geiztriebe. Sobald sie gegen Monatsende etwa 40–50 cm lang geworden sind, entspitzt man sie bis auf 3–4 Blätter. Von den Jungtrieben werden je Pflanze nur etwa 6, natürlich die kräftigsten, belassen und am Drahtgerüst zwischen die fruchtenden Triebe bzw. an freie Stellen geheftet.

Weinreben Nicht benötigte, zu dicht stehende Triebe lassen sich jetzt leicht ausbrechen. In den Blattachseln entstandene Geiztriebe und nur mit Blättern besetzte Jungtriebe werden entspitzt, während man die Triebe mit Gescheinen (Blüten) bis auf 2–4 Blätter über den Gescheinen zurückschneidet.

Süßkirschen Vorsicht bei der Ernte! Alljährlich passieren schwere Unfälle! Vor allem müssen die Sprossen der Leiter einwandfrei sein und die Leiter standsicher an den Baum gelegt werden. Wer einen Jungbaum pflanzt, sollte eine geringe Stammhöhe (1 m) bevorzugen und die Kronenhöhe schon bei der Entwicklung des Baumes begrenzen. Ältere Kirschbäume können bei der Ernte oder gleich danach zurückgesägt werden.

Düngung Nur wenn die Triebentwicklung mäßig und ein starker Fruchtbehang

Um die Kirschfruchtfliege zu bekämpfen, hängen wir bis zu 6 leuchtend gelbe Leimtafeln in die Südseite des Baumes. Zeitpunkt: sobald sich die ersten Früchte gelb oder gelbrot verfärben.

OBSTGARTEN IM JAHRESLAUF

vorhanden ist, sollte jetzt nochmals gedüngt werden. Vom Blau-Volldünger genügen meist 20–40 g/m², bei einem reinen Stickstoffdünger (z. B. Kalkammonsalpeter) 10–20 g/m².
Pflanzenschutz Bei Apfel und Birne ist zu einer 2. Nachblütespritzung gegen Schorf zu raten. Starker Blattlausbefall wird mit einem zugelassenen Insektenmittel (Insektizid) bekämpft. Bei neu gepflanzten Bäumen und auch bei Sauerkirschen oder Zwetschen konzentriert sich der Befall meist nur auf die Triebspitzen. In diesem Fall genügt eine gezielte Bekämpfung, d. h. der größte Teil des Baumes braucht nicht gespritzt zu werden.

Juli

Wässern Bei anhaltender Trockenheit werden Obstbäume im Wurzelbereich gewässert. Wasser nur schwach laufen lassen. Umlegen des Schlauches und Abdrehen des Wasserhahnes nicht vergessen! Dies lohnt sich besonders bei Spindelbüschen oder Obstspalieren mit flachverlaufendem Wurzelwerk.
Früchte ausdünnen Je früher ausgedünnt wird, desto besser ist der Erfolg. Der Blütenknospenansatz für das nächste Jahr wird nur dann günstig beeinflußt, wenn gleich unmittelbar nach der Blüte ausgedünnt wird. Jetzt, nach dem Junifruchtfall, bewirkt das Ausdünnen bei Äpfel und Birnen lediglich eine bessere Fruchtqualität. Auch beim Pfirsich entwickeln sich die Früchte zu besonders schönen Exemplaren, wenn sie einzeln gestellt werden und nicht in dichten Büscheln zusammensitzen.
Schnitt bei Süßkirschen Bei Hoch- und Halbstämmen sägt man Äste, die wegen der zu hohen Krone ohnehin entfernt werden müßten, mitsamt den reifen Kirschen aus der Krone und kann dann bequem im Sitzen ernten. Andernfalls wird eine übermäßig hohe Krone gleich nach der Ernte auf tieferstehende Äste herabgesetzt.
Sommerschnitt Bei Spindelbüschen, Obsthecken und Jungbäumen entfernt man ab Monatsmitte die Konkurrenztriebe und die auf den Astoberseiten entstandenen, steil ins Kroneninnere wachsenden Zweige. Die verbleibenden Triebe werden dadurch besser belichtet und im Wachstum gefördert, der Kronenaufbau geht rascher voran. Bei Bäumen im 1. Standjahr sollte der Sommerschnitt unterbleiben (siehe S. 39). Wer sein Obstspalier streng erziehen will, muß jetzt den im Juni begonnenen klassischen Fruchtholzschnitt fortsetzen. Dadurch entstehen kurze Fruchttriebe, und die Augen bilden sich kräftig aus.
Erdbeeren Sind die Blätter einer vorhandenen Erdbeerpflanzung stark von Pilzkrankheiten befallen, sollte man sie nach der Ernte dicht über dem Boden abmähen. Die Pflanzen treiben rasch neues, gesundes Laub. Des weiteren werden nach der Ernte das Unkraut und etwa vorhandene Ausläufer entfernt, der Boden ganz flach gelockert und gedüngt. Man gibt einen organischen oder einen mineralischen Blau-Volldünger, von letzterem etwa 20 g/m², arbeitet ihn flach ein und gießt das Beet. So können sich die Pflanzen rasch erholen und Blütenanlagen für das nächste Jahr ausbilden.
Johannis- und Stachelbeeren Sobald die Ernte vorbei ist, nimmt man die ältesten Triebe aus den Sträuchern und läßt kräftige Jungtriebe als Ersatz stehen. Bei Roten und Weißen Johannisbeeren kommen Jungtriebe aus dem Wurzelstock, von denen alle schwachen dicht am Boden abgeschnitten werden. Nachdem bei Schwarzen Johannisbeeren die einjährigen Triebe den besten Ertrag bringen, kann man alle mit Beeren behangenen Triebe entweder dicht über dem Boden oder über einem seitlichen Jungtrieb abschneiden und sie im Sitzen abpflücken.
Himbeeren Nach der Ernte werden die abgetragenen Triebe dicht über dem Boden abgeschnitten. Von den Jungtrieben beläßt man je Meter Pflanzreihe nur 8–10 kräftige Ruten.
Weinstock Wenn nicht bereits geschehen, werden tragende Triebe 2–4 Blätter über dem äußeren Geschein (Blüten- bzw. Fruchttraube) eingekürzt, andere Triebe entspitzt und die in den Blattachseln entstandenen Geiztriebe bis auf 1 Blatt zurückgenommen. Anschließend bindet man die tragenden Triebe gut verteilt ans Spaliergerüst, sofern sie stören oder nicht genügend Sonne bekommen. Nimmt man die tragenden Triebe bis auf 2 Blätter über der äußeren Traube zurück, kann man sich das Binden meist ersparen.
Pflanzenschutz Dem Apfel- und Pflaumenwickler ist im Liebhabergarten mit chemischen Mitteln nur schwer beizukommen, da für den Erfolg eng begrenzte Termine eingehalten werden müssen und außerdem auf allerlei erntereife Unterkulturen Rücksicht genommen werden muß. Vorbeugend kann allerdings gegen den Apfelwickler (»Obstmade«) etwas unternommen werden, um den Anteil an »wurmigen« Äpfeln im nächsten Jahr möglichst gering zu halten: Man legt jetzt Fanggürtel aus Wellpappe um die Baumstämme. Raupen, die aus den »wurmigen« Äpfeln kommen, suchen unter dem Wellpappegürtel ein Versteck zum Verpuppen. Spätestens

Ende Oktober werden die Fanggürtel abgenommen und verbrannt.
Auf den Blättern der Birnbäume sind jetzt vielfach alarmierend orangerote Flecken zu sehen: Birnengitterrost. Ein stärkerer Befall läßt sich nur vermeiden, wenn bereits bei den ersten Anzeichen 3mal im Abstand von je 12 Tagen gespritzt wird (s. auch S. 134).

Pfirsichspalier an wärmender Holzwand. Hier können die Früchte ihr köstliches Aroma entwickeln. Sollte der Baum einmal im unteren Bereich verkahlen, wird er im August verjüngt, d. h. kräftig ins alte Holz zurückgeschnitten.

August

Sauerkirsche Bei der 'Schattenmorelle' sollte in den ersten Augustwochen, also gleich nach der Ernte, die Fruchtholzbehandlung erfolgen: Man schneidet alle abgeernteten Triebe bis auf Jungtriebe zurück, die möglichst nahe an den stärkeren Ästen bzw. am Stamm stehen sollen.
Pfirsich und Aprikose Sobald die Ernte vorbei ist, geht es auch hier an die groben Schnittarbeiten. Zu hohe, im unteren Bereich verkahlte Kronen werden bis auf weiter unten befindliche Äste zurückgeschnitten. Dadurch entsteht im kommenden Jahr entlang der unteren Partien kräftiger Neutrieb und damit bessere Fruchtqualität.
Walnuß Auch bei dieser Obstart ist jetzt die beste Zeit gekommen, um größere Äste aus der Krone zu nehmen, nachdem der Baum im Frühjahr stark bluten würde. Vor allem nach Frostwintern setzt man stärker beschädigte Äste auf tieferstehende kräftige Austriebe zurück. Wenn die Kronenform durch eine zu stark entwickelte Astpartie einseitig geworden und das Gleichgewicht gestört ist, kann jetzt eingegriffen werden. Ansonsten aber sollte bei der Walnuß, die als Hofbaum oder als markanter Hausbaum vor allem auch wegen ihrer malerischen Krone gepflanzt wird, nicht viel herumgeschnitten werden. Wundenpflege nicht vergessen!
Sommerschnitt Soweit noch nicht durchgeführt, kann auch jetzt noch die sommerliche Behandlung von kleinbleibenden Formen (Spindelbüsche) erfolgen sowie von Obstbäumen, deren Krone sich noch im Aufbau befindet. Vorrangig werden die Konkurrenztriebe sowie zu dicht stehende Jungtriebe und solche, die steil ins Kroneninnere wachsen, entfernt. An den Leit- und Nebenästen wachsende Jungtriebe, die zwar genügend Platz haben, aber etwas schräg nach oben wachsen, binden wir waagrecht. Dadurch wird die Fruchtbarkeit gefördert. Alle diese Arbeiten lassen sich im Sommer bequem erledigen, so daß die restliche Schnittarbeit im Februar/März schnell vor sich geht.
Erdbeeren Eine Neupflanzung sollte möglichst bis Mitte August erfolgen, je früher, desto besser. Nur so gibt es bereits im nächsten Jahr eine reiche Ernte.
Auf vorhandenen 1- oder 2jährigen Erdbeerbeeten streut man nochmals 20 g/m² eines Blau-Volldüngers aus. Im September wird dies wiederholt, so daß auf die Fläche insgesamt etwa 60 g/m² ausgebracht wurden. Diese Menge auf einmal zu geben, ist bei den etwas salzempfindlichen Erdbeeren nicht ratsam. Es ist besser, die Gesamtgabe in kleinen Dosen auf 3 Monate zu verteilen. Auch von der Gefahr einer Einwaschung in tiefere Bodenschichten her gesehen, sind mehrmalige kleine Gaben günstiger als eine einmalige Gesamtgabe.
Brombeeren Erst ernten, wenn die Früchte tiefschwarz sind! Die Jungtriebe der Brombeeren zwischen die tragenden Triebe ans Spaliergerüst binden und die in den Blattachseln entstehenden Geiztriebe bis auf 4–5 Blätter zurückschneiden.
Veredelungen Alle Triebe, die zur Fortsetzung kräftiger Äste dienen, an Stäbe anbinden, damit sie bei Sturm nicht ausbrechen. Wurden auf einen größeren Pfropfkopf mehrere Reiser aufveredelt, so sollte das an der Oberseite befindliche die Führung übernehmen. Es muß gefördert werden, während man die übrigen Reiser bzw. deren Austrieb entspitzt. Diese dienen lediglich der rascheren Verheilung des Pfropfkopfes, dürfen aber zu keiner Konkurrenz der eigentlichen Leitast- bzw. Stammfortsetzung werden.
Mulchen Wenn das in den Vormonaten aufgebrachte Abdeckmaterial infolge Hitze und Regen zusammengesackt ist, kann erneut kurzer Grasschnitt auf die Fläche gegeben werden, damit der Boden ständig beschattet und feucht bleibt.
Ernte Nachdem die verschiedenen Steinobstarten schon abgeerntet sind bzw. noch geerntet werden, kommen jetzt auch Äpfel und Birnen an die Reihe. Um eine gleichbleibend gute Qualität zu bekommen, wird mehrmals durchgepflückt, denn Frühobst reift nicht gleichmäßig. »Wurmige« Äpfel (Apfelwicklerbefall) später reifender Sorten werden aufgelesen, die beschädigten Stellen ausgeschnitten und im Haushalt zu Saft oder Kompott verarbeitet.

OBSTGARTEN IM JAHRESLAUF

September

Erdbeeren Die Pflege nach der Ernte bis in den Oktober hinein ist entscheidend für den Fruchtbehang im kommenden Jahr. Die Blütenanlagen werden nämlich jetzt ausgebildet. Deshalb müssen auch die Nährstoffe in den Spätsommermonaten und nicht erst im Frühjahr gegeben werden. Es wird ein letztes Mal gedüngt, und zwar etwa 20 g/m² eines Blau-Volldüngers. Hat eine Bodenuntersuchung ergeben, daß der Garten mit Phosphor, Kali und Magnesium ausreichend versorgt ist, sollte nur Stickstoff gegeben werden, in diesem Fall 15–20 g/m² Kalkammonsalpeter.

Bei Trockenheit sollte außerdem des öfteren gegossen werden, denn nur wenn genügend Wasser im Boden ist, können die Nährstoffe gelöst und von den Erdbeerpflanzen aufgenommen werden.

Obsternte Nachdem die Frühsorten bereits verbraucht sind, kommen jetzt die Herbstsorten an die Reihe. Bei Äpfeln reifen 'James Grieve', 'Oldenburg', teilweise auch schon 'Cox Orange' u. a. Bei Birnen werden 'Williams Christ', 'Boscs Flaschenbirne', 'Gute Luise' u. a. vom Baum genommen. Sorgfältig ernten, denn nur gesunde Früchte lassen sich lagern!

Auch die Haupternte von Zwetschen, Pflaumen, Renekloden und Mirabellen fällt in den September. Wie bei fast allen Obstarten kommt es auch hier darauf an, daß nicht zu früh geerntet wird, da die Früchte mit zunehmender Reife süßer und aromatischer werden und sich dann auch das Fruchtfleisch leichter vom Stein löst.

Walnüsse werden gegen Monatsende gesammelt, d. h. man braucht hier nur zu warten, bis die Nüsse von selbst vom Baum fallen.

Neupflanzung Im Herbst ist die beste Pflanzzeit für die wichtigsten Obstarten. Jetzt können bereits die Vorbereitungen erfolgen. Wer mehrere Bäume pflanzen möchte, sollte eine Bodenprobe entnehmen und sie an eine Untersuchungsanstalt schicken. Man weiß dann Bescheid über den Nährstoffzustand des Bodens und kann im Rahmen der Neupflanzung eine Vorratsdüngung in richtiger Zusammensetzung und Höhe einbringen.

Sogar im Ziergarten hat ein Spindelbusch genügend Platz. Meist wird man eine Reihe entlang der Nachbargrenze pflanzen.

OBSTGARTEN IM JAHRESLAUF

Vielfach sind die Böden mit Phosphat und Kali überdüngt. Um gezielt düngen zu können, schicken wir vor einer Neupflanzung und danach alle paar Jahre eine Bodenprobe zur Untersuchung ein.

Des weiteren können bereits jetzt die Pflanzgruben für die höheren Baumformen ausgehoben und wieder eingefüllt werden. Bei Spindelbüschen oder Beerensträuchern wird die gesamte Pflanzfläche gründlich vorbereitet. Dies ist die wichtigste Vorarbeit für den späteren obstbaulichen Erfolg. Es hat keinen Sinn, die Bäume überstürzt in einen »Blumentopf« zu stecken.

Obstlagerung Vor der Ernte der späten Sorten Lagerraum und Horden gründlich reinigen! Wichtig ist, daß das zur Lagerung vorgesehene Obst in einwandfreiem Zustand geerntet wird, also keine Druckflecken oder Faulstellen aufweist, und daß das Obst wirklich baumreif ist.

Um die Verdunstung und den Abbau der Inhaltsstoffe durch Atmung der Früchte möglichst gering zu halten, sollten die Früchte kühl und bei hoher Luftfeuchtigkeit gelagert werden. Deshalb wird der Lagerraum nachts gelüftet und der Boden immer wieder einmal mit Wasser besprengt. Ideale Lagermöglichkeiten bietet der Keller unter einem Gartenhaus oder freistehenden Geräteschuppen. Wo kein einigermaßen geeigneter Lagerraum vorhanden ist, kann das Obst in Folienbeuteln oder in mit Folie ausgeschlagenen Kisten aufbewahrt werden.

Pflanzenschutz In wühlmausgefährdeten Gärten jetzt an die Bekämpfung der schädlichen Nager denken! Nachdem sich die Tiere gerne unter einer dicken Mulchdecke aufhalten, wird das im Sommer aufgebrachte Abdeckmaterial in unmittelbarer Umgebung der Baumstämme entfernt. Die Wühlmaus selbst wird am besten mit Fallen und Ködermittel bekämpft.

Stippigkeit der Äpfel ist meist auf geringen Fruchtbehang und Wassermangel während der Sommermonate bzw. Kalkmangel in den Früchten zurückzuführen. Im Erwerbsanbau werden wiederholte Kalzium-Spritzungen vorgenommen, was im Liebhaberanbau schon wegen des Arbeitsaufwandes ausscheidet. Hier kann man aber mit Mulchen und Wässern während extremer Trockenperioden vorbeugen, vor allem bei empfindlichen Sorten wie 'Boskoop', 'Goldparmäne', 'Glockenapfel' u. a.

Oktober

Obsternte Spätsorten nicht zu früh ernten, denn jeder Tag, an dem die Äpfel und Birnen noch am Baum hängen, kommt ihnen zugute. Frostnächte mit kurzfristig −4 bis −6 °C werden ohne Schaden überstanden, die Früchte dürfen nur nicht im gefrorenen Zustand mit den Händen angefaßt werden. Also mit der Ernte bis zum späten Vormittag warten!

Äpfel und Birnen sind dann pflückreif, wenn sie sich bei einer leichten Drehung samt Stiel vom Fruchtholz lösen, ohne daß dieses beschädigt wird. Wichtig ist, daß die zur Lagerung vorgesehenen Früchte samt Stiel gepflückt werden, da andernfalls an der Frucht eine Öffnung für Fäulnispilze vorhanden ist. Ebenso sind bei weichschaligen Sorten Druckstellen zu vermeiden sowie Verletzungen durch lange, spitze Fingernägel.

Leitern und Pflückgefäße Holzleitern, die oft das ganze Jahr über im Freien an einem Schuppen hängen, sind sehr gefährlich. Vor der Verwendung unbedingt Sprossen und Standfestigkeit überprüfen! Zwar nicht so schön, aber leicht zu handhaben und weitgehend sicher sind Leichtmetall-Leitern, vor allem, wenn sie mit Stützen ausgestattet sind. Mit solchen standsicheren Schiebeleitern kann bei Halb- und Hochstämmen auch der äußere Kronenbereich abgeerntet werden, ohne daß Gefahr besteht. Fehlt eine solche Leiter, ernten wir die an den äußeren Triebspitzen hängenden Früchte mit einem Obstpflücker.

Als Pflückgefäße empfehlen sich Kunststoffeimer, wie sie in jedem Haushalt vorhanden sind. Mit einem S-förmigen Haken kann der Eimer an einen Ast oder an die Leiter gehängt werden.

Obstverwertung Aus Äpfeln, die bei der Ernte beschädigt wurden oder aus anderen Gründen zum Lagern nicht geeignet sind, kann man Süßmost (Apfelsaft) oder Gärmost herstellen. Vor allem säuerlich schmeckende Sorten, als Mostobst bezeichnet, eignen sich dazu vorzüglich.

Obstlagerung Eingelagert werden nur gesunde, nicht beschädigte Äpfel oder Birnen. Alles übrige Obst wird möglichst bald verbraucht bzw. »verflüssigt«. Kühle Luft und hohe Luftfeuchtigkeit fördern die Haltbarkeit der eingelagerten Früchte, deshalb die Fenster des Lagerraumes in kühlen Nächten und an Nebeltagen weit öffnen.

Gras und Mulch Unter Obstbäumen, die auf einer Wiese stehen, wird bis an die Baumstämme heran gemäht. Die Stämme sollten frei stehen, weil sie dann besser vor Mäusen oder Rindenkrankheiten geschützt sind. Wo gemulcht wurde, entfernt man das Abdeckmaterial in der Nähe der Baumstämme, um einer Schädigung durch Mäuse vorzubeugen.

Pflanzung Boden gründlich vorbereiten, wenn ab Ende des Monats gepflanzt werden soll. Bei den Überlegungen, an welche Stelle Obstbäume gepflanzt werden können, auch an die Haus- und die Garagenwand denken. Spalierbäume am Haus sehen nicht nur hübsch aus, man kann an solche geschützte Stellen auch anspruchs-

165

vollere Sorten pflanzen. Wenn dies noch dazu unter einem Dachvorsprung möglich ist, können sogar schorfempfindliche Sorten gewählt werden, die an einem gegen Regen weitgehend geschützten Platz ohne jegliche Spritzung fleckenfreie Früchte bringen.

Pflanzenschutz Um einem Befall durch Frostspanner vorzubeugen, legt man jetzt Leimringe um die Baumstämme. Sie müssen dicht und fest am Stamm anliegen. Wenn die flügellosen Weibchen des Falters in die Baumkrone gelangen wollen, bleiben sie am Leimring hängen, so daß es nicht zur Eiablage kommt. Im Februar werden die Leimringe wieder entfernt.

Blattfallspritzungen wirken gut gegen Holz- und Rindenpilze. Bei Kernobst ist dies der Obstbaumkrebs, bei Steinobst die Valsakrankheit, durch die der Gummifluß verursacht wird. Die Bäume müssen dabei mit der Spritzbrühe richtiggehend abgewaschen werden, damit auf die Eintrittspforten der Pilze, wie z. B. noch nicht verkorkte Blattnarben, ein Schutzbelag kommt. Die Spritzung wird durchgeführt, wenn 30 % der Blätter abgefallen sind; man wiederholt sie nach 1–2 Wochen. Wirkungsvolle Grünkupferpräparate (Funguran, Cuprozin WP u. a.) beeinträchtigen allerdings die im Boden vorhandenen Regenwürmer.

November

Pflanzzeit Obstbäume und Beerensträucher können den ganzen November hindurch gepflanzt werden. Nur bei vorzeitigem Wintereintritt und vorübergehend stärkerem Bodenfrost muß gewartet werden, bis der Boden wieder offen ist. Bei Wühlmausgefahr in Drahtkörben pflanzen. Wenn möglich, sollte im Herbst gepflanzt werden; die Bäume haben dann im nächsten Jahr einen Wachstumsvorsprung gegenüber solchen, die erst im späten Frühjahr in den Boden kommen. Lediglich kälteempfindliche Obstarten wie Pfirsich, Aprikose, Walnuß, Weinrebe und Brombeere pflanzt man besser erst im Frühjahr. Kann man noch nicht pflanzen, weil die Zeit für eine gründliche Bodenvorbereitung nicht gereicht hat, so sollte man bereits jetzt die benötigten Obstbäume und Beerensträucher in der Baumschule oder im Garten-Center kaufen und sie den Winter über einschlagen. Im Frühjahr sind häufig die gewünschten Sorten und Unterlagen vergriffen.

Obstlagerung Bei Nacht, sowie an Nebel- und Regentagen, werden die Fenster des Lagerraumes geöffnet, damit viel feuchte, kühle Luft hereinströmen kann. Freilich, der Idealzustand ist unter häuslichen Verhältnissen nicht erreichbar, denn die günstigste Lagertemperatur liegt nur wenig über 0 °C. Eingelagertes Obst wöchentlich durchsehen, angefaulte Früchte entfernen.

Pfähle und Baumbänder Bevor der Winter beginnt, Pfähle der Spindelbüsche und der Beerenstämmchen überprüfen, ebenso das Bindematerial. Immer wieder kommt es vor, daß bereits im November schwerer, nasser Schnee fällt, der die Bäumchen umdrückt, wenn sie nicht festen Halt haben. Bei der Durchsicht werden auch eingewachsene Etiketten oder Baumbänder entfernt und durch locker anliegendes, aber stabiles Bindematerial ersetzt.

Bodenuntersuchung Vor einer größeren Pflanzaktion Bodenproben entnehmen und an eine Untersuchungsanstalt (S. 56) einschicken. Aus dem Ergebnis und dem beigefügten, beratenden Text kann man dann entnehmen, ob bei der Neupflanzung eine Vorratsdüngung eingebracht werden soll und wieviel.

Auch bei bestehenden Obstpflanzungen gibt eine Bodenuntersuchung Aufschluß über den Nährstoffspiegel. Es kann durchaus sein, daß genügend Phosphor, Kalium und Magnesium im Boden vorhanden ist. Man gibt dann anstelle eines Blau-Volldüngers nur noch Stickstoff.

Bodenlockerung Unter Spindelbüschen und Beerensträuchern den Boden oberflächlich lockern und vorhandenes Unkraut herausziehen. Als Gerät nimmt man die Grabgabel, auf keinen Fall den Spaten, weil damit ein Teil der feinen, flachstreichenden Wurzeln abgestochen würde.

Laub kompostieren Obstlaub zusammen mit den zerkleinerten Abfällen aus dem Zier- und Gemüsegarten kompostieren. Bedenken, daß dadurch Pilzkrankheiten für das nächste Jahr konserviert werden, bestehen nicht. Wenn die Witterungsverhältnisse für das Auftreten von Pilzkrankheiten günstig sind, wird es ohnehin zu einem Befall kommen, auch wenn man das gesamte Obstlaub aus dem Garten entfernen würde. Nur durch andere Maßnahmen wie Sortenwahl, Obstaumschnitt und Spritzungen kann einem solchen Befall vorgebeugt werden.

Obstbaumschnitt An älteren Bäumen, bei denen es auf ein gründliches Auslichten der Krone ankommt, kann damit bereits jetzt begonnen werden. Auch das Verjüngen von wenig wüchsigen Bäumen, deren Früchte in letzter Zeit klein geblieben sind, sollte nicht bis auf das kommende Frühjahr verschoben werden. Gerade diese Arbeit, also ein Auslichten in Verbindung mit einem starken Zurücknehmen der verbleibenden Äste, wird am besten schon im Spätherbst durchgeführt. Je früher der Schnitt, desto kräftiger der Neutrieb im nächsten Jahr, und umgekehrt. Deshalb Schnitt bzw. Auslichten je nach gewünschtem Neutrieb über die Wintermonate verteilen.

Feldmäuse Sie können den Wurzelhals von Obstbäumen völlig entrinden, so daß die Bäume absterben (siehe Seite 52 und 137). Vor allem Spindelbüsche sind gefährdet. Mulchmaterial oder Gräser in unmittelbarer Umgebung des Stammes entfernen, weil sie den Feld-, aber auch den Wühlmäusen Unterschlupf bieten.

Pflanzenschutz An jungen Bäumen gegen Wildverbiß Drahthosen anlegen bzw. dafür sorgen, daß in wildgefährdeten Gärten die Umzäunung dicht ist.

Dezember

Obstbaumschnitt Bei günstiger Witterung wird das Auslichten älterer Bäume fortgesetzt. Man braucht dazu vor allem die Säge, denn mit dem Herumschnipseln an kleinen Trieben wird nichts erreicht. Zuallererst werden kranke oder gar schon dürr gewordene Äste aus der Krone entfernt. Von sich überkreuzenden Trieben oder Ästen schneidet man den schwächeren oder den ungünstiger stehenden heraus. Und schließlich werden zu dicht stehende Äste entfernt. Durch die Krone sollte man anschließend einen Hut hindurchwerfen können. Wenn sie jetzt zu licht erscheint, ist es gerade richtig, denn ab Frühjahr kommen die Blätter und Neutriebe hinzu.

Starkwüchsige Bäume sollten allerdings nicht gleich auf einmal zu stark ausgelichtet werden. Hier verteilt man die Arbeit besser auf 2 oder gar 3 Jahre, weil es sonst zu einer übermäßig starken Bildung von »Wasserschossen« kommen würde, die dann wieder nachbehandelt werden müßten.

OBSTGARTEN IM JAHRESLAUF

Schnittkurse Obst- und Gartenbauvereine, Siedlerverbände, Kleingärtnervereine und Volkshochschulen veranstalten in den Wintermonaten Obstbaumschnittkurse, die meist von erfahrenen Fachleuten geleitet werden. Es lohnt sich, hier mitzumachen, denn der Obstbaumschnitt kann nicht ausschließlich aus Büchern erlernt werden. Die Praxis gehört unbedingt dazu, bzw. sie ist die Voraussetzung, daß man die im Buch beschriebenen Schnittmethoden verstehen und im eigenen Garten anwenden kann. Das gleiche gilt für das Veredeln.

Abgängige Bäume Ist ein Baum erheblich durch Frost geschädigt oder stirbt er aus anderen Gründen ab, sollte er gerodet und durch einen Jungbaum ersetzt werden. An der gleichen Stelle wird nach Möglichkeit der Boden ausgetauscht bzw. eine andere Obstart gepflanzt.

Umveredeln Wenn eine Sorte nicht befriedigt, kann der betreffende Baum im nächsten Frühjahr umveredelt werden. Dies ist allerdings nur sinnvoll, wenn er gesund und noch nicht zu alt ist. Die Pfropfköpfe sollen keinen größeren Durchmesser als Handbreite haben. Nachdem die Krone ausgelichtet ist, kann sie bereits jetzt im dachförmigen Winkel abgeworfen werden. Im unteren Bereich müssen einige Zugäste verbleiben, die nicht zurückgeschnitten werden.

Edelreiser Als solche eignen sich nur gut ausgereifte, einjährige Triebe, die etwa bleistiftstark sind. Sie werden am besten bereits zur Weihnachtszeit (Saftruhe!) vom Baum der gewünschten Sorte geschnitten und bis zur Veredlung im nächsten Frühjahr an der Nordseite des Hauses eingeschlagen.

Zweige kompostieren Die beim Schnitt anfallenden Zweige von Obstbäumen und Beerensträuchern müssen nicht verbrannt oder aus dem Garten fortgeschafft werden. Wenn sie nur etwa fingerstark sind, eignen sie sich zum Kompostieren. Man lagert sie, auf etwa Fingerlänge zusammengeschnitten oder geschreddert, in einem großen Karton oder einem anderen Behälter, bis sie gebraucht werden. Beim Kompostieren gibt man auf eine etwa 20 cm starke Schicht aus Garten- und Küchenabfällen jeweils reichlich von diesen Zweigstücken. Dadurch kommt viel Luft zwischen die einzelnen Schichten, die Verrottung läuft rasch ab und ein Umsetzen des Komposthaufens bzw. des in einem Behälter angesammelten Materials erübrigt sich. Nachdem dieses Schnittmaterial 2–3 Jahre braucht, bis es verrottet ist, also wesentlich länger als die üblichen Küchen- und Gartenabfälle, kann man es mehrmals als luftführende Schicht verwenden.

Obstlager Eingelagertes Obst wiederholt durchsehen und Früchte mit Faulstellen rasch verwerten. Solange es noch nicht extrem kalt ist, viel lüften und den Boden in einem trockenen Lagerraum des öfteren mit Wasser besprengen.

Pflanzung Obstbäume und Beerensträucher pflanzen, solange der Boden offen ist. Auch eine späte Pflanzung ist bei Äpfeln, Birnen, Zwetschen und Kirschen meist günstiger als eine Frühjahrspflanzung im April/Mai.

Pflanzenschutz Flüssige Pflanzenschutzmittel dürfen den Winter über nicht in der Gerätehütte verbleiben. Durch Frosteinwirkung werden sie unbrauchbar. Auch die Obstbaumspritze muß den Winter über in einen frostfreien Raum gebracht werden, damit sie ab Frühjahr funktioniert.

Der Garten ruht unter einer Schneedecke. Auch wir genießen die winterliche Ruhe und freuen uns über die grafische Wirkung der Obstbäume und Beerensträucher.

Bezugsquellen

Die hier genannten Bezugsquellen sind für Gartenfeunde gedacht, die keine Möglichkeit haben, Obstbäume, Beerenobst, Geräte und anderes Zubehör von einer nahegelegenen Baumschule oder einem Garten-Center zu beziehen. – Die Adressen, auch deren Reihenfolge, stellen keinerlei Wertung dar. Es sind vielmehr Firmen, die mir persönlich bekannt sind. Darüber hinaus gibt es im gesamten Bundesgebiet, in Österreich und in der Schweiz eine große Auswahl fachlich geführter Baumschulen und Spezialbetriebe, von denen das gewünschte Material bezogen werden kann.

Obstsorten (alte, neue Sorten, Beerenobst u. a.)

Hans Bartsch
Deutsche Markenbaumschule
Postfach 12 50, Nothgottesstr. 4
65366 Geisenheim/Rh.
Tel.: (0 67 22) 82 20, Fax: 7 17 82
(Veredelungsunterlagen, Walnußveredelungen, neue Strauchbeerenobstsorten u. a.)

Baumschule Gerhard Baumgartner
Nöham, Hauptstr. 2
84378 Dietersburg
Tel.: (0 87 26) 2 05, Fax: 13 90
(Umfangreiches Sortiment alter Apfel- und Birnensorten, Kirschen, Zwetschen)

Baumschule Brenninger
Hofstarring 57
84439 Steinkirchen
Tel.: (0 80 84) 76 67, Fax: 72 35
(Umfangreiches Sortiment alter Sorten u. a.)

Baumschule Hermann Cordes
Lülanden 4
22880 Wedel
Tel.: (0 41 03) 24 98, Fax: 53 40
(Alte und neuere Obstsorten)

Fischer's Baum- und Rosenschulen
Baernau
85777 Fahrenzhausen
Tel.: (0 81 33) 20 14, Fax: 62 74
(Alte und neuere Obstsorten)

Baumschule Peter Friedlein
Mittlere Dorfstr. 23
97877 Wertheim
Tel.: (0 93 42) 65 63, Fax: 2 12 03
(Zwergapfelbäume, doppelte U-Formen von Äpfeln und Birnen in versch. Sorten zur »klassischen« Einfassung von Wegen und zur Bekleidung von Hauswänden.)

Klaus Ganter
BdB Markenbaumschule
Forschheimer Straße/Baumweg 2
79369 Wyhl/Kaiserstuhl
Tel.: (0 76 42) 10 61, Fax: 10 61
(Umfangreiches Sortiment alter und neuer Sorten, krankheitsresistente Neuzüchtungen, Walnußveredelungen .... vorzüglich gestalteter und bebilderter Katalog)

Garten-Baumschule Greb
Jahnstr. 3
(an der neuen Mainbrücke) 97199 Ochsenfurt
Tel.: (0 93 31) 22 81, Fax: 75 90
(Alte Lokalsorten u. neuere Sorten)

Häberli Obst- und Beerenzentrum GmbH
Postfach 166
August-Ruf-Str. 12 a
78201 Singen (Hohentwiel)
Tel.: (0 77 31) 6 92 86
Fax: (00 41 71) 4 74 70 80
(Neue Beerenobstsorten, Spindelbüsche von neuen Sorten, auch krankheitsresistente u. a.)

Pflanzen Hofmann GmbH
Hauptstr. 36
91094 Langensendelbach
Tel.: (0 91 33) 46 87, Fax: 46 73
(Neue Obstsorten, krankheitsresistente Sorten, Walnußveredelungen u. a.)

Baumschule A. Müller
Götzstr. 40
84032 Landshut/Altdorf
(Spezialbaumschule für kleine Obstgehölze, kleinbleibende Kirschbäume wie 'Lamberts Compact' u. a.)

Garten-Baumschule Münkel
Talsiedlung 6
97900 Külsheim-Hundheim
Tel.: (0 93 45) 4 00, Fax: 14 12
(Alte und neuere Obstsorten)

Strauchbeerenobst

Wilhelm Dierking
Beerenobst, Deutsche Markenbaumschule
Kötnerende 11/OT Nienhage
29690 Gilten
Tel.: (0 50 71) 29 32, Fax: 27 94
(Spezialbetrieb für Gartenheidelbeeren und Preiselbeeren, hervorragend gestaltetes Informationsmaterial)

W. Kordes' Söhne
25365 Klein-Offenseth-Sparrieshoop
Tel.: (0 41 21) 48 70-0
Fax: 8 47 45
(Die weltberühmte Rosenschule führt die Johannisbeersorte 'Traubenwunder' u. a. wertvolle Johannisbeeren, Stachelbeeren, Brombeeren, Himbeeren – vorzüglich gestalteter und bebilderter Katalog (Rosen!)

Erdbeerpflanzen

Sonja Arold
Baumschulen – Erdbeerplantagen
Neuziegenrück 10
90616 Neuhof/Zenn Mfr.

Enderle Erdbeerland
Triftstr. 11
76448 Durmersheim
Tel.: (0 72 45) 41 37
Fax: 8 38 80
(Führt u. a. 'Florika' und 'Mieze Schindler')

Erdbeer-Petzold-Ahrenhold
Hildesheimer Str. 29
31162 Bad Salzdetfurth
OT Groß Düngenn
Tel.: (0 50 64) 84 26, Fax: 84 27
(Führt auch die Sorten 'Peltata' und 'Mieze Schindler')

Reinhold Hummel GbR
Erdbeerzuchtbetrieb
Köstlinstr. 121
70499 Stuttgart (Weilimdorf)
Tel.: (07 11) 86 42 79,
Fax: 86 14 50

Helmut Koffler
Erdbeerplantagen, Pflanzenvermehrung
Ettlinger Str. 217
76448 Durmersheim
Tel.: (0 72 45), Fax: 8 33 99

Kraege GbR
Beerenobst Spezialkulturen
Postfach 266
Delsener Heide 36
Tel.: (0 25 04) 20 41, Fax: 42 73
(Führt u. a. auch 'Mara de Bois' und 'Mieze Schindler')

Ludwig Lachhammer
Erdbeerpflanzenvermehrung
Ramerding 29
84375 Kirchdorf a. Inn
Tel.: (0 85 71) 25 59, Fax: 25 32

A. Spitzl
Beerenobstkulturen
Oberaschauer Str. 1
83355 Grabenstätt/Chiemsee
Tel.: (0 86 61) 3 05, Fax: 18 54

Pflanzenschutz
(Nützlinge)

Conrad Appel GmbH
Bismarckstr. 59
64293 Darmstadt
Tel.: (0 61 51) 9 29 20
(*Trichogramma*-Schlupfwespen gegen Apfelwickler)

W. Neudorff GmbH KG
Abt. Nutzorganismen
Postfach 12 09
31857 Emmerthal
('Granupom'-Apfelwickler-Granulosevirus)

Geräte, Zubehör

Obst-Stellagen
Horst Bittner
36355 Ilbeshausen
(Obst-Stellagen aus Holz, 175 cm hoch, 80 cm breit, 55 cm tief zum Lagern von 3 1/2 Ztr. Obst)

Waagrechtstellen von Trieben
M. Senn
Postfach 12 72
71655 Vaihingen
Tel.: + Fax: (0 70 42) 1 64 92
(Astklammern »Fruchtfix« aus Kunststoff)

Leitern
Hans Brodbeck
Metzinger Str. 47
72555 Metzingen-Neuhausen
Tel.: (0 71 23) 1 49 61
(Holzleiter Abb. S. 157, nur Selbstabholung)

Wolfgang Schmid
Grafinger Str. 9
83104 Ostermünchen
(Holz-Einholmleiter »Loan«)

Hermann Schneider
Wohnpark Kreuz 2
78073 Bad Dürrheim
Tel.: (0 77 26) 15 34, Fax: 81 40
(»Tiroler Steigtanne«, Metall)

Obstverwertung

Paul Arauner KG
Postfach 3 49, Wörthstr. 34/36
97318 Kitzingen
Tel.: (0 93 21) 80 01
Fax: 68 93 46
(Reinzuchthefen, Kellereiartikel; kein Direktversand, jedoch Angabe von örtlichen Bezugsquellen)

Helmut Rink GmbH
Wangener Str. 18
88279 Amtzell
Tel.: (0 75 20) 61 45, Fax: 66 14
(Alles für die Gärmost- und Saftherstellung)

Wilhelm Wahler
Auf der Höhe 2
71934 Kernen
Tel.: (0 71 51) 4 72 90
(Obstmühlen und -pressen, Pasteurisierungsanlagen u. a.)

Register

Fette Seitenzahl = Hauptverweis

Abdeckmaterial 159, 163
Ableger 23 ff.
Ableiten 36
Abriß 23
Absenker 8, 23, 27 f.
Absetzen 43
Abwerfen 47
Abwurfwinkel 47
Actinidia arguta 119
Afterraupe 129
Akrisal 116
Älchen 26, 145
'Alexander Lucas' 17, 22, 49, **72**, 74, 76
'Alkmene' 49, **62**, 135
Alternanz **12**, 36, 52
Ameisen 128, 137
Amsel 15, 80, 97, 104, 116, 121, 132, 137
'Ananasrenette' 17, 66
anbinden 32, 112
anhäufeln 27 f.
Apfel 17, 42, 47, **58 ff.**, 63, 133, 135, 165
–, Sorten 6, **62 ff.**
–, wurmiger 163
Apfel-Baumformen 12
Apfelblattlaus 138
Apfelblattsauger 139
Apfelblüte 11, 13
Apfelfaltenlaus 138
Apfelmehltau **138**, 158
Apfelmost 154, 156
Apfelsaft 165
Apfelsämling 24
Apfelspalier 17, 20
Apfelwickler **130**, 138, 162 f.
Apfelwildling 23
Aprikose 16, 18 f., 29, 39, 45, **88 ff.**, 135, 163
'Aprikose von Nancy' 89
Aprikosensterben 144
'Arlet' 62
Aroma 88, 98 f., 116, 119, 150 f., 156
Assimilate 11, 34, 60
Assimilation **9**, 20, 128, 134
Ast 8, **11**, 17, 33, 40
Astbruch 51
Astklammer 84
Astring 36, 41, 50
Astschere 50
Astverlängerung 49
Atmung 9 f., 165
Aufplatzen 82
Auge 19 ff., 23 f., 27, 36, 48
–, schlafendes 21, 41
Augsburger Kippbügelfalle 132
'Augusta Luise' 122
Ausdünnen 12, **52**
Ausläufer **25 f.**, 98 f., 117, 161, 162,
Auslichten **40 f.**, 42, 105 f., 157, 166
Aussaat 23, 99
Aussaaterde 26, 28
Austrieb 41

'Autumn Bliss' 111
Azaleendünger 116

Ballaststoffe 7
Ballerina-Bäumchen 60, **61**, 68
Bast 34, **48**, 50 f.
Baumform 14, 29 f.
Baumhasel 94
Baumkauf 29
Baumkrebs 134
Baumkrone 33, 44, 47, 51
Baumpfahl 52, 158
Baumsäge 40, 50
Baumscheibe 32, **54**, 159 f.
Baumschere 48, 50
Baumschule 15, 22, **23 ff.**, 29, 32, 35, 47
Baumstamm 11
Baumwachs 48 f., 51
Baustoffe 60
Beerenobst 96 ff., **135**
–, Hochstämmchen 27
Befruchtung **13**, 58 ff., 92
'Bereczki' 91
'Berkeley' 116
'Berlepsch' 12, 53, 62, **64**, 134, 150
Besenbildung 19, 37
Bestäubung 11, 13 ff., 58, 97, 113, 117, 125
Bienen 97, 103 ff., 113, 116 f., **125 ff.**, 128, 159
Bienenfreund 160
Bindematerial 51 f., 166
Binden 121, 162
Biologische Bundesanstalt 128
Birne 15, 24, 42, 47, **70, 133 ff.**, 165
–, Sorten **70 ff.**
Birnen-Wildling 46
Birnenblattsauger 140
Birnenblüte 13, 74
Birnengallmücke 140
Birnengitterrost 134, **140**, 163
Birnenmost 154
Birnenpockenmilbe 140
Birnspalier 7, 17
Birnspindelbusch 24
'Bittenfelder Sämling' 23
'Black Satin' 113
Blatt **8**, 11, 19 f.
Blattachsel 112, 121, 161
Blattdüngung 57
Blattfallkrankheit 105 f., 146 ff.
Blattlaus **125 ff.**, 127, **128 ff.**, 136, 148, 159
Blattrandkrankheit 147
Blattrosette 39
Blattvergilbungen 111
Blattwespe 129
Blau-Volldünger 57, 97
'Blauer Portugieser' 122
Bleiglanz 166
'Blenheim' 24, **66**
'Blissy' 111
'Bluecrop' 116

'Bluetta' 116
Blühbeginn 98, 159
Blühwilligkeit 55
Blühzeitpunkt 12
Blut-Hasel 95
Blüte **11 ff.**, 19, 43 f., 92, 97 f., 103, 107, 110, 116 ff., 123, 161
Blütenanlage 164
Blütenfrost 12, 54
Blütenknospe 12 ff., 36, 39, 41, 44, 54, 57, 97
Blütenknospenansatz 57, 98
Blütenmonilia 143
Blütenstaub 13 ff., 58, 74, 80, 92, 94
Blütezeit 53, 104, 121
Blutlaus 139
Blutpflaume 77
Boden 31, 56, 101, 117, 120
–, saurer 115
Bodenälchen 99
Bodenbearbeitung 43, 96 f., 107, 110, 115
Bodendecker 99, 117
Bodenfrost 166
Bodengare 55
Bodenleben 103, 116, 161
Bodenlockerung 9
Bodenpflege 8, 39
Bodenpilze 115
Bodenprobe 31, **56**, 164
Bodentriebe 10, 81
Bodenuntersuchung **56 f.**, 97 f., 159, 164, 166
Bodenuntersuchungsstellen 56
Bodenverbesserung 55 f.
Bodenverdichtung 56
Bodenvorbereitung 31 f., 109, 112, 115, 166
'Bohnapfel' 68
'Bolero' 68
Bor 56
Borke 115
'Boscs Flaschenbirne' **72**
'Boskoop' 12 f., 24, 53, 59 f., **64**, 69, 150, 165
Botrytis 122, 144 f., 160
Boysenbeere 114
Branntkalk 132
'Brechts Erfolg' 107
'Brettacher' 66
Brombeere 12 f., 28 f., **111 ff.**, 161, 163
Brombeergallmilbe 149
Brombeerrankenkrankheit 149
Bukettrieb, Pfirsich 44
Bund deutscher Baumschulen (BdB) 29
'Bunte Julibirne' 22, 135
'Burlat' 82
Buschbaum **14 ff.**, 32, 34, 36, 75, 88

'**C**hampagnerrenette' 68
Chlorophyll **9**, 54
Chlorose 74 ff., 87, 108, 118, 129, **144**
'Clapps Liebling' 22, **70**
'Conference' 135
Container 22, **29**, 38, 115, 118, 120

Corylus colurna 94
Corylus maxima 'Purpurea' 95
'Coville' 116
Cox Orange 53, **62**, 134, 164
Crataegus laevigata 91
Crataegus monogyna 91

Dauerunkräuter 32, 101
desinfizieren 135, 152
Dessertwein 155
Dickenwachstum 11 ff., 48, 52
Dickmaulrüßler 146
diploid 58, 74
'Dönissens Gelbe Knorpelkirsche' 82
Drahtgeflecht 111, 116, 131
Drahtgerüst 107, 109, 114
Drahthose **51**, 166
Drahtkorb 52, 131, 166
Duftstoff-Falle 130
Dünger, organischer 97
Düngung 8, 10, 39 ff., 42, 54 ff., **57**, 97 f., 103, 107, 110, 113, 116 ff., 129, 159, 161
Düse 127

Edelreiser 47 ff., 157, 161, 167
Edelsorte 23, 59
Einheitserde 29
Einholmleiter 51
Einschlag 29, 47, 166
einspitzen 27, 161
Einzeldünger 57, 103
Eisen 7, 56
Eisenmangel 56, 108, 129
Eisheilige 160
'Elena' 77
'Elsanta' 100
'Elstar' 53, **62**, 68
'Elvira' 100
Embryo 8, 11, 13
Emulsion 127
Endknospe 20, 35
Engerlinge 146
Entsaften 154
Entspitzen 21, 121, 161
Erbanlagen 23 f., 77
Erbeigenschaften 8, 11
Erdbeerblütenstecher 146
Erdbeere 12 f., 25, **96 ff.**, 160 ff.
Erdbeermehltau 145
Erdbeermilbe 144 f.
Erdbeerpflanzgut 26
Erdmaus 146
Erdmiete 153
Erdraupe 125, 146
Ernte 12, 15 ff., 44, 53, 97 f., 103, 107, 110, 113 ff., 121, **150 ff.**, 163 ff.
Ertrag 18, 59, 61, 103, 107
Ertragsbeginn 12, 59
Ertragsschwankung 161
Erziehungsschnitt **35 f.**, 49
'Esterhazy II' 93
Etiketten 51 f., 166

F 12/1 81
Fächerspalier **18 f.**, 45
–, Aprikose 19, 45

–, Pfirsich 19, 88
–, Sauerkirsche 19
Fangflasche 133
Fanggürtel 130, 162
Färbung 30, 150
Faserwurzeln 10, 103
Fäulnis 54, 158
Fäulniserreger 133, 165
Faulstelle 165, 167
Feldhase 51, 137
Feldmaus 137, 166
Feuerbrand **135**, 140
Flachwurzler 96, 115
'Flavortop' 89
Fleischbräune 55
Florfliege 125, 127, 128
'Florika' 100
'Florina' 70
Flüssigdüngung 57
Folie 82, 126
Folienrollung 152, 165
Formobstbaum 21, 39
Formspalier 14, 18
–, streng gezogenes 19
Fraßschäden 121
Fremdbefruchtung 23 ff., 76
Fremdbestäubung 110, 116
Frigo-Pflanzen 97, 99
Frost 51, 88, 99, 134, 167
Frostempfindlichkeit 75
Frosthärte 61, 74, 94, 114
Frostlagen 92
Frostnächte 61, 165
Frostplatte 51, 157, 159
Frostriß 52, 157, 159
Frostschäden 42 ff., 45, 54 f., 80, 111, 116, 118, 128
Frostschutz 90 ff., 157, 159 f.
Frostspanner 166
–, Kleiner 130, 139, 141
Frucht **12 f.**
Fruchtansatz 13
Fruchtast 17, 33 f., 36 ff., 49
Fruchtausdünnung 52
Fruchtbarkeit **12**, 19, 55, 60
Fruchtbehang 32, 34, 52, 55, 57, 161, 165
Früchte 19, 24, 33 f., 40, 43, 49, 54, 57
Fruchtfall 52, 77
Fruchtfärbung 53
Fruchtfäule 133
Fruchtfleisch 13, 97
Fruchtfleischbräune 152
Fruchtgröße **13**, 25, 53, 75
Fruchtholz 17 f., 20 f., 33, **34 ff.**, 38 f., 42, 46, 75, 150, 165
Fruchtholzerneuerung 37, 41
Fruchtholzschnitt, klassischer 20
Fruchtknoten 11, 13, 92
Fruchtmonilia 86, 133
Fruchtmumien 133, 158
Fruchtreife 133
Fruchttrieb 19 ff., 44 ff.
Fruchtzucker 7
'Frühe von Trévoux' **70**, 75
'Früher Blauer Burgunder' 122
'Früher Malinger' 122

REGISTER

Fungizid 54, 127, 133, 159 f.
Fußstamm 27

Gallmilbe 104
Gäraufsatz 156
Gärhefe 154
Gärprozeß 156
Gartengrenze 75
Gartenheidelbeere **114**
Gartenhimbeere 108
Gartenschere 50
Gärung 154, 156
'Geheimrat Oldenburg' **66**
Geißfußpfropfen 47, 50
Geiztrieb 112 ff., 161 f.
'Gellert' 24, **72**, 75
'Gellerts Butterbirne' **72**
Genußreife 150
Geräteschuppen 17, 165
'Gerema' 84
Geschein **121**, 161 f.
Gespinstmotte 139, 141
Gewebekultur 26, 28
Giersch 101
Gießen **10**, 31, 98, 115
Gießrand 32
'Gisela 148/2' 81
'Gisela 5' 81
Gleichgewicht,
  physiologisches 57
'Glockenapfel' 12, **64**, 152
'Gloster' **64**, 68, 134 f.
'Golden Delicious' 12, 38, 53,
  64, 139, 152
Goldjohannisbeere 27, 107
'Goldparmäne' 12, 22 f., 49,
  53, **62**, 135, 157, 165
'Goldrenette von Blenheim' **66**
'Goldtraube' 116
Grabgabel 31, 102 f., 115, 120,
  159, 166
'Graf Althans Reneklode' 78
'Gräfin von Paris' 17, **72**, 76,
  135, 150
'Grahams' **66**, 135
'Grahams Jubiläumsapfel' 23,
  61, **66**
Granulosevirus 130
Grasschnitt 32, 158, 163
Grauschimmel 98, 121 f.,
  144 f., 160 f.,
'Gravensteiner' 12, 17, 60, **66**
Grenzabstände 29, **30**
'Große Grüne Reneklode' 77,
  78
'Große Lange Lothkirsche' 84
'Große Prinzessin' 82
'Große Schwarze
  Knorpelkirsche' 82
Grundwasser **55**, 77, 126
Grünkupferpräparat 166
Grünpflücke 108
Gummifluß 42 ff., 81, 87,
  142 f., 166
'Gute Graue' 74
'Gute Luise' 7, 17, 22, 70,
  72 f., 75, 132, 150, 164

Hagelschaden 54, 134, 146
Halbstamm **14 f.**, 24, 31 f., 36,
  39 f., 49, 54, 60 f.

–, Schnitt **34**
'Hallesche Riesen' 95
Haltbarkeit 55
'Hanita' 77
'Harzfluß 19, 81, 142 f.
'Haschberg' 123
Haselnuß 11 ff., **94**
Hasenfraß 51 f.
Hauptnährstoffe **56**
Hausbaum 14, 163
Hauswand 16, 45, 76, 90
'Hauszwetsche' 7, 76, **78**, 151
'Hayward' 119
Heckenerziehung,
  Stachelbeere 106
'Hedelfinger' 81, **82**
Hefe 154 ff.
Heidelbeere 13, 115
'Heinemanns Rote
  Spätlese' 104
'Heros' 102
Herzapfel 68
Herzkirsche 80
Himbeere 12 f., 25 f., 28,
  108 f., 160 ff.
–, vermehren 27
–, zweimaltragende 109, 158
Himbeerkäfer 149
Himbeerrutenkrankheit 148
'Himbostar' 110
Hippe 50, 51
Hochmoorboden 115
Hochstamm **14 f.**, 24, 27,
  31 f., 36, 39 f., 49, 54, 60 f.
–, Schnitt **34**
Hochstämmchen,
  Stachelbeere 106
Hohlkrone 44
Holunder **122**
Holzknospe 20, 44
Holzschwamm 147
Holztrieb 18 f. 21, 36
–, Pfirsich 44
Honigtau 128
'Hönings Früheste' 108
Horden 165
Horn-Knochen-Blutmehl 57
Hornspäne 110
'Hosui' 76
Hummeln 107 ff., 113, 116 f.
Humus 96 f., 156
Hygropor 58

'**I**dared' **64**, 68, 135
'Independence' 89
Infektion 133, 135, 160
Insekten 11, 28, 86 ff. 93, 97
Insektizid 127, 130, 159
Instandhaltungsschnitt **37**
Intersterilität 80
'Invicta' 108
Isolierfolie 153

'**J**ahresringe 11
'Jakob Fischer' 66
'Jakob Lebel' 66
Jakobiapfel 24, **62**
'James Grieve' 12 ff., 22, 24,
  38, 53, 60, 62 ff., 67, 134 f.,
  150, 164
Japanische Apfelbirne 76

'Jaspi Fereley' 77
'Jogranda' 105
Johannisbeerblasenlaus 147
Johannisbeere 12 f., **101**
–, Rote 104
–, Schwarze 104, 105
–, Weiße 104
Johannisbeergallmilbe 105,
  146 f., **158**
Johannisbeerglasflügler 147
Johannisbeersaft 102
Johannisbeertrieblaus 147
Johannisbeerwein 102, 154
'Jonagold' **62**
'Jonagored' 63
'Jonathan' 12, 49 ff., 65, 68,
  135, 152
'Jonica' 63
'Josefine von Mecheln' 17
Jostabeere **105**
'Jostine' 105
Juglans regia 93
Jungfernfrüchtigkeit 13
–, Birne 74
Jungpflanzen 98 f.
Jungtrieb 27 ff., 36 f., 40 f.,
  43 ff., 47, 102 ff., 106 f. 112,
  120 f. 162
Junifruchtfall 13, 52
Juniperus sabina 134

Käfer 127
'Kaiser Wilhelm' 66
Kalium (K) 7, 54, **55 f.**, 166
Kalk **55 f.**, 115, 120, 165
Kalkammonsalpeter 57
Kalkbrei-Anstrich 157
Kalken der Baumstämme 52
Kalkstickstoff 57
Kaltluftstau 92
Kalzium (Ca) 7, **55**
Kalziumspritzungen 55, 165
Kambium 8, **11**, 48, 158
Kapuzinerkresse 54, 160
'Kassins Frühe' 82
Kätzchen 95
'Katzenkopf' 74
Keimblätter 13
Keimung 99
'Kelleriis 16' 84
Kelter 154
'Kernechter vom
  Vorgebirge' 23, 87
'Kirchensaller Mostbirne' 23
Kirschblattwespe 143
Kirschblütenmotte 143
Kirsche 12 ff., 39, 47, **80 ff.**,
  151
Kirschenunterlagen 24
Kirschfruchtfliege 143
Kiwi 12 f., **118**
'Klarapfel' 12, 17, 22, 24, 53,
  60, **62**, 134 f. 157
Kleingarten 16
Klon 23, 77
Knorpelkirsche 80
Knospe 20 ff., 24, 27, 35 f., 38,
  40, 43 f., 46 ff., 120 ff., 132
Knospenfraß 157
Knospenmutation 24, 88
Knospenwickler 139, 143

Kohlendioxid 9, 152 ff.
Kohlenhydrate 7 ff., 10, 13, 55
Kohlensäure 154
Kokosfaserstrick 51
Kommaschildlaus 136
Kompost 25 ff., 27, 54 f. 57,
  96 ff., 101 ff., 108 f., 114,
  116, 159, 166 f.
Kompostplatz 14, 94
'Königin der Weingärten' 122
Konkurrenztrieb 34 f., 38 f.,
  44, 46, 84, 162 f.
'Konstantinopeler' 91
Kopfveredelung 24
Kopfwunde 41
Kopulationsschnitt 48
Kopuliermesser 50
'Koralle' 117
Kordon 60
Kornapfel 24
'Korona' 100
'Körösér Weichsel' 84
'Köstliche von Charneux' 72
Kragenfäule 138
Krankheiten 26, 30, 40, 55,
  61, 70, 128 ff., **136 ff.**
Kräuselkrankheit 88, 144
Krebsstelle 50 f., 134
Kreuzung 24, 105
Krone 29, 32, 38, 59
Kronenaufbau 39 ff., 43, 46, 60
Kronendurchmesser 30
Kronenform 24, 38
Kronengerüst 34 ff., 39, 42, 44
  46
Kronentraufe 10, 53, 57
Kübelobstbau **22**
Kuhmist 52
Kunststoffnetz 132
Kupfer 7, 56
Kurztrieb 36, 38

Lagerraum 153, 165, 167
Lagertemperatur 151 f.
Lagerung **151 ff.**
'Lamberts Compact' 80 f.
Lampertsnüsse 95
'Landsberger Renette' 17, **66**
Langtriebe 39
Langzeitdünger 22
Laub 75, 99, 112, 133
Lauberde 115
Laufkäfer 127
Lederfäule 145
Lehmbrei 52
Leimring 158, 166
Leitast 33 f., 39, 41 f., 44 ff.,
  49
Leitastverlängerung 35 f.,
  40
Leiter 40, 50, 157, 161, 165
Leitungsbahnen 11
Limburger Vogelkirsche 81
Loganbeere 114
Luftfeuchtigkeit 17, 58, 151,
  165

M 7 23, 60
M 9 22, 23, 29, 38, 60
M 26 60
M 27 22, 23, 29, 38, 60

'Madame Verté' 22, **72**, 76
Magnesium (Mg) 7, 54, **56 ff.**,
  117, 166
Mangan 7, 56
Manganmangel 108
'Mantet' 12, 17, 22, 53, **62**
'Mara des Bois' 98
Marienkäfer 125, 127 f.
Markenbaumschule 29
Maschendrahtgeflecht 51
Mäusefraß 11, 52, 54, 158
'Meeker' 110
Mehltau 25
–, Echter 122, 127, 149
–, Falscher 122, 149
'Melrose' 64, 68, 150
Meristemkultur 26, 28
'Meschenmoser' 79
'Mieze Schindler' 100
Milben 26
Mineralstoffe 7
Mirabelle 14, **76**, 135, 164
'Mirabelle von Nancy' 22, 78
Mist 159
Mitteltrieb 18 f., 24, 34 f.,
  38 f., 43, 45 f.
MM 106 60
Molybdän 56
Monatserdbeere 98
Monilia-Fruchtfäule **133**, 136
'Morellenfeuer' 82, 84
'Morton' 89
Mosaikvirus 109
Mostbereitung **154 ff.**
Mostbirnbaum 10
Mostbirne 135, 155
Mostobst 165
Mulchdecke 11, 103 ff., 110,
  113 ff., 118, 124, 159 ff.,
  165
Mulchmaterial 160, 166
Mulchen 9, **54**, 103 f.
'Mulka' 104
'Müller-Thurgau' 122
'Muskat-Gutedel' 122
Mutation 24, 77
Mutterboden 31 f.
Mutterpflanze 8, 25, 27 f., 98
Myrobalane 77
'Myruni' 77

Nadelstreu 115 ff.
Nährstoffe 10 f., 13, 20 f., 31,
  55, 97, 116, 159, 164
Nährstoffmangel 57
Napfschildlaus 136, 141
Narbe **11**, 80, 92, 107
Narrenkrankheit 141, 159
Nashi 76
Natrium 7
Nektarine **88**
Nematoden 145
'Nessy' 113
Netz 15 ff., 51 ff., 80, 82, 86,
  97, 104 ff., 132
Neutrieb 21, 39 ff., 46, 48,
  54 f., 57
Niederstamm 27, 60
Nistkästen 125
Nitratanreicherung 55
Noppenfolie 153

170

REGISTER

'Nordhausen' 68
'Nordhäuser Winterforelle' 135
Nordlage 58
'Nr. 1247' 93
'Nr. 139' 93
'Nr. 26' 93
'Nr. 286' 93
Nuß 13, 153
Nüßchen 26, 97
Nützlinge **124**, 129 f., 133, 161

Oberboden 31
Obstarten 16, 30
Obstbaum-Spinnmilbe **129**
Obstbäumchen in Töpfen **22**
Obstbaumkrebs 25, 51, **134**, 138, 166
Obstbaumminiermotte 139, 143
Obstbaumschnitt **33 ff.**, 129 f., 158 f., 166
Obstbauvereine 33
Obsthecke **16 f.**, 24, 32, 54, 60 ff.
–, Birne 75
Obstlagerung **151 ff.**, 153, 165 ff.
Obstmade **130**, 138, 162
Obstmühle 154
Obstpflücker 51, 165
Obstsaft 7, 153
Obstsorten 6, 29, 47, **63 ff.**
–, neue **24**, 70 ff.
Obstspalier **16**, 32, 162
Obstverwertung **153 ff.**, 265
Obstwein 154
Öchslewaage 154
Ohrwürmer 125
Oidium 122, 149
Okulation 23
Okuliermesser 50
'Oldenburg' **66**, 134, 150, 164
'Ometa' 104
'Ontario' 17, 22, **64**
'Ontariopflaume' 78
'Orleans' 22
'Ortega' 122
'Ostara' 98, 100

Palmette 60
Parthenokarpie 13
pasteurisieren 154
'Patriot' 116
Peitschentrieb 43
'Peltata' 100
'Perle von Czaba' 122
Peronospora 122, 149
Pfahl **32 ff.**, 60, 75, 82, 106 f., 166
Pfirsich 13, 16 ff., 23 f., 29, 39, 42, 44, **87 f.**, 135, 151
Pfirsichblattlaus 144
Pfirsichsämling 87
Pfirsichspalier 163
Pflanzabstände **30,** 124
Pflanzenschutz 9, 33, 39, 61, **124 ff.**,159 f., 162, 165 f.
Pflanzenschutzgeräte 127
Pflanzenschutzmittel 126 f.

Pflanzenzelle 9
Pflanzerde 29
Pflanzgrube 30 f., 165
Pflanzloch 102
Pflanzmaterial 16
Pflanzschnitt 32, **34 ff.**, 42, 159
Pflanzstelle 31
Pflanzung **31 ff.**, 99, 165, 167
Pflanzzeit **29,** 158, 166
Pflaume 12 ff., 34 ff., 37, 47, **76 ff.**, 164
–, Sorten **78 f.**
Pflaumenlaus 142
Pflaumenrost 160
Pflaumensägewespe 141
Pflaumenwickler 141, 162
Pflegearbeit 15, 41, **51**
Pfropfen 47, **48 f.**, 50
Pfropfkopf 47 ff., 49, 163, 167
pH-Wert 56
Phacelia 160
Pheromonfalle 130
'Phoenix' 122
Phosphor (P) 7, **55 f.**, 166
Photosynthese **9,** 13
Phytophthora-Fäule 117
pikieren 26, 96, 99
'Pilot' 70
Pilzkrankheiten 22 ff., 33, 70, 90, 98, 127 ff., 166
pinzieren 21, 161
Plasmopara 149
'Poiteau' 74
'Polka' 68
Pollen 11, 58, 74, 80
Pollenspender 58, 104
Polsterschimmel 133
'Portugiesische Quitte' 91
Preiselbeere 28, **117**
'Priam' 70
'Prinz Albrecht von Preußen' 12 f., 22, 53, 59 f., **62,** 68
Prunus 'St. Julien A' 77
Prunus cerasifera 77
Prunus spinosa 77
Prunus-Formen 89
Purpur-Hasel 95
Pyramidenform 38

'**Q**uerina' 70
Quirlholz 40
Quitte 12 f., 15, 22, 24, **90 f.**, 135
Quittenunterlagen 24, 29, **75**, **90 f.**

Ranken 28, 98, 111, 113
Rankgerüst 114
Rasenschnitt **54,** 102, 159 f.
Raubmilben 125
Raubwanzen 125
Raupen 125, 127, **129**, 137, 159
Raupenfliege 125
'Reba' 116
'Red Lake' 102, 104
'Red Pearl' 117
Regenwasser 115
Regenwurm 133, 166
Reihenhausgarten 14 ff., 91

Reineclauden 76
Reinzuchthefe 155 f.
Reiser 24, 49, 160, 163
Reiter 39 f.
'Rekord aus Alfter' 87
'Remo' 70
Reneklode 14, 22, **76 ff.**, 164
Resistenz 70
'Rewena' 70
'Rheinischer Bohnapfel' 68
'Rheinischer Winterrambur' 69
Rhizomfäule 144 f.
Ribes aureum 27, 107
Rieseln 103, 147
Rinde 11, 47 f., 50, 52
Rindenmulch 115
Ringelblume 160
Ringeln **11,** 53
Rißling 8
Rizinusschrot 110
'Rokula' 108
'Rondom' 102, 104
'Roodknop' 103
'Rosenthals Langtraubige Schwarze' 103, **104**
Rostpilz 127
Rote Spinne 125, **129 ff.**, 136, 141
'Rote Sternrenette' 22, **68**
'Rote Triumph' 108
'Rote Vierländer' 102
'Roter Berlepsch' 65
'Roter Boskoop' 24, **65**, 152
'Roter Ellerstädter' 87
'Roter Eiserapfel' 153
'Roter Gravensteiner' 67
'Roter Gutedel' 122
'Roter James Grieve' 63
Rotpustelkrankheit 136
'Rovada' 104
'Rubinette' 22, **62**, 68
'Rügen' 99
'Rusilva' 110
Rußtaupilze 128
Rutenkrankheit 110

Saftruhe 47
Säge 135
Sägespäne 117
'Sam' 81, 83
Samen 13, 23, 26
Samenanlagen 74, 97
Sämling **23**, 32, 59, 74
Sämlingsunterlage 18, 53, 77
San-José-Schildlaus 136
Sand 28, 117
Sauerkirsche 12 ff., 16, 18 f., 24, 34, 37, 42, 44, **84 ff.**, 163
Saugwurzeln 110
Säulenform 68
Säulenrost 105, 146 f.
Säuregehalt 101
Schädlinge 15, 26, 40, 61, **128 f.**, 136 ff.
Schalenbräune 152
Scharkakrankheit **135**, 142
'Schattenmorelle' 19, 43 f., **84**, 86, 134, 163
Schere 40, 50, 135
Schermaus **131**

Schildläuse 125, 147
Schimmelpilz 153
Schlanke Spindel 61
Schlehe 77
Schlitzfolie 26
Schlupfwespe 125, 130
Schnecken 125, 146
Schneedruck 34
'Schneiders Späte Knorpelkirsche' 82
Schnitt 8 ff., 14 f., 18, **33 ff.**
–, Aprikose **45**
–, Brombeere 112
–, Gartenheidelbeere 116
–, Himbeere 109
–, Johannisbeeren 102
–, Jostabeere 105
–, Kiwi 118
–, Obsthecke **46**
–, Pfirsich **44**
–, Sauerkirsche **43**
–, Stachelbeere 106, 107
–, Taybeere 114
–, Weinstock 120
Schnittbesonderheiten **42 ff.**
'Schönemann' **28**, 111
'Schöner aus Nordhausen' 68
Schorf 21 ff., 25, 59, 76, 127, **133**, 140, 159 f.
Schrotschußkrankheit 89, 142 f., 160
'Schüfer' 79
'Schwäbische Weinweichsel' 84
Schwarze Kirschblattlaus 143
Schwärzepilze 128
Schwebfliegen 125, 128
Schwefel 56
'Schweizer Orangenapfel' 64
Seitenast 18, 33 ff., 42, 44 ff., 49
Seitenholz 24
Seitentrieb 19, 46, 114, 121
selbstfertil 13
selbstfruchtbar **13**, 77 ff., 86
selbststeril 13
selbstunfruchtbar 58 ff., 77, 80, 86
'Senga Sengana' 98, 100
Sexuallockstoffe 130
Sichtschutz 15 f., 61, 94
'Signe Tillisch' 66
'Silvergieters Schwarze' 104
Sommerbehandlung 39
Sommerschnitt 21, **39**, 40, 43 f., 54, 112, 118, 121
Sorten 14, 22, 23, 29, 49, 97, 133
–, Apfel 22, **62 ff.**
–, Aprikose 22, 89
–, Birne 22, **70 ff.**
–, Brombeere 113
–, diploide 23
–, Erdbeeren 100
–, Gartenheidelbeere 116
–, Haselnuß 95
–, Himbeere 110
–, Holunder 123
–, Johannisbeere 104
–, Jostabeere 105
–, Kiwi 119

–, krankheitsresistente 69
–, Mirabellen 22, 78
–, Nashi 76
–, Nektarine 89
–, Pfirsich 22, 87
–, Pflaume 78
–, Preiselbeere 117
–, Quitte 91
–, Reneklode 22, 78
–, Sauerkirsche 84
–, scharkatolerante 77
–, Stachelbeere 108
–, Süßkirsche 82
–, Walnuß 93
–, Wein 122
–, Zwetsche 78
'South Haven' 87
Spalier 12, 15, **16 f.**, 24, 44 f., 54, 75
–, Apfel 58, 60
–, Birne 71, 71
–, Sauerkirsche 12, 85
–, Süßkirsche 81
Spalierbaum 74, 85
Spaliergerüst 18, 19
Spaltöffnung 9
Spaten 31, 102 f., 115, 166
Spätfrost **12**, 74, 80, 94, 104 ff.
Spindelbusch **15 f.**, 24, 29, 32, 37, 39, 47, 49, 53 f., 60 f., 150, 162
–, Apfel 61
–, Birne 71, 75
–, Pflanz- und Erziehungsschnitt 38
–, Süßkirsche 81 f.
–, verjüngen **39**
Spinnmilbe 136, 141
Spitzendürre 80, **134**
Spitzenförderung 44
Sporenlager 134
Spreizholz 35
Spritzung 15, 25, 54, 124 ff., 133 f., 159, 166
Sproß 8, 10, 24
Sproßmutation 24
Sproßspitze 28
Sprühfleckenkrankheit 143
Spurennährstoffe 54, **56**
'St. Julien A' 77, 89
'St. Julien INRA 655/2' 77
'St.-Julien'-Sämling 23
Stachelbeerblattwespe 148
Stachelbeere 12 ff., 28, **106 ff.**, 162
Stachelbeerhochstamm 52
Stachelbeermehltau, Amerikanischer 106, 148, 158
Stachelbeerspinnmilbe 148
Stallmist 32 ff., 54 ff., 96 f., 109 f., 115 f.
Stamm 8 f., **11**, **14 ff.**, 29, 33 f., 38
Stammhöhe 43
Stammschäden 50
Stammverlängerung 18, 34 ff., 38 ff., 44 f., 49, 84
Ständer 39
Standfestigkeit 165
Star 15, 80, 97, 137

171

REGISTER

'Stark Earliest' 12, 17, 22, 53
Staunässe 120
Steckholz 8, **27**, 29
Stecklinge 27, 28
Steinobst 13, 23, 35 ff., 42 ff., 135
Sternrußtau 127
Stickstoff (N) **55 ff.**
Stickstoff 13, 54, 57, 98, 124, 166
Stickstoffdüngung 54, 134, 159
Stickstoffmangel 12, **55**
Stippigkeit 55, 138, 165
Stockausschläge 94
Strauchbeerenobst 158
Streuobstwiese 9
Stroh 32, 54, 75, 98, 102 f., 112, 114, 158 ff.,
'Stuttgarter Geißhirtle' 74
Styromull 58
Superspindel 70
Süßkirsche 12, 40 ff., **80**, 161 f.
Süßmost 165

Tapetenkleister 52
Taschenkrankheit 141 f., 159
Tausendfüßler 146
Taybeere **113**
Tayberry 113
'Tenira' 100
Terminalknospe 84
Terrasse 15, 61
'Teuringer Winterrambur' 69
'Theodor Reimers' 112 f.
Thermotherapie 28
'Thornfree' 113
Tiefwurzler 71
'Titania' 104
'Tomuri' 119
'Tongern' 72
'Top' 78
Topfobstbäumchen **22**, 60
Torf 28, 102, 115 ff.
Torfersatzstoffe 29, 102 ff., 115, 118

Torfkultursubstrat 25
Transpiration 10
Trauben 120
'Traubenwunder' 101, 104
Trichogramma 130
Trieb 11 ff., 18 ff. 42, 45, 49, 57, 102
–, einjähriger 19
–, vorzeitiger 24, 38, 43
Triebausschläge **53**
Triebknospen 112
Triebkraft 19, 46, 53
Triebspitzen 28 ff., 46, 55, 106 ff., 162
triploid 58 f., 74
Trockenheit 53, 109, 165
Typ Elshof 63
Typenunterlagen 15, 23, 29, 77
–, Apfel 60
–, Birne 75

U
Überwachungsschnitt 37
Umveredeln **46 f.**, 167
'Ungarische Beste' 89
Unkraut 54, 98, 101 ff., 110, 115, 126, 159
Unterboden 31
Unterlage 12 ff., **15 ff.**, **23 ff.**, 29, 32, 53, 93
–, schwachwachsende 20 ff.
–, ungeschlechtlich vermehrbare 23
–, vegetativ vermehrbare 23
Unverträglichkeit 75

Valsakrankheit 143, 166
'Valjevka' 77
'Van' 81 f.
Vegetationsperiode 11, 23
Vegetationspunkt 8 ff.
Verdunstung **10**, 165
Veredeln 8, **23**, 27, 33, **46 ff.**, 163, 167
Veredlungsstelle 32, 53, 60

Veredlung 16, 49
–, Apfel 24
–, einjährige 18 ff., 38, 43 f., 84
–, zweijährige 18, 24
Veredlungsmesser 50
'Vereinsdechantsbirne' 17, 22, **72, 76**
Vereinzeln 53
Vergären 154
Vergreisung 36
Verjüngen 38, **41 ff.**, 102
Verlängerungstriebe 102
Vermehren 23, **25 ff.**
Verstreichen 45, 51
Verticillium-Welke 90
Verwertung **153 ff.**
Viren 26
Viruskonzentrat 131
Viruskrankheiten 26, 128 ff.
Vitamine 7, 153
Vögel 51, 82, 86, 116, 130
Vogelfraß 82, 86, 116, 121, 132
Vogelkirsche 81 f., 86
Vogelscheuchen 121
Vogelschutz 125
Volldünger 22, **57**, 103, 141 f., 159, 162 fl.
Vollertrag 11, **12**, 99
Vorratsdüngung 31, 164

Waagrechtbinden 22, **60**
Wachstum 8 ff., 21, 39, 55, 109, 159
Walderdbeere 99
Waldhumus 115 ff.
Walnuß 11 ff., **92**, 163 f.
'Waltz' 68
Wandspalier **16 ff.**, 21, 39, 44, 51, 88
'Wangenheims Frühzwetsche' 77, 78
Wärme 33
Wartezeiten 127 f., 161
Wasser 11 ff., 103

Wasserbedarf 80, 98
Wässern **53**, 160 ff.,
Wasserschosse 40 f., 121, 166
'Webbs Preisnuß' 95
Weihnachtsapfel 69
'Weiki' 119
'Weinsberg I' 93
Weinstock 12, 16, **119 ff.**
'Weiroot' 81
Weißanstrich 157
'Weiße Triumph' 108
'Weiße Versailler' 104
'Weißer Gutedel' 122
'Weißer Winterglocken- apfel' 64
'Weißer Winterkalvill' 17, 20, 58, **64**
Weißfleckenkrankheit 145
Welkepilze 26
Wellpappegürtel 130, 162
'Welschisner' 153
Werkzeuge **50 f.**
Wespe 121 ff., 126, **132 ff.**, 137
Wicklerraupen 129
Widerstandsfähigkeit 25
Wildkirsche 81 f.
Wildling pfropfen 46
Wildschaden **51**, 157
Wildtrieb 161
Wildverbiß 51, 157 ff., 166
'Williams Christ' 17, 22, **70 f.**, 74 f., 135, 164
'Wilsons Frühe' 28, 113
'Wiltshire' 68
Wind 11, 92, 97
Windschutz 15, 61
Wintereier 129
Winterhärte 86
'Winterrambur' 68
Winterschnitt 20, 29
Wirtspflanze 134
Wollläuse 125
Wucherungen 134
Wuchsstärke 35 f.
Wühlmaus 111, **131**, 137

Wühlmausfalle 132
Wundenpflege **51**, 159, 163
'Wunder von Bollweiler' 95
Wundrand 8, 51, 159
Wundverschlußmittel 40 ff., 46, 49, 51, 134
Wurzelaustriebe 28
Wurzelballen 25, 96, 118 f.
Wurzelbereich 57, 75
Wurzelbildung 96
Wurzelfäule 144 ff.
Wurzelhals 53, 112, 166
Wurzelkrankheiten 114
Wurzeln 8, **10 f.**, 21 f. 30 f., 53, 98, 120, 166
Wurzelschnittling 28
Wurzelschößlinge 27 f.
Wurzelspitze 10, 29, 55
Wurzelstock 106, 112, 162
Wurzelunkräuter 112
Wurzelwerk 32, 53, 59 f., 82

'**Z**abergäurenette' 68
Zapfen 110, 120 f.
'Zefa 2' 110
'Zefa' Herbsternte 111
Zellernüsse 95
Zellteilung **8**, 10, 13, 55
'Zimmers Frühzwetsche' 78
Zink 56
'Zuccalmaglio' 17, 22, **64**
Züchtung 24 f.
Zuckerbildung 129
Zuckergehalt 154
Zug-Ast 47, 167
Zweiggrind 140
Zweigmonilia 51, 86, **134**, 143, 159 f.
zweihäusig 118
Zwetsche 13 ff., 24, 34, 37, 47, **76 ff.**, 135, 164
Zwetschenlaus 141
Zwetschenrost 127, 142
Zwiebelapfel 69
Zwischenveredlung 75
Zwischenwirt 134

Die Deutsche Bibliothek – CIP-Einheitsaufnahme

Stangl, Martin:
Obst aus eigenem Garten: Baum-, Strauch- und Beerenobst; Pflanzung, Pflege, Ernte / Martin Stangl. – 3., neu bearb. Aufl., Neuausg. – München; Wien; Zürich: BLV, 1997
ISBN 3-405-15046-9
NE: HST

BLV Verlagsgesellschaft mbH
München Wien Zürich
80797 München

Dritte, neu bearbeitete Auflage, Neuausgabe

© 1997 BLV Verlagsgesellschaft mbH, München

Das Werk einschließlich aller seiner Teile ist urheberrechtlich geschützt. Jede Verwertung außerhalb der engen Grenzen des Urheberrechtsgesetzes ist ohne Zustimmung des Verlags unzulässig und strafbar. Das gilt insbesondere für Vervielfältigungen, Übersetzungen, Mikroverfilmungen und die Einspeicherung und Verarbeitung in elektronischen Systemen.

Lektorat: Dr. Thomas Hagen
Layout: Anton Walter, Gundelfingen
Herstellung: Ernst Großkopf

DTP: Satz + Layout Fruth GmbH, München
Druck: Passavia, Passau
Bindung: Conzella, München

Printed in Germany · ISBN 3-405-15046-9

Bildnachweis
Alle Fotos vom Autor, außer:
Dierking: 28, 114/115
Huber/Spiess & Sohn: 148ur
Pfletschinger/Angermayer: 126o
Reinhard: 2/3, 22, 113, 122, 161o, 162/163, 164
Sammer: 99u

Titelfoto: Strauß
Rückseite Reinhard (oben)
Eberle (unten)
Grafiken: Anina Westfalen und Daniela Farnhammer

Umschlaggestaltung:
Studio Schübel, München

Gedruckt auf chlorfrei gebleichtem Papier

Weitere BLV Bücher von Martin Stangl

**Martin Stangl's
großer Garten-Ratgeber**
Planung, Anlage, Geräte, Blumen,
Gehölze, Obst, Gemüse, Düngung,
Pflanzenschutz. Mit Arbeitskalender
Alle Themen rund um den Garten –
praxisgerecht aufbereitet und leicht verständlich beschrieben: Planung, Anlage,
Geräte, Blumen, Gehölze, Gemüse,
Düngung, Pflanzenschutz und vieles
mehr.

**Tips und Tricks
für Hobbygärtner**
Das Geheimnis des gärtnerischen Erfolgs:
Tips, Tricks und Kniffe für die Praxis –
besonders anschaulich und leicht nachvollziehbar dargestellt; Arbeiten im
Gemüse-, Obst- und Ziergarten; Geräte,
Technik, Zubehör.

**Gartenarbeit
rund ums Jahr**
Anschauliche und leicht nachvollziehbare Beschreibungen aller notwendigen
Arbeiten im Zier-, Gemüse- und Obstgarten im Laufe eines Jahres – vom
Pflanzen und Pflegen bis zu Ernte und
Lagerung von Obst und Gemüse; mit
umfassendem Arbeitskalender.

Stauden im Garten
Auswahl, Pflanzung, Pflege
Sonnen-, Schatten- und Prachtstauden,
Gräser und Steingartenstauden:
alle wichtigen Arten und Sorten mit
Informationen zu Auswahl, Pflanzung
und Pflege sowie Pflanzplänen und
Arbeitskalender.

Mein Hobby – der Garten
Umfassendes, zuverlässiges und aktuelles
Standardwerk für alle Fragen des täglichen Gärtnerns: Zierpflanzen-, Obst- und
Gemüseanbau, individuelle Gartenplanung, Pflanzenschutz und vieles mehr.

**Obstanbau
im eigenen Garten**
Merkmale, Ansprüche, Pflege, Ernte und
Lagerung von Äpfeln, Birnen, Pflaumen,
Kirschen, Nüssen.

Obstbäume schneiden und veredeln
Die wichtigsten Grundlagen des Obstbaumschnitts, praxisgerecht und leicht
verständlich beschrieben; Gesetzmäßigkeiten des Schnitts; Äste und Zweige;
Schnittwerkzeuge; Veredelung.

 Im BLV Verlag finden Sie Bücher zu folgenden Themen: Garten und Zimmerpflanzen • Wohnen und Gestalten • Natur • Heimtiere • Jagd • Angeln • Pferde und Reiten • Sport und Fitneß • Tauchen • Reise • Wandern, Alpinismus, Abenteuer • Essen und Trinken • Gesundheit und Wohlbefinden

Wenn Sie ausführliche Informationen wünschen, schreiben Sie bitte an:
BLV Verlagsgesellschaft mbH • Postfach 40 03 20 • 80703 München
Telefon 089/127 05-0 • Telefax 089/127 05-543